Wenn mir's nur gruselte!
Von Angst und ihrer Bewältigung

Eugen Drewermann

Wenn mir's nur gruselte! Von Angst und ihrer Bewältigung

Grimms Märchen tiefenpsychologisch gedeutet

– Von einem, der auszog, das Fürchten zu lernen
– Das tapfere Schneiderlein
– Die Eule

Patmos Verlag

VERLAGSGRUPPE PATMOS

PATMOS
ESCHBACH
GRÜNEWALD
THORBECKE
SCHWABEN

Die Verlagsgruppe
mit Sinn für das Leben

MIX
Papier aus verantwortungsvollen Quellen
FSC® C083411

Für die Verlagsgruppe Patmos ist Nachhaltigkeit ein wichtiger Maßstab ihres Handelns. Wir achten daher auf den Einsatz umweltschonender Ressourcen und Materialien.

Umschlaggestaltung: Finken & Bumiller, Stuttgart
Umschlagabbildung: © Anan Kaewkhammul/Shutterstock.com
Druck: CPI books GmbH, Leck
Hergestellt in Deutschland
ISBN 978-3-8436-1027-8 (Print)
ISBN 978-3-8436-1057-5 (eBook)

Inhalt

Vorwort

Kein Gefühl ist so elementar wie das Gefühl der Angst. Um Sein oder Nichtsein geht es, wo immer es auftaucht. »Dein Leben ist in Gefahr«, signalisiert es. Diese Gefahr kann real sein – eine Feuersbrunst, ein Erdbeben, eine Überschwemmung, ein Sturm: Die ganze Welt enthält Bedrohungen, die überall und jederzeit auf ihre Beute lauern.

Doch viele Angstinhalte haben ihren Grund nicht in der Wirklichkeit; sie sind phantastischer Natur, »real« nur psychisch, in der Vorstellung. – Die meisten Menschen werden zögern, sich des Nachts auf einen Friedhof zu begeben; sie glauben nicht an Geister und Gespenster, und doch wird's ihnen unheimlich. Warum? Oder noch eigenartiger: Was spielt sich ab, wenn jemand schon beim Summen einer Fliege oder beim Anblick einer Spinne in Panik gerät? Vielleicht spukt ihm die Warnung im Kopf, Insekten seien Krankheitsüberträger, er fürchtet sich vor Schlafkrankheit oder Malaria; jedoch lebt er in Westeuropa, nicht in Afrika. Real ist seine Angst so gut wie unbegründet; sie ist symbolischer Natur und kommt aus seinem Inneren; die Wirklichkeit – in diesem Fall – ist harmlos, nicht aber die Bedeutung, die sie, als Bild gelesen, annimmt.

Die Psychoanalytiker erklären, daß wir »die Welt« erleben, geprägt in der Vermittlung unserer Eltern; ihr Ärger, ihre Ablehnung sind für ein Kind bedrohlicher als alle äußeren Gefahren, die es noch gar nicht einzuschätzen weiß. Und diese Ängste gehen mit; es ist sehr schwer, sie sich bewußt zu machen und nach und nach sich daraus zu lösen. Rein assoziativ können sie anfallartig wiederkehren, und in unbewußten Wiederholungsschleifen stellen sie immer wieder ein Verhalten nach, wie es in Kindertagen eingeschliffen wurde.

Am tiefsten geht die Angst, die uns befällt, wenn wir bemerken, was es heißt, ein Mensch zu sein, – die Angst, geistig zu existieren:

als Einzelner, in Freiheit, hinwandernd zwischen Zeit und Ewigkeit. Sie ist in eigentlichem Sinne »Angst«, wie SÖREN KIERKEGAARD sie definierte. Sie steht im Hintergrund all der Befürchtungen inmitten einer Welt, die niemals unsere Heimat wird; sie nötigt uns die Frage auf, wie wir mit ihr verfahren. Im Grunde läßt sie sich nur lösen in Vertrauen, doch dazu brauchte es eines gewissermaßen religiösen Haltepunkts. Ein solcher Halt im Absoluten läßt sich nicht verordnen noch verfügen; es läßt sich freilich zeigen, was passiert, wenn er uns fehlt. Wir werden dann die Angst verdrängen oder anderen Angst machen oder die vermeintlichen Angstquellen auszuschalten suchen. In jedem Falle finden wir niemals uns selbst, gelangen wir nie wirklich zu den anderen und werden niemals Ruhe haben.

Auch diese Wahrheit können wir verleugnen, jedoch – sie holt uns ein in den Zerstörungen, die wir uns selbst bereiten. Gefühlsfremdheit, Empfindungslosigkeit und eine Kälte, die uns selber unbegreiflich scheint, sind Zeichen solcher Angstverdrängung; Narzißmus, Ichaufblähung und der Größenwahn von Zwergriesen sind mögliche Symptome des Alleingelassenseins in Angst; vor allem eine ständige Gewaltbereitschaft im eigenen wie öffentlichen Leben kennzeichnet das Unvermögen, sich seiner Angst zu stellen und sie in ein größeres Vertrauen aufzulösen. Persönlich, zwischenmenschlich und politisch deformiert die Angst, wenn sie im Endlichen sich selbst unendlich setzt, das Beste, was wir haben: unser Verlangen nach der Wahrheit unseres Daseins, unsere Sehnsucht nach der Liebe und der Anerkennung anderer und unsere Fähigkeit, in Frieden, unbedroht, jenseits der Paranoia einer permanenten Gefahrenvigilanz, durch diese Welt zu gehen.

Märchen sind nicht in sich Psychologie, Philosophie, Theologie; sie schildern zwischen Spaß und Ernst, in sinnbildhaften Szenen, gewisse komische und tragische Facetten unseres Lebens. Aber die drei in diesem Band vereinten Erzählungen der Brüder GRIMM werfen aspekthaft Licht auf die genannten Möglichkeiten unserer Existenz im Schattendunkel unbewußter Angst. Das *»Märchen von einem, der auszog, das Fürchten zu lernen«* (KHM 4) beschreibt ein Dasein, das auch im Angesicht des Todes scheinbar völlig angstfrei bleibt, im richtigen Gespür jedoch, daß da im ganzen Lebensaufbau, trotz aller äußeren

Erfolge, etwas Entscheidendes noch fehlt. – »*Das tapfere Schneiderlein*« (KHM 20) parodiert diese Chance und die Gefahr eines »kompensatorischen« Weges der Angstüberwindung: Nur als ein Held und rechter Schlagetot braucht man sich vor niemandem mehr zu fürchten, indem man einem jeden Angst vor sich selber einflößt. Auch so kann man auf der Karriereleiter sehr hoch kommen, man kommt nur niemals bei sich selber an; und man ist ständig auf der Flucht vor einer Lebenslüge, die noch im Traum sich mitteilt. – Oder man steckt aus lauter Angst buchstäblich die eigene Scheune in Brand, um daraus die »*Eule*« zu vertreiben, wie es die GRIMMs berichten: in der Stadt Peine soll es sich mal zugetragen haben, erzählte ihnen eine alte Überlieferung; es kann und wird sich überall ereignen, besagt ihr Märchen (KHM 174) warnend, wenn wir zu Sklaven unserer Angstwahrnehmung werden.

Wie also leben mit der Angst? Das ist die Frage, deren Antwort dreifach darüber entscheidet, was wir für Menschen sind. Psychologie und Philosophie können zu dem Punkt hinführen, da die Entscheidung fällt. Sie tasten die Wände totalisierter Angst im Kerker einer in sich geschlossenen Endlichkeit ab; die Öffnung der Türe aber, die Überwindung der Angst, ist möglich allein im Vertrauen in eine andere Sphäre der Wirklichkeit, wie nur die Religion sie verheißt.

Wie Angst sich darstellt, hat ALFRED KUBIN in der Graphik »Das Grausen« im Jahre 1903 ins Bild gesetzt[1] (Abb. 1): Da steuert eine Art Drachenschiff als das Gefährt der vermeintlich furchtlosen Wikinger mit geborstenem Masten auf ein Ungeheuer zu, das wie das Fabelwesen von Loch Ness sein Haupt aus einer riesigen, alles verschlingenden Monsterwelle erhebt – auf seinem Schlangenhals einen Totenschädel mit offenem Gebiß und einem erblindeten sowie einem künstlichen gläsernen Auge, das kalt und unerbittlich kein Entrinnen erlaubt. Jenseits der Welle liegt die See in schwarzer Stille da, doch das sehen nicht die zwei sturmumpeitschten Gestalten, die sich an die viel zu niedrige Reling des Schiffes pressen, – sie haben keine Chance, *nicht* von Bord gespült zu werden. Der Schrecken, den sie

1 ALFRED KUBIN: TraumGesichte, 65.12, S. 124. Das Grausen.

vor sich sehen, ist eng umschrieben, lokal begrenzt, doch total für sie als Betroffene. – Eine mögliche Gegendarstellung bildet allein die neutestamentliche Geschichte vom Seewandel Petri in Mt 14,22–33: Unser Leben *ist* eine Fahrt in den Untergang, und der Tod wird irgendwann, jäh und frech, vor uns auftauchen. So betrachtet durchqueren wir in unserem ganzen Leben ein Meer der Angst, dazu bestimmt, verschlungen zu werden. *Oder:* Wir sehen inmitten des Schreckens die Gestalt dessen, der in der Überwindung des Todes vom anderen Ufer her auf uns zukommt und seine Hand zu uns Versinkenden ausstreckt mit der Anrede: »Du so wenig Vertrauender«. Nur dann verschwindet die Fratze des Todes, und es tritt »eine große Stille« ein (Mk 6,51), im Gegenüber der Gestalt, die da kommt, uns am anderen Ufer eine Wohnung zu bereiten (Joh 14,1–3). Zwischen Angst und Vertrauen verläuft unser Leben. Wir müssen uns entscheiden.

Abbildung 1: Alfred Kubin, »Das Grausen«, um 1902, © Leopold Museum, Wien © Eberhard Spangenberg, München/VG Bild-Kunst, Bonn 2017

Märchen von einem, der auszog, das Fürchten zu lernen (KHM 4) oder: Angstfreiheit durch Angstverdrängung

Ein Vater hatte zwei Söhne, davon war der älteste klug und gescheit und wußte sich in alles wohl zu schicken, der jüngste aber war dumm, konnte nichts begreifen und lernen: und wenn ihn die Leute sahen, sprachen sie: »Mit dem wird der Vater noch seine Last haben!« Wenn nun etwas zu tun war, so mußte es der älteste allzeit ausrichten: hieß ihn aber der Vater noch spät oder gar in der Nacht etwas holen und der Weg ging dabei über den Kirchhof oder sonst einen schaurigen Ort, so antwortete er wohl: »Ach nein, Vater, ich gehe nicht dahin, es gruselt mir!«, denn er fürchtete sich. Oder wenn abends beim Feuer Geschichten erzählt wurden, wobei einem die Haut schaudert, so sprachen die Zuhörer manchmal: »Ach, es gruselt mir!« Der jüngste saß in einer Ecke und hörte das mit an und konnte nicht begreifen, was es heißen sollte. »Immer sagen sie: Es gruselt mir! Es gruselt mir! Mir gruselt's nicht. Das wird wohl eine Kunst sein, von der ich auch nichts verstehe.«

Nun geschah es, daß der Vater einmal zu ihm sprach: »Hör, du, in der Ecke dort, du wirst groß und stark, du mußt auch etwas lernen, womit du dein Brot verdienst. Siehst du, wie dein Bruder sich Mühe gibt, aber an dir ist Hopfen und Malz verloren.« – »Ei, Vater,« antwortete er, »ich will gerne was lernen; ja, wenn's anginge, so möchte ich lernen, daß mir's gruselte; davon verstehe ich noch gar nichts.« Der älteste lachte, als er das hörte und dachte bei sich: »Du lieber Gott, was ist mein Bruder ein Dummbart, aus dem wird sein Lebtag nichts: was ein Häkchen werden will, muß sich beizeiten krümmen.« Der Vater seufzte und antwortete ihm: »Das Gruseln, das sollst du schon lernen, aber dein Brot wirst du damit nicht verdienen.«

Bald danach kam der Küster zu Besuch ins Haus. Da klagte ihm der Vater seine Not und erzählte, wie sein jüngster Sohn in allen Dingen so schlecht beschlagen wäre, er wüßte nichts und lernte nichts. »Denkt Euch, als ich ihn fragte, womit er sein Brot verdienen wollte, hat er gar verlangt, das Gruseln zu lernen.« – »Wenn's weiter nichts ist,« antwortete der Küster, »das kann er bei mir lernen; tut ihn nur zu mir, ich will ihn schon abhobeln.« Der Vater war es zufrieden, weil er dachte: »Der Junge wird doch ein wenig zugestutzt.« Der Küster nahm ihn also ins Haus, und er mußte die Glocken läuten. Nach ein paar Tagen weckte er ihn um Mitternacht, hieß ihn aufstehen, in den Kirchturm steigen und läuten. »Du sollst schon lernen, was Gruseln ist«, dachte er, ging heimlich voraus, und als der Junge oben war und sich umdrehte und das Glockenseil fassen wollte, so sah er auf der Treppe, dem Schalloch gegenüber, eine weiße Gestalt stehen. »Wer da?« rief er, aber die Gestalt gab keine Antwort, regte und bewegte sich nicht. »Gib Antwort,« rief der Junge, »oder mache, daß du fortkommst, du hast hier in der Nacht nichts zu schaffen!« Der Küster aber blieb unbeweglich stehen, damit der Junge glauben sollte, es wäre ein Gespenst. Der Junge rief zum zweiten Mal: »Was willst du hier? Sprich, wenn du ein ehrlicher Kerl bist, oder ich werfe dich die Treppe hinab.« Der Küster dachte: »Das wird so schlimm nicht gemeint sein«, gab keinen Laut von sich und stand, als wenn er von Stein wäre. Da rief ihn der Junge zum dritten Mal an, und als das auch vergeblich war, nahm er einen Anlauf und stieß das

Gespenst die Treppe hinab, daß es zehn Stufen hinabfiel und in einer Ecke liegenblieb. Darauf läutete er die Glocke, ging heim, legte sich, ohne ein Wort zu sagen, ins Bett und schlief fort. Die Küsterfrau wartete lange Zeit auf ihren Mann, aber er wollte nicht wiederkommen. Da ward ihr endlich angst, sie weckte den Jungen und fragte: »Weißt du nicht, wo mein Mann geblieben ist? Er ist vor dir auf den Turm gestiegen.« – »Nein«, antwortete der Junge, »aber da hat einer dem Schalloch gegenüber auf der Treppe gestanden, und weil er keine Antwort geben und auch nicht weggehen wollte, so habe ich ihn für einen Spitzbuben gehalten und hinuntergestoßen. Geht nur hin, so werdet Ihr sehen, ob er's gewesen ist, es sollte mir leid tun.« Die Frau sprang fort und fand ihren Mann, der in einer Ecke lag und jammerte und ein Bein gebrochen hatte.

Sie trug ihn herab und eilte mit lautem Geschrei zu dem Vater des Jungen. »Euer Junge«, rief sie, »hat ein großes Unglück angerichtet, meinen Mann hat er die Treppe hinabgeworfen, daß er ein Bein gebrochen hat: schafft den Taugenichts aus unserm Hause!« Der Vater erschrak, kam herbeigelaufen und schalt den Jungen aus. »Was sind das für gottlose Streiche, die muß dir der Böse eingegeben haben.« – »Vater«, antwortete er, »hört nur an, ich bin ganz unschuldig: er stand da in der Nacht, wie einer, der Böses im Sinne hat. Ich wußte nicht, wer's war, und habe ihn dreimal ermahnt, zu reden oder wegzugehen.« – »Ach«, sprach der Vater, »mit dir erleb ich nur Unglück, geh mir aus den Augen, ich will dich nicht mehr ansehen.« – »Ja, Vater, recht gerne, wartet nur bis Tag ist, da will ich ausgehen und das Gruseln lernen, so versteh ich doch eine Kunst, die mich ernähren kann.« – »Lerne, was du willst«, sprach der Vater, »mir ist alles einerlei. Da hast du fünfzig Taler, damit geh in die weite Welt und sage keinem Menschen, wo du her bist und wer dein Vater ist, denn ich muß mich deiner schämen.« – »Ja, Vater, wie Ihr's haben wollt, wenn Ihr nicht mehr verlangt, das kann ich leicht in Acht behalten.«

Als nun der Tag anbrach, steckte der Junge seine fünfzig Taler in die Tasche, ging hinaus auf die große Landstraße und sprach immer vor sich hin: »Wenn mir's nur gruselte! Wenn mir's nur gruselte!« Da kam ein Mann heran, der hörte das Gespräch, das der Junge mit sich selber führte, und als sie ein Stück weiter waren, daß man den Galgen sehen konnte, sagte der Mann zu ihm: »Siehst du, dort ist der Baum, wo siebene mit des Seilers Tochter Hochzeit gehalten haben und jetzt das Fliegen lernen: setz dich darunter und warte, bis die Nacht kommt, so wirst du schon noch das Gruseln lernen.« – »Wenn weiter nichts dazu gehört,« antwortete der Junge, »das ist leicht getan; lerne ich aber so geschwind das Gruseln, so sollst du meine fünfzig Taler haben; komm nur morgen früh wieder zu mir.« Da ging der Junge zu dem Galgen, setzte sich darunter und wartete, bis der Abend kam. Und weil ihn fror, machte er sich ein Feuer an: aber um Mitternacht ging der Wind so kalt, daß er trotz des Feuers nicht warm werden wollte. Und als der Wind die Gehenkten gegeneinander stieß, daß sie sich hin und her bewegten, so dachte er: »Du frierst unten bei dem Feuer, was mögen die da oben erst frieren und zappeln.« Und weil er mitleidig war, legte er die Leiter an, stieg hinauf, knüpfte einen nach dem andern los und holte sie alle siebene herab. Darauf schürte er das Feuer, blies es an und setzte sie ringsherum, daß sie sich wärmen sollten. Aber sie saßen da und regten sich nicht, und das Feuer ergriff ihre Kleider. Da sprach er: »Nehmt euch in acht, sonst häng ich euch wieder hinauf.« Die Toten aber hörten nicht, schwiegen und ließen ihre Lumpen fortbrennen. Da ward er bös und sprach: »Wenn ihr nicht achtgeben wollt, so kann ich euch nicht helfen, ich will nicht mit euch verbrennen«, und hing sie nach der Reihe wieder hinauf. Nun setzte er sich zu seinem Feuer und schlief ein, und am andern Morgen, da kam der Mann zu ihm, wollte die fünfzig Taler haben und sprach: »Nun, weißt du, was Gruseln ist?« – »Nein«, antwortete er, »woher sollte ich's wissen? Die da droben haben das Maul nicht aufgetan und waren so dumm, daß sie die paar alten Lappen, die sie am Leibe haben, brennen ließen.« Da sah der Mann, daß er die fünfzig Taler heute nicht davontragen würde, ging fort und sprach: »So einer ist mir noch nicht vorgekommen.«

Der Junge ging auch seines Wegs und fing wieder an, vor sich hin zu reden: »Ach, wenn mir's nur gruselte! Ach, wenn mir's nur gruselte!« Das hörte ein Fuhrmann, der hinter ihm her schritt, und fragte: »Wer bist du?« – »Ich weiß nicht«, antwortete der Junge. Der Fuhrmann fragte weiter: »Wo bist du her?« – »Ich weiß nicht.« – »Wer ist dein Vater?« – »Das darf ich nicht sagen.« – »Was brummst du beständig in den Bart hinein?« – »Ei«, antwortete der Junge, »ich wollte, daß mir's gruselte, aber niemand kann mir's lehren.« – »Laß dein dummes

Geschwätz«, sprach der Fuhrmann, »komm, geh mit mir, ich will sehen, daß ich dich unterbringe.« Der Junge ging mit dem Fuhrmann, und abends gelangten sie zu einem Wirtshaus, wo sie übernachten wollten. Da sprach er beim Eintritt in die Stube wieder ganz laut: »Wenn mir's nur gruselte! Wenn mir's nur gruselte!« Der Wirt, der das hörte, lachte und sprach: »Wenn dich danach lüstet, dazu sollte hier wohl Gelegenheit sein.« – »Ach, schweig stille«, sprach die Wirtsfrau, »so mancher Vorwitzige hat schon sein Leben eingebüßt, es wäre Jammer und Schade um die schönen Augen, wenn die das Tageslicht nicht wieder sehen sollten.« Der Junge aber sagte: »Wenn's noch so schwer wäre, ich will's einmal lernen, deshalb bin ich ja ausgezogen.« Er ließ dem Wirt auch keine Ruhe, bis dieser erzählte, nicht weit davon stände ein verwünschtes Schloß, wo einer wohl lernen könnte, was Gruseln wäre, wenn er nur drei Nächte darin wachen wollte. Der König hätte dem, der's wagen wollte, seine Tochter zur Frau versprochen, und die wäre die schönste Jungfrau, welche die Sonne beschien; in dem Schlosse steckten auch große Schätze, von bösen Geistern bewacht, die würden dann frei und könnten einen Armen reich genug machen. Schon viele wären wohl hinein-, aber noch keiner wieder herausgekommen. Da ging der Junge am andern Morgen vor den König und sprach: »Wenn's erlaubt wäre, so wollte ich wohl drei Nächte in dem verwünschten Schlosse wachen.« Der König sah ihn an, und weil er ihm gefiel, sprach er: »Du darfst dir noch dreierlei ausbitten, aber es müssen leblose Dinge sein, und das darfst du mit ins Schloß nehmen.« Da antwortete er: »So bitt ich um ein Feuer, eine Drehbank und eine Schnitzbank mit dem Messer.«

Der König ließ ihm das alles bei Tage in das Schloß tragen. Als es Nacht werden wollte, ging der Junge hinauf, machte sich in einer Kammer ein helles Feuer an, stellte die Schnitzbank mit dem Messer daneben und setzte sich auf die Drehbank. »Ach, wenn mir's nur gruselte«, sprach er, »aber hier werde ich's auch nicht lernen.« Gegen Mitternacht wollte er sich sein Feuer einmal aufschüren, wie er so hineinblies, da schrie's plötzlich aus einer Ecke: »Au, miau! Was uns friert!« – »Ihr Narren«, rief er, »was schreit ihr? Wenn euch friert, kommt, setzt euch ans Feuer und wärmt euch.« Und wie er das gesagt hatte, kamen zwei große schwarze Katzen in einem gewaltigen Sprunge herbei, setzten sich ihm zu beiden Seiten und sahen ihn mit ihren feurigen Augen ganz wild an.

Über ein Weilchen, als sie sich gewärmt hatten, sprachen sie: »Kamerad, wollen wir eins in der Karte spielen?« – »Warum nicht?« antwortete er. »Aber zeigt einmal eure Pfoten her.« Da streckten sie die Krallen aus. »Ei«, sagte er, »was habt ihr lange Nägel! Wartet, die muß ich euch erst abschneiden.« Damit packte er sie beim Kragen, hob sie auf die Schnitzbank und schraubte ihnen die Pfoten fest. »Euch habe ich auf die Finger gesehen«, sprach er, »da vergeht mir die Lust zum Kartenspiel«, schlug sie tot und warf sie hinaus ins Wasser. Als er aber die zwei zur Ruhe gebracht hatte und sich wieder zu seinem Feuer setzen wollte, da kamen aus allen Ecken und Enden schwarze Katzen und schwarze Hunde an glühenden Ketten, immer mehr und mehr, daß er sich nicht mehr bergen konnte; die schrien greulich, traten ihm auf sein Feuer, zerrten es auseinander und wollten es ausmachen. Das sah er ein Weilchen ruhig mit an, als es ihm aber zu arg ward, faßte er sein Schnitzmesser und rief: »Fort mit dir, du Gesindel«, und haute auf sie los. Ein Teil sprang weg, die andern schlug er tot und warf sie hinaus in den Teich. Als er wiedergekommen war, blies er aus den Funken sein Feuer frisch an und wärmte sich. Und als er so saß, wollten ihm die Augen nicht länger offen bleiben und er bekam Lust zu schlafen. Da blickte er um sich und sah in der Ecke ein großes Bett. »Das ist mir eben recht«, sprach er, und legte sich hinein. Als er aber die Augen zutun wollte, so fing das Bett von selbst an zu fahren und fuhr im ganzen Schloß herum. »Recht so«, sprach er, »nur besser zu.« Da rollte das Bett fort, als wären sechs Pferde vorgespannt, über Schwellen und Treppen auf und ab: auf einmal, hopp hopp! warf es um, das unterste zuoberst, daß es wie ein Berg auf ihm lag. Aber er schleuderte Decken und Kissen in die Höhe, stieg heraus und sagte: »Nun mag fahren, wer Lust hat«, legte sich an sein Feuer und schlief, bis es Tag war. Am Morgen kam der König, und als er ihn da auf der Erde liegen sah, meinte er, die Gespenster hätten ihn umgebracht und er wäre tot. Da sprach er: »Es ist doch schade um den schönen Menschen.« Das hörte der Junge, richtete sich auf und sprach: »So weit ist's noch nicht!« Da verwunderte sich der König, freute sich aber, und fragte, wie es ihm gegangen wäre. »Recht gut«, antwortete er, »eine Nacht wäre herum, die zwei andern werden auch herumgehen.« Als er zum Wirt kam, da machte der große Augen. »Ich dachte nicht«, sprach er, »daß ich dich wieder lebendig sehen würde; hast du nun gelernt, was Gruseln ist?« – »Nein«, sagte er, »es ist alles vergeblich: wenn mir's nur einer sagen könnte!«

Die zweite Nacht ging er abermals hinauf ins alte Schloß, setzte sich zum Feuer und fing sein altes Lied wieder an: »Wenn mir's nur gruselte!« Wie Mitternacht herankam, ließ sich ein Lärm und Gepolter hören; erst sachte, dann immer stärker, dann war's ein bißchen still, endlich kam mit lautem Geschrei ein halber Mensch den Schornstein herab und fiel vor ihn hin. »Heda!« rief er, »noch ein halber gehört dazu, das ist zu wenig.« Da ging der Lärm von frischem an, es tobte und heulte und fiel die andere Hälfte auch herab. »Wart«, sprach er, »ich will dir erst das Feuer ein wenig anblasen.« Wie er das getan hatte und sich wieder umsah, da waren die beiden Stücke zusammengefahren und saß da ein greulicher Mann auf seinem Platz. »So haben wir nicht gewettet«, sprach der Junge, »die Bank ist mein.« Der Mann wollte ihn wegdrängen, aber der Junge ließ sich's nicht gefallen, schob ihn mit Gewalt weg und setzte sich wieder auf seinen Platz. Da fielen noch mehr Männer herab, einer nach dem andern, die holten neun Totenbeine und zwei Totenköpfe, setzten auf und spielten Kegel. Der Junge bekam auch Lust und fragte: »Hört ihr, kann ich mit sein?« – »Ja, wenn du Geld hast.« – »Geld genug«, antwortete er, »aber eure Kugeln sind nicht recht rund.« Da nahm er die Totenköpfe, setzte sie in die Drehbank und drehte sie rund. »So, jetzt werden sie besser schüppeln«, sprach er, »heida! nun geht's lustig!« Er spielte mit und verlor etwas von seinem Geld, als es aber zwölf schlug, war alles vor seinen Augen verschwunden. Er legte sich nieder und schlief ruhig ein. Am andern Morgen kam der König und wollte sich erkundigen. »Wie ist dir's diesmal gegangen?« fragte er. »Ich habe gekegelt«, antwortete er, »und ein paar Heller verloren.« – »Hat dir denn nicht gegruselt?« – »Ei was«, sprach er, »lustig hab ich mich gemacht. Wenn ich nur wüßte, was Gruseln wäre!«

In der dritten Nacht setzte er sich wieder auf seine Bank und sprach ganz verdrießlich: »Wenn es mir nur gruselte!« Als es spät ward, kamen sechs große Männer und brachten eine Totenlade hereingetragen. Da sprach er: »Haha, das ist gewiß mein Vetterchen, das erst vor ein paar Tagen gestorben ist«, winkte mit dem Finger und rief: »Komm, Vetterchen, komm!« Sie stellten den Sarg auf die Erde, er aber ging hinzu und nahm den Deckel ab: da lag ein toter Mann darin. Er fühlte ihm ans

Gesicht, aber es war kalt wie Eis. »Wart«, sprach er, »ich will dich ein bißchen wärmen«, ging ans Feuer, wärmte seine Hand und legte sie ihm aufs Gesicht, aber der Tote blieb kalt. Nun nahm er ihn heraus, setzte sich ans Feuer, legte ihn auf seinen Schoß und rieb ihm die Arme, damit das Blut wieder in Bewegung kommen sollte. Als auch das nichts helfen wollte, fiel ihm ein: Wenn zwei zusammen im Bett liegen, so wärmen sie sich, brachte ihn ins Bett, deckte ihn zu und legte sich neben ihn. Über ein Weilchen ward der Tote warm und fing an, sich zu regen. Da sprach der Junge: »Siehst du, Vetterchen, hätt ich dich nicht gewärmt!« Der Tote aber hub an und rief: »Jetzt will ich dich erwürgen.« – »Was«, sagte er, »ist das mein Dank? Gleich sollst du wieder in deinen Sarg«, hub ihn auf, warf ihn hinein und machte den Deckel zu; da kamen die sechs Männer und trugen ihn wieder fort. »Es will mir nicht gruseln«, sagte er, »hier lerne ich's mein Lebtag nicht.«

Da trat ein Mann herein, der war größer als alle anderen, und sah fürchterlich aus; er war aber alt und hatte einen langen weißen Bart. »O du Wicht«, rief er, »nun sollst du bald lernen, was Gruseln ist, denn du sollst sterben.« – »Nicht so schnell«, antwortete der Junge, »soll ich sterben, so muß ich auch dabei sein.« – »Dich will ich schon packen«, sprach der Unhold. »Sachte, sachte, mach dich nicht so breit; so stark wie du bin ich auch, und wohl noch stärker.« – »Das wollen wir sehn«, sprach der Alte, »bist du stärker als ich, so will ich dich gehn lassen; komm, wir wollen's versuchen.« Da führte er ihn durch dunkle Gänge zu einem Schmiedefeuer, nahm eine Axt und schlug den einen Amboß mit einem Schlag in die Erde. »Das kann ich noch besser«, sprach der Junge, und ging zu dem andern Amboß; der Alte stellte sich nebenhin und wollte zusehen, und sein weißer Bart hing herab. Da faßte der Junge die Axt, spaltete den Amboß auf einen Hieb und klemmte den Bart des Alten mit hinein. »Nun hab ich dich«, sprach der Junge, »jetzt ist das Sterben an dir.« Dann faßte er eine Eisenstange und schlug auf den Alten los, bis er wimmerte und bat, er möchte aufhören, er wollte ihm große Reichtümer geben. Der Junge zog die Axt raus und ließ ihn los. Der Alte führte ihn wieder ins Schloß zurück und zeigte ihm in einem Keller drei Kasten voll Gold. »Davon«, sprach er, »ist ein Teil den Armen, der andere dem König, der dritte dein.« Indem schlug es zwölfe, und der Geist verschwand, also daß der Junge im Finstern stand. »Ich werde mir doch heraushelfen können«, sprach er, tappte herum, fand den Weg in die Kammer und schlief dort bei seinem Feuer ein. Am andern Morgen kam der König und sagte: »Nun wirst du gelernt haben, was Gruseln ist?« – »Nein«, antwortete er, »was ist's nur? Mein toter Vetter war da, und ein bärtiger Mann ist gekommen, der hat mir da unten viel Geld gezeigt, aber was Gruseln ist, hat mir keiner gesagt.« Da sprach der König: »Du hast das Schloß erlöst und sollst meine Tochter heiraten.« – »Das ist alles recht gut«, antwortete er, »aber ich weiß noch immer nicht, was Gruseln ist.«

Da ward das Gold heraufgebracht und die Hochzeit gefeiert, aber der junge König, so lieb er seine Gemahlin hatte und so vergnügt er war, sagte doch immer: »Wenn mir nur gruselte, wenn mir nur gruselte!« Das verdroß sie endlich. Ihr Kammermädchen sprach: »Ich will Hilfe schaffen, das Gruseln soll er schon lernen.« Sie ging hinaus zum Bach, der durch den Garten floß, und ließ sich einen ganzen Eimer voll Gründlinge holen. Nachts, als der junge König schlief, mußte seine Gemahlin ihm die Decke wegziehen und den Eimer voll kalt Wasser mit den Gründlingen über ihn herschütten, daß die kleinen Fische um ihn herumzappelten. Da wachte er auf und rief: »Ach was gruselt mir, was gruselt mir, liebe Frau! Ja, nun weiß ich, was Gruseln ist.«

Der Begriff Angst

»In Grimms Märchen«, schrieb 1844 der dänische Religionsphilosoph SÖREN KIERKEGAARD, »gibt es eine Erzählung von einem jungen Burschen, der auf Abenteuer ausging, um das Gruseln zu lernen. Wir wollen jenen Abenteurer seinen Weg gehen lassen, ohne uns darum zu bekümmern, ob er auf seinem Weg das Entsetzliche traf. Dagegen will ich sagen, daß dies ein Abenteuer ist, das jeder Mensch zu bestehen hat: Sich ängstigen lernen, damit man nicht verloren ist, entweder weil man sich niemals geängstet hat, oder weil man in der Angst versunken ist; wer aber sich recht ängstigen lernte, der hat das Höchste gelernt.«[2]

Recht hat der »Vater der Existenzphilosophie«, wie man KIERKEGAARD gern nennt, wenn er das Thema des GRIMMschen Märchens aus der Zufälligkeit einer individuellen Laune heraushebt und als Darstellung von etwas Wesentlichem im menschlichen Dasein begreift. »Wäre der Mensch ein Tier oder ein Engel«, fährt er zur Begründung fort, »würde er sich nicht ängstigen können. Da er eine Synthese (sc. von Zeit und Ewigkeit, Sinnlichkeit und Geistigkeit, Notwendigkeit und Möglichkeit, d. V.) ist, kann er sich ängstigen, und je tiefer er sich ängstigt, umso größer ist er als Mensch, doch nicht in dem Sinne, in dem die Menschen die Angst gewöhnlich verstehen, nämlich als Angst vor etwas Äußerlichem, vor dem, was außerhalb des Menschen liegt, sondern so, daß er selbst die Angst hervorbringt.«[3]

Gilt dies, so ist bereits ein fester Maßstab an die Hand gegeben, um in dem GRIMMschen Märchen nachzusehen, ob jener Sohn bei dem Versuch, das Fürchten zu erlernen, an sein Ziel gelangt oder, im Glauben es erreicht zu haben, endgültig es verfehlt. Das Märchen, so betrachtet, wandelt sich von einem Schwank als bloßer Unterhaltung[4]

2 SÖREN KIERKEGAARD: Der Begriff Angst, Kap. V: Die Angst, die durch den Glauben erlöst, S. 141.

3 A. a. O., 141.

4 HANS-JÖRG UTHER: Handbuch zu den »Kinder- und Hausmärchen« der Brüder Grimm, 9, nennt die Geschichte »typologisch ein Schwankmärchen«, und meint: »Breit ausgestaltet sind die schwankhaften Abenteuer mit dem Küster, der hier mehr zufällig Opfer des Geschehens wird und zumeist als Handlungsträger keine herausregende Rolle spielt, und die Szene unter dem

zu einem Lehrbeispiel für ein Kaleidoskop von Themen, die dazu gehören, daß wir Menschen sind; es wird damit zu einer Parabel auf unsere Existenz, ob sie, im Erlernen der Angst, gelingt oder mißlingt; es schlüpft aus der komödiantenhaften Kostümierung seines Auftritts hinein ins Maskenspiel einer Tragödie, in der allein wir unseres eigenen Daseins ansichtig zu werden vermögen. »Angst«, schrieb KIERKEGAARD, »kann man vergleichen mit Schwindligsein. Demjenigen, dessen Auge plötzlich in eine gähnende Tiefe hinunterschaut, wird schwindlig. Aber was ist der Grund dafür? Es ist ebenso sehr sein Auge wie der Abgrund; denn was, wenn er nicht hinabgestarrt hätte! So ist Angst der Schwindel der Freiheit, der entsteht, indem der Geist die Synthese setzen will und die Freiheit nun hinabschaut in ihre eigene Möglichkeit und da die Endlichkeit ergreift, um sich daran zu halten.«[5] Mit anderen Worten: Angst ist der subjektive Reflex der Freiheit, die entsteht, wenn jemand seiner geistigen Bestimmung inne wird, und so versteht man, wie es möglich ist, dem Lastgewicht des Daseins: in Angst als Geist bestimmt zu sein, auf die einfachste Weise zu entkommen: indem man hineinflieht in die »Glückseligkeit der Geistlosigkeit.«[6] »In der Geistlosigkeit gibt es keine Angst, dazu ist sie zu glücklich und zufrieden und zu geistlos. Aber … Gerade darin liegt ihre Verlorenheit, aber auch ihre Sicherheit, daß sie nichts geistig versteht, nichts als Aufgabe erfaßt, wenngleich sie es vermag, alles mit ihrer gematteten Lauheit zu umtasten.

Galgen (s. auch KHM 192: Der Meisterdieb). Der burschikose Umgang mit Toten (auch zeitweilige Totenerweckungen), mit Geistern/Gespenstern, deren Bart festgeklemmt wird, und dämonischen Tieren, deren Krallen beschnitten werden sollen und die daher eingeklemmt werden, sind Schwankelemente, die auch in … anderen Märchen wiederkehren (KHM 8, 81, 91, 99, 114, 161, 196 …).« (S. 9–10) »Der Wunsch nach dem Kennenlernen von Ereignissen, die das Gefühl der Furcht hervorrufen, dynamisiert die Erzählung und führt den Helden von Station zu Station zu Erlebnissen mit dem Tod in verschiedenen Erscheinungsformen. Doch die eigentliche Furcht in Verbindung mit dem Tod kann nur der Tod selbst sein.« (S. 10) Das ist richtig; doch damit stellt das Märchen wesentlich sich selbst in Frage: beim Tod ist aller Spaß zu Ende; wer hier dem Märchen folgt, der macht das Leben selbst zum Possen.

5 SÖREN KIERKEGAARD: Der Begriff Angst, Kap. II: Angst als Erbsünde, § 2: Subjektive Angst, S. 57.

6 A. a. O., Kap. III: Angst als Folge derjenigen Sünde, welche das Ausbleiben des Sündenbewußtseins ist, § 1: Die Angst der Geistlosigkeit, 87.

Wird sie nur ein einziges Mal vom Geiste berührt und beginnt einen Augenblick zu zappeln wie ein galvanisierter Frosch, so tritt ein Phänomen ein, das vollkommen dem heidnischen Fetischismus entspricht. Für die Geistlosigkeit gibt es keine Autorität, denn sie weiß ja, daß es für den Geist keine Autorität gibt, da sie aber selbst unglücklicherweise nicht Geist ist, so treibt sie trotz ihrem Wissen vollkommene Götzenanbetung. Sie betet einen Dummkopf und einen Helden mit derselben Ehrfurcht an, aber vor allem ist doch ein Scharlatan ihr eigentlicher Fetisch.«[7] Man kann auch sagen: Um nicht in Angst dem Geist zu begegnen, flüchtet man sich in die angstfreie Ungeistigkeit des Geistersehens und Gespensterglaubens; aus Religion wird Götzendienst. Von daher mag es viele geben, die »sich … rühmen, niemals Angst zu haben,« erläutert KIERKEGAARD, um zu »antworten, daß man gewiß nicht Angst haben soll vor Menschen, vor Endlichkeiten, aber erst der, welcher die Angst der Möglichkeit (sc. der Freiheit des Geistes, d. V.) durchgemacht hat, erst der ist dazu gebildet, sich nicht zu ängstigen, nicht weil er den Schrecknissen des Lebens entginge, sondern weil diese immer schwach bleiben im Vergleich zu den Schrecken der Möglichkeit. Sollte dagegen der Redende meinen, daß es das Große an ihm ist, sich niemals geängstigt zu haben, dann will ich ihm mit Freuden in meine Erklärung einweihen, dies komme daher, daß er äußerst geistlos ist.«[8]

Freilich, auch in der Weigerung, Geist zu sein, entkommt man der Angst nicht. Denn: »Wenn nun auch in der Geistlosigkeit keine Angst da ist, weil diese ausgeschlossen ist, wie der Geist es ist, so ist die Angst doch da, nur wartet sie. Es läßt sich denken, daß ein Schuldner Glück haben kann, von seinem Gläubiger sich wegzudrücken und ihn hinzuhalten mit Geschwätz, aber es gibt einen Gläubiger, der niemals zu kurz kommt, und das ist der Geist. Vom Standpunkt des Geistes gesehen ist deshalb die Angst auch zugegen in der Geistlosigkeit, aber verborgen und vermummt. Selbst der Betrachtung graut es beim Anblick dessen; denn wenn die Gestalt der Angst, wenn man die Phantasie eine solche bilden läßt, entsetzlich anzusehen ist, so würde ihre Gestalt doch noch mehr entsetzen, wenn

7 A. a. O., 88–89.
8 A. a. O., Kap. V: Die Angst, die durch den Glauben erlöst, S. 142–143.

sie es notwendig findet, sich zu verkleiden, um nicht als das aufzutreten, was sie ist, trotzdem sie es voll und ganz ist. Wenn der Tod sich in seiner wahren Gestalt zeigt als der magere, freudlose Schnitter, dann betrachtet man ihn nicht ohne Erschrecken. Wenn er aber, um der Menschen zu spotten, die sich einbilden, seiner spotten zu können, verkleidet auftritt, wenn allein der Betrachter sieht, daß der Unbekannte, der alle fesselt durch seine Höflichkeit und alle in die wilde Ausgelassenheit der Lust hineinpeitscht, der Tod ist, dann ergreift ihn ein tiefes Entsetzen.«[9]

Eine Vorstellung gerade eines solchen Entsetzens hat EDGAR ALLAN POE in seiner »Arabeske« »Die Maske des Roten Todes« aus dem Jahre 1842 zu vermitteln versucht: Während der »Rote Tod« das Land verheert, hat Fürst *Prospero* sich mit seinen Freundinnen und Freunden in eine seiner befestigten Abteien zurückgezogen, um »ein zügellos wollüstliches Schauspiel«, ein »Maskenfest«[10], dort zu begehen. Mitten in das lustige und prächtige Gelage tritt plötzlich eine verhüllte Erscheinung, die erst »ein Summen und Gemurr der Mißgehaltenheit und Überraschung – dann, endlich, gar des Schreckens, Grausens, Ekels«[11] verbreitet. »Selbst für den, der auf immer verloren, dem Leben und Tod gleicherweise für Scherz gelten, gibt es Dinge, mit denen kein Scherz mehr sich treiben läßt«, und das ist hier der Fall. Denn »der Vermummte war so weit gegangen, die Urgestalt des Roten Todes anzunehmen.«[12] Voller Zorn stürzt Fürst *Prospero* dem Verderber aller Freude mit gezücktem Dolch entgegen, und »ein Hauf der Festesgäste« packt »mit dem tollen Mute der Verzweiflung« den Vermummten; aber »dessen hohe Gestalt« stand »aufrecht und reglos … im Schatten der Uhr von Ebenholz«, und »ein unaussprechlich' Grauen« befiel die Menge, da sie die Grabeslaken und die leichengleiche Maske, die sie so rüde ungestüm anfaßten, unbewohnt fanden von jeglicher greifbaren Gestalt. Nun ward die Gegenwart des Roten Todes erkannt. Wie in der Nacht ein Dieb war er

9 A. a. O., Kap. III, § 1, S. 89.
10 EDGAR ALLAN POE: Die Maske des Roten Todes, in: Das gesamte Werk in 10 Bden., Bd. 2, S. 690.
11 A. a. O., Bd. 2, S. 695.
12 A. a. O., Bd. 2, S. 695.

gekommen. Und einer nach dem andern sanken die Gäste nieder, hin in blutbetauten Hallen ihres Schwelggelags, und starb ein jeglicher in seines Falls Verzweiflungshaltung … Und Finsternis und Verfall kam, und der Rote Tod hielt grenzenlose Herrschaft über allem.«[13]

Was in dem Maskenball des Lebens dem Tod zum Spott sich arrangiert, wird durch den Ernst des Todes selbst zu einem Hohn dem Leben gegenüber; die ihren Mummenschanz mit ihm zu treiben trachten, treffen in dem Vermummten selbst auf eine Realität, die als das Nichts, das sie in Wahrheit sind, sich ebenso maskiert wie all diejenigen, die in ihren Maskeraden dem Tod ein Schnippchen schlagen wollen. – Ein verwegenes »Spiel« zwischen Sein und Nichtsein, zwischen Realität und Imagination, zwischen Wirklichkeit und Vorstellung kommt so zustande, das der erkennende Geist in sich selbst aufführt, indem er die Angst aus sich hervortreibt. Sobald jemand inmitten der Welt seiner bewußt wird, offenbart die Wirklichkeit sich ihm als eine maskierte Unwirklichkeit: Wirklich ist der Tod, indem er alles, was ist, in sein Nichtsein zurückstößt. Gelagert über dem Abgrund des Nichts, bedeutet bewußt zu leben daher, in steter Angst zu existieren. Je entwickelter der Geist, desto entwickelter die Angst; – diese Gleichung KIERKEGAARDS ist unerbittlich. Doch wie damit leben? Alle Schriften des großen Dänen, dessen Gedanken erst 70 Jahre später, nach den Erschütterungen des Ersten Weltkriegs, die ihnen gebührende Beachtung fanden, verfolgten das Ziel, den Leser angesichts der Unerträglichkeit eines in Zeit und Endlichkeit versperrten Daseins dahin zu treiben, sich in der Ewigkeit und Unendlichkeit des Glaubens festzumachen. Angst oder Vertrauen, Verzweiflung oder Identität mit sich selbst, – das bildete für KIERKEGAARD das alles entscheidende Vorzeichen um die Klammer des menschlichen Daseins. Man braucht schon ein Märchen als Schwank, um die Posse auf sich selbst zu begreifen, die darin besteht, Geist auf ungeistige Weise haben zu wollen beziehungsweise, religiös gesprochen, den Glauben ins Unglaubliche zu setzen, indem alle Begriffe ins Auflösbare, Verwechselbare und Umkehrbare verflüssigt werden.

13 A. a. O., Bd. 2, S. 697–698.

Das »*Märchen von einem, der auszog, das Fürchten zu lernen*« ist alles andere als ein Kommentar auf die Philosophie von G. W. HEGEL, doch gelesen mit KIERKEGAARDS Augen läßt sich an ihr seht gut verdeutlichen, was für ein Bewußtseinszustand sich bildet, wenn, wie in jener, Innen und Außen, Endlich und Unendlich, Geist und Stoff, Leben und Tod zwar nicht »logisch vermittelt«, wohl aber psychologisch auf der Ebene der Vorstellung ineinander verschränkt und gegeneinander vertauscht werden.

Mangelnder Geist als Angstfreiheit an der Stätte des Todes

Alles beginnt in der GRIMMschen Erzählung mit einer überaus richtigen Einsicht gepaart mit einer grundverkehrten Absicht. Ganz und gar zutreffend ist die philosophische Feststellung, daß ein gerüttelt Maß an Dummheit dazugehört, wenn jemand nicht begreift, was »Gruseln« ist; unsinnig aber ist es, eine Quadratur der Dummheit sozusagen, wenn jemand diesen Zustand überwinden will, indem er »Angst« erleben möchte, nur um von anderen für »geistvoll« und intelligent gehalten zu werden; lernen freilich läßt sich gleich zu Anfang der Geschichte, daß ein verfehlter Lebensaufbau meist schon in der frühen Kindheit im Schoße der Familie beginnt. Das dafür verantwortliche Motiv ist menschheitlich so alt wie die biblische Geschichte von *Kain* und *Abel* (Gen 4,1–12): Da ist ein Brüderpaar, bei dem der ältere als »*klug und gescheit*« gilt, weil er »*sich in alles wohl zu schicken*« weiß, während der jüngere als »*dumm*« betrachtet wird, weil er »*nichts begreifen und lernen*« kann, so daß alle bereits kommen sehen, welch eine »*Last*« er noch für seinen Vater werden wird. Bemerkenswert ist der Umstand, daß einzig und allein die Beziehung der beiden Jungen zu ihrem »*Vater*« erwähnt wird: »*Ein Vater hatte zwei Söhne*«, – das sind die ersten Worte der Erzählung; paternalistischer oder auch patriarchalischer geht es nicht. Die Mutter scheint bereits verstorben, jedenfalls spielt sie in der Erziehung ihrer Kinder keine Rolle. Liegt es daran, daß der jüngere sich zentral nach den Vorgaben seines älteren Bruders mißt? Es genügt, daß der Vater – typisch leistungsbetont, wie man es Männern nachzusagen pflegt – immer wieder seine Söhne nach dem Maßstab der Intelligenz miteinander vergleicht, und es wird ganz von allein ein Gefälle von Überlegenheit und Unterlegenheit sich bilden, in dem der eine bevorzugt gegenüber dem anderen dasteht. Die Differenzen mögen an sich, je nachdem, geringfügig ausfallen, tatsächlich sind sie nach der Wertung ihres Vaters ausschlaggebend für das Grundgefühl von Wert und Unwert, Anerkennung oder Ablehnung, Genügen oder Ungenügen. »Mein Vater mißachtet mich, weil ich für ihn nicht klug genug bin«, muß der jüngere denken, und er hat recht: Sein Vater denkt wirklich so, auch die Leute denken so, es ist die Meinung aller, die ihm seine Minderwertigkeit bestätigt. Und diese Ansicht der entscheidenden Kontaktperson im Verein mit dem Urteil der gesamten Umgebung gräbt sich bald schon als ein nicht nur gültiges, sondern in gewissem Sinne bereits endgültiges Selbstbildnis in das Bewußtsein ein. »Ich bin halt ein Trottel, es geschieht mir schon recht, wenn die anderen auf mich herabsehen, ich tauge zu nichts.« Dieses Urteil über sich selbst verinnerlicht und verfestigt sich, so daß es schwer fällt, sich vorzustellen, es könnte sich daran noch etwas ändern oder es könnte sogar insgesamt falsch sein. Es sind die ganz alltäglichen Aufgabenverteilungen, die unter der Regie des Vaters zu diesem Eindruck beitragen. Wann immer *»etwas zu tun«* ist, muß *»es der älteste allzeit verrichten.«* Und Mal für Mal liegt für den jüngeren die Botschaft darin, daß, egal worum es sich handelt, auf ihn nicht zu zählen ist. Er ist unbrauchbar, er ist ein Nichtsnutz, ein Eckensteher, – ein Dummerjan halt.

Ist dies das Bild von sich selbst, scheitert jede noch denkbare Eigeninitiative an diesem Verdikt: Es hat doch keinen Zweck, es kommt wieder mal nichts dabei raus, laß es sein … Die Verneinung jedweder Befähigung führt zu einer negativen Erwartung bei jeglichem Tun mit dem Ergebnis einer tiefen Resignation. Am besten ist es unter solchen Umständen, gar nichts mehr zu machen und besser die anderen, die Besserkönner, für sich arbeiten zu lassen. Nach außen mag eine solche Haltung als Faulheit in Erscheinung treten, doch geht sie einher mit dem verborgenen Wunsch, einmal auch so sein zu können wie der beneidete Bruder. Nur wie?

Da ist ein Punkt, an dem sich zeigt, wie auch und gerade die vermeintliche Klugheit der Vernünftigkeit des älteren an ihre Grenzen stößt; sie scheitert an der rätselhaften Unvernunft der Wirklichkeit. Alles Planbare findet sein Ende an der Endlichkeit des Daseins selbst, – nur bis zur Friedhofsmauer reicht all unser Berechnen und Überlegen; dahinter beginnt das Unheimliche, dahinter lauert das gegenständlich nicht Faßbare, das Ängstigende einer rein geistigen Welt.

Wollte man ein Experiment über die seelische Verfaßtheit des heutigen Normalbürgers diesbezüglich durchführen, müßte man nur etwa hundert Passanten einer Einkaufspassage, repräsentativ ausgewählt nach Alter, Geschlecht und Bildungsgrad, auffordern, sich einzeln um Mitternacht auf den örtlichen Friedhof zu begeben und hernach von ihren Gefühlen zu berichten; viele würden wohl mit irgendeiner Ausrede (sie müssen arbeitsbedingt früh schlafen gehen, sie leiden an Nachtblindheit, sie können ihre Kinder nicht allein lassen oder ähnlich) ein solches Ansinnen ablehnen, andere würden verlegen lächelnd, doch ehrlich sagen, daß sie zu viel Angst davor hätten, und selbst unter denen, die, schon um »Spaß« zu haben, sich auf das Abenteuer einließen, würden nicht wenige sich befinden, die hernach von einem Gänsehautgefühl der Beklommenheit zu erzählen wüßten.

In unserer Kultur, wohlgemerkt, glaubt man im Allgemeinen nicht mehr an Geister oder Gespenster, und doch ist die Angst vor den Toten im Unbewußten immer noch tief verankert; sie war in der Steinzeit so groß, daß man Kopf und Rumpf der Verstorbenen getrennt beisetzte oder ihnen die Beine zerschlug, um sie daran zu hindern, die Dörfer der Lebenden heimzusuchen. Daß zu bestimmten Zeiten, nach sechs Wochen etwa oder am 1. November, ihre Seelen zurückkehrten, um an ihren Grabstätten zu weilen, stand ohnehin fest.[14] Die Beharrlichkeit solcher religionsgeschichtlicher Ideen er-

14 Vgl. GERARDUS VAN DER LEEUW: Phänomenologie der Religion, § 14: Die mächtigen Toten, 188, meint, daß die »Begegnung mit dem Toten … der Totenverehrung in jeder Form zugrunde liegt.« »An bestimmten Tagen kommen die Toten in Scharen in die Siedlungen der Menschen.« S. 139: »Zu Allerseelen soll man opfern, Speisen oder Lichter, sonst werden die Toten gefährlich.« S. 140: »So ist das Totenopfer an erster Stelle ein Loskauf

klärt sich daraus, daß der Tod selber ein unauflösbares Rätsel vor allem im Raum der sinnlichen Wahrnehmung darstellt: Da war jemand eben noch lebendig – er hörte zu, er verstand, er antwortete, er bewegte seine Lippen, seine Hand, er äußerte einen Wunsch, er gehörte, wenn auch noch so abschiedlich, der uns bekannten Welt an, er blieb uns vertraut; doch dann, von einem Moment zum anderen, mit dem letzten Atemzug, ist er dahingegangen, man weiß nicht, wohin; nur sein entseelter Körper liegt noch da, und kein Lebenszeichen mehr ist ihm zu entlocken; unaufhaltsam und unbarmherzig wird er zerfallen. Viele Kulturen wehrten sich entsetzt gegen diesen Prozess des biochemischen Abbaus mit Hilfe aufwendiger Mumifizierungstechniken, – zumindest den Anschein des Äußeren suchten sie zu erhalten und verewigten es in Statuen aus Stein oder Edelmetall.[15] Doch so fürsorglich solche Bestattungsriten auch ausfielen, sie

… So feiern die Christen der ersten Jahrhunderte die natalicia (sc. Geburtstagsessen, d. V.) ihrer Verstorbenen, den 3., 9. und 30. Tag nach ihrem Ableben … Im Grauen der Totenbegegnung lebt aber immer auch die Empfindung, daß von den Toten das Leben kommt.« – Wie ein Totengeist Unheil über die Lebenden bringt, schildert HORAZ: Epoden, V. 87–96, in: Sämtliche Werke, S. 273: »Zaubertränke können wohl großes Recht und Unrecht, können doch nicht / wenden der Menschen Vergeltung. / Mit Fluchen werd ich euch verfolgen, der fürchterliche Bannspruch / wird durch kein Opfer aufzuhalten sein. / Ja, sogar, sobald ich, jetzt zum Tod bestimmt, den letzten Atem ausgehaucht, / werde zur Nacht erscheinen ich als Schreckensbild, / werd zeichnen eure Züge noch als Schatten mit krummen Nägeln / – das ist der Manen (sc. Totengeister, d. V.) Macht –, / und hockend auf dem ruhelosen Herzen, / werd ich durch Angst den Schlaf verscheuchen.« – Dramatisch beschrieben ist der Zweikampf zwischen einem Lebenden und einem Totengeist in der isländischen »Geschichte von dem starken *Grettir*, dem Geächteten«, Kap. 35: Grettirs Kampf mit Glam, S. 100–105: »Glam ist gewohnt, jede Nacht auf dem Hause herumzureiten und die Türen auszubrechen.« (S. 101) Als *Glam* fällt, ist »heller Mondschein draußen und durchsichtige Wolken, … und Glam stierte mit den Augen dagegen. Und so hat Grettir selbst gesagt, daß dies der einzige Augenblick war, der ihn mit Entsetzen erfüllt hätte. Da wurde ihm so elend zumute, daß er aus Erschöpfung und weil er sah, wie Glam seine Augen rollen ließ, nicht vermochte sein Schwert zu gebrauchen, sondern fast zwischen Leben und Sterben lag. Darin hatte Glam eine furchtbarere Zaubermacht als die meisten übrigen Wiedergänger.« (S. 103) Vgl. auch a. a. O., Kap. 64: Der Spuk im Bardardalr, S. 174–176. Grettir gilt als einer, der »Glück dabei hatte, Spukgestalten und Wiedergänger unschädlich zu machen.«

15 Vgl. JAN ASSMANN: Stein und Zeit, 159: »Das Individuum ist es, das auf Grund seiner ganz persönlichen Taten und Eigenschaften Unvergeßlichkeit

milderten nur um ein weniges die bebende Angst vor der Unheimlichkeit des Todes. Unverändert beschäftigt sie das Denken, ohne daß doch mit den Mitteln des Denkens eine Antwort auf die Frage des Sterbens gefunden werden könnte; im Angesicht des Todes tritt der Geist selber aus der sinnlich erfahrbaren Wirklichkeit des Endlichen heraus und ist geneigt, sich selbst in den Bereich des nicht mehr sinnlich Erfahrbaren mitzunehmen, als befände er sich immer noch in der Sphäre des Endlichen, enthoben nur ihrer bisherigen Begrenzungen. Alles erscheint jetzt als denkbar und möglich, und je stärker die Fähigkeit zu Imagination und Phantasie, desto beunruhigender wird diese Entgrenzung des Endlichen beziehungsweise dieser Einbruch einer verunendlichten Endlichkeit anmuten. Was ist da Wunsch, was Wahrnehmung, was Wahrheit, was Wahn? Die Maßstäbe, es zu beurteilen, fallen dahin. Die Ungewißheit ebenso wie das Unwissen ist beunruhigend, furchterregend und unheimlich.

In dieser Lage ist es ein Zeichen von Geist, die Erschütterung des Todes mit angemessener Angst zu erleben und die Stätte der Toten im Dunkel der Nacht tunlichst zu meiden. Die Angst vor dem Dunklen an sich ist sogar schon wieder ein eigenes Thema[16], das sich frei-

im sozialen Gedächtnis beanspruchen darf, und das Individuum ist es, das sich vor einem Totengericht für seinen persönlichen Lebenswandel verantworten muß.« S. 158: »Diese Statuen (sc. in den Gräbern der 25. u. 26. Dyn., d. V.) waren nicht auf Sichtbarkeit angelegt, sollten keine Besucher beeindrucken, sondern vielmehr dem Totengeist zur Einwohnung dienen.« Die Statuen hatten die Funktion eines »Ersatzkörpers«.

16 In der Einleitung zu der isländischen »Geschichte von dem starken *Grettir*, dem Geächteten« schreibt PAUL HERRMANN: »Die Angst vor dem Dunkel ... ist noch heute eine bei vielen einfachen Isländern erscheinende Eigentümlichkeit ... Man muß an die Grauen der isländischen Winternacht denken, um diese Angst nachempfinden zu können.« *Grettir*, der »mindestens fünf Jahre allein in grauenhafter Einöde, allein mit seinen Gedanken, immer ins undurchdringliche Dunkel gebannt ist« (S. XIII), hat eine natürliche Furcht vor dem Dunkel. In Kap. 35, S. 105, erklärt *Grettir* nach seinem Sieg über *Glam*, »daß sich seine Stimmung nicht gebessert hätte, er wäre jetzt viel weniger ruhig als früher und könne Kränkungen noch schlechter hinnehmen. In der Hinsicht wäre eine große Veränderung mit ihm vorgegangen, daß er so furchtsam vor der Finsternis geworden war, daß er nirgends hingehen mochte, sobald es finster wurde. Es traten dann bei ihm allerlei Sinnestäuschungen auf und es war später seine Redensart geworden, daß *Glam* denjenigen, die anders sehen als es wirklich ist, Augen leiht oder ihnen das Glamgesicht gibt.«

lich wie von selbst mit dem Tode verbindet: Die Umnachtung der Augen des Körpers wie der Seele kann in symbolischem Austausch beides bezeichnen, und von alters her wird, wie zum Trost, der Schlaf als ein Bruder des Todes betrachtet. Sterbend die Augen zu schließen läßt sich demnach verstehen als ein Einschlaf zu ewiger Ruhe. Darüber ist nicht zu vergessen, daß Jahrhunderttausendelang der Anbruch der Nacht in der offenen Landschaft Gefahren aller Art mit sich brachte, – Menschen sind keine Nachtjäger wie zahlreiche Feliden oder Caniden. Das Dunkel macht hilflos, und die Angst als Warnsignal möglicher Bedrohung schärft zugleich die Sinne, lenkt die Aufmerksamkeit und erregt die Vorstellungskraft. Wer es kann, sollte solche Szenarien meiden. Der ältere Bruder jedenfalls verhält sich vernünftigerweise so.

Eben dieses Gebaren aber gerät dem jüngeren zu einem quälenden Rätsel: Was ist es mit der Dunkel- und Friedhofsangst des älteren? Sie gilt als geistvoll, und daß er selbst eine vergleichbare Angst nicht verspürt, liegt demnach an seiner Geistlosigkeit, – wir wissen inzwischen, wie viel an Berechtigung diese Bemerkung philosophisch tatsächlich besitzt. Aber auch psychologisch scheint dem jungen Mann etwas Wichtiges zu ermangeln. Wer keinerlei Angst kennt, die ihn vor drohenden Gefahren zu warnen vermöchte, lebt subjektiv womöglich leichter, doch objektiv sicher gefährlicher. Daß es zu einem solchen Angstverlust kommt, kann zweierlei Gründe haben. Zum einen: Es ist möglich, Angstsituationen in der Erinnerung wie in der Wahrnehmung zu verdrängen; wenn das Ich sich zu schwach fühlt, um einer bestimmten Gefahrenlage standzuhalten, mag es entlastend wirken, einfach wegzuschauen. »Augen zu und durch«, heißt dann die Parole. Aus lauter Angst hat man dann keine Angst mehr, oder anders gesagt: das Alarmsignal der Angst wird als so unerträglich schrill empfunden, daß man die gesamte Warnanlage abschaltet. Man sieht nichts mehr, man hört nichts mehr, man denkt nichts mehr, was irgendwie Gefahr signalisieren könnte; man geht wie beruhigt durch den Tag und wundert sich nur über die ständige Unruhe und Besorgnis der anderen. Beneidenswert freilich ist dieser Zustand nicht, basiert er doch auf ausgedehnten Denkeinschränkungen,

Wahrnehmungsstörungen und Wirklichkeitsverleugnungen. Er repräsentiert in der Tat einen Geisteszustand weit unterhalb seiner Möglichkeiten – eine eingefrorene Angst vor der Angst.

Es kann – zum anderen – aber auch sein, daß die gesamte Gefühlswelt unterkühlt ist. Um Angst zu empfinden, brauchte man ein Ich, das sich bedroht fühlen könnte; um Gefühle zu haben, müßte man selber in der entscheidenden Phase der psychischen Entwicklung Gefühle kennengelernt haben. Psychoanalytisch gelten die ersten Lebensmonate als die Zeit, in welcher – noch in der »Dualunion« von Mutter und Kind und dann in den ersten Prozessen der Ablösung – das Gefühl für sich selbst, für die Umgebung, für die Bewertung zentraler Erfahrungen wie Nahrungsaufnahme, Geborgenheit, Wärme und Zuwendung nachhaltig »geprägt« wird. Man nennt diesen Zeitraum der frühkindlichen Entwicklung bezeichnenderweise die »schizoide« Phase[17], denn wofern gerade dieser erste Lebensab-

17 MELANIE KLEIN: Bemerkungen über einige schizoide Mechanismen, in: Das Seelenleben des Kleinkindes, 113, verweist in ihrer klassischen Arbeit über Schizoidie auf den »narzißtischen Charakter« »schizoider Objektbeziehungen« sowie (S. 114) auf »das Gefühl der Einsamkeit und der Trennungsangst«, das sie (S. 102) auf eine »scharfe Trennung von Liebe und Haß« auf der »schizoiden (paranoiden) Position« der Ich-Entwicklung zurückführt. Als »typische Abwehrmechanismen des frühen Ichs« betrachtet sie: »Spaltungen der Objekte und der Triebe, Idealisierung, Leugnung innerer und äußerer Realität und die Unterdrückung von Trieben.« – Im Märchen geht daraus die übergroße Bedeutung der Wertschätzung des Vaters sowie die scheinbare Gefühllosigkeit hervor. – Was die Behandlung schizoider Patienten angeht, meinte MELANIE KLEIN: A. a. O., S. 119–120, sie sei schwerer als bei manisch-depressiven; denn: »Ihre zurückgezogene, gefühllose Haltung, die narzißtischen Elemente in ihren Objektbeziehung ..., eine Art abgesonderter Feindseligkeit ... schaffen einen besonderen Typus von Widerstand ... Mangel an Kontakt ... und die Unfähigkeit ..., auf analytische Deutungen zu reagieren. Der Patient fühlt sich entfremdet und abwesend, und dieses Gefühl entspricht dem Eindruck des Analytikers, daß beträchtliche Teile der Persönlichkeit des Patienten und seine Gefühlsregungen nicht vorhanden sind. Patienten mit schizoiden Zügen können etwa sagen: ›Ich höre, was Sie sagen. Sie können recht haben, aber es bedeutet nichts für mich.‹ Oder sie sagen, sie fühlten, daß sie nicht das sind.« S. 120–121: »Der Patient spaltete jene Teile seines Selbst, d. h. seines Ichs ab, die er als gefährlich und dem Analytiker gegenüber feindlich empfand. Er wendete seine destruktiven Regungen von seinem Objekt auf sein Ich, mit dem Enderfolg, daß Teile seines Ichs zeitweise aufhörten zu existieren.« K. W. BASH: Lehrbuch der Allgemeinen Psychopathologie, 72, spricht von dem

schnitt von emotionaler Kälte gekennzeichnet war, wird der gesamte Charakteraufbau der Persönlichkeit später »schizoid« geartet sein. Schizoid, von griechisch »schízein« – spalten – meint vor allem, daß im Erleben eines solchen Charaktertyps die Inhalte vom Empfinden völlig getrennt sind. Ein Schizoider registriert wohl intellektuell, was bestimmte Begebenheiten bedeuten, doch sie erreichen nicht sein Gefühl; er bleibt »cool«, er hat scheinbar »Nerven wie Drahtseile«, ihm macht »alles nichts aus«, er steht mit nichts und niemandem wirklich in Verbindung; was aus anderen Menschen wird, was aus ihm selber wird, ist ihm auf merkwürdige Weise »egal«; es geht ihn nicht an, es »betrifft« ihn nicht. Eine solche schizoide Mentalität ist nicht ohne weiteres unintelligent, ganz im Gegenteil: Rein rational kann sie, zum Beispiel in Mathematik oder Physik, Hervorragendes leisten; ja, es scheint, als wolle unser derzeitiges Ausbildungssystem gerade einen solchen Schülertyp nachdrücklich fördern: nicht Gefühle, sondern Kenntnisse, nicht Empathie, sondern Effizienz, nicht Kreativität, sondern Kalkulierbarkeit sind da erwünscht; geschult werden die MINT-Fächer (Mathematik, Informatik und Technik), um im globalen Leistungsvergleich volkswirtschaftlich »fit« zu sein, wohingegen Unterrichtsfächer wie Altgriechisch etwa oder die Beschäftigung mit antiker Geschichte oder die Aneignung des riesigen Angebotes der Weltliteratur als überflüssige Zeitvergeudung aus den Lehrplänen gestrichen wird. Nicht was es mit Menschen macht, ist die Frage dieser Pädagogik, sondern wie man Menschen züchtet, die alles machen können, was von ihnen erwartet und gefordert wird, ist die Frage. Nicht nur durch frühkindliche Einflüsse können Gefühle unterentwickelt bleiben, sie können, wie später bei militärischem Drill, auch einfach wegerzogen und wegtrainiert werden. Das Ergebnis ist »Tumbheit« in wörtlichem Sinne: eine Stumpfheit und ein Verstümmeltsein im gesamten emotionalen Bereich. Was man in solchen Persönlichkeiten vor sich hat, ist niemals eine Glocke, die klingt und schwingt in eigener Resonanz, allenfalls ein Spiegel, der einen jeden Eindruck ungerührt und unberührt an seiner Oberfläche zurück-

heimatlosen »Gefühl der Gefühllosigkeit« als einer »Störung der normalen Gefühlsbezogenheit«.

wirft. In der Politik rühmt man manchmal eine solche Teflon-Mentalität, in der Forschung wünscht man sich Leute, die etwa über neue Waffensysteme nachgrübeln können, ohne auch nur einen Gedanken an die möglichen Folgen ihrer »Erfindungen« zu verschwenden, in den Kanzeln von Kampfflugzeugen sitzen nur vollausgebildete Piloten, die Napalmbomben über bewohnte Gebiete so seelenruhig abzuwerfen vermögen, wie wenn sie den Schalter am Trafo ihres Spielzeughubschraubers bewegten.

Doch die Situation des jüngeren Bruders im Märchen ist nicht die einer emotionslosen, schizoiden, handlungsorientierten Intelligenz. Selbst eine solche könnte wenigstens noch Angst empfinden im Leistungsbereich: Sie verfügt über geistige Interessen, und sie kann sich sorgen um deren Gelingen oder Mißlingen. Zu der dumpfen Unfähigkeit des jüngeren Bruders, zu begreifen, was Angst ist, gehört eine Ungeistigkeit, die selbst die Annahme einer reduzierten Rationalität ausschließt. *»Hör du, in der Ecke dort«*, spricht der Vater zu ihm, *»du wirst groß und stark, du mußt auch etwas lernen, womit du dein Brot verdienst. Siehst du, wie dein Bruder sich Mühe gibt, aber an dir ist Hopfen und Malz verloren.«* Solche Worte machen nur Sinn bei einem Jungen, der als verachteter »Eckensteher« und »Drückeberger« sich uninteressiert auch daran gibt, irgendetwas von sich her sich geistig anzueignen. Er ist ausgesprochen träge und faul, und in seiner Lage darf diese Haltung als Kehrseite seiner emotionalen Ausfälle gelten: Wofür auch sollte sich jemand wohl interessieren, wenn ihm die ganze Welt als abgeblaßt und farblos erscheint und so gut wie keinerlei Aufforderungscharakter für ihn besitzt? Er kann nur wie gelangweilt herumsitzen, außerstande, sich für irgendetwas zu engagieren oder sich mit irgendetwas so zu beschäftigen, daß es einer erfolgreichen Arbeit ähnlich sähe. Das einzige, was er »lernen« möchte, besteht darin, sich zu gruseln, denn das gilt ihm für *»eine Kunst ..., von der ich auch nichts verstehe.«* Beobachtete er diese »Kunst« nicht bei seinem beneideten Bruder, so käme er kaum auf eine solche Idee; nicht von innen her, weil er sich eines Mangels bewußt wäre, sondern nur im Vergleich mit seinem Bruder begehrt er, *»das Fürchten zu lernen«*, wie schon der Titel des Märchens verheißt.

Deutlich tritt dabei die außerordentliche Realitätsferne dieses Mannes zutage. Was sein Vater sich bei dem Wort »lernen« vorstellt, ist die Einarbeitung in einen Beruf, mit dem sich ein eigener Lebensunterhalt verdienen ließe; er aber, der so Angeredete, denkt nicht verantwortlich-praktisch, er denkt als erstes und einziges an sich selbst und bestätigt damit die frustrierte Einstellung seines Vaters: Wenn er nur erst sich richtig zu fürchten vermöchte, so hätte er doch irgendwie zu seinem größeren Bruder aufgeschlossen, so verdiente auch er die Achtung eines geistvollen Menschen, dann wäre er nicht länger nur der tragikomische Dorfdepp und Hauslümmel. Zu Recht spricht lachend der ältere, als er das hört, zu sich selbst: *»Du lieber Gott, was ist mein Bruder ein Dummbart, aus dem wird sein Lebtag nichts«*, und der Vater bemerkt, doppelbödig genug, er werde das *»Gruseln … schon lernen, aber dein Brot wirst du damit nicht verdienen.«*

Angst, wie gesagt, entstammt dem Geist; der jüngere aber nimmt die Angst für den Geist selbst, er verwechselt Ursache und Wirkung, er will die Wirkung des Geistes ohne Vergeistigung, er macht das Innere zum Äußeren und umgekehrt; alles, was er so betreibt, wird ganz sicher eine »brotlose Kunst« bleiben. Und der Beweis zeigt sich sogleich: Es gibt nicht die geringste eigene Aktivität, mit welcher der junge Mann seinem Ziel näherzukommen versuchte. Er müßte nur mal eines Nachts tun, was sein Bruder zu tun vermeidet: auf den Friedhof gehen und sehen, wie es sich anfühlt. Doch eben davon ist keine Rede. Dieser Mann geht nicht zu dem Ort, an dem Geister spuken könnten, die »Geister« müssen als Spuk schon zu ihm kommen, wenn er je so etwas wie Angst verspüren will. Gerade das aber wird jetzt zum Kalkül des Vaters: Vielleicht, lernt der Sohn erst das Gruseln, wird er doch noch – mit verbessertem Selbstwertgefühl – an irgendetwas Gefallen finden. Doch es kommt, trotz aller väterlichen Fürsorge, anders.

Der Spuk im Turm

Es geschieht *»bald danach«*, daß *»der Küster zum Besuch ins Haus«* kommt und *»ihm der Vater seine Not«* klagt: *»sein jüngster Sohn«* weiß nichts und lernt nichts, und statt sich so sorgen, wie er *»sein Brot verdienen«* könnte, verlangt er danach, *»das Gruseln zu lernen«*. Doch sonderbar: Der Küster verspricht Hilfe, ja, es dünkt ihn ein leichtes, den Jungen das Gruseln zu lehren; wenn er nur erst bei ihm in Dienst stehe, werde er *»ihn schon abhobeln«*. Und gleich stimmt der Vater zu, – er wäre ganz *»zufrieden«*, würde sein Sohn *»ein wenig zugestutzt«*. Beiden ist daran gelegen, dem Jungen, wie man zu sagen pflegt, Beine zu machen; wenn sie ihm, wie gewünscht, einen ordentlichen Schrecken einjagen, wird er sich vielleicht doch besinnen und die Starthilfe nutzen, um endlich aus seiner Lethargie zu erwachen. Das Erleben der Angst soll ihn seinem Phlegma entreißen, doch deckt diese Absicht sich kaum mit den Vorstellungen des Jungen. *Der* möchte nicht etwas Brauchbares lernen, sondern er möchte sich selbst kennenlernen als jemanden, der, wenn er sich zu ängstigen vermöchte wie sein älterer Bruder, denn doch nicht für gänzlich dumm gelten darf; nicht seine Tüchtigkeit möchte er verbessern, sondern seine Selbstachtung vor den Augen der anderen. Was er will, ließe sich nur mit geistigen Mitteln ermöglichen; was jene sich vorstellen, kann nur auf ein Arrangement im Ungeistigen hinauslaufen. Man ahnt schon hier: Die Sache wird nicht gut ausgehen.

Dabei läßt sich alles ganz rechtschaffen an. Der Küster nimmt den Jungen bei sich auf, läßt ihn bei sich wohnen und nimmt ihn zum Glockenläuten in Dienst. Vermutlich bekommt der Junge dafür keinen Lohn, wohl aber erhält er Wohnung und Beköstigung frei; für seinen Vater bedeutet das eine kleine Entlastung und für den Küster eine erfreuliche Erleichterung: Er ist wohl schon fortgeschrittenen Alters, so daß ihm das Emporklettern der Treppen hinauf in den Turm zunehmend schwerfällt und er auch das Ziehen am Glockenstrang nur mit Mühe noch bewerkstelligen kann. Doch darum geht es nicht. Der Junge soll nicht in die Dienste und Verrichtungen eines Küsters eingeführt werden, um irgendwann durch eigene Arbeit anderen hilfreich zu sein und sich auf eigene Beine zu stellen, er soll sich lediglich an den Küsterhaushalt und insbesondere an den Glockenturm gewöhnen, auf daß ein plötzlich eintretendes ungewohntes Ereignis ihn desto unvorbereiteter, schreckhafter trifft. Er soll lernen, was er sich so sehnlichst wünscht: das Gruseln.

So währt es denn auch nur *»ein paar Tage«*, daß der Küster seinen Horror-Coup auszuhecken gesonnen ist. Mitternacht ist's, um die Geisterstunde, als er dem Jungen gebietet, *»in den Kirchturm* (zu) *steigen«* und die Glocke zu läuten. Normal wäre es, wenn der Junge fragen würde, was den Küster anficht, grundlos die Leute des Dorfes mit dem Bimbam vom Turm aus dem Schlafe zu reißen, als gelte es, vor einer Feuersbrunst oder vor dem Aufmarsch einer feindlichen Soldateska zu warnen; doch der junge Mann stellt, wohl aus geistiger Trägheit, nicht solche Fragen. Wenn's ihm geheißen wird, tut er's, – warum und wozu wird der Küster schon wissen. Dieser freilich weiß nur allzu gut, was er im Schilde führt, nur sein neuer Angestellter darf es natürlich nicht wissen. Unbemerkt nämlich ist er selber vor diesem in den Turm gestiegen, um ihn als Nachtgespenst in jähen Schrecken zu versetzen. Die Frage ist nur: Wie sieht's aus und woran erkennt man ein Nachtgespenst?

Die konventionelle Antwort ist eindeutig: Um Mitternacht, in der Stunde, da das tiefste Dunkel sich wendet zum Licht, ist es möglich, daß die Gräber sich auftun und die Toten umhergehen, wie damals, als Jesus am Kreuze verstarb und die Erde bebte »und viele Leiber der entschlafenen Heiligen aufstanden und … in die heilige Stadt kamen«, wie das *Matthäus*-Evangelium erzählt (Mt 27,52–53). Die weißen Grabtücher, in die man sie zur Beisetzung wie in Bettlaken zur ewigen Ruhe gehüllt hat, tragen sie mit sich; ihre Bewegungen sind bekanntermaßen wie schwebend, wenn sie nicht überhaupt stillstehen; besonders unheimlich wirkt auch ihr Verstummen, – würden sie Laute von sich geben, so wären sie wohl zu vernehmen wie der langgedehnte Seufzer beim Vorgang des Sterbens. All das gilt im Volksglauben als charakteristisch für eine Gespenstererscheinung, und exakt an dieses Vorstellungsschema hält sich auch der Küster. Er hat guten Grund, darauf zu vertrauen, daß, wer irgend an Geistererscheinungen glaubt, tief beeindruckt sein wird, wenn er eines solchen Aufzugs ansichtig wird; doch womit er nicht rechnet, ist der »Realitätssinn« des Jungen, der freilich nicht auf einer tieferen Einsicht in das Wesen einer geistigen Existenz, sondern auf seiner vorstellungsarmen Oberflächlichkeit beruht. Und so entbehrt die folgende Szene nicht einer unfreiwilligen Komik.

Der Küster möchte seinem Bekannten helfen, indem er sich als Gespenst verkleidet, um dessen Sohn in Schrecken zu versetzen; er spielt ein Gespenst, um den jungen Mann mit dem Glauben an die reale Begegnung mit dem Geist eines Verstorbenen das Gruseln zu lehren, damit dieser sich für eine geistvolle Person erachten kann. Etwas Irreales, das sich als real gibt, trifft mithin auf einen Realismus, der sich etwas Irreales kaum vorzustellen vermag und der fassungslos davor steht, daß es möglich ist, über die Brüchigkeit eben dieser Realität zutiefst zu erschrecken. Der Kontrast könnte grotesker kaum sein: Der junge Mann redet das »Gespenst«, das im Kirchturm gegenüber dem Schallloch in weißem Umhang vor ihm steht, ganz so an, als handelte es sich um einen gewöhnlichen Menschen, der sich anscheinend rein zufällig um Mitternacht im Kirchturm verlaufen hat. So selbstverständlich er den Auftrag zum Glockenläuten um diese ungewöhnliche Uhrzeit hinnimmt, so normal kommt es ihm offenbar vor, daß jemand zu dieser Stunde sich oben im Glockenturm aufhält, und so fragt er ihn, wie ein Wachsoldat auf Posten: *»Wer da?«* Um seiner Rolle als Gespenst gerecht zu werden, darf der Küster darauf weder eine Antwort geben noch sich von der Stelle bewegen, er kann nur darauf hoffen, daß die Plötzlichkeit seiner Erscheinung sowie die erhabene Starre seiner Gestalt »gespenstig« genug wirken, um den erwünschten und beabsichtigten Schrecken zu erzeugen; öffnete er seinen Mund, würde er vermutlich gleich auf der Stelle erkannt.

Doch damit kommt er nicht durch. In der Realität muß er seinen sonderbaren Aufenthalt im Kirchturm um Mitternacht irgendwie begründen, das aber kann er nicht. Zu Recht fragt ihn der Junge: *»Was willst du hier? Sprich, wenn du ein ehrlicher Kerl bist.«* Es ist für ihn wirklich nicht klar, was der Fremde will, und wenn er es ihm nicht erklärt, liegt es nahe, irgendeine Unredlichkeit zu vermuten. Mit einem Mal ist er nicht nur zur Unzeit als Glöckner tätig, mit einem Mal steht er auch in der Pflicht, den Kirchturm vor Dieben und Einbrechern zu schützen, und so droht er dem Unbekannten an, ihn die Treppe hinabzustürzen. Der aber glaubt nicht, daß der junge Mann es mit seiner Drohung ernst meint und fährt in seiner Rolle des stumm und steif dastehenden Gespenstes fort. Diese Pose aber besiegelt sein Unheil. Denn als auch die dritte Anfrage vergeblich ist, schreitet der Junge zur Tat: er nimmt Anlauf und stößt *»das Gespenst die Treppe hinab, daß es zehn Stufen hinabfiel und in einer Ecke liegenblieb.«* Dann verrichtet er seinen Auftrag: er läutet die Glocke und legt sich hernach wortlos und seelenruhig ins Bett, um weiterzuschlafen.

Was, muß man sich fragen, ist er nur für ein Mensch? Er wähnt ja nicht, ein Gespenst vor sich zu haben, er sieht in ihm einen normalen Menschen, also müßte er ihn freundlich, aber bestimmt des Turmes verweisen, und selbst wenn seinem Befehl nicht Folge geleistet würde, stünde es ihm doch nicht zu, mit eigener Hand für Recht und Ordnung zu sorgen; allenfalls könnte er dem Küster die seltsame Erscheinung melden, ohne zu wissen, daß hinter dieser Erscheinung sich gerade der Küster verbirgt. Was passieren kann, wenn man eine erwachsene Person, für welche der junge Mann das »Gespenst« hält, *»zehn Stufen«* der engen Steintreppe eines Kirchturms hinabstößt, dürfte jedem Nachdenklichen klar sein, und es müßte auch ihn deshalb sehr beunruhigen: Er müßte hingehen und nachsehen, und im Falle, daß der Hinabgestoßene sich mehr oder minder verletzt hat, müßte er ihm selber helfen oder für ihn Hilfe herbeiholen. Stattdessen ist nicht anders zu denken, als daß der Junge beim Abstieg aus dem Turm die gleiche Treppe benutzt, über die er den aussageunwilligen Fremden in die Tiefe gestoßen hat; unmittelbar an dem verletzt und wehklagend Daliegenden muß er vorbeigehen, buchstäblich steigt er, *»ohne ein Wort zu sagen,«* über ihn hinweg und begibt sich ins Bett.

Das also bedeutet es, im Umgang mit anderen keine Gefühle zu haben: Es kann anderen geschehen, was will, es betrifft den Betreffenden nicht, es ist ihm egal; was aus einem Verletzten wird, selbst wenn er selbst den gefährlichen Sturz verursacht hat, bedeutet ihm nichts. Strafrechtlich müßte der Junge für ein solches Verhalten angeklagt werden wegen fahrlässiger Körperverletzung und unterlassener Hilfeleistung, und gewiß würde dabei strafverschärfend die erschreckende Gefühlskälte dieses Unerschrockenen empfindlich zu Buche schlagen. Allenfalls seine Jugend könnte strafmildernd für ihn geltend gemacht werden sowie die Tatsache, daß er sich in der für ihn absolut undurchschaubaren Situation nicht anders zu wehren wußte: keinesfalls handelte er im Affekt, er wollte einen Eindringling aus dem Kirchturm entfernen, und er hatte unmißverständlich angedroht, was er tun werde, wenn seiner Aufforderung nicht Folge geleistet werde. Dennoch bleibt es dabei: Er hatte kein Recht, so zu handeln, und selbst wenn er es gehabt hätte, müßte er anschließend sich um den Verletzten kümmern.

Die gefühlsmäßige Bedeutung der Situation, die jetzt eingetreten ist, wird ganz und gar verkörpert von der Frau des Küsters. Während der junge Mann im Bett liegt und schläft, als wäre gar nichts geschehen, wartet sie *»lange Zeit auf ihren Mann«*, der aber kommt nicht und kommt nicht. In ihrer *»Angst«*, was geschehen sein könnte, weckt sie den Jungen auf und fragt ihn voller Unruhe, wo ihr Mann geblieben ist, er sei vor ihm auf den Turm gestiegen. Diese ihre »Angst« ist nichts anderes als ein sorgenvolles Mutmaßen von Möglichkeiten in bezug zu jemandem, mit dem sie sich emotional wie sozial auf das engste verbunden fühlt, – daß der junge Mann zu solcher Angst nicht entfernt auch nur imstande ist, macht von außen betrachtet gerade sein Problem aus, vor allem, weil er selber es nicht als solches wahrzunehmen vermag. Wahrheitsgemäß erklärt er der Frau, ihren Mann nicht gesehen zu haben, allerdings habe *»da … einer dem Schalloch gegenüber auf der Treppe gestanden, und weil er keine Antwort geben und auch nicht weggehen wollte, so habe«* er *»ihn für einen Spitzbuben gehalten und hinuntergestoßen.«* Auf die Maskerade der Geistererscheinung kommt er durchaus nicht, und auch die Möglichkeit, jener weißgekleidete Stumme könnte sein Dienstherr, der Küster, gewesen sein, stellt für ihn offenbar keine weitere Beunruhigung dar, – soll doch die Frau selber sehen, ob der Verunglückte ihr Mann ist oder nicht; wenn es der Fall wäre, so sollte es ihm *»leid tun«*, erklärt er, doch das ist eine reine Phrase, die er nur von sich gibt, um nicht weiter behelligt zu werden. Empfände er wirklich, was er da spricht, so würde er auf der Stelle an der Seite der Frau dem Verdacht buchstäblich »nachgehen« und dem Küster zu helfen suchen.

Doch auch was in dieser Frau vor sich geht, betrifft ihn keinesfalls. Er dreht sich um und schläft weiter, während sie bei der Nachricht, ihr Mann könnte die Turmtreppe hinabgestoßen worden sein, entsetzt aufspringt; tatsächlich findet sie ihn, wie er *»in einer Ecke lag und jammerte und ein Bein gebrochen hatte.«* Natürlich tut sie sogleich, was die Lage gebietet: Sie trägt *»ihn herab«*, das heißt, sie wird den auf einem Bein Humpelnden zu seinem Lager geleitet und notdürftig versorgt haben, und dieser wird ihr zur Erklärung erzählt haben, was wirklich geschehen ist: Man hat ihn die Treppe hinuntergestoßen. Inwieweit er dabei die Gespenstergeschichte erwähnt und seinen Wunsch erläutert, dem Vater des Jungen zu helfen, indem er diesen das Gruseln lehren mochte, steht dahin. Vermutlich verschweigt er diesen Hintergrund. Das Problem, sich nicht fürchten zu können, ist an sich schon seltsam genug, und der Plan, es zu lösen, erscheint im Rückblick als eine Lachnummer ohne Ende, – auch die Schadenfreude, die sich beim Lesen des Märchens spontan einstellt, ist eine Gefühlsregung, die allein bei Personen entsteht, die das Unfallopfer und seine Schmerzen rein aus der Zuschauerperspektive betrachten, – ganze Serien im Fernsehen sind von der Art und zeugen von dem anscheinend unverwüstlichen »Spaß« beim Zuschauen fremden Unglücks.

Die Unschuld des Gefühllosen

Für den Tathergang jedenfalls, wie der Küster ihn seiner Frau mitteilt, ist die Angabe offenbar ausreichend, daß es der Junge war, der ihn die Turmtreppe hinabgestoßen hat – und das auch noch absichtlich, Anlauf nehmend, mit voller Wucht! Ohne den Hintergrund und die näheren Umstände zu kennen, kann die Frau nicht anders denken, als daß der Junge von einer unbegreiflichen Hinterhältigkeit, Brutalität und Gemeinheit sein muß, und dieses ihr Urteil beeilt sie sich, erbost wie sie ist, dem Vater des Jungen kundzutun: *»Euer Junge,«* ruft sie *»mit lautem Geschrei«*, im Tone wütender Anklage, *»hat ein großes Unglück angerichtet, meinen Mann hat er die Treppe hinabgeworfen, daß er ein Bein gebrochen hat.«*

Das stimmt aufs Wort und stimmt doch nicht; es zeigt sich vielmehr, wie irreführend es sein kann, isoliert eine Tat zu verurteilen, ohne die handelnde Person und die Umstände in die Bewertung miteinzubeziehen. In ihrer Empörung freilich steht der Frau – wohl auf Grund einer unzureichenden, den Tathergang geradezu verfälschenden Darstellung seitens ihres Ehemannes – das Urteil fest: der Junge ist ein *»Taugenichts«*; und gleich auch setzt sie das Strafmaß fest, das sich gebührt: *»schafft«* ihn *»aus unserem Hause«*.

Dem Wort nach meint »Taugenichts« weniger als »Übeltäter«, doch dem Sinn nach meint es mehr: Ein »Übeltäter« ist jemand, der Mal um Mal übel tut, doch kann er vielleicht auch noch anders handeln; von einem »Taugenichts« steht niemals etwas Gutes zu erwarten; er muß nicht einmal »übel« gesonnen sein, – es genügt, daß er da ist, um Schaden zu stiften. Diese Auffassung über seinen Sohn macht sich denn auch der Vater jetzt voll und ganz zu eigen: *»Was sind das für gottlose Streiche«*, fährt er ihn an, *»die muß dir der Böse eingegeben haben.«*

So spricht ein Vater, der mit der Erziehung seines Sohnes sichtlich überfordert ist. Der Junge ist und bleibt ihm unbegreifbar, er versteht ihn nicht, er weiß mit ihm nichts anzufangen, und ob er es will oder nicht, er gibt ihm, wie gesagt, seine Mißachtung schon durch die Hochachtung gegenüber dem älteren Bruder unmißverständlich jeden Tag neu zu verstehen. Was auch soll er mit jemandem beginnen, der nur herumsitzt, als ein uninteressierter und unengagierter Zuschauer inmitten einer Welt, die ihm so fremd ist wie er selbst dieser, fixiert zudem auf ein einziges Lernziel, mit dem auf ehrliche Weise seinen Lebensunterhalt zu verdienen ihm sicher nicht möglich ist, es sei denn, er ginge als Clown durch, und auch das ist schwer vorstellbar; denn gerade dazu müßte er in eine ironische Distanz zu sich selbst treten, und eben das erlauben ihm seine latenten Minderwertigkeitsgefühle keinesfalls.

Bislang, das muß man ihm zubilligen, hat der Vater, wenngleich resigniert und verdrossen, immerhin eine Menge Geduld an den Tag gelegt, um die Absonderlichkeiten seines Sohnes hinzunehmen; jetzt aber wird's ihm zu viel. In seinem subjektiv als berechtigt erscheinenden Ärger offenbart sich freilich in aller Heftigkeit das vollkommene Unverständnis seinem Sohn gegenüber. In den »Geisterplan« des Küsters war er nicht eingeweiht, und er konnte wohl auch von Anfang an nicht recht glauben, was dieser versprach: sein Sohn werde bei ihm das Fürchten erlernen; ihm hätte es gewiß genügt, wenn der Küster ihn nach Strich und Faden rangenommen hätte; nicht das Gruseln – Disziplin und Arbeit hätte er ihn lehren sollen. Doch nun dies! So sonderbar kommt der Junge seinem Vater vor, daß dieser sein Verhalten nur noch als eine Eingebung des Teufels verstehen kann. Sein Sohn, wenn das zutrifft, handelt nicht etwa böse, weil er es wollte, er unterliegt vielmehr dem Willen des Bösen selber. Aus der Fremdheit seines Sohnes schließt der Vater auf dessen Entfremdung in der Hand des Satans, die fehlende Psychologie ersetzt er durch Dämonologie, und statt zueinander zu finden wird damit die Trennung endgültig.

In einer kleinen Studie hat SIGMUND FREUD einmal beschrieben, wie eine Teufelserscheinung sich am einfachsten als Wiederkehr des verinnerlichten Vaterbildes verstehen läßt[18]; träfe die Behauptung des Vaters hier zu, so müßte man ihn selber als die Ursache der angenommenen Eingebungen des »Bösen« erkennen, – *er* wäre der Teufel, der über seinen Sohn gekommen ist. Doch so verhält es sich nicht. Wie Mütter zu »Hexen« nur werden können bei einer starken, allerdings ambivalenten Beziehung zu ihrem Kind, so werden auch Väter zu »Teufeln« (beziehungsweise zu Unholden, Drachen und Zauberern) nur bei einem entsprechend dichten Verhältnis zu ihrem Sohn oder zu ihrer Tochter; ohne eine gefühlsmäßige enge Bindung und Verbundenheit wird kein Sohn seinen Vater infolge heftiger Widersprüche in seinem Wesen als »teuflisch« erachten. Das Verhältnis dieses Jungen zu seinem Vater aber ist derart gefühlsarm, daß es niemals zum Aufbau derart extremer Bewertungen kommen wird.

Dabei hätte der Sohn aus seiner Sicht jetzt allen Grund, sich seinerseits über seinen Vater zu ärgern, denn was er zu seiner Verteidigung vorbringt, trifft Wort für Wort zu: *»Vater«*, erklärt er, *»hört nur an, ich bin ganz unschuldig; er* (sc. der Küster, wie er jetzt weiß, d. V.) *stand da in der Nacht, wie einer, der Böses im Sinne hat. Ich wußte nicht,*

18 SIGMUND FREUD: Eine Teufelsneurose im siebzehnten Jahrhundert, in: Gesammelte Werke XIII, 315–353: »Die Dämonen sind uns böse, verworfene Wünsche, Abkömmlinge abgewiesener, verdrängter Triebregungen.« (S. 318).

wer's war, und habe ihn dreimal ermahnt zu reden oder wegzugehen.« Das aber hat dieser nicht getan; drum, daß er ihn für einen *»Spitzbuben«* halten mußte. Die Begriffe »Nichtsnutz« und »Spitzbube« stehen jetzt einander als wechselseitige Vorwürfe gegenüber, doch die eine Anschuldigung ist so wenig berechtigt wie dic andere: Der Küster wollte nicht stehlen, und der Junge wollte nicht Böses begehen, beide wußten nur nicht, mit wem sie es in dem anderen wirklich zu tun hatten. Dem Jungen *daraus* einen Vorwurf zu machen, wie der Vater es tut, ist doppelt ungerecht: Der Junge konnte und sollte nicht wissen, wen oder was er vor sich hatte, dies zum ersten; des weiteren aber folgt der väterliche Vorwurf einer derart bizarren Logik, daß er sich von selbst widerlegt: Weil der Sohn das »Gespenst« nicht als Totengeist erkannt hat, soll der Geist des Bösen in ihn gefahren sein! Jemand, der um den an sich gut gemeinten Schabernack des Küsters weiß, kann einen solchen Vorwurf nicht ernsthaft aufrechterhalten. Vor allem aber verhallt die Bitte des Jungen an seinen Vater: *»Hört nur an«*, vollkommen ungehört. Es ist wie die Zusammenfassung all seiner bisherigen Erfahrungen im Umgang mit seinem Sohn, wenn der Vater aufstöhnend nunmehr Bilanz zieht: *»Ach, … mit dir erleb ich nur Unglück.«* Er ist mit seinem Jungen am Ende. Wenn die Küstersfrau ihn nur aufforderte, seinen Sohn aus *ihrem* Haus zu entfernen, mithin das (aus ganz anderen Gründen eingegangene) Dienstverhältnis unverzüglich zu stornieren, so geht der Vater jetzt so weit, ihm jeden Aufenthalt in seinem eigenen Haus fortan zu untersagen. Nicht mehr nur unansehnlich ist der Sohn in seinen Augen, jetzt ist sein bloßer Anblick für ihn unerträglich: *»geh mir aus den Augen«*, verfügt er zornig und empört, *»ich will dich nicht mehr ansehen.«* Das ist nicht nur das Ende der Geduld, es ist das Ende des Zusammenlebens überhaupt, es ist nichts anderes als eine strikte und komplette Trennung.

Unter »normalen« Umständen stünde nun wohl zu erwarten, daß der Sohn dieser Maßnahme seines Vaters als einem Unrecht entgegenträte, daß er sich besser erklären und wehren würde gegen ein Urteil, das er für nicht rechtens erachten muß. Doch nichts an diesem jungen Mann ist »normal«. *»Ja, Vater, recht gerne,«* erwidert er, *»wartet nur bis Tag ist, da will ich ausgehen und das Gruseln lernen, so versteh ich doch eine Kunst, die mich ernähren kann.«* Das sieht aus nach vollkommener Fügsamkeit und vollendetem Gehorsam, doch gerade davon kann nicht die Rede sein. Daß er mit dem Erlernen der Angst sein *»Brot … nicht verdienen«* kann, hat der Vater seufzend ihm längst schon gesagt, – er hat es nicht gehört, vielmehr geht er unbeirrbar und unbelehrbar weiter seinem Phantom nach: Er muß und möchte das Fürchten erlernen, und dieses Ziel gilt ihm für unendlich viel wichtiger als der Umstand, daß er gerade dabei ist, für immer seinen Vater zu verlieren. Bei bester Laune erklärt er dem Vater vielmehr, gut und gerne, gleich bei Tagesanbruch, werde er von selber das Haus verlassen. Wie ist das zu verstehen?

Passierte so etwas bei einem nicht-schizoiden Charakter, bei einer Persönlichkeit also, die sehr wohl zu Gefühlen imstande ist, so wiese eine derartige Reaktion untrüglich darauf hin, daß hier – sogar recht starke – aggressive Gefühle unterdrückt, verdrängt und in ihr Gegenteil verkehrt worden wären. Ein Moment des Trotzes läge darin, eine Botschaft wie diese: »Du glaubst, mich empfindlich damit bestrafen und treffen zu können, daß Du mich fortschickst. Doch schau nur ein letztes Mal richtig hin: Es macht mir nicht das Geringste aus, mich von Dir zu trennen. Bilde Dir nur nicht ein, Du hättest irgendeine Bedeutung für mich. Bei jeder sich bietenden Gelegenheit hast Du mir bedeutet, daß ich Dir nichts bedeute. Nun, das gilt von Dir auch für mich. Wir sind quitt. Auch ich möchte nicht ständig Deinem Blick begegnen, der so viel Mißachtung ausstrahlt: *›ich will dich nicht mehr ansehen‹*, – das sagst du nicht jetzt erst, das hast du schon immer gesagt. Du wolltest mich nicht. Du lehntest mich ab. Du verachtetest mich. Ich war Dir nie gut genug. In Deinen Augen war alles falsch: was ich tat, was ich nicht tat, was ich war, was ich nicht war, – ich war nicht mein älterer Bruder. War das meine Schuld? Ich habe ein Recht auf mich selbst, ob es Dir paßt oder nicht. Auch ohne Deine Erlaubnis gehe ich hin, es mir endlich zu nehmen. Dein Ärger hält mich nicht zurück. Er erfreut mich vielmehr. Er erleichtert mich. Er macht mir Flügel. Adios!«

So würde ein Junge wohl mit seinem Vater reden, wenn sein Vater mit ihm so redete. Doch die Antwort dieses jungen Mannes ist von ganz anderer Art. In ihr meldet sich nicht eine verhaltene Wut zu Wort, in ihr drückt sich nichts aus als die schiere Beziehungslosigkeit. Wie der Vater fühlt, – es ist ihm egal. Er muß sich nicht zwingen, dem Vater zu sagen: »Es macht mir nichts aus, von Dir fort zu gehen«, – es macht ihm wirklich nichts aus. Er muß seine Gleichgültigkeit dem Vater nicht vorspielen, – er ist diese Gleichgültigkeit seinem ganzen Naturell nach. Er muß seine kühle Heiterkeit sich nicht als Maske aufsetzen, – sie ist sein wahres Gesicht. Vor allem: In seinen eigenen Augen hat er sich nichts vorzuwerfen, er hat alles richtig gemacht. Daß dabei ein Mensch beinahe zu Tode hätte kommen können, beschwert sein Gewissen nicht um ein Gramm, denn er hat kein Gewissen. Ein solches könnte nur entstehen durch die Verinnerlichung realer Objektbeziehungen, und eben die hat es allem Anschein nach nie gegeben.

Dafür hat der Vater offenbar denn doch ein schlechtes Gewissen. So ärgerlich er auch ist, es grämt ihn, seinen Sohn in dieser Weise zu verstoßen. Zu dessen Vorhaben, draußen nun endlich *»das Gruseln«* zu lernen, brummt er nur unwillig: *»Lerne, was du willst, … mir ist alles einerlei.«* Er kann es doch nicht ändern, er kann es weder verbieten noch unterstützen, – es *muß* ihm egal sein. Doch was aus dem Sohn wird, kann ihn letztendlich nicht unberührt lassen. Zumindest soll es nicht an ihm liegen, wenn der Sohn in der Fremde verkommt oder umkommt. *»Da hast du fünfzig Taler«*, bietet er seinem Sohn an, *»damit geh in die weite Welt.«* Das ist eine Abfindung, mit der Weisung verbunden, sich künftighin selber zurechtzufinden, doch geknüpft zugleich an eine Auflage, die es auf immer einzuhalten gilt: *»sage keinem Menschen, wo du her bist und wer dein Vater ist, denn ich muß mich deiner schämen.«*

Da sagt sich ein Vater von seinem Sohn los, weil er es als Schande empfindet, einen solchen Sohn zu haben! Erneut stünde »normalerweise« an dieser Stelle eine heftige Auseinandersetzung bei einem solchen Auseinandergehen zu erwarten. Doch nicht bei einem Sohn wie diesem. Daß sein Vater ihn vor aller Welt als Blamage empfindet, scheint er kaum zu realisieren, – auch Scham ist ein Gefühl, das ihm fremd bleibt. *»Ja, Vater«*, spricht er, *»wie Ihr's haben wollt.«* Nicht, was der Vater fühlt, nicht warum er so will, nur daß er so will, ist für ihn von Belang; und tatsächlich: In gewissem Sinne kommt dieser Wille des Vaters ihm gar nicht ungelegen, spricht sich darin doch aus, was sein Leben lang schon Wirklichkeit war: Im Grunde ist er ein Waisenkind. Seine Mutter existiert (für ihn?) nicht (mehr?), und sein Vater, psychisch betrachtet, war nie sein Vater. Was also sollte er vermissen, wenn er allein ist? Und das erklärt's: Er fühlt sich nicht einsam, weil er es immer war, er fühlt sich nicht allein, er hat sich nie anders kennengelernt. Es fällt ihm wirklich nicht schwer, seinen Vater künftig vor allen anderen zu verschweigen: *»wenn Ihr nicht mehr verlangt, das kann ich leicht in Acht behalten«*, versichert er nonchalant noch zum Abschied. Und dieser Zusage darf man vertrauen. Er wird sie einhalten, nicht aus Gewissenhaftigkeit, sondern weil da nichts ist, das er verschweigen müßte. »Wer ist Dein Vater?« Seine korrekte Antwort wäre: »Ich habe nie einen Vater gehabt.« Wohl, der Vater sagt sich jetzt los von seinem Sohn, doch vaterlos war dieser sein Leben lang. – Es ist relativ einfach, jemandem die Diagnose »schizoid« auszustellen, doch so verlassen fühlt es sich an, wenn man sich einfühlt in eine Persönlichkeit, die selber zu fühlen unfähig ist.

Eine wichtige Frage stellt das Schicksal und die Persönlichkeit dieses Mannes daher seine »Schuld« betreffend. In den Augen der Küstersfrau gilt er als ein skrupelloser Gewalttäter, in den Augen des Vaters ist er das, was man heute einen Soziopathen nennen würde: ein Mann, der andere leiden macht, indem er selbst unter sich nicht leidet (im Unterschied zu einem »Psychopathen«[19], den man charakterisiert als jemanden, der an sich selber leidet und andere an sich selbst leiden macht), und in der Tat: In seinen eigenen Augen existiert da überhaupt kein Problem, er ist unschuldig, er hat sich richtig verhalten. Irgendein Schuldgefühl muß er daher gar nicht verdrängen, – er hat keins, und niemals wird er begreifen, daß wohl jedes Gericht der Welt beim derzeitigen Zustand unserer Jurisprudenz ihn in schwerer Weise »schuldig« sprechen wird: vorsätzliche schwere Körperverletzung, das ist kein Kavaliersdelikt. Selbst ein Irrtum in der Gestalt seines Gegenübers im Glockenturm stellt keinerlei Berechtigung zu

19 So die alte Definition bei KURT SCHNEIDER: Klinische Psychopathologie, 17: »Aus den abnormen Persönlichkeiten schneiden wir als psychopathische Persönlichkeiten diejenigen heraus, die an ihrer Abnormität leiden oder unter deren Abnormität die Gesellschaft leidet. Beide Arten überschneiden sich.«

seinem Vorgehen dar, – gerade wenn er nicht daran glaubte, daß er es mit einem »Gespenst« zu tun hätte, wußte er, daß es ein Mensch war, der da vor ihm stand, und als er ihn mit Schwung die steile lange Steintreppe hinabstieß, nahm er schwerste Verletzungen nicht nur billigend in Kauf; sein späteres Verhalten verrät das für jeden Außenstehenden schier Unglaubliche: Es war ihm vollkommen gleichgültig, was aus jenem Jemand im Kirchturm würde, – nach seinem Stoß die Treppe hinunter galt er ihm als Niemand; er war für ihn nicht mehr existent; ob lebend, verletzt oder tot, es war und ist ihm einerlei. Vor allem in dieser Gefühlskälte wird man vor Gericht seine eigentliche Schuld erkennen.

Wohlgemerkt, wir sind rechtsgeschichtlich, Gott Lob, vom bloßen Tatstrafrecht abgerückt und haben uns dem Personenstrafrecht genähert: Um einen Menschen als »schuldig« zu verurteilen, dürfen wir nicht nur sehen, was er getan hat, sondern auch, warum er es tat und wer er selbst ist, – seine Motive, seine Persönlichkeit und die Umstände seiner Tat müssen mitberücksichtigt werden. Dann aber stellt die Gestalt dieses Mannes, *der auszieht, das Fürchten zu lernen*, nicht nur seinen Vater, sondern das gesamte patriarchale Strafrecht unserer bürgerlichen Gesellschaft in Frage. Wie denn? Eine staatliche Behörde spricht einen Menschen schuldig seiner Gefühlskälte wegen? Sie getraut sich, einen Menschen anzuklagen seiner Persönlichkeit wegen? Welch eine Anmaßung! Und: welch ein Unrecht! Entwicklungspsychologisch lernt ein Kind mit etwa acht Monaten, sich in die Gefühle seiner Mutter einzufühlen (sich eine »theory of mind« zu bilden, wie man sagt[20]). Angenommen, es existierte keine Mutter mehr, bei der dieser Mann als Kind entsprechende Gefühle hätte lernen können – angenommen, die Mutter wäre bei der Geburt oder schon im Kindbett gestorben, – oder auch angenommen, gerade in der entscheidenden Phase der Reifung zur Gefühlsfähigkeit wäre es, aus welchen Gründen auch immer, zu dem gekommen, was in den Lehrbüchern als »affektive Mangelzufuhr« bezeichnet wird – es hätte einfach keine Gefühle gegeben, auf die er als Kind hätte reagieren können –, so würde das zweifellos die spätere Gefühlskälte des Er-

20 Vgl. E. DREWERMANN: Atem des Lebens, II 450–478: Wie ein Kind zu Selbstbewußtsein kommt; 497: im Alter von acht Monaten.

wachsenen hinreichend erklären; doch es würde damit zugleich auch den Schuldvorwurf widerlegen. Kein Mensch trägt eine Schuld für seine Kindheit; ein Mensch aber, der schuldig wird seiner Kindheit wegen, braucht gerade nicht den kalten Rechtspruch der Paragraphen des Strafgesetzbuches, er braucht die Hilfe von Menschen. Noch wissen wir bei der Lektion des Märchens nicht, wie eine solche aussehen könnte, doch umso gespannter dürfen wir sein, wie der junge Mann im folgenden sich selbst zu helfen versucht.

Die Nacht unter dem Galgen

Mutete das Gebaren des jungen Mannes bisher schon sehr »speziell« an, so steigert er gleich in der nächsten Szene seine Darbietungen auf geradezu verwegene und abwegige Weise. Soeben noch, im Glockenturm, erkannte er ein »Gespenst« nicht als einen »Totengeist«, sondern sein scheinbarer »Realitätssinn« ließ ihn einen Menschen erkennen, der sich aus unbekannten Gründen zur falschen Zeit am falschen Ort aufhielt und schon deshalb von seinem Platz entfernt gehörte; in dieser seiner Auffassung wurde er in gewissem Sinn denn auch bestätigt. Was aber hatte es nur auf sich mit der Angst seines Bruders, des Nachts über einen Friedhof zu gehen? *»Wenn mir's nur gruselte! Wenn mir's nur gruselte*!« hämmert es zwischen seinen Schläfen, als er, die fünfzig Taler seines Vaters in der Tasche, sich *»auf die große Landstraße«* begibt; er will es seinem älteren Bruder gleichtun, doch dazu müßte er sich mit dem Unheimlichsten im menschlichen Leben, mit dem Tod, ernsthaft auseinandersetzen. Was sind wir, wenn wir sterben und unser Körper zerfällt? Sind wir dann »nichts«, sind wir dann »Geist«, – es sind diese Ungewißheiten im Übergang vom Endlichen ins Unendliche, die Angst erzeugen, und alles Nachdenken über unsere irdische Existenz kommt nicht umhin, diese Angst zu entdekken. Der jüngere Bruder aber blendet auf seine Weise die Sterblichkeit aus. Für ihn gibt es keinen Gedanken an den Tod, und das nicht nach der epikureischen Maxime, der Tod gehe uns nichts an[21], son-

21 EPIKUR: Brief an Meneukeus, in: Von der Überwindung der Furcht, S. 101: »Das schauerlichste Übel also, der Tod, geht uns nichts an; denn solange wir

dern weil er außerstande ist, sich vorzustellen, daß er nicht sein könnte, wo er doch ist. Die Möglichkeit des Todes, die jederzeit Wirklichkeit sein kann, ist das wesenhaft Beunruhigende, doch um das zu verspüren, müßte man alles, was ist, als gelagert über dem Nichtsein wahrnehmen. Und wieso ist es dann?

Es sind diese zutiefst religiösen Fragen, die der junge Mann von sich wegstieß, indem er den Küster die Treppe hinabstieß. Ein »Gespenst« – das wäre eine Erscheinung von jenseits des Todes; doch schon zu der bloßen Möglichkeit, es gäbe ein – wie auch immer geartetes – Jenseits des Todes, kann er nur sagen: weg damit! Die Verleugnung des Todes läßt ihn einen »Geist« als einen »Spitzbuben«, als etwas durchaus Irdisches und Lebendiges also, erscheinen; diese Einstellung aber führt im nächsten Augenblick bereits dahin, etwas irdisch Totes so zu behandeln, als wäre es lebend. Auch auf diese Weise verleugnet er den Tod. Dessen Nähe mitzuerleben schafft Angst – für alle bewußt sich vollziehenden Lebensformen gilt dieser Erfahrungssatz; doch nicht so bei diesem jungen Manne.

»Da kam ein Mann heran, der hörte das Gespräch, das der Junge mit sich selber führte, und als sie ein Stück weiter waren, daß man den Galgen sehen konnte, sagte der Mann zu ihm: ›Siehst du, dort ist der Baum, wo siebene mit des Seilers Tochter Hochzeit gehalten haben und jetzt das Fliegen lernen: setz dich darunter und warte, bis die Nacht kommt, so wirst du schon das Gruseln lernen‹.« Was dieser Mann in seiner Zuversicht bestätigt, sind die üblichen Schrecknisse. Kann schon ein Verstorbener, der wohlbeerdigt auf dem Friedhof ruht, im Volksglauben die Furcht erregen, er wandelte bei Nacht als »Geist« umher, so ist die Phantasie von »Wiedergängern« besonders mit Menschen verbunden, die wegen eines Verbrechens hingerichtet wurden.

Der Schauder, wohlgemerkt, ergibt sich hier nicht aus der Praxis der Todesstrafe selber; wenn wir gerade noch heftige Zweifel an der Strafjustiz im allgemeinen geäußert haben, so doch vor allem auch in

existieren, ist der Tod nicht da, und wenn der Tod da ist, existieren wir nicht mehr. Er geht also weder die Lebenden an noch die Toten; denn die einen geht er nicht an, und die anderen existieren nicht mehr. Die Menge freilich flieht bald den Tod als das ärgste der Übel, bald sucht sie ihn als Erholung von den Übeln im Leben. Der Weise dagegen lehnt weder das Leben ab noch fürchtet er das Nichtleben.«

dem Bewußtsein, daß die Zeiten noch nicht lang zurückliegen und wohl auch noch nicht völlig überwunden sind[22], in denen Menschen über Menschen zu Gericht saßen und sich getrauten, das Todesurteil über einen straffällig Gewordenen zu fällen. Zu jeder Gemeinschaft mit eigener Gerichtsbarkeit gehörte – neben dem Pranger als einer Art psychisch-sozialer Hinrichtung – der Galgen als öffentliche Zurschaustellung des angeblichen Siegs des Rechts über das Unrecht. Ganz richtig also führt der Mann den Jungen »zu *dem* Galgen«, – es gibt nur diesen; doch der makabre Humor, mit dem er davon spricht, verrät den Schauder, den er selbst davor empfindet: das düstere Tötungsgerüst nennt er einen *»Baum«*, als hätte die Natur mit der ihr eigenen Vitalität die Todespraxis der Kultur wieder in sich zurückgeholt; und die sieben, die man dort gehenkt hat und deren Leiber man bewußt zum kreatürlichen Entsetzen eines jeden, der des Wegs vorüberkommt, hat hängen lassen, bezeichnet er als Leute, die im Honeymoon ihre Vermählung *»mit des Seifers Tochter«* feiern. Indem er mit diesen Worten das durch und durch romantische Motiv von der Hochzeit im Tode aufgreift, stellt er die Hinrichtung des Delinquenten so dar, als hätten diese »Galgenstricke« sich all ihr Leben lang danach gesehnt, den Strick am Galgen heimzuführen in die Ehe, – ein Wunsch, der nur im Augenblick des Todes sich erfüllen kann. Die Ironie ist bitter und nicht ohne einen gewissen Tiefsinn: Immer wieder sind in der wirklichen Welt die wahrhaft Liebenden, wie *Pyramus* und *Thisbe*[23] oder wie *Romeo* und *Julia*, zum Tode verurteilt; im Schatten des Galgens aber hat die Lieblosigkeit der »Recht«sprechung sich in einen zynischen Hohn auf die träumenden Gefühle der Liebe verwandelt. Und weiter noch: Im Glauben der alten Ägypter schon betrachtete man den Tod als einen Vorgang, bei dem die Seele, einem Vogel gleich, den Körper verläßt und zurückfliegt zu ihrer ewigen

22 Vgl. STEPHEN TROMBLEY: Todesstrafe, S. 54–55, zu dem Trainingsprogramm der »Exekutionstechniker« und zu den Kosten der Exekutionssysteme: »Das billigste ist das modulare Injektionssystem für 30 000 Dollar, … der elektrische Stuhl kostet 35 000 Dollar. Ein Galgen … kostet 85 000 Dollar … die … Gaskammer … 200 000 Dollar« (S. 55).

23 Vgl. OVID: Metamorphosen, IV 55–166, S. 126–133. E. DREWERMANN: Liebe, Leid und Tod, 332–342: Pyramus und Thisbe oder: Die Flucht in den Tod.

Heimat unter den Sternen[24]; ein Galgen ermordet sein Opfer, indem er es, wie zum Hohn, in einen Schwebezustand versetzt, aus dem es ein Erheben zum Himmel nicht geben kann noch geben soll; seine Botschaft ist das gerade Gegenteil jeder Hoffnung: Die menschliche Existenz, reduziert auf den Körper, ist ein Material zur Verfügung derer, sie sich erlauben, im Gefälle der Macht und im Anspruch des Rechts über Leben und Tod zu entscheiden; sie sind wie Gott, nur umgekehrt: Gott mag selbst dem »Verbrecher« vergeben, – diese nicht! Wer in ihre Hände gerät, entschwebt nicht, wie der Ba-Vogel der Ägypter, zur Sonne empor, ihn hält man als »Galgenvogel« in der Schwebe des Schauspiels eines schändlichen Todes. Das Gruseln bei ihrem Anblick ist der beabsichtigte Zweck dieser Hinrichtungspraxis; es soll die noch nicht Straffälligen davor bewahren, es zu werden.

All diese Momente plus – erneut – die Dunkelheitsangst in der Nacht wirken als ein maximales Ensemble des Grauens. Wer hier nicht das »Gruseln« lernt, wo sollte der es wohl sonst lernen? Der Mann, der so spricht, pflegt den Sarkasmus des Ganovenwitzes, um sich Gefühle dieser Art zu ersparen; seine Lustigkeit soll eine Wohlgemutheit erhalten, die sich jeglicher Regung des Schauderns entgegensetzt[25]; doch im Untergrund wird damit deutlich, was den jungen Mann aller menschlichen Wahrscheinlichkeit nach erwartet, wenn er sich auf den Vorschlag des Fremden einläßt. Der aber sieht sich bereits am Ziel seiner Suche: Das gesamte Geld seines Vaters, die fünf-

24 Vgl. E. DREWERMANN: Ich steige hinab in die Barke der Sonne, 80–96: »Wer fliegt, der fliegt« oder: Das Symbol der Himmelfahrt. S. 96–119: »Ich steige hinab in die Barke der Sonne« oder: Wiedergeburt und Verklärung, bes. S. 98.

25 Vgl. SIGMUND FREUD: Der Witz und seine Beziehung zum Unbewußten, in: Gesammelte Werke, VI 266, der »die humoristische Verschiebung … im Lichte eines Abwehrvorgangs betrachtet. Die Abwehrvorgänge sind die psychischen Korrelationen des Fluchtreflexes und verfolgen die Aufgabe, die Entstehung von Unlust aus inneren Quellen zu verhüten; in der Erfüllung dieser Aufgabe dienen sie dem seelischen Geschehen als eine automatische Regulierung, die sich schließlich allerdings als schädlich herausstellt und darum der Beherrschung durch das bewußte Denken unterworfen werden muß. Eine bestimmte Abwehr, die mißglückte Verdrängung, habe ich als den wirkenden Mechanismus für die Entstehung der Psychoneurosen nachgewiesen. Der Humor kann … als die höchststehende dieser Abwehrleistungen aufgefaßt werden.«

zig Taler, die er ihm mit auf den Weg gab, verspricht er als Lohn für seine »Weiterbildung« in der Schule des Lebens zu investieren, wenn wirklich die Verheißung jenes Mannes in Erfüllung geht und er lernt, wie es ist, sich zu gruseln. Die Erwartungen sind hoch.

Die Nacht zieht auf, und der junge Mann friert. Kälte, innerlich mehr noch als äußerlich, ist das erste und bisher einzige Empfinden, das wir bei ihm antreffen; und zumindest gegen das Frieren des Körpers haben Menschen gelernt, Feuer zu benutzen und Feuer anzulegen[26]. Ein Lagerfeuer unter dem Galgen – wenn ein solches Bild einem Seeräuber-Roman beigegeben wäre, möchte man staunend die Kaltblütigkeit rechter »Satansbraten« darin bewundern: Da hat man Kerle vor sich, die weder Tod noch Teufel fürchten. Auch unser jugendlicher Held schiene aus solchem Holze geschnitzt, wenn er denn wüßte, was Angst ist, und sie mit Mannesmut überwunden hätte; doch sein Problem ist es gerade, nicht zu wissen und erst lernen zu wollen, was Angst bedeutet. Wind fällt ein und geht *»so kalt, daß er trotz des Feuers nicht warm werden«* will; es weht so stark, daß es die Leiber der sieben Gehenkten ins Schwanken versetzt und gegeneinander stößt; offenbar sind sie die Opfer einer Massenhinrichtung, eine Diebesbande vielleicht, die man im Kollektiv abgeurteilt hat, – es wäre nicht unwichtig, ihr Schicksal näher in Erfahrung zu bringen.

Doch in eine ganz andere Richtung bewegen sich die Gedanken des jungen Mannes. Er ist vollkommen unfähig, die Tatsache des Todes zu realisieren, ja, er zeigt sich auch außerstande, den Anblick der Gehenkten realistisch einzuschätzen. Was sie, an den Stricken hängend, tun, – er weiß es nicht; anscheinend hat er »so etwas« noch nie gesehen, und es war ihm auch derart gleichgültig, daß er jenen Mann gar nicht erst danach gefragt hat, was dessen komische Anspielungen bedeuten sollten; das einzige, wofür er sich interessiert hat und was er herausgehört hat, war die Zusage, hier und heute Nacht noch das Gruseln lernen zu können. Hätte man in dem jungen Mann einen »einfachen« Neurotiker vor sich, müßte man denken, er verleugnete einfach den Tod in der Realität. »Ein Neurotiker kennt die

26 Zum Mythos des Feuerraubs durch den Titanen Prometheus vgl. E. DREWERMANN: Grenzgänger, 51–59: Der Feuerraub oder: Die List und die Last der Vernunft.

Realität, aber er will von ihr nichts wissen,« schrieb SIGMUND FREUD[27]; »Verleugnung in der Realität« ist ein Abwehrmechanismus[28], mit dem das Ich sich die Wahrnehmung von Angst-Inhalten erspart, die es überfordern würden; hier aber liegt der umgekehrte Sachverhalt vor: ein Ich, das auf Grund seiner Gefühlsausfälle und der daraus folgenden Gedankenlosigkeit gar nicht weiß, was Angst ist, und das, um auch als »gescheit« zu gelten, partout darauf aus ist, sie kennenzulernen; daraus ergeben sich Wahrnehmungsstörungen solchen Ausmaßes, daß alles, was nicht in den unmittelbaren Gegebenheiten des Lebens sich festmacht, das Vorstellungsvermögen schlicht übersteigt.

Gerade deshalb aber kann es nun doch zu einer merkwürdigen Form von Solidarisierung kommen, welche die GRIMMS zu der Bemerkung verleitet, der junge Mann sei *»mitleidig«*; das ist er eigentlich nicht, doch verhält er sich so, daß der Eindruck entsteht, er möchte es sein: Er holt nämlich eine Leiter herbei, steigt hinauf und knüpft *»einen nach dem anderen«* von den Gehenkten los; *»alle siebene«* holt er auf diese Weise herab und setzt *»sie ringsherum«* ans Feuer, *»daß sie sich wärmen sollten.«* Er folgt damit der Meinung, daß *»die da oben«*, wo er schon am Boden in der Nähe des Feuers friert, erst recht vor Kälte *»frieren und zappeln.«* Was er da zu sehen meint, basiert auf einer untrüglichen Wahrnehmung, deren irriger Interpretation und einer an sich nicht unvernünftigen Begründung der so gedeuteten Erfahrung.

Die simple Wahrnehmung besteht in dem Anblick von sieben Männern, die an Stricken an einem Galgen(baum) hängen und sich

27 SIGMUND FREUD: Neurose und Psychose, in: Gesammelte Werke, XIII 387: »die Neurose sei der Erfolg eines Konflikts zwischen dem Ich und seinem Es, die Psychose aber der analoge Ausgang einer solchen Störung in den Beziehungen zwischen Ich und Außenwelt.« DERS.: Der Realitätsverlust bei Neurose und Psychose, a. a. O., 365: »Die Neurose verleugnet die Realität nicht, sie will nur nichts von ihr wissen; die Psychose verleugnet sie und sucht sie zu ersetzen.«

28 ANNA FREUD: Das Ich und die Abwehrmechanismen, 55–65: Die Verleugnung in der Phantasie: »Die Fähigkeit des Ichs, die Realität zu leugnen, steht im vollen Widerspruch zu einer anderen, von ihm sehr hoch geschätzten Leistung: zu seiner Fähigkeit, die Realität zu erkennen und kritisch zu prüfen. In der frühen Kindheit wirkt dieser Widerspruch noch nicht als Störung.«

bewegen; diese Feststellung aber zieht eine geradezu phantastische Folgerung nach sich. Den jungen Mann friert's, daß er, um durch Verbrennen von Energiereserven Körperwärme zu erzeugen, unwillkürlich zittert und willkürlich sich bewegt; sich bewegen sieht er aber auch die Gehenkten am Galgen, und so schließt er, wie man so sagt, »von sich auf andere«. Irgendwie ähneln die Bewegungen der Sieben am Galgen seinen eigenen, er bewegt sich, weil er friert, also werden auch die da droben frieren, und da sie, baumelnd im heftiger wehenden Wind, sich sogar noch stärker bewegen als er selber, werden sie wohl auch noch mehr frieren als jemand am Boden.

Psychisch beruht diese Schlußfolgerung auf einer Identifikation: Ich bin (wie) der andere beziehungsweise der andere ist (wie) ich. Auch eine solche Identifikation kann einen Abwehrmechanismus darstellen[29]: man hat vor jemandem Angst und schlüpft in dessen Rolle; virtuell ist man dann (genauso groß oder stark oder klug wie) er und braucht sich vor ihm nicht länger zu fürchten. Philosophisch indessen ist Identifikation ein zentraler ethischer Vorgang, der in der Tat »Mitleid« begründet: Es sei das wichtigste Motiv, sich moralisch zu anderen Menschen zu verhalten, meinte ARTHUR SCHOPENHAUER[30], und betrachtete die Identifizierung mit dem Leidenden als den Kern aller Hilfsbereitschaft und Menschenliebe: dem anderen geht es genau wie mir, oder umgekehrt: auch mir könnte es genauso ergehen wie dem anderen, – wer so fühlt, hebt die Trennwände unter den Menschen hinweg, er nimmt sich selber im anderen wahr, er verschmilzt mit ihm, er macht sein Schicksal zu seinem eigenen. Mitleid ist diese Einheit des Verschiedenen im Gefühl des ungeteilt Zusammengehörigen. Jemand, der einen anderen aus einer Lage befreit, in der er selber sich nicht befinden möchte, handelt in diesem Sinne »mitleidig«, und eben das tut hier der junge Mann.

Daß man dennoch zögert, ihn mit dem SCHOPENHAUERschen Begriff in Verbindung zu bringen, liegt an dem projektiven Charakter

29 ANNA FREUD: A. a. O., 85–94: Die Identifizierung mit dem Angreifer.

30 ARTHUR SCHOPENHAUER: Preisschrift über die Grundlage der Moral, in: Sämtliche Werke, IV 231, betrachtete »das Mitleid, als die einzige nicht egoistische, auch (als) die alleinige ächt moralische Triebfeder«, nicht zuletzt deshalb, weil sie (S. 238) »auch die Thiere in ihren Schutz nimmt.«

seiner Identifikation. Kälte ist das einzige, was dieser junge Mann empfindet und was ihn mit den anderen verbindet, und dieses Empfinden projiziert er auf Grund einer äußeren Ähnlichkeit von gewissen Bewegungsabläufen unmittelbar in die anderen hinein; er fragt nicht, wie es ihnen wirklich geht und was sie wirklich möchten; er handelt an ihnen so, wie er möchte, daß man ihn behandelte, wenn er sich in der Lage befände, in welcher er die anderen befindlich sieht. Das ist mitleidig und auch wieder nicht; denn im Grunde sieht er nicht wirklich die anderen, sondern er sieht sich selber in ihnen und verwechselt sie mit sich selbst.

Dabei wäre die Begründung, warum sich die Gehenkten so eigentümlich bewegen, mit der Annahme, es sei ihnen kalt, durchaus vertretbar, wenn nicht die Beobachtung ihrer Bewegungen selber bereits vollkommen falsch interpretiert würde. Erstaunlicherweise kommt der junge Mann nicht darauf, daß es der Wind sein könnte, der die Körper der Männer am Galgen hin und her pendeln läßt. Er sieht, daß sie sich bewegen, und damit steht für ihn fest, daß sie lebendig sind. Das ist ein Irrtum, der so fundamental ist, daß er genauso wie der eklatante Ausfall von Geist und Gefühl im Aufbau seiner Persönlichkeit in die frühe Kindheit zurückreicht. Zu der allerersten Unterscheidung, die ein Kind beim Betrachten seiner Umwelt vornimmt, zählt die Einteilung von Objekten in solche, die sich selber bewegen, und in solche, die von außen bewegt werden. Diese Differenzierung ist elementar, denn sie ist identisch mit den Kategorien des »Lebendigen« und des »Unlebendigen«: alles Unlebendige verdankt seine Bewegungen einer äußeren Ursache. Eben deswegen ist jedes Spielzeug für Kinder so beliebt, daß sich selber zu bewegen scheint, indem der Antriebsmotor ins Innere verlegt ist (ein Auto, Magnetpuppen, eine Eisenbahn), – es sieht aus, als wäre es lebendig. Einen erheblichen Erkenntnisfortschritt stellt es dar, wenn Kinder den künstlich erweckten Anschein von Eigenbewegung zu durchschauen beginnen und entsprechend mechanische Gegenstände nicht länger mehr dem »Lebendigen« zuordnen. Gerade zu dieser Fähigkeit aber ist der Angstsucher im Märchen offenbar nie gelangt. Unterschiedslos sieht er in allem, was sich bewegt, etwas Lebendiges; er denkt nicht etwa symbolisch, daß der »Wind«, als eine Chiffre für Geist, sogar das Tote wieder lebendig mache; wohl versteht er, daß ein starker Wind Kälte mit sich bringen kann, doch daß er den Körpern von Hingerichteten Leben zu verleihen vermöchte, das wäre eine Idee gänzlich außerhalb seines Horizonts. Für ihn gibt es schlechterdings überhaupt nichts Totes, denn schließlich kann alles – die »Immobilien« in wörtlichem Sinne ausgenommen – von außen bewegt werden. Dann aber gilt: Jemand, für den es keinen Unterschied macht, ob eine Bewegung von innen oder von außen verursacht wird, kann allüberall nur Lebendiges entdecken; er sieht nichts Totes, er kennt keinen Tod. Er muß die Tatsache von Tod und Sterblichkeit nicht verdrängen, sie entgeht ihm infolge seiner seelischen Konstitution. So versteht sich die notorische Unfähigkeit eines derartigen Menschen, Angst zu empfinden, letztlich aus einer frühkindlich stehengebliebenen Weltsicht. Durch sie ist er eingeschlossen in die endliche Welt, ohne deren Endlichkeit als Kernkonflikt der Existenz sich jemals eingestehen zu können oder zu müssen. Doch erneut: In gerade dieser infantil zu nennenden psychischen Verfassung kommt dem jungen Mann eine unselige Aktualität in der Gegenwart zu.

Vorhin schon zeigte sich, daß die unheimliche Gefühlskälte dieses angstunfähigen Dümmlings auf merkwürdige Art modern anmutet. Seine Gefühlskälte allein schon zeigte sich auf vielfache Weise als sozial, politisch und militärisch mißbrauchbar; jetzt aber tritt ein Phänomen hinzu, das unsere »Kultur« als eine Gefahr für sich selbst erscheinen läßt; denn beides trifft auf die gegenwärtige Bewußtseinslage in erschreckender Weise zu: Sie ignoriert die Endlichkeit unseres Daseins komplett, und wenn sie dennoch so etwas verspürt wie eine latente Sehnsucht nach Unsterblichkeit, zieht sie die ehedem religiösen Verheißungen eines ewigen Lebens in die Phantasmagorie biologisch-medizinischer Machbarkeiten hinab: Vielleicht gelingt es, durch die Zufuhr von jungem Blutplasma den natürlichen Alterungsprozeß aufzuhalten oder ganz abzuschalten[31], – was also brauchen wir

31 ULRICH BAHNSEN: Für immer jung?, in: Die Zeit, Nr. 15, 6. April 2017, S. 30: »Wenn wir … nach einem Jungbrunnen für uns Menschen suchten, wir fänden ihn in bestimmten Eiweißen im Blut – im Blut von Jugendlichen. Bleibt die Frage: Könnten Transfusionen mit dem Blut junger Menschen das Altern aufhalten? In Stanford beginnt die Fahndung nach dem

da noch gewisse weltjenseitige Vertröstungen? Im Erleben, in der Vorstellung soll es so etwas wie Tod nicht mehr geben, und es gilt, das endliche Leben selbst ins Unendliche zu verlängern. Auf der anderen Seite war das Verlangen nach immer neuen Nervenkitzeln beim Betrachten gewalttätiger Mord- und Totschlagsszenen wohl noch nie so groß wie heute, ganz als hätte das tägliche Fernsehen die Darbietungen der Gladiatorenkämpfe im römischen Circus maximus in sein Hauptprogramm aufgenommen. Beides gehört zusammen. Virtuell sucht man umso mehr nach Surrogaten des Todes, als man seine Wirklichkeit ernsthaft ins Bewußtsein zu stellen sich weigert. Man ist nicht existentiell berührt vom Erleben der Angst, man ist, wie der Jüngling im Märchen, auf der Suche nach einer Angstlust, mit der man im Spaß- und Unterhaltungsgewerbe als »geistvoll« sich darzustellen trachtet. Daß es unter solcher Anleitung auf den Pausenhöfen der Schulen bereits zu brutalen Gewaltexzessen kommt, die dann im Internet aller Welt wie die Großtaten der Filmhelden auf der Leinwand gezeigt werden sollen, macht den Zynismus dieser Seelenlage überdeutlich. Doch gerade diese Mentalität wird derzeit dringend gebraucht: Im beginnenden Cyber-Krieg benötigen wir eine Menge gut ausgebildeter IT-Fachleute, die als Killerprofis und Software-Saboteure gegnerischer Firmen oder Staaten sich rekrutieren und trainieren lassen. Und es ist kein Ende abzusehen, es sei denn, wir lehren den Jüngling denn doch noch, geistig genug zu werden, um mit der Grundangst des Daseins sich positiv auseinanderzusetzen. Seine reale Einstellung gibt sich nur selbstsicher und »realistisch«, in Wahrheit ist sie aufs Wort »brandgefährlich«, wie sich sogleich zeigt.

Um sie zu wärmen, hat der junge Mann die Gehenkten um das Feuer gesetzt, doch so dicht, daß dieses ihre Kleider erfaßt; im Wahn, es mit Lebenden zu tun zu haben, fordert er sie auf, besser auf sich auszupassen und droht ihnen zur Strafe an, sie sonst wieder aufzuhängen. Aber die *»Toten … hörten nicht, schwiegen und ließen ihre Lumpen fortbrennen. Da ward er bös und sprach: ›Wenn ihr nicht achtgeben wollt, so kann ich euch nicht helfen, ich will nicht mit euch verbrennen‹, und hing sie nach der Reihe wieder hinauf.«* Auffallend ist vor allem der

menschlichen Jugendelixier.« Als »Erneuerer unseres Körpers fungieren« »adulte Stammzellen.«

sonderbare Widerspruch in seiner Wahrnehmung: Wenn er die Toten schon für Lebende hält, so kann er wohl als »vernünftig« von ihnen erwarten, daß sie selbst darauf achten, nicht in Brand zu geraten, doch das tun sie nicht, und spätestens jetzt müßte der junge Mann merken, wie völlig verkehrt er ihren Zustand einschätzt; doch noch eigentümlicher muß es ihm vorkommen, daß sich ihnen kein Laut des Erschreckens, des Schmerzes oder des Rufes um Hilfe entringt, – sie bleiben stumm, sie verharren bewegungslos in Totenstille. All das aber ist kein Grund für den jungen Mann, sich in seinem notorischen Irrtum beirren zu lassen. Immer unter der Voraussetzung, es mit Lebenden zu tun zu haben, ärgert ihn das Betragen der Toten: Sie hören nicht auf ihn noch passen sie auf sich auf; weder scheinen sie so etwas wie Schmerz zu empfinden noch haben sie nötig, mit ihm in Kontakt zu treten. Der Küster im Turm mußte sich stumm verhalten, um eine Geistererscheinung zu spielen, und da der junge Mann ihn nicht als »Geist« (an)erkannte, verlangte er von ihm, seine Fragen zu beantworten; die Toten am Feuer jetzt können nicht reden; doch da er sie für lebendig hält, erwartet er auch von ihnen, daß sie sich erklären; mit keinem Wort fragt er sie nach ihrem Schicksal, es interessiert ihn genauso wenig, wer sie sind, er möchte nur, daß sie im Rahmen seiner Hilfsmaßnahme gegen das Frieren sich »vernünftig« verhalten; und da enttäuscht, ja, erbost es ihn, daß sie *»so dumm«* sind, ihre Kleider brennen zu lassen, und daß sie *»das Maul«* nicht aufbekommen. Daß er selber »so dumm« ist, nicht zu bemerken, daß sie tot sind, erschließt sich ihm nicht, – er hätte sonst wirklich das Gruseln gelernt, und zwar mehr, als ihm lieb gewesen wäre. So aber schafft er die Gehenkten wieder hinauf an den Galgen und legt in aller Gemütsruhe sich allein am Feuer schlafen; enttäuscht nimmt er am anderen Morgen von dem unbekannten Mann die fünfzig Taler zurück, und der kann nur erstaunt feststellen: *»So einer ist mir noch nicht vorgekommen.«* Dafür zeigt sich, was dazu gehört, Angst nicht empfinden zu können: nicht allein eine extreme Gefühlskälte ist dazu erforderlich, sondern auch ein gegen alle Erfahrung sich durchhaltendes Unvermögen, zu »realisieren«, was Tod ist, ja, daß es mitten im Leben den Tod überhaupt gibt. Eine Geistigkeit, die sich auf nichts wirklich einläßt, sowie eine totale Blindheit gegenüber der Ungehaltenheit und Abgründigkeit des Daseins hindert es, Angst zu empfinden. Doch der junge Mann gibt nicht auf.

Der Fuhrmann und das Wirtshaus

Wollte man der Kaskade symbolischer Bilder im folgenden Glauben schenken, so würde man unfehlbar zu dem Schluß gedrängt, daß der Jüngling unter dem Galgen trotz allem mit dem Tod konfrontiert worden sei und er sich nun auf die Suche begeben habe, wie er vermöchte, das Rätsel der menschlichen Sterblichkeit zu lösen und es zu überwinden. Die Brüder GRIMM konnten nicht wissen, daß die älteste Geschichte der Menschheit, das *Gilgamesch*-Epos, gerade davon erzählt, wie der Herrscher von Uruk, entsetzt über den Tod seines Freundes *Enkidu*, sich aufmacht, um *Uta-napischti* zu finden, den einzigen unter den Menschen, dem es gelang, unsterblich zu werden, – die berühmte sumerisch-akkadische Mythe wurde erst Jahrzehnte nach ihrer Märchensammlung entdeckt und übersetzt, doch die Szenenfolge dort macht fast glauben, auch ihr Mann, »der auszog, das Fürchten zu lernen«, sei jetzt unterwegs, den Tod zu ergründen und zu besiegen. *Gilgamesch* muß, um in die Jenseitswelt zu gelangen, sich übersetzen lassen von dem Fährmann *Urschanabi*[32], doch an der Ablegestelle unterredet er sich in einem Wirtshaus mit der Schenkin *Siduri*[33], die ihn über die nächsten notwendigen Schritte in Kenntnis setzt. Dieses Wirtshaus ist wie ein Mahnbild für dic Situation des menschlichen Daseins insgesamt: es ist nichts weiter als eine Unterkunft im Übergang, gelagert dicht an der Mole, da der Fährmann die Ankommenden übersetzt an das gegenüberliegende Ufer. Ganz so, wenn auch in umgekehrter Reihenfolge, ließen sich auch die Begebenheiten in dem GRIMMschen Märchen an dieser Stelle deuten. Freilich, nicht ein Fährmann, wohl aber ein Fuhrmann, der hört, wie der Jüngling auf der Suche ist nach der Fähigkeit, Angst zu empfin-

32 Das Gilgamesch-Epos, X 87 ff, S. 129; X 169–183, S. 132–133.

33 A. a. O., X 1–2, S. 126: »Siduri, die Wirtin, die unten am Meer wohnt – sie wohnt da und unterhält eine Kneipe.«

den, tritt an ihn heran, doch auch er hält sich auf klassische Weise an das Ritual, das beim Hinübergleiten in die Anderswelt üblich ist.

Jedem, der mit seinem Tod konfrontiert ist, stellen sich sinngemäß drei Fragen, die der Fuhrmann hier an den Jungen richtet. Zum einen: »*Wer bist du*?« Es ist die Frage nach der persönlichen Identität, die beharrlich jetzt einer Antwort wartet. Sterben kann jeder nur selbst, sterben kann jeder nur als er selbst; niemand kann ihn ersatzweise dabei vertreten; unvertauschbar und absolut individuell geht der Tod einen jeden als Einzelnen an. Geistig gehört deshalb das Wissen um den Tod im Fragen nach dem eigenen Ich mitten ins Leben, denn ständig nötigt die Angst im Bewußtsein der Hinfälligkeit und der Endlichkeit des menschlichen Lebens dazu, sich zu fragen, wofür man lebt, welch einen Sinn es macht da zu sein, und welch ein Auftrag sich mit der eigenen Existenz verbindet. Es ist klar, daß jemand, der ungeistig dahinlebt, nur antworten kann wie der Jüngling im GRIMMschen Märchen: »*Ich weiß nicht.*« Doch kann man damit durchkommen?

In HENRIK IBSENS Entwicklungs-Drama »Peer Gynt« tritt der umherirrenden Titelfigur bei der Suche nach sich selbst auf der Heide der »Knopfgießer« entgegen mit eben dieser Schicksalsfrage, wer er sei, und bedeutet *Peer*, daß er nichts ist als eine »Zwiebel«, ein Gebilde, bestehend aus lauter Hüllen ohne Kern – man kann sie Schale für Schale abblättern, ohne auf ein festes Zentrum zu stoßen[34]. Eine solche Einsicht ist für *Peer* aufs äußerste erschreckend, und das zu Recht, – denn eigentlich bildet sie den Inhalt aller Angst. Doch für den jungen Mann im Märchen auf *der Suche* nach der Angst bedeutet die Tatsache, nicht zu wissen, wer er ist, genau gar nichts: er sucht nach wie vor nicht sich selbst; und eben das macht es unmöglich, daß er je dahin kommt, sich wahrhaft zu ängstigen. Was er möchte, ist allenfalls eine Angst von außen, ein Angstkitzel beim Zuschauen, doch eine solche Angstlust ergreift nicht das Innere. Er ist nicht bei sich, er ist überhaupt nicht, er lebt nicht von innen; und so ist er süchtig nach Angst im Vermissen seiner selbst, im Nicht-Wissen seines Ich, im Umherirren in Beziehungs- und Bedeutungslosigkeit.

»*Wer bist du*?« Diese Frage ist nur zu beantworten durch eine per-

34 HENRIK IBSEN: Peer Gynt, 5. Akt, in: Dramen, I 546–550.

sönliche Stellungnahme, die darüber befindet, wo man für sich selbst und die anderen auffindbar ist. Doch ein solcher eigener Standpunkt wird nicht ganz und gar frei gewählt. Er kann nur liegen auf einer Linie, die im gesamten Werdegang der psychischen Gestaltung ausgezogen wurde. *»Wo bist du her?«* lautet deshalb die nächste Frage des Fuhrmanns. Sie klingt behördlich, nach der Eintragung des Geburtsortes in einem Reisepaß, doch sie richtet sich nicht wirklich auf die räumliche Herkunft, sondern auf den persönlichen Ursprung. Zu beantworten ist sie daher nur mit einer Zusammenschau der biographischen Wegmarkierungen und Wendepunkte: Was waren die prägenden Einflüsse in der Gestalt und in der Erwartung der unmittelbaren Bezugspersonen, mit welchen Ereignissen in Glück oder Unglück hatte man sich als richtunggebend auseinanderzusetzen, welche Nöte und Konflikte mußte man bestehen, um überhaupt dahin zu gelangen, wo man derzeit sich aufhält? Eine solche Landkarte des Verlaufs des bisherigen Lebens läßt sich nur erstellen durch eine reflektierte Verknüpfung des Erinnerungsmaterials aus den unterschiedlichen Höhen und Formationen der durchmessenen Seelen-Landschaften, aus den Windungen fließender Bewegungen und aus den Haltepunkten vorübergehenden Weilens und Verweilens; niemand, der nicht immer wieder über sich nachdenkt, woher er kommt und wohin er geht, kann eine solche »Karte« der eigenen Herkunft anfertigen. Natürlich weiß der Jüngling auch auf diese zweite Frage des Fuhrmannes nur zu erwidern: *»Ich weiß nicht.«* Diese Unwissenheit, noch einmal anders gesagt, beruht nicht etwa auf einem Mangel an Informationen – so wie manche Flüchtlingskinder den Ort ihrer Heimat wirklich nicht kennen –, sondern auf der flagranten Ungeistigkeit im Verhältnis zu sich selbst.

Und dieses *»Ich weiß nicht«* ist im Grunde auch schon die Antwort auf die dritte Frage des Fuhrmanns: *»Wer ist dein Vater?«* Es stimmt, wenn der junge Mann antwortet, er dürfe den Namen seines Vaters nicht nennen, hat er ihm doch beim Abschied versprechen müssen, ihn zu verschweigen, um ihn vor der Blamage zu bewahren, einen solchen Sohn zu haben; doch diese Begründung des väterlichen Verbotes erwähnt er selbstredend nicht. Genau genommen schämt er sich seines Vaters ebenso wie dieser seiner sich schämt, und er verschweigt ihn nicht nur um dessentwillen, sondern zugleich auch mit Rücksicht auf sich selbst. Ein solches Nicht-Sagen kommt durchaus dem nahe, was man in der Psychoanalyse als »Verdrängung« bezeichnet – als Entzug der »Wortvorstellung« einer an sich bewußten Gegebenheit aus Angst[35], doch nicht nur vor sich selbst, sondern auch vor dem inquisitorisch fragenden Fuhrmann verweigert der Jüngling die Angabe des väterlichen Namens; nicht ein Akt der Verdrängung oder der Verleugnung liegt deshalb hier vor, worum es sich handelt, ist ein Ausdruck der nach wie vor gehorsamen Bindung an den Vater. Wohl, auch eine gegebene Zusage besitzt eine moralisch bindende Kraft; aber entscheidend ist die damit verbundene Tatsache, daß der junge Mann nicht aufhört, in negativer Weise an seinen Vater gefesselt zu bleiben. Unsichtbar geht mit dem Verbot des Vaters, seinen Namen zu nennen, auch dessen Schamgefühl für seinen Sohn als ständiger Begleiter mit: *»Ich will dich nicht mehr ansehen«* – dieser völlige Ehrverlust, dieses Gefühl der absoluten Unansehnlichkeit in den Augen seines Vaters, dieses Grundempfinden totaler Wertlosigkeit infolge seiner »Dummheit« bildet eine niemals abzutragende Hypothek auf den Schultern dieses jungen Mannes, und sie macht verständlich, warum er immer wieder vor sich hinmurmelt: *»ich wollte, daß mir's gruselte.«* Für ihn bedeutete diese »Kunst«, Angst zu empfinden, so viel wie eine Rehabilitation vor seinem Vater ebenso wie vor allen anderen, für ihn wäre sie identisch mit einem alles entscheidenden Aufstieg zu der Anerkennung als Mensch, zu einer gewissen Normalität, doch immer erneut bewegt er sich damit in demselben Teufelskreis: er entwickelt sich nicht zu jener Geistigkeit, Reflektiertheit und individuellen Unabhängigkeit weiter, die im Hintergrund aller Angst steht, er strebt nach dem Erlernen der Angst, um sich den anderen als klug (wie sein älterer Bruder) vorzeigen zu können. Wer je nach einem Beispiel sucht, wie man ein Pferd »falsch herum« (vom Schwanze her) aufzäumt, der wird hier fündig werden.

35 SIGMUND FREUD: Das Unbewußte, in: Gesammelte Werke, X 300: »was die Verdrängung verweigert: Die Übersetzung in Worte, welche mit dem Objekt verknüpft bleiben sollen. Die nicht in Worte gefaßte Vorstellung oder der nicht überbesetzte psychische Akt bleibt dann im Ubw (sc. Unbewußten, d. V.) als verdrängt zurück.«

Insofern darf man diese dritte Antwort des jungen Mannes so wenig oberflächlich nehmen wie die beiden vorangegangenen Erklärungen, die da lauteten: *»Ich weiß nicht.«* Würde er auch jetzt auf die Frage: *»Wer ist dein Vater?«* antworten mit: *»Ich weiß nicht«*, so wäre seine Entgegnung gleichbedeutend mit einer Verschleierung seiner bürgerlichen Identität. Der (Haus-)Name des Vaters ist identisch mit dem Namen aller Familienangehörigen; diesen Namen nicht zu nennen, liefe auf eine Antwort der sprichwörtlichen Güte hinaus: »Mein Name ist Hase, ich weiß von nichts.«[36] Das klingt danach, als wolle hier jemand sich absichtlich dumm stellen, um für nichts, was er getan oder nicht getan hat, zur Verantwortung gezogen werden zu können (vor einer Ausländerbehörde würde ein Asylsuchender vorgeben, sein Paß sei ihm gestohlen worden). Dieser junge Mann aber *stellt* sich *nicht* dumm, – er ist es, in den Augen seines Vaters wie in seinen eigenen, und an irgendeine Verantwortung, die er für sein Leben übernehmen müßte, denkt er bei weitem nicht. Der Fuhrmann allerdings nimmt das Verlangen des Jünglings nach dem Erlernen der Angst als *»dummes Geschwätz«*; er versteht es nicht, und sieht sich scheinbar rein praktisch nach einer Unterkunft in einem Wirtshaus um. Damit könnte es, äußerlich genommen, denn auch sein Bewenden haben, befände der »Fuhrmann« sich nicht in der Rolle des Fährmanns am Gestade der Unterwelt, und läge das »Wirtshaus« nicht gleichermaßen am Uferrand aller Endlichkeit.

Bezeichnenderweise wird dieses »Wirtshaus« von jemandem geführt, der die ebenso ständige wie inständige Litanei des jungen Mannes: *»Wenn mir's nur gruselte«* gerade so zuversichtlich aufgreift wie jener Mann am Galgen; doch der Unterschied ist äußerst wichtig: Der Galgen sollte den jungen Mann ein Gruseln lehren, wie es jemanden beim Anblick des Todes anderer überkommt; der »Fuhrmann« aber verbringt den Jüngling in ein »Wirtshaus«, in dem die

36 Duden Bd. 11: Redewendungen und sprichwörtliche Redensarten, 313: »Nach einem Bericht aus dem Jahr 1898 von *Karl Alfred von Hase* geht diese Wendung auf einen Ausspruch seines Bruders *Victor von Hase* bei einer Vernehmung vor Gericht zurück. Victor von Hase soll danach einem Studenten, der in Heidelberg einen anderen im Duell erschossen hatte, zur Flucht verholfen haben, indem er seinen Studentenausweis absichtlich verlor. In der Vernehmung soll er gesagt haben: ›Mein Name ist Hase …, ich weiß von nichts.‹«

Kunde von einer Aufgabe geht, die nur zu lösen ist unter Einsatz des eigenen Lebens. Dichter ist an den Kern aller Angstgefühle nicht heranzukommen als in der Konfrontation mit dem eigenen Tod; eben dahin geleitet dieser »Fuhrmann« den Jüngling; diese Konfrontation bereitet sich gerade in diesem »Wirtshaus« vor, das, recht verstanden, unser aller Leben ist. Die *»Wirtsfrau«*, diese ferne Verwandte der mesopotamischen »Schenkin« *Siduri*, erfaßt den Ernst der Lage genau, wenn sie dem Wirt, der lachend versichert, es *»sollte hier wohl Gelegenheit sein«*, das Gruseln zu lernen, beschwörend in die Parade fährt: *»Ach schweig still, … so mancher Vorwitzige hat schon sein Leben eingebüßt.«* Sie sieht die Todesgefahr, in die sich der junge Mann begeben würde, wenn er den höhnisch aufreizenden Sprüchen ihres Gemahls Folge leisten würde, und sie möchte nicht, daß er aus lauter Leichtsinn sich in tödliche Gefahr begibt.

Generell schreibt man Frauen ein eher fürsorglich-beschützendes Verhalten zu, während man mit der Einstellung von Männern vorwiegend ein Nach-vorne-Drängen und Drauf-Zugehen verbindet; das scheint auch hier in den Stellungnahmen von Wirt und Wirtin sich auszusprechen; doch findet die »Schenkin« noch eine weitere Begründung für ihre zurückhaltende Einstellung: *»es wäre Jammer und Schade um die schönen Augen, wenn die das Tageslicht nicht wiedersehen sollten.«* Spräche sie diese Worte nur privat für sich selbst aus, so klänge darin in aller Vorsicht ein unüberhörbar erotisches Motiv an; es wäre für ihr Gefühl bedauerlich, wenn ein so hübscher junger Mann vor der Zeit ums Leben käme. Ganz deutlich hat die Frau Angst um den Jüngling, weil sie offenbar eine weiblich-mütterliche Zuneigung zu ihm empfindet; im Umkehrschluß aber bezeigt sie damit zugleich, warum der junge Mann selbst zu keiner Regung von Angst imstande ist: er bringt zu niemandem ein Gefühl der Liebe auf. Zur Debatte steht damit nicht eine nur persönliche Stellungnahme der Frau, vielmehr vertritt sie mit ihrer Sorge den Wunsch nach Lebenserhaltung überhaupt; da tritt sie ein in die Rolle der Urfrau und Urmutter, die zwar das Leben vor dem Tod nicht bewahren, doch mit ihrer ängstlichen Fürsorge, so gut es geht, zu verlängern und zu erhalten vermag. Der »Wirt« hingegen setzt auf die andere sthenische Seite des Lebens; es drängt nach vorn, es will sich wagen, es getraut sich's, einer Gefahr nicht auszuweichen, sondern sie zu bestehen.

Der junge Mann, um den es hier geht, hat freilich weder mit der einen noch mit der anderen Einstellung wirklich etwas zu tun. Er riskiert jedes Abenteuer, nicht um mutig seine Angst zu besiegen, sondern im Gegenteil, weil er zu allererst wissen möchte, wie Angst sich anfühlt. Doch gerade so kommt es – erneut – zu einem Paradox, wie es einzig zu einer derart paradoxen Existenzform wie der des Jungen passend ist: in seiner Angstfreiheit könnte er etwas für die Allgemeinheit höchst Nützliches wirken, – der Wirt erläutert's: da liegt in der Nähe ein verwunschenes Schloß, *»von bösen Geistern bewacht,«* angefüllt mit großen Schätzen; und zudem hat der König dem, der's wagen will, *»seine Tochter zur Frau versprochen, und die«* ist *»die schönste Jungfrau, welche die Sonne«* bescheint; doch gilt es, drei Nächte in dem Schloß zu verbringen, und bisher ist von den vielen, die es schon versucht haben, das Schloß zu erlösen, noch keiner je lebend zurückgekehrt. Für den Jüngling, in der Wahl zwischen Verlockung und Warnung, sollte unter diesen Umständen die Entscheidung einfach sein: selbst die Befreiung eines königlichen Schlosses und die Hochzeit mit einer Prinzessin rechtfertigten nicht ein bereits rein statistisch aussichtsloses und selbstmörderisches Unterfangen.

Was da im Angebot auf der Waagschale liegt, ist nichts Geringeres als das klassische Motiv vieler Zaubermärchen: in ihnen ist das verwunschene Schloß – wie in FRANZ KAFKAS Roman[37] – die eigene Seele, die nur durch die Liebe erlöst werden kann; der glückliche

37 FRANZ KAFKA: Das Schloß, 1. Kap., S. 7, beginnt mit der Erklärung: »Dieses Dorf ist Besitz des Schlosses, wer hier wohnt oder übernachtet, wohnt oder übernachtet gewissermaßen im Schloß. Niemand darf das ohne gräfliche Erlaubnis.« Der Auftrag des »Landvermessers« scheitert. Im 13. Kap., S. 120, erklärt Frieda: »... nicht die Katze erschreckt mich ..., ich selbst mache mir Schrecken ... Einmal fürchte ich, daß du erwachen wirst und alles zu Ende sein wird, und dann wieder springe ich auf und zünde die Kerze an, damit du nur schnell aufwachst und mich beschützen kannst.« Es ist eine Szene, die der Symbolsprache des Märchens gleich in der ersten Nacht des Jünglings im Schloß gleichkommt; zwischen Freiheit und Sicherheit, Selbstbestimmung und Kontrolle, Angst und Abhängigkeit, Schuld und Scheitern, bewegt sich KAFKAS Roman zwischen all den Themen, die der Jüngling im Märchen bei seiner Suche nach der Angst, die er verdrängt hat, vermeidet.

Ausgang der »heiligen Hochzeit« mit der »Königstochter« vollendet in solchen Erzählungen den langen gefahrvollen Weg des Helden am Ziel der Einheit mit sich selbst. So könnte es den Motiven nach auch in diesem Märchen geschehen, und so wäre es überaus wünschenswert; doch so ist es keinesfalls. Nichts liegt diesem jungen Mann ferner als der herzerfrischende Tatendrang eines romantischen Ritters. Er ist kein Liebender, er ist kein Erlöser, er verfolgt wie ein wahnhaft Süchtiger, getrieben von der verinnerlichten väterlichen Verachtung, nur ein einziges, das ihm inzwischen für mehr gilt als sein Leben: er will das Gruseln lernen, und *»wenn's noch so schwer wäre«*. Also meldet er sich beim König und bittet um die Erlaubnis, drei Nächte im Schlosse wachen zu dürfen. Der König findet an ihm und an seinem Vorhaben Gefallen, willigt ein und stellt ihm frei, sich drei Dinge auszubitten, die er ins Schloß mitnehmen dürfe, doch müßten es *»leblose Dinge sein«*. Überraschend genug bittet der Jüngling *»um ein Feuer, eine Drehbank und eine Schnitzbank mit dem Messer«*. Was es mit diesen Gerätschaften auf sich hat und wie glücklich er seine Auswahl getroffen, wird sich alsbald schon zeigen.

Drei Nächte im Schloß

Nach psychoanalytischer Auffassung ist das Ich selbst die Stätte der Angst[38], denn es ist seinem Ursprung nach dazu befähigt und beauftragt, die Realität der Außenwelt wahrzunehmen; erkennt es dort Gefahren, greift es zum Angstsignal, um entsprechende Maßnahmen zum Ausweichen oder Überwinden der Gefahrenmomente einzuleiten; desgleichen hat es darauf zu achten, daß nicht aus dem Es heraus Triebimpulse und Affekte Handlungen erzwingt, die, so attraktiv sie auch in der Vorstellung sein mögen, in der Wirklichkeit eine Katastrophe anrichten könnten. – Nach einem Erleben solcher Angst ist nun aber der junge Mann im Märchen unterwegs, und so läßt sich seine Suche nach einer wirklichen Angsterfahrung zu Recht

38 SIGMUND FREUD: Neue Folge der Vorlesungen zur Einführung in die Psychoanalyse, in: Gesammelte Werke, XV 91: »Das Ich ist die alleinige Angststätte, nur das Ich kann Angst produzieren und verspüren.«

als eine Suche nach der Entfaltung des eigenen Ich verstehen. Der Bezirk dieses Ich, der Raum, in dem es als »König« regiert, ist in der Symbolsprache der Mythen und Märchen das »Schloß«, und wenn es darin »spukt«, so gibt diese Tatsache einen Zustand wieder, in dem die Herrschaft des Ich auf dem eigenen Terrain von fremden, feindlichen Mächten eingeschränkt, gestört oder gänzlich angeeignet worden ist. »Spukhaft« sind diese gegnerischen Kräfte, weil sie ebenso geistig-psychischer Natur sind wie das Ich selbst; es kann aber für das Ich eine erhebliche Erleichterung bedeuten, seinem Gegner nicht vis-à-vis gegenüberzutreten, sondern ihm nur in einer vieldeutigen Verhüllung die Bühne der Selbstwahrnehmung freizugeben. So geschieht es regelmäßig im Traum, wo Triebbedürfnisse in symbolischen Gestalten das Ich bedrohen, wobei ihre rohe tierische Energie mit Vorliebe die Figur wilder Tiere annimmt. Nach Art solcher Traumerlebnisse wird man die drei folgenden Nächte des Jünglings im Schloß ausdeuten dürfen.

Die erste Nacht: Die Ungeheuer

Von den drei Nächten, die der junge Mann in dem verwunschenen Schloß zubringen muß, um es von seinem unheimlichen Fluch zu erlösen, erinnert die erste Nacht in mancherlei Hinsicht an jene Stunden unter dem Galgen: Hier wie dort spielt das Feuer eine wichtige Rolle, indem es in der Kälte der Dunkelheit Wärme den Frierenden, Toten wie Tieren, zu spenden bestimmt ist; die Gehenkten freilich *schienen* nur unter der Kälte zu leiden – willenlos, wie sie waren, bugsierte der Jüngling sie zwischen Galgen und Feuer hin und her; jetzt in dem Schloßgemach werden die frierenden Katzen hingegen magisch von dem Feuer angezogen, das der Jüngling, um sich selbst zu erwärmen, entfacht hat. Das aber ist nun das Motiv, welches das ganze Märchen durchzieht: die Kälte und das Feuer, – als befände man sich nicht in der Zeit der Romantik der Brüder GRIMM, sondern als würde man zurückversetzt in die Zeit vor mehr als 10 000 Jahren, als Gletschereis große Teile Nordeuropas bedeckte und die Menschen nur zu überleben vermochten, weil sie es gelernt hatten, Feuer anzulegen und sich, wo es ging, schutzsuchend in Höhlen zurückzuziehen. In dem Märchen geht es freilich nicht um prähistorische Erinnerungen; die Kälte, die der Jüngling chronisch empfindet, ist zweifellos nicht klimatisch, sondern seelisch bedingt, und das Feuer, an dem er sich zu wärmen sucht, ist nicht ein chemischer Stoffwechselvorgang, sondern psychisch ein Symbol für Geist und Bewußtsein: wirklich »warm« werden könnte es ihm nur, wenn er eigene Gedanken und Gefühle zuließe, wenn er es wagen würde, selber zu sein; dann aber müßte er auch den Preis dafür entrichten, zahlbar auf Heller und Pfennig: in Angst. Es wäre genau das, wonach er wie verzweifelt sucht; doch gerade hier, wo er in dem Innenbereich seiner selbst, in dem verwunschenen Schloß, dicht am Ziel seines Wunsches sein sollte, zeigt sich, in symbolischer Andeutung, jetzt ein weiterer Grund seiner eigenartigen Flucht vor sich selbst.

Man stelle die folgende Szene sich als die Traumerinnerung eines Patienten in einer analytischen Psychotherapie vor. Es ist – erneut – zur Geisterstunde, als der junge Mann *»sich sein Feuer einmal aufschüren«* wollte; doch *»wie er so hineinblies, da schrie's plötzlich aus einer Ecke: ›Au, miau! Was uns friert!‹ ›Wenn euch friert‹«* ruft der Jüngling, *»›kommt, setzt euch ans Feuer und wärmt euch.‹«* – Wie unter dem Galgen ist er auch hier in dem Schloßzimmer bestrebt, niemanden frieren zu lassen; sein eigenes Empfinden ständiger Kälte macht ihn tatsächlich mitfühlend mit anderen Frierenden. Nur weiß er so wenig wie vorhin bei den Gehenkten, was er mit seiner Einladung, ans Feuer zu treten, bewirkt: *»zwei große schwarze Katzen in einem gewaltigen Sprunge«* kommen herbei, setzen sich zu ihm und sehen *»ihn mit ihren feurigen Augen ganz wild an.«*

Merkwürdig an dem Auftritt dieser Tiere ist bereits der Umstand, daß sie nicht schon beim Auflodern des Feuers sich melden, sondern erst jetzt, wo der Jüngling das Feuer neu zu entfachen sucht. Es ist nicht die Kälte, in der sie sich offenbar all die Zeit schon befinden, die sie ihr klägliches »Miau« verlauten läßt, es ist vielmehr die ausstrahlende Wärme des Feuers, die sie als Frierende anlockt. Dementsprechend würde ein Patient in der Psychoanalyse denn auch seinen Traum in dieser Weise zu erzählen beginnen: »Als ich in dem dunklen kalten Zimmer eines verwunschenen Schlosses ein Feuer entfachte, hörte ich Katzen klagend miauen, und als ich sie einlud, doch ans Feuer zu kommen, sprangen zwei schwarze Katzen mit wild funkelnden Augen herbei.«

Schwarze Katzen gelten im Volksmund als unheilbringend, vor allem, wenn sie von links nach rechts über die Straße laufen; daß sie bei dieser Bewegungsrichtung nach der heutigen Straßenverkehrsordnung in der BRD nicht vorfahrtsberechtigt wären, hat, als der (Aber-)Glaube sich bildete, gewiß keine Rolle gespielt; wohl aber galt »links« schon in der Antike als unberechenbar und gefährlich; zudem, als geborene Nachtjäger sind Katzen, schwarz gefärbt, für Menschen im Dunklen kaum sichtbar, während sie mit der Restlichtverstärkung in ihrem Augen-Hintergrund selbst feinste Hell-Dunkel-Schattierungen wahrnehmen können; auch das Funkeln ihrer Augen rührt daher. All diese Seltsamkeiten verleihen Katzen eine unheimliche Aura; zauberische Kräfte werden ihnen zugeschrieben, und so hocken sie am liebsten auf den Schultern von Hexen, denen sie bei den Künsten ihrer schwarzen Magie behilflich sind. Als Abkömmlinge der ägyptischen Falbkatze lieben sie die Wärme am Ofen und auf der Fensterbank, – daß die wohltuende Wärme von Feuer sie anlockt, läßt sich schon von daher verstehen. Doch sind diese Katzen im Märchen keine gewöhnlichen Tiere. Sie können sprechen wie Menschen, sie können, wie sich gleich zeigen wird, Karten spielen, sie existieren nicht in der Natur draußen, sie sind Teile der Seele des jungen Mannes drinnen; was sie aber dabei psychisch repräsentieren, kann nicht wohl zweifelhaft sein.

Den Übergang von einem realen Lebewesen zu einem Tier mit symbolischer Bedeutung bildet im Falle der Katzen wohl ihr weiches Fell und ihr anschmiegsames Wesen, das – zuzüglich zu dem Kindchenschema ihres rundlichen Kopfes – förmlich dazu einlädt, sie zu streicheln und zärtlich zu verwöhnen. Diese Gefühlsregungen verbinden die Katzen indessen gerade mit der Zuneigung, die ein Mann einer begehrenswerten Frau entgegenbringt. So zählen zu den zärtlich gemeinten Koseworten eines Mannes für eine Geliebte gerade auch Worte, mit denen man die Hauskatze als »Muschi« oder »Pussy« bezeichnet; verräterischerweise stehen diese Bezeichnungen auch für die durchaus ordinären Benennungen des weiblichen Geschlechts. Man muß, um das zu beweisen, nicht erst den schon legendär gewordenen Ausspruch des US-Präsidenten *Donald Trump* zitieren, mit dem er den kürzesten Prozeß im Umgang rechter Machos mit weiblichen Wesen auf unnachahmliche Weise in die Devise zu kleiden wußte: »Grab them by the pussy«; – wer sein »Schätzchen« als »Schmusekätzchen« bezeichnet, erwartet und lobt damit in jedem Fall dessen »schnurriges« Verhalten.

Die Einladung »am Feuer« müßte also eigentlich wechselseitig ergehen: Der junge Mann ruft die »Katzen« ins Warme, und die »Katzen« wiederum laden ihn zu einem erotischen Beilager ein. Doch das Entscheidende in dieser (Traum-)Szene liegt darin, daß die »Katzen« erst dann sich zu Wort melden, als der junge Mann das »Feuer« anlegt. Auch darin ist ein (sexuelles) Symbol enthalten. Anzüglich genug ist die verbreitete Verhaltensregel: »Feuer muß ein Mann stets bei sich haben.« Wenn in einem Roman oder in einem Film früherer Jahre, als Rauchen noch nicht politisch geächtet wurde, ein junger Mann mit seinem »Feuerzeug« die »Zigarette« seiner Verehrten anzündete, wußte jeder Leser oder Betrachter, wie es jetzt weitergehen würde, und spätestens, wenn das Kaminfeuer zu lodern begann, sollte man verstehen, wie leidenschaftlich die Herzen der beiden füreinander »entbrannt« waren. Das entzündete Feuer ist ein sicheres Bild für die Sehnsucht nach Liebe. Und in der Tat, wohl schon jeder wird selber erlebt haben, daß die Liebe die Herzen »höher schlagen« läßt und zu »erhitzen« vermag wie ein loderndes Feuer. Nicht so aber der junge Mann in dem verwunschenen Schloß! Er friert, er legt ein Feuer an, er ruft die »Katzen« herbei, aber er versteht so wenig wie ein Klient in der Traumanalyse, was er da eigentlich treibt. Umso mehr erzeigt sich an dieser Stelle eine weitere Variante des Unbewußten, Angst gar nicht erst aufkommen zu lassen, selbst wenn man, wie dieser Jüngling, im Bewußtsein verzweifelt auf der Suche nach dem Erleben von Angst ist.

Bisher – im Glockenturm und unter dem Galgen – hatten wir es mit einer Vertauschung von Endlichkeit und Unendlichkeit, Körper und Geist, Tod und Leben, äußerer Wirklichkeit und innerer Wahrheit zu tun; jetzt tritt hinzu eine Vertauschung von Realismus und Symbolismus, von Wahrgenommenem und Verweisendem beziehungsweise von Bedeutendem und Bedeutetem. Die »Katzen«, symbolisch betrachtet, sind, wie wir jetzt wissen, keine Katzen, sie sind das Bild für Frauen, die in der »Kälte« am »Feuer« des jungen Mannes »Wärme« suchen, und es ist, wohlgemerkt, das entfachte Feuer selber, das sie herbeirufe. Mit anderen Worten: Es geschieht zum ersten Mal im Leben des jungen Mannes, daß er in dem Verlangen, Angst kennenzulernen, auf die Frage trifft, wie er die Liebe kennenlernt. Beide Fragen hängen zusammen, denn es zeigt sich schon: Nur wer liebt, hat etwas zu verlieren; nur ein solcher wird sich sorgen und ängstigen um einen anderen, und nur er überhaupt kann »warm(herzig)e« Gefühle verspüren. In diesem Augenblick böte sich gerade dafür die Chance. Doch der junge Mann geht bedauerlicherweise darauf nicht ein, – mit der unbewußten Angst vor der Nähe von Frauen verhindert er, bei seiner Suche nach bewußt erlebter Angst je erfolgreich zu sein. Auch dieses unbewußte Angstmotiv gehört zu der Katzensymbolik von Frauen: »Das ist eine Katze«, besagt so viel wie: Diese Frau ist hinterhältig, tückisch umherschleichend, eine Überraschungsjägerin, vor der man sich hüten muß.

Doch damit zeigt sich, was in der Seele dieses jungen Mannes sich geändert hat und was gleichgeblieben ist. Das Thema im Turm war der Geist, das Thema unter dem Galgen war der Tod (der anderen), das Thema im »Schloß« jetzt ist die Liebe, die zur Angst denjenigen führen würde, der sich auf sie einließe; der junge Mann hingegen vermeidet aus Angst vor der Liebe eine wirkliche Begegnung mit einer Frau und verurteilt sich damit selbst dazu, weiter vergeblich nach jener Angst zu suchen, die ihm nur durch Geist, Gefühl und menschliche Nähe zuteil werden könnte. Mitunter erzählen Märchen sogar hoffnungsfroh, wie eine Frau aus der Zerrgestalt ihrer »Katzenhaftigkeit« erlöst werden könnte – die Brüder GRIMM selber berichten in der Geschichte von dem »Armen Müllersbursch und dem Kätzchen« (KHM 106) davon[39]; hier aber erlösen weder die »Katzen« den jungen Mann zu Liebe und Geist noch erlöst dieser jene Wärmesuchenden dazu, die Gestalt echter Frauen anzunehmen; im Gegenteil, er wird, um die Angst nicht zu spüren, die er vorgeblich sucht, aus

39 SIGMUND FREUD: Die Traumdeutung, in: Gesammelte Werke, II/III 362, meinte: »Von den Tieren, die in Mythologie und Folklore als Genitalsymbole verwendet werden, spielen mehrere auch im Traum diese Rolle: ... die Katze, die Maus (der Genitalbehaarung wegen).«

Angst die symbolische Andeutung einer solchen Möglichkeit zunächst zu entschärfen, dann zu vernichten suchen.

Überraschenderweise nämlich laden die »Katzen« mit den »feurigen Augen«, kaum daß sie mit dem Jüngling »warm« geworden sind, ihn als *»Kamerad«* zu einem Kartenspiel ein. Klar ist, daß sie damit dem jungen Mann näher kämen und ihm vertrauter würden, ginge er darauf ein. Doch was hat es mit dem Angebot auf sich? Natürlich kann man den Karten in einem Spukschloß auch schicksalsdeutende oder gar schicksalsfügende Fähigkeiten zuschreiben; auch an ein Glücksspiel ließe sich denken, bei dem die Partner beziehungsweise die Gegner »alles auf eine Karte« und damit alles »aufs Spiel setzen«; die »Katzen« blieben dann in dem Bann des zauberisch-verzauberten Hexenwesens gefangen. Der Jüngling jedoch hat ganz andere Sorgen. Unter dem Anschein, unbedenklich auf das Kartenspielangebot einzugehen, fordert er die »Katzen« auf, *»einmal«* die *»Pfoten«* herzuzeigen, und als sie das tun, bemerkt er ihre langen Nägel, – *»die muß ich euch erst abschneiden«*, erklärt er. Doch wer da glauben wollte, ihm sei an einer hilfreichen Maniküre gelegen, der wird sogleich eines Schlimmeren belehrt, denn mit plötzlichem Griff packt er die »Katzen« *»beim Kragen«* (im Genick), hebt sie auf die mitgebrachte Schnitzbank und schraubt *»ihnen die Pfoten fest.« »›Euch habe ich auf die Finger gesehen‹«*, spricht er, *»›da vergeht mir die Lust zum Kartenspiel.‹«* Mit diesen Worten schlägt er sie tot und wirft *»sie hinaus ins Wasser.«* Kein Zweifel, so mörderisch wütend handelt nur jemand, der sich selber tödlich bedroht fühlt. Aber warum? Wäre der junge Mann eine Maus, hätte er jedes Recht, die Krallen von Katzen derart zu fürchten; doch Mäuse verfügen nicht über Schnitzbänke und auch nicht über die Kraft, Katzen am Genick zu packen, sie zu erschlagen und (durch ein Fenster) ins Wasser (des Schloßteichs) zu werfen. Nicht die Krallen als solche bedrohen den Jüngling, was ihm derart lebensgefährlich vorkommt, daß er es umbringt, noch ehe er davor wirkliche Angst zu empfinden vermöchte, ist die Bedeutung, die sich damit verknüpft. So merkwürdig ist es: Dieser junge Mann wird zum Mörder, weil er das Symbol mit der Realität verwechselt! Umso wichtiger ist die Frage, was die Katzenkrallen beziehungsweise die Finger- und Fußnägel von Frauen bedeuten.

Manche Frauen lieben es, ihre Fingernägel lang wachsen zu lassen und sie formschön zu schneiden, ja, in einzelnen Gesellschaften folgen ihnen darin auch manche Männer, indem sie mit der Überlänge ihrer Fingernägel demonstrieren, daß sie keinerlei Handarbeit verrichten müssen, also edler Abkunft und Stellung sind. Kein Mann aber kommt auf die Idee, seine Nägel rot oder dunkelbraun zu bemalen; in dieser Praxis zeigt sich bevorzugt eine gewisse Betonung spezifischer Weiblichkeit. Doch genauer: eine Frau, die ihre Lippen rot anmalt, verstärkt damit den Eindruck ihrer Sinnlichkeit, indem sie mit der Farbe und Form ihres Mundes Vitalität und Empfängnisbereitschaft verheißt. Etwas ganz Ähnliches spricht sich offenbar auch beim Bemalen der Fingernägel aus. Wie die Lippen des Mundes insgeheim auf den Muttermund des weiblichen Geschlechts hinweisen[40], so erinnern die Fingerglieder mit ihrer bemalten Spitze an ein männliches Glied und an sexuelle Betätigung. Ein solcher Hinweis könnte eigentlich etwas höchst Verlockendes darstellen und tut es für gewöhnlich wohl auch, doch nicht so für den jungen Mann des Märchens. Ihn ergreift eine geradezu kalte Zerstörungswut beim Anblick der langen Krallen der »Katzen«, so sehr, daß er sie nicht nur gewaltsam kürzt, sondern ihre Trägerinnen zum Tode verurteilt.

Einen Patienten, der mit einem solchen Traum in die analytische Therapie käme, würde man unzweifelhaft dahin lenken, über sein Verhältnis zu Frauen nachzudenken: über seine Furcht vor ihrer Weiblichkeit, seine Furcht vor ihrer Männlichkeit, seine Furcht vor ihrer »Verschlagenheit« und vor ihrer »Zugriffigkeit«, und vor allem über die Tatsache, daß all diese Ängste seinem Bewußtsein völlig unbekannt sind, während sie im Unbewußten sein gesamtes Verhalten von einem angenehmen Zusammensein zu einer brutalen Zerstörung verformen. Die Suche nach der Angst ist unter anderem auch eine Suche nach der aus Angst vermiedenen Frau, eine Form verleugneter Sexualität, eine Variante der Flucht vor der unbegreifbar fremden, verachtenden (Vater-)Welt.

40 DESMOND MORRIS: Liebe geht durch die Haut, 34, betrachtet »die fleischige, rote Ausstülpung der Mundhaut als Nachahmung der eigentlichen Schamlippen … Die Frauen verstärken die Signalwirkung ihrer Lippen schon seit Beginn der Menschheitsgeschichte durch künstliche Färbung.«

Aber damit nicht genug: daß er die beiden »Katzen« totgeschlagen hat, bedeutet dem Jüngling anscheinend nicht mehr, als daß er sie *»zur Ruhe gebracht«* hat. Auch dieser Zug des Märchens ist bitter ernst zu nehmen: Mordtaten können geschehen, einfach um sich von der seelischen Unruhe, die der andere mit seinem Dasein hervorruft, zu befreien; die eigene Unruhe kann – wie hier im Märchen – davon herrühren, daß der andere gar nicht als menschliche Person wahrgenommen wird, sondern eher als ein Kleinraubtier, das hinterhältig sich das eigene Dasein »unter den Nagel reißen« würde, ließe man es zu nahe an sich herankommen. »Wärme« für sich selber – ja; doch Frauen damit in die Nähe dieses »Feuers« zu locken, – das wäre ein gefährlicher Fehler. Diese »Gefahr« ist gewiß ganz und gar projektiv, doch wenn sie nicht psychisch durchgearbeitet wird, drängt sie dahin, für eine objektive Tatsache genommen und entsprechend im anderen bekämpft zu werden. *Ein* Mordgrund kann in einer solch verdrängten Angst eines Mannes vor einer Frau liegen, und schon diese Möglichkeit ist höchst irritierend; doch die gewalttätige Aktion des jungen Mannes läßt das Problem erst recht eskalieren.

Denn: Gerade will er *»sich wieder zu seinem Feuer setzen …, da kamen aus allen Ecken und Enden schwarze Katzen und schwarze Hunde an glühenden Ketten, immer mehr und mehr, daß er sich nicht mehr bergen konnte; die schrien greulich, traten ihm auf sein Feuer, zerrten es auseinander und wollten es ausmachen.«* Die Verdrängung der sich »erwärmenden« Bedürfnisse führt demnach nicht zu der erhofften Beruhigung, sondern im Gegenteil: sie vermehrt den Konflikt im Umgang mit den eigenen (sexuellen) Triebwünschen. An die Stelle der zwei getöteten »Katzen« kommen von allen Seiten immer mehr, begleitet zudem von *»schwarzen Hunden an glühenden Ketten«*. Mit den »Hunden« verbindet sich als Nachfahren steppenbewohnender Wölfe die Assoziation von mörderischer männlicher Wildheit. Der Wolf ist kulturgeschichtlich das erste Tier, das vom Menschen überhaupt zum Begleiter gezähmt wurde; vor 100.000 Jahren schon dürfte das geschehen sein, und wahrscheinlich waren es Frauen, die junge Welpen mit ihren Kindern aufzogen, ehe die Männer dann den Jagdtrieb und Geruchssinn der Tiere sich bei ihren eiszeitlichen Streifzügen zum

Nahrungserwerb zunutze machten[41]. Dieser »wölfische« Jagdtrieb gehört zur männlichen Sexualität, sie taucht hier aber jetzt erst auf, nach dem vergeblichen Vernichtungs-, das heißt Verdrängungsversuch der weiblichen Strebungen. All die möglichen Gefühlsregungen, die sich in der »Wärme« des verwunschenen »Schlosses« auf bedrängende Weise zu Wort melden, sind wie »angekettet«, – sie sind mühsam gefesselt und an die Leine gelegt, doch gerade deshalb »glühen« sie vor Energie wie Stromdrähte unter Hochspannung.

Unter diesen Umständen kommt es fast einem Wunschtraum gleich, wenn die »Tiere« das Feuer unter greulichem Geschrei auseinanderscharren und zu zertreten beginnen; doch wenn der junge Mann sie gewähren ließe, so träte die alte Kälte wieder ein, und das will er auf keinen Fall. Er möchte seine Ruhe und seine Gemütlichkeit haben, alle anderen und alles andere kann er dabei nicht gebrauchen. Was eben noch sexuell sich hätte zum Leben entwickeln können, konvergiert deshalb jetzt in einen ausufernden Sadismus, den man insgesamt als Folge eines gewaltsam unterdrückten Liebeslebens kennzeichnen kann[42]; *»als es ihm zu arg ward,«* ergreift der junge Mann *»sein Schnitzmesser«*, fordert das *»Gesindel«* auf zu verschwinden, und als das nicht geschieht, haut er auf die »Tiere« (als die Repräsentanten seiner eigenen Triebbedürfnisse) ein; teils bringt er sie direkt um, teils ersäuft er sie im Teich, – ein erschreckendes Bild: Aus dem gleichen Mann, der eben noch den Frierenden Wärme schenken wollte, ist jetzt ein rastlos rasender Wüterich geworden. Ganz sicher ist: So wird er niemals Ruhe finden. Die aber sucht er paradoxerweise genauso wie das Erleben der Angst.

Erschöpft und ermüdet von dem Mord- und Blutbad, das er an den »Katzen« und »Hunden« angerichtet hat, setzt der junge Mann

41 Schon die Neandertaler haben vor 100.000 Jahren Wölfe gezähmt; vgl. EUGEN DREWERMANN: Der sechste Tag, 142.

42 SIGMUND FREUD: Das ökonomische Problem des Masochismus, in: Gesammelte Werke, XIII 376, sah im Sadismus den »Destruktionstrieb … in den Dienst der Sexualfunktion gestellt.« Doch die Annahme einer »Verquickung der beiden Triebarten« setzt ein theoretisches Triebkonzept voraus, das in sich bereits eher metaphysische als empirische Züge trägt und das die psychodynamische Entwicklung von Liebe zu Haß förmlich umgeht, zugunsten einer dualistischen Anthropologie.

sich schließlich wieder ans Feuer, das er frisch anbläst, aber *»als er so saß, wollten die Augen nicht länger offen bleiben, und er bekam Lust zu schlafen.«* Und siehe da, *»ein großes Bett«* steht in der Ecke des Zimmers, gerade recht, endlich sich Ruhe zu gönnen. Doch natürlich kommt es anders: wie auch könnte jemand Ruhe finden, der in sich alles unterdrückt und niederhält, was ihn in Geist und Gefühl vermenschlichen könnte! Kaum liegt der Jüngling im Bett, da fängt dieses *»von selbst an zu fahren«* und fährt *»im ganzen Schloß herum.«* Auch solche Phantasien und Körpergefühle werden schon manchem begegnet sein, der sich von einem unerfüllten, doch sehnsuchtsvollen Liebesleben heimgesucht sieht: sein Bett beginnt zu schaukeln wie unter den Stößen der Liebe, es bewegt sich, *»als wären sechs Pferde vorgespannt«*, ja, es scheint zu fliegen, wie es in Träumen gern die Erhebung zum »Höhepunkt« anzeigt[43]. Anfangs ist der Jüngling mit der scheinbaren Verselbständigung der Bettbewegungen auch noch einverstanden, – sie fügen ihm wie von außen eben die Empfindungen zu, die als Verlangen in ihm selber schlummern. Doch bald schon trägt die von ihm nicht kontrollierte Dynamik ihn nicht länger umher und empor, sondern sie kehrt sich um und kehrt sich gegen ihn: Das »Bett« als Glücksort legt sich wie ein Albtraum auf ihn. Die *»Lust«* zu *»fahren«* wird ihm zur Qual, so daß er zurückkehrt in die Sphäre des Ich, die ihm selbst gehört: er begibt sich zurück ans Feuer und schläft dort ein, *»bis es Tag war.«*

Als da der »König« kommt, nachzuschauen, vermeint er mit Sicherheit, die »Gespenster« hätten den jungen Mann umgebracht, und bedauernd stellt er schon fest, es sei *»doch schade um den schönen Menschen.«* Das aber hört *»der Junge«*, richtet sich auf und spricht: *»›So weit ist's noch nicht‹.«* Als der »König« erstaunt ihn fragt, wie's ihm er-

43 Das Bild gehört zu den »Flugträumen«, von denen SIGMUND FREUD: Die Traumdeutung, in: Gesammelte Werke, II/III 398, meinte, »daß auch diese Träume Eindrücke der Kinderzeit wiederholen … Welcher Onkel hat nicht schon ein Kind fliegen lassen.« S. 399: »Die nahe Verbindung des Fliegens mit der Vorstellung des Vogels macht es verständlich, daß der Fliegetraum bei Männern meist eine grobsinnliche Bedeutung hat … daß ein guter Teil dieser Fliegeträume Erektionsträume sind … als Aufhebung der Schwerkraft.« (Vgl. hierzu die geflügelten Phallen der Antike.)

gangen sei, gibt er zur Antwort: »*›Recht gut‹*«, und zeigt sich zuversichtlich, daß, so wie diese Nacht, auch die beiden noch folgenden gütlich ausgehen werden. Gleichwohl, sein »Erfolg« bleibt zweifelhaft: Er hat seine Triebregungen, die auf dem Terrain seines Ich spukten, »abgetötet«, wie man so sagt, doch er hat sie nicht integriert. Und er hat infolgedessen auch nicht, wie gewünscht, die Angst kennengelernt. Der Wirt, als er ihn sieht, traut seinen Augen nicht, – er hat nicht gedacht ihn lebendig wiederzufinden, und fragt ihn voll Neugier, ob er denn nun gelernt habe, »*was Gruseln ist*«; der aber muß verneinen: »*›es ist alles vergeblich‹*«, erklärt er bedauernd, »*›wenn mir's nur einer sagen könnte!‹*« Eine neue Nacht also steht bevor, um das »Schloß« von seinem »Spuk« zu erlösen – und um die Angst kennenzulernen; doch es besteht wenig Hoffnung, in der nächsten Nacht werde es sehr viel anders kommen. Im Gegenteil, zu erwarten ist, daß die Ausrottung aller sexuell getönten Triebregungen neue Konflikte inmitten einer buchstäblich jetzt liebeleeren und lieblosen Welt heraufführen wird.

Die zweite Nacht: Totenkopfkegeln

Alles hebt an wie gehabt: Die Nacht fällt herein, der junge Mann begibt sich hinauf ins Schloß, er setzt sich – wirklich wie ein Höhlenbewohner der Eiszeit – erneut in der Kälte ans Feuer und intoniert sein gebetsmühlenartiges Mantra: »*Wenn mir's nur gruselte!*« Für den Betrachter (den Leser) besteht zum Gruseln längst aller Grund, und zwar nicht nur, weil die Verhaltensweise des Jünglings vom phantastisch Hilfsbereiten sich mittlerweile ins wüst Sadistische verkehrt hat, sondern vor allem, weil die Auseinandersetzung mit der Todesthematik, die unter dem Galgen noch auf eine blinde Verleugnung des Todes hinauslief, sich jetzt durch den Einbruch der wärmeren Gefühlsregungen der Liebe in ein blindwütiges Massaker gegen alle entsprechenden symbolischen Vorstellungen und deren reale Repräsentanzen verwandelt hat. In dem Märchen geht es inzwischen zu wie in manch einem Horrorfilm: Der Zuschauer soll all das Grauen und Schaudern erleben, das der Akteur auf der Leinwand von sich selbst abspaltet; nur deshalb überhaupt kann er scheinbar mit

»Nerven wie Drahtseilen«, absolut »cool« eben, in die Horrorszenarien hineingehen. Was passiert mit jemandem, der die Gefühlsregungen der Liebe, wie gerade geschehen, mit allen Mitteln bekämpft, stutzt, zerquält und niedermacht? Die Antwort der zweiten Nacht, die der Jüngling in seinem Spukschloß verbringt, lautet in erschrekkender Deutlichkeit: einem solchen bleibt nur die isolierte Aggression. In der Sprache der FREUDschen Psychoanalyse kommt es zu einer »Triebentmischung«, indem die Lebenstriebe (*Eros*) und die Todestriebe (*Thanatos*) zum Schaden für sich selbst und alle Welt getrennte Wege gehen, vorbei an der menschlichen Kultur und vorbei an der Menschlichkeit, dafür jedoch bedenkenlos, gefühllos und roh. Unter dem Galgen begegnete der Jüngling dem Tod der anderen und verleugnete ihn »nur« als nicht-existent; jetzt, in der zweiten Nacht im »Schloß«, rückt der Tod an ihn selbst heran; er kann ihn nicht mehr verleugnen, aber er kann sich im Gefühl für ihn unempfindlich machen, er kann ihn aus dem Ernstfall, den er darstellt, in ein großes Gaudi verwandeln, und genau das geschieht.

Pünktlich zur Mitternacht nämlich läßt *»Lärm und Gepolter«* sich vernehmen, *»erst sachte, dann immer stärker, dann war's ein bißchen still, endlich kam mit lautem Geschreie ein halber Mensch den Schornstein herab und fiel vor ihn* (sc. den Jüngling, d. V.) *hin.«* Schon die Geräusche im Schornstein sind so unheimlich in der bedrohlich wirkenden Steigerung ihrer Tonstärke, daß sie durchaus dazu angetan sind, für sich allein bereits Schrecken und Entsetzen zu verbreiten; wirkliches Grauen aber muß jedem »normal« Empfindenden in die Glieder fahren, wenn er sieht, wie laut schreiend der halbe Körper eines Menschen aus dem Schornstein herabfällt. Der Grund dafür ist leicht zu begreifen. Angst entsteht nicht nur bei der Wahrnehmung einer realen Gefahr; weit ängstigender noch ist die Irritation der gesamten Wahrnehmung, wenn der eine Teil der beobachtbaren Realität nicht mehr zu einem anderen Teil derselben Realität passen will; man findet sich dann nicht mehr zurecht, man verliert die Orientierung, und dann ist schlechterdings alles möglich. Eben das ist es, was SÖREN KIERKEGAARD meinte, als er den Begriff Furcht von dem Begriff Angst unterschied: Furcht definierte er als inhaltsgebunden, als bezogen auf eine bestimmte vorstellbare Gefahr, Angst hingegen als bezogen auf nichts; Angst ist generalisiert, ist total[44]; wenn alles möglich ist, weil nichts in der Wirklichkeit mehr eine konsistente Wahrnehmung erlaubt, entsteht Angst in diesem eigentlichen Sinne.

Bewußt eingesetzt wird dieses Wissen um die Erzeugung von Angst zum Beispiel in der routinierten Folterpraxis des amerikanischen Geheimdienstes CIA: als erstes zieht man den Gefangengenommenen Kapuzen über den Kopf, um ihre optische Wahrnehmung abzuschalten; dadurch bricht der Kontakt zur Wirklichkeit an einer wichtigen Stelle ab; eine eigenständige Lagebeurteilung ist nicht mehr möglich, und umso mehr wächst das Gefühl der Abhängigkeit und der Ausgeliefertheit in den Händen von Leuten, denen man alles zutrauen muß. Je länger dieser Zustand anhält, desto mehr hebt auch das Zeitgefühl sich auf: man weiß nicht mehr, wie lange etwas dauert, hell und dunkel, Tag und Nacht fließen ineinander und bilden eine einzige nicht endende Geisterstunde zur Mitternacht, und da hinein dringen Geräusche, die bedrohlich klingen, aber keinen Sinn ergeben und deshalb durch unheilvolle Deutungen noch weiter ängstigend aufgeladen werden. Techniken dieser Art gehören zum Standard der »verschärften Verhörmethoden«, mit denen man den Widerstandswillen eines Verdächtigen brechen und ihn zu den gewünschten Aussagen zwingen will.

Der junge Mann im Schloßzimmer befindet sich nicht in den Fängen eines feindlichen Geheimdienstes, doch ist er sich selbst gegenüber so weit entfremdet, daß seine Ausgeliefertheit an Mächte, die mit ihm scheinbar machen können, was sie wollen, durchaus mit einem solchen Zustand vergleichbar ist. Was ist wirklich, was ist eingebildet, was ist äußerlich, was ist innerlich – diese Verwirrung, die das ganze Märchen durchzieht, entspringt, wie ersichtlich, einer Angst im Unbewußten und vermeidet sie im Bewußtsein. Doch eben

44 SÖREN KIERKEGAARD: Der Begriff Angst, Kap. 1, § 5: Der Begriff Angst, S. 40: »Den Begriff Angst sieht man fast niemals in der Psychologie behandelt, ich muß deshalb darauf aufmerksam machen, daß er gründlich verschieden ist von der Furcht und ähnlichen Begriffen, die sich auf etwas Bestimmtes beziehen, während die Angst die Wirklichkeit der Freiheit als Möglichkeit für die Möglichkeit ist. Man wird deshalb beim Tier keine Angst finden, gerade weil dies in seiner Natürlichkeit nicht bestimmt ist als Geist.«

dadurch befindet der junge Mann sich nicht in derselben Lage wie ein Folteropfer. Bei ihm ist innerlich, was jenem äußerlich zugefügt wird, und darin liegt jetzt, wenn man so will, sein Vorteil: Mit den unheimlichen Geräuschen allein, mögen sie dem gewöhnlichen Hörer auch noch so nervenzerreißend vorkommen, ist der Jüngling im Märchen nicht sonderlich zu beeindrucken. Aber natürlich – es bleibt nicht dabei: Der Schornstein des Schloßzimmers (wohl der Rauchfang über dem offenen Feuer) läßt unter gräßlichen Schreien einen halben Menschen aus sich herabgleiten und vor die Füße des Jünglings fallen. Spätestens jetzt sollte das Maß des Erträglichen voll sein. Begönne der Jüngling bei einem solchen Anblick in panischem Entsetzen zu brüllen, so verhielte er sich gewiß ganz so, wie es unter gewöhnlichen Sterblichen für normal gelten würde. Aber er bewahrt auf unfaßbare Weise seine heitere Contenance. *»›Heda!‹«*, bemerkt er spöttisch zu dem grausigen Schauspiel, *»›noch ein halber gehört dazu, das ist zu wenig!‹«* Und wirklich, unter neuerlichem Heulen und Toben fällt, wie angefordert, auch noch die zweite Hälfte eines Menschen auf ihn herab. Doch was da auch Schrecken! Rührend beinahe zeigt sich der Jüngling wiederum bemüht, das Feuer anzufachen, offenbar damit die zwei menschlichen Hälften es warm haben. Aber während er das tut, in der Zeit, setzen die beiden Menschenteile von selbst sich zusammen, so daß, als er sich umschaut, *»ein greulicher Mann auf seinem Platz«* sitzt. In einer Räuberpistole müßte man eine solche Schilderung als »starken Tobak« bezeichnen, – als blauen Dunst, der so kräftig verblasen wird, daß kein Mensch mehr durchblickt, was da eigentlich los ist; hier im Märchen aber liegt das Abstruse des ganzen Vorgangs so offen zutage, daß man die Absicht begreift, mit der hier alle natürlichen Vorgänge in ihr Gegenteil verkehrt werden sollen.

Da stellt sich als erstes die Frage, wie ein menschlicher Körper in einen Schornstein gerät, aus dem er dann, halbiert, ausgestoßen wird. Man braucht die Frage nur so zu stellen, und es breitet ein wirkliches Grausen angesichts der Entsetzlichkeit der geschichtlichen Wirklichkeit sich aus. Menschen »durch den Schornstein gehen lassen« war die zynische Umschreibung für die Massenverbrennungen der Ermordeten zum Beispiel in den Krematorien der Konzentrationslager der Nationalsozialisten im sogenannten Dritten Reich; es war eine Darstellung der endgültigen Vernichtung des Körpers eines Toten und seiner Auflösung in Rauch. Hier aber ist der Zerstörungsvorgang umgekehrt: der Körper des Menschen fährt nicht durch den Schornstein auf in die Lüfte, sondern er kommt durch den Schornstein zur Welt; der Rauchabzug nimmt damit die Funktion eines Mutterschoßes an, der Vorgang des Verlöschens wandelt sich um in einen Vorgang der Geburt, und so ist, was da, halbiert, hervorkommt, auch nicht wirklich tot, vielmehr schreit es und brüllt es, als wäre es selbst die Mutter seiner eigenen Niederkunft; zumindest ist es nach der Einschätzung des Jünglings der Wärme bedürftig, und es verfügt im übrigen über die eigentümliche Fähigkeit, sich selbst zusammenzusetzen und zu einer lebendigen Einheit zusammenzuwachsen. Dreifach gesteigert, wird auf diese Weise die Endgültigkeit des Todes geleugnet und die bleibende Lebendigkeit des nur scheinbar Gestorbenen herausgestellt. In der Traumpsychologie nennt man eine solche vervielfachte Darstellung eine »Überbesetzung«[45] und erblickt in ihr den unübersehbaren Hinweis auf die tiefe Angst vor einer Tatsache, die unter allen Umständen vor dem Bewußtsein verborgen bleiben soll.

Im Ansatz versteht man damit bereits den Sinn dieses gesamten grausigen Arrangements: All die spukhaft entsetzlichen Darbietungen dienen dem Zweck, das elementare Grauen vor dem Tod *zu beschwichtigen*; kein Wunder also, daß der junge Mann, wenn das Entsetzliche selbst nur eingesetzt wird, um das Entsetzen zu bändigen, bei bester Laune anzutreffen ist. Dem Leser aber muß diese Wohlgemutheit endgültig vergehen, sobald er ein wenig näher hinsieht.

Eine Hauptursache zum Entsetzen stellt an sich schon die Zweiteilung des menschlichen Körpers dar. Sie ist in diesem Falle offenbar so glatt erfolgt, daß sie nur von Menschenhand vollzogen worden

45 Vgl. SIGMUND FREUD: Abriß der Psychoanalyse, in: Gesammelte Werke, XVII 86: »Wir glauben zu erkennen, daß die nervöse oder psychische Energie in zwei Formen vorhanden ist, einer leicht beweglichen und einer gebundenen, sprechen von Besetzungen und Überbesetzungen der Inhalte und wagen selbst die Vermutung, daß eine ›Überbesetzung‹ eine Art von Synthese verschiedener Vorgänge herstellt, bei der die freie Energie in gebundene umgesetzt wird.«

sein kann: Ein Schwert, eine Säge, ein mechanisches Gerät muß sie vorgenommen haben. Der Anblick einer solchen Tat ist ohne Zweifel gräßlich. Doch nun beginnt eine höchst bedenkenswerte, weil äußerst bedenkliche Umprägung und Umerziehung der Gefühle. Das Abstoßende und Abscheuliche einer Körperzerstückelung muß, um überhaupt als menschliche Handlung möglich zu werden, in sein Gegenteil: ins Großartige, Heroische umgeprägt werden. Schon HOMERS »Ilias« rühmt mit martialischer Blutrünstigkeit die Gewalttaten der achäischen Helden *Achill*, *Diomedes* u. a. Der Anblick hervorquellenden Blutes, abgeschlagener Köpfe und Gliedmaßen, aufgeschlitzter Unterleiber und austretender Gedärme – all diese Schilderungen sollen nicht durch das Grauen, das sie erzeugen, der Abschreckung dienen, um Taten wie diese auf immer zu verhindern, sondern im Gegenteil, sie sollen die heroische Größe der Täter durch die Gräßlichkeit ihrer Gewalttaten steigern, bis daß diese zum Vorbild für wahre Männlichkeit sich stilisieren und mit makabrem »Humor« als Tugend der Tapferkeit sich drapieren lassen. Bis hin zu LUDWIG UHLANDS Gedicht von dem Kreuzzug Kaiser *Barbarossa*s, bei dem ein Schwabe mit einem einzigen Schwerthieb einen heidnischen Türken in zwei Hälften zerspaltet, die zur linken und rechten Seite vom Pferd herabfallen[46], zieht sich diese Umformung der Gefühle vom Grausam-Gräßlichen zum Herrlich-Heroischen, und sie konnte und kann anscheinend gar nicht früh genug schon den Kindern in der

46 LUDWIG UHLAND: Schwäbische Kunde, in: Gedichte, 233–234:
Da faßt er erst sein Schwert mit Macht,
Er schwingt es auf des Reiters Kopf,
Haut durch bis auf den Sattelknopf,
Haut auch den Sattel noch zu Stücken
Und tief noch in des Pferdes Rücken;
Zur Rechten sieht man, wie zur Linken,
Einen halben Türken heruntersinken.
Da packt die andern kalter Graus,
Sie fliehen in alle Welt hinaus,
Und jedem ist's, als würd' ihm mitten
Durch Kopf und Leib hindurchgeschnitten.
…
Der Held bedacht sich nicht zu lang:
»Die Streiche sind bei uns im Schwang,
Sie sind bekannt im ganzen Reiche,
Man nennt sie halt nur Schwabenstreiche.«

Schule vermittelt werden: Generation um Generation hatte UHLANDS Gedicht als eine heitere Ballade auswendig zu lernen und abrufbar herzusagen.

Was damit erzeugt wird, ist indessen alles andere als lustig, es ist mehr als gefährlich: Wer vor gewaltsam »halbierten« Menschen keine Angst mehr fühlt, muß selbst ein seelisch halbierter Mensch sein, und genau für einen solchen mußten wir diesen seltsam angstunfähigen Jüngling die ganze Zeit schon erachten. Er ist nicht unerschrocken, weil er die Angst, die dazu gehört, als Mensch mit Bewußtsein zu leben, durch geistige Geschlossenheit und Entschlossenheit überwunden hätte, er zeigt sich vielmehr zu Gefühlen aller Art außerstande – teils aus emotionaler Kälte, teils, wie sich gerade an dieser Stelle beobachten läßt, auf Grund von Verdrängungen und Gegenbesetzungen. Das Weltbild, das sich ihm dabei nahelegt, ist gerade infolge dieser Form von Furchtlosigkeit in sich selber furchtbar mit all seinen Konsequenzen; und schon die nächste Szene zeigt, in welch eine Richtung die weitere Entwicklung gehen wird.

Kaum nämlich sind die beiden Hälften *»zusammengefahren«*, da muß der Jüngling, als er vom Feuer sich umwendet, mit ansehen, *»daß da ein greulicher Mann auf seinem Platz«* sitzt, und diese Tatsache ist nicht nur folgerichtig, sie wächst sich sogleich zu einer dramatischen Tragödie aus. Da ist ein Mensch entstanden, der aus einer schweren Verwundung und Zerspaltenheit hervorgegangen ist, und diese Einheit aus zwei getrennten Teilen führt auf der Stelle dazu, die Einheit untereinander zu zertrennen: Der »greuliche Mann« beansprucht eben den Platz, auf dem vorhin noch der Jüngling gesessen hat. Augenblicklich kommt es deshalb zu einem Gerangel um das »Besitz«recht im wörtlichen Sinne. *»›So haben wir nicht gewettet‹«*, spricht der junge Mann, *»›die Bank ist mein.‹«* Der »greuliche Mann« aber will seinen Platz nicht räumen; der Junge wiederum läßt *»sich's nicht gefallen«* und schiebt *»ihn mit Gewalt weg«*, bis er seinen Sitz zurückgewinnt.

Dieses gewaltsame Gezänk hat erkennbar keine praktischen Gründe, – das Schloßzimmer hätte Platz für viele Personen, und der vorteilhafteste Ort wäre, wie all die Zeit betont, in der Nähe der Feuerstelle zu finden. Was sich hier abspielt, hat seinen Sinn in einer *exi-*

stentiellen Platzsuche und Standortbestimmung, wie sie unerläßlich dazu gehört, seine Individualität auszuprägen. Kein geringerer als der Philosoph LEIBNIZ nannte die Materie, die Körperlichkeit, das »principium individuationis«[47], mit der einleuchtenden Begründung, daß sie bewirke, daß da, wo das eine sei, ein anderes nicht sein könne; alle körpergebundenen Wesen unterliegen in der Natur dem grausamen Gesetz der wechselseitigen Verdrängung: Pflanzen, die einander das Licht rauben, Tiere, die um ihr Revier streiten, Völker, die sich ihre Staatsgrenzen streitig machen. Auch geistig ergibt sich das Bewußtsein persönlicher Unverwechselbarkeit und Identität aus dem Gegensatz von »An-sich-Sein« und »Für-sich-Sein«: Der andere hat ein Bild von mir, das sicher nicht dem Bild entspricht, das ich von mir selber habe; alles Selbstbewußtsein basiert daher auf der Negation des fremden Urteils, das mich selbst als eigene Person negiert[48]. Beide, die körperliche wie die geistige Seite der Individualisierung, rechtfertigen die Überzeugung der Psychoanalyse, Aggression sei ausgesprochenermaßen ein Ich-Trieb[49]. Selbst zu sein und individuell zu existieren ist nur möglich in Abgrenzung und Selbstbestimmung.

Alles hängt deshalb davon ab, ob die Ausprägung des Ich in wechselseitigem Respekt und gegenseitiger Anerkennung erfolgt, oder ob in einem Klima der Abgelehntheit, der »Negiertheit«, das Ich sich gegen die Grunderfahrung der Ungerechtfertigtheit und Unansehnlichkeit durchsetzen muß. Ob Frieden als ein freundliches Zusammenleben von Individuen möglich ist oder ob Krieg als Kampf eines jeden gegen jeden unvermeidlich wird, hängt davon ab, unter welchen Voraussetzungen die Ich-Findung erfolgt.

Wie es sich damit im Leben und Erleben des jungen Mannes im

47 GOTTFRIED WILHELM LEIBNIZ: Monadologie, Nr. 79, S. 32, unterschied die Seelen, die »nach den Gesetzen der Finalgründe« wirken, von den Körpern, die »nach den Gesetzen der bewirkenden Ursachen« wirken.

48 Vgl. JEAN-PAUL SARTRE: Das Sein und das Nichts, 2. Teil: Das Für-sich, 3. Kap.: Die Transzendenz, II.: Über die Bestimmung als Verneinung, 249–256.

49 Vgl. SIGMUND FREUD: Triebe und Triebschicksale, in: Gesammelte Werke, X 230–231, wo die Trennung der Ich-Triebe von den Sexualtrieben zu der These führt, es sei der »Haß als Relation zum Objekt älter als die Liebe, er entspringt der uranfänglichen Ablehnung der reizspendenden Außenwelt von seiten des narzißtischen Ichs.«

Märchen verhält, ist bereits durch das Verhältnis zu seinem Vater deutlich geworden: er wurde von diesem, gemessen an den Fähigkeiten seines älteren Bruders, von Grund auf abgewertet und abgelehnt, und er hat die Selbstverachtung, die daraus resultiert, beharrlich zu überwinden versucht, vornehmlich durch das suchtartige Verlangen, Angst zu erlernen, um es der Geistigkeit seines Bruders gleichzutun. Eine solche Person kann noch so loyal oder jovial sich verhalten, sie wird ihre latente Feindseligkeit und Konkurrenzneigung immer neu geltend machen. Der einzige Ort ihrer Sicherheit ist die Einsamkeit, ihre einzige Wärme ein künstlich angelegtes Feuer, ihre einzige Identität die Nichtidentität im Widerspruch zu der Mißachtung und Abgelehntheit seitens des Vaters. Wenn es je ein Märchen gibt, das die biblische *Kain-* und *Abel-Geschichte* (Gen 4,1–12) sich ausdehnen läßt zu einem Weltgefühl, das die Gräßlichkeit der gesamten menschlichen Geschichte verständlich macht, so liegt es vor in dieser GRIMMschen Geschichte »von einem, der auszog, das Fürchten zu lernen«.

Denn jetzt kommt es in der Tat ungeheuerlich. Statt in Ruhe seinen Platz im Leben einnehmen zu können, muß der junge Mann erleben, daß *»noch mehr Männer«* aus dem Schornstein herabfallen, *»einer nach dem andern«*, und diese holen jetzt *»neun Totenbeine und zwei Totenköpfe«*, stellen sie auf und spielen damit Kegeln. Erneut soll das Bild Grauen verbreiten, und wirklich gibt es keinen Zweifel daran, daß es extrem grauenhaft ist. Gleichwohl liegt es ganz in der Logik des Kriegs aller gegen alle, indem es den Kern des Spuks in dem verwunschenen »Schloß« ausmacht. Nur: Was macht dieser Zustand aus dem jungen Mann selbst? – Die Antwort lautet: Wer es dahin bringt, mit den Knochen von Toten Kegeln zu spielen, der darf wirklich von sich behaupten, daß er vor nichts mehr sich fürchtet, und gerade ein solcher ist – zu seinem Leidwesen – dieser junge Mann im Märchen: statt mit Entsetzen dem makabren Spaß der schornsteingeborenen Wiedergänger Einhalt zu gebieten, drängt er sich wie begeistert als ihr Spielgefährte auf: *»›Hört ihr‹,«* fragt er bittend, *»›kann ich mit* (sc. von der Partie, d. V.) *sein?‹«* Das wird ihm gestattet, doch nur, wenn er *»Geld genug«* hat, – man »kegelt« also quasi professionell, das Spiel soll nicht nur der Unterhaltung dienen, sondern auch dem Gelderwerb. Der junge Mann, mit den fünfzig Talern seines Vaters, hält sich für hinreichend ausgestattet, um bei dem Spiel mithalten zu können, und wie vormals unter dem Galgen, zögert er auch jetzt nicht einen Augenblick, die gesamte väterliche Ausstattung zu investieren, um einer Teilnahme an dem Knochenkegeln für wert zu erscheinen. Dabei geht es ihm jetzt schon nicht mehr darum, das Fürchten zu lernen, er folgt vielmehr der Lust am Spiel und gedenkt sogar, diese noch zu erhöhen. Bislang hat er die *»Drehbank«* nicht eingesetzt, die er unter den drei *»leblosen Dingen«* auf das Schloß mitgenommen hat; doch jetzt erfährt man, wofür sie zu verwenden ist: *»›eure Kugeln sind nicht recht rund‹«*, moniert er, nimmt *»die Totenköpfe«*, setzt *»sie in die Drehbank«* und dreht *»sie rund. ›So, jetzt werden sie besser schüppeln‹* (sc. sich schieben lassen, d. V.) … *›heida, nun geht's lustig!‹«* spricht er. – So ein Kerl also ist er jetzt. Wo andere sich fürchten und grausen, da hat er einen »Mordsspaß«, wie man so sagt.

Doch wer an dieser Stelle freudig sich an dem Spaß des jungen Mannes beteiligen wollte, statt in ihm einen gemeingefährlichen Soziopathen zu erkennen, der müßte, wie dieser junge Mann selber, auch bei sich all die Gefahren verdrängen, die in seiner Gefühllosigkeit und Angstunfähigkeit verborgen liegen. Gerade »Typen« wie er sind den »Königen« der Welt hochwillkommen, – sie lassen in jedem Krieg, den sie vom Zaune brechen, als Soldaten von »untadeliger Moral« sich einsetzen. Nur wer lernt, wie dieser Jüngling, das Grauen im Umgang mit dem Tod von Menschen ins Spielerisch-Lustige zu ziehen, verrät, daß er das Zeug hat, ein guter Soldat zu sein. Um in den mörderischen Wahnsinn eines Krieges zu ziehen, braucht es allemal Leute, denen es scheinbar Freude macht, mit den Gebeinen von Toten zu kegeln. So erzählte der Kriegsveteran *Scott Camil*, wie er und seine Kameraden im Vietnam-Krieg in den extra eingerichteten »Feuer-frei«-Zonen auf alles schossen, was sich bewegte – spielende Kinder, viehhütende Frauen, egal, die »Gooks« mußte man töten. Der Body Count galt als ein Wettkampfspiel; der erfolgreichste Killer war der tüchtigste und angesehenste. Auf jeden eigenhändig Getöteten legte *Camil* eine Pik-Ass-Karte, um sich als Sieger dessen zu rühmen, daß er und seine Leute es gewesen waren, die diese Toten zur Strecke gebracht hatten. Man sammelte Leichen wie Indianer als Trophäenjäger die Skalps ihrer Feinde (vgl. die Doku: Der Vietnam-

Krieg – Gesichter einer Tragödie, 3sat, 9.5.17). Jeder könnte sehen, wie pervers eine solche Praxis und Einstellung ist, doch die Verkehrung der Gefühle von verdrängter Angst in zur Schau getragene Angstlust ist nicht nur ein Erziehungsauftrag militärischer Ausbildung, sie kommt im Falle des jungen Mannes in der zweiten Nacht im Schloß so wohlgemut lustig daher, daß sie eine eigene Verführungskraft besitzt; die »Könige« aller Staaten haben ein Interesse daran, gerade solch »coole« Charaktere propagandistisch zu favorisieren und militaristisch zu trainieren. Wie wirbt man 16-Jährige für die Bundeswehr? Indem man ihnen beibringt, daß es Spaß macht, mit dem Tod und mit »Toten zu kegeln«! Um aber, wie es hier geschieht, »Totenköpfe« zu Kegelkugeln zu schleifen, müssen die Köpfe derer, die so tun, selber zu Totenköpfen geschliffen worden sein. – Erinnert man sich noch daran, wie in Deutschland von einer ganzen Generation Jugendlicher Lieder gesungen wurden, welche die Todesverachtung als Zeichen männlicher Größe und unbekümmerten Machtwillens priesen? Es fällt schwer zu glauben, daß es einmal eine Zeit gab, in der widerspruchslos Texte wie diese von *Hans Baumann* geduldet, gefördert und gelehrt wurden:

1) Es zittern die morschen Knochen
der Welt vor dem roten Krieg ...
Wir haben den Schrecken gebrochen,
für uns war's ein großer Sieg.
Wir werden weiter marschieren,
wenn alles in Scherben fällt.
Die Freiheit stand auf in Deutschland
und morgen gehört ihr die Welt.

2) Und liegt vom Kampfe in Trümmern
die ganze Welt zuhauf,
das soll uns den Teufel kümmern,
wir bauen sie wieder auf.

3) Und mögen die Alten auch schelten,
so laßt sie nur toben und schrein,

und stemmen sich gegen uns Welten
wir werden doch Sieger sein.[50]

»Das war der Nationalsozialismus«, wird man in politischer Korrektheit sagen; »Lieder wie diese erzogen zu einem verbrecherischen Krieg.« Das ist wahr, aber dennoch falsch. Denn das Gedankengut solcher Lieder erzieht nicht allein zu verbrecherischen Kriegen, es ist selbst verbrecherisch genug, um zu jedem beliebigen Krieg fähig und gefügig zu machen. Todesverachtung ist Menschenverachtung, denn Menschen *sind* sterblich; wer dahin erzieht, das Sterben zu vergleichgültigen oder daraus ein »Happening« für ein »Entertainment« zu machen, mag in der (Un-)Kultur der medialen Gegenwart angekommen sein, doch hat er sich allemal weit entfernt von aller Menschlichkeit. Es ist unmöglich, der Barbarei eines Krieges, dem im Staatsauftrag befohlenen Abschlachten von Menschen, beizuwohnen, ohne daß die dabei auftretenden seelischen Verletzungen entweder zu schweren traumatischen Erkrankungen führen oder aber zu Abspaltungen und Gefühlsumkehrungen, wie sie bei dem jungen Mann im Schloßzimmer zu beobachten sind.

Als man Soldaten der Bundeswehr in Afghanistan beschuldigte, sie hätten Bilder von sich neben den Leichnamen getöteter Feinde in entehrenden Posen ins Internet gestellt, galt ihr Betragen für »inakzeptabel« und »singulär«, – stets handelt es sich bei Vergehen im Militär um »bedauerliche Einzelfälle«, die man »rückhaltlos aufklären« und für die man »die Verantwortlichen« zur »Rechenschaft ziehen« wird; in Wirklichkeit offenbart sich in solchen »Entgleisungen« das Wesen allen Soldatentums: Es ist ein »Heldentum«, das den Tod von Menschen instrumentalisiert und zu einer Art Glücksspiel pervertiert. Aus dem Krieg, meinte ERNST JÜNGER, kommt man nur als gebrochener Mensch oder als Soldat zurück[51].

In diesem Sinne stellt der junge Mann im Spukschloß in seiner

50 HANS BAUMANN: Es zittern die morschen Knochen, in: Das neue Soldaten-Liederbuch, Heft 3, S. 28.

51 ERNST JÜNGER: In Stahlgewittern, 105, notiert: »Ich machte hier, und während des ganzen Krieges eigentlich nur in dieser Schlacht, die Beobachtung, daß es eine Art des Grauens gibt, die fremdartig ist wie ein unerforschtes Land. So spürte ich in diesen Augenblicken keine Furcht, sondern eine hohe

Angstfreiheit geradezu das Ideal des Soldatischen dar, und sein lustvolles Kegeln mit Totenschädeln offenbart genau die »richtige« Einstellung zum Soldatsein: man leidet nicht länger unter dem Furchtbaren, man nimmt es spaßhaft: »Heida!« Man schiebt »eine ruhige Kugel«, gerade wenn diese aus einem Totenschädel gefertigt wurde. Man muß das Entsetzliche umprägen ins Unterhaltsame und Vergnügliche, sonst wäre dem Erleben des »Schlachtfeldes« nicht standzuhalten. Der junge Mann im Märchen ist kein Soldat, doch die Kälte seiner Gegenbesetzung jeglicher Todesangst in Spiel und Spaß ist gewissermaßen das Traumziel, auf das hin man die Rekruten auf den Kasernenhöfen der Welt zu allen Zeiten und an allen Orten drillen und trainieren muß. Im Falle dieses jungen Mannes endet der Spuk genau um Mitternacht; liest man seine Geschichte hingegen so, wie sie sich darbietet, als die Erfolgsstory eines unverbesserlich »coolen Typs«, so ist die menschliche Geschichte selbst eine Mitternacht, die niemals endet.

Im Märchen glaubt der Jüngling darüber hinaus, im Totenkopf-Kegeln auch wirtschaftlich Gewinn machen zu können, wie all die Kriegstreiber und Profiteure in der Wirklichkeit; doch seine Rechnung geht ebenso wenig auf, wie bei diesen; wohl, er verliert *»etwas von seinem Geld«*, doch daran hängt er nicht, im Unterschied zu den fabrikmäßigen Werkzeugherstellern des Todes; es ist ihm, wie alles, egal. Und als die Uhr zwölf schlägt und *»alles vor seinen Augen verschwunden«* ist, legt er *»sich nieder«* und schläft *»ruhig ein.«* Als dann am anderen Morgen der König sich erkundigt, wie's ihm ergangen, antwortet er nur: *»›Ich habe gekegelt … und ein paar Heller verloren.‹«* Und ob es ihm nicht gegruselt hat? *»›Ei was‹«*, spricht er, *»›lustig hab ich mich gemacht, wenn ich nur wüßte, was Gruseln ist.‹«*

Mit dieser Feststellung endet das Abenteuer der zweiten Nacht, und ihr Ausgang versteht sich von selbst: Der junge Mann kann die Angst nicht kennenlernen, weil und solange er seiner Linie treu bleibt und selbst den Tod in eine unterhaltsame jokose Angelegenheit zu verwandeln vermag. Amüsement oder Lebensernst – beides geht

und fast dämonische Leichtigkeit; auch überraschende Anwandlungen eines Gelächters, das nicht zu bezähmen war.«

nicht zusammen. Der junge Mann müßte sich entscheiden. Doch kann er das? Will er das? Wie, wenn der Tod ihn selbst »angeht«? – Davon erzählt die letzte Episode seines nächtlichen Aufenthalts in dem verwunschenen »Schloß«.

Die dritte Nacht: Der eigene Tod

Bislang befand der junge Mann sich auf der Suche nach einer Angst, die er zugleich aus einem einfachen Grunde vermeiden mußte: ihr Inhalt, der Tod, ist zu grausig, als daß man ihn »realisieren« könnte. Niemand kann sein eigenes Nichtsein sich vorstellen, allenfalls kann er sich dabei zuschauen, wie er sich als verstorben vorstellt: – seine Aufbahrung, seine Beisetzung, die Angehörigen und die Hinterbliebenen in ihrer Trauer am Grab. Der Tod sucht als eine ständige Möglichkeit das Bewußtsein heim, doch nie erreicht das Bewußtsein den Tod. Die nächstliegende Art, die Angst vor der Möglichkeit des Todes im Bewußtsein zu bannen, besteht deshalb darin, seine Möglichkeit selber zu leugnen, »Realist« zu bleiben und sich nicht von »Gespenstern« ins Bockshorn jagen zu lassen, – so geschah es bei dem künstlich arrangierten Spuk im Glockenturm. Und so läßt sich jetzt das ganze Märchen als eine Verlaufsreihe der Abwehr des immer näher rückenden Todes im Bewußtsein verstehen. Denn so war es: Nur einen Schritt weiter, und der junge Mann sah sich mit der grausigen Realität des Todes Hingerichteter unter dem Galgen konfrontiert, und seine Antwort war von der gleichen Art: Er verleugnete die Tatsache, daß die Gehenkten überhaupt tot waren, er behandelte sie wie Lebende – seine Realangst war damit verdrängt. Dann, in der ersten Nacht im »Schloß«, wurden ihm die eigenen Antriebe auf dem Wege der Selbstfindung zur Gefahr: seine Sexualität, seine Aggression, seine *Triebangst*; er rang sie nieder, indem er sie »abtötete«. So weit war er also gekommen, um das »Schloß«, sein Bewußtsein, von eben dem Spuk zu befreien, der im Grunde das Ergebnis seiner eigenen Angstabwehr und Gefühlsabspaltung darstellt.

Wenn es den Tod aber doch gibt? Nicht nur strafweise bringen Menschen Menschen an den Galgen, auch aus konkurrierenden Begehrlichkeiten und Besitzansprüchen treiben Menschen auf schreckliche Weise einander in nicht endenden privaten Fehden und staatlichen Feldzügen in den Tod. Wenn dem schon so ist, kann man, wie der junge Mann in der zweiten Nacht, die Grausamkeit und Gräßlichkeit mörderischer Zerstückelung und Zerstörung (etwa im Krieg) immerhin noch in ein »lustiges« Kegeln mit Totenköpfen verwandeln; als Spielkamerad ist der Tod nicht so tödlich; man verliert an ihn im Spiel vielleicht ein wenig von der väterlichen Mitgift, doch dafür hat man sein Vergnügen – und keine Angst mehr.

Auf diese Weise wird alles in dem Märchen in seiner (Psycho-)Logik verständlich. Der gesamte Aufbau des GRIMMschen Märchens dreht sich spiralenförmig um die innere Achse dieses Widerspruchs: Der junge Mann kennt keine Angst, weil er ihren Inhalt, die Möglichkeit des Nichtseins im Tode, verdrängt; deshalb begibt er sich auf die Suche nach dem Erleben von Angst. Doch an jeder Stelle, an der er dem zentralen Inhalt der Angst in Gestalt des Todes begegnet, leugnet er dessen Realität oder verwandelt sie vom Grausigen ins Spaßhafte; Stufe um Stufe erneuert er die Verdrängung der Möglichkeit ebenso wie der Realität des Todes, auf der seine Unfähigkeit zur Angstempfindung basiert, durch eine stets noch heftigere Nachverdrängung. Er sucht nach einer Angst, die er nicht fühlt, weil er sie verdrängt, und er verstärkt die Verdrängung an jeder Stelle, an der ihm der Inhalt der verdrängten Angst in Gestalt des Todes entgegentritt.

Diese Doppeldeutigkeit, etwas sehnsüchtig zu suchen, das man gar nicht finden darf, um daran nicht irrsinnig zu werden, läßt sich in einem begrenzten Leben indessen nicht unbegrenzt aufrechterhalten. Der Kreisgang von Suchen und Vermeiden, von Konfrontation und Flucht, von Bewußtwerden und Verdrängen konnte bisher in Gang bleiben, weil mit »Tod« eigentlich stets nur der Tod der anderen gemeint war. Auch das gehört, wenn auch nicht in dieser extremen Steigerung, zu der normalen Umgangsform mit dem Tod: es sind stets die anderen, die sterben, man besucht nur ein Grab, in dem man selber nicht liegt, und man legt einen Kranz nieder für einen Verstorbenen, dessen man gedenkt als ein Lebender. Gleichwohl weiß man, daß der »Dahingegangene« nur »vorangegangen« ist, – jeder wird ihm irgendwann nachfolgen. Also, daß es unausweichlich wird, die Möglichkeit des Todes nicht ständig hin und her zu schieben, – irgendwann muß man sich ihr stellen. Was, wenn der Tod mich selber (be)trifft?

Zum dritten Mal begibt sich der junge Mann in das verwunschene »Schloß« (sein Bewußtsein), um es von seinen bösen Geistern (den verdrängten, projektiv wiederkehrenden Angstgedanken) zu befreien und seine verborgenen Schätze zu heben. Kaum hat *»er sich wieder auf seine Bank«* gesetzt und seiner Verdrießlichkeit Ausdruck verliehen: *»›Wenn es mir nur gruselte!‹«*, da tragen zu später Stunde *»sechs große Männer … eine Totenlade herein.«* Eigentlich sollte auch diese Szene ein unheimliches Gefühl verbreiten, zumal der Jüngling in dem Toten seinen Vetter erkennt, der *»erst vor ein paar Tagen gestorben ist.«* Ein spürbarer Schrecken über den jähen Tod eines in etwa gleichaltrigen Verwandten stünde »normalerweise« beim Anblick der Totenlade zu erwarten, und er wird als eine unbewußte Gefühlsregung auch bei dem Jüngling anzunehmen sein. Doch wie üblich zeigt er sie nicht, er verdrängt sie und verwandelt sie in ihr Gegenteil. Empfinden müßte er in diesem Augenblick nicht unbedingt Angst, wohl aber so etwas wie Trauer, Bestürzung oder zumindest Überraschung; stattdessen, noch ohne recht nachzusehen, äußert er auf bloße Vermutung hin, daß es sein Vetter sein müsse, der da hereingetragen werde. Von dem kürzlich erfolgten Ableben des Sohns seiner Tante oder seines Onkels muß er in Kenntnis gesetzt worden sein, doch hat er bislang darauf keinen Gedanken ver(sch)wendet; man muß ihm den Verstorbenen buchstäblich schon hinterhertragen, um ihm die Tatsache des Tods seines Vetters »nahezubringen«.

So ähnlich könnte wiederum jemand *träumen*, der es zu Lebzeiten geradewegs vermieden hat, sich um seine Angehörigen zu kümmern, und der jetzt, wo es zu spät ist, von einem schlechten Gewissen geplagt wird: Wie zur Strafe dafür, daß er den Weg zu ihnen kaum je gefunden hat, kommen sie jetzt als Tote in einem Albtraum zu ihm. Doch was ist schon Trauer und Schuldgefühl! Reflexartig kehrt der Jüngling derartige Empfindungen in ein freudiges Überraschtsein um: *»›Haha‹«*, frohlockt er, *»›das ist gewiß mein Vetterchen‹«*. Statt erst einmal nachzusehen und dann auf das Geschehene zu antworten, gilt ihm die Möglichkeit seiner Vermutung bereits für die Wirklichkeit: »es ist dein Vetter«, sagt ihm das schlechte Gewissen, und es sagt ihm auch, daß er dem Vetter, als noch Zeit war, hätte näherkommen sollen. Aus diesem latenten Vorwurf macht er jetzt den Wunsch, der Verstorbene möchte ihm nahe sein. Wie wenn er als Herr seinem Hund eine Weisung erteilte, winkt er *»mit dem Finger«* und ruft, geradewegs sehnsüchtig: *»›Komm, Vetterchen, komm!‹«* Nicht er bewegt sich auf den Verstorbenen zu, umgekehrt: der Verstorbene soll auf ihn sich zubewegen, – wo er doch so fröhlich und freundlich ihn empfängt.

Die Beziehungslosigkeit und Gleichgültigkeit, die aller Wahrscheinlichkeit nach seine Beziehung zu dem Vetter bislang kennzeichneten, kompensiert er nun mit der einschmeichelnden Verkleinerungsform der Anrede: »Vetterchen!« Anheimelnd, fast zärtlich klingt diese Anrede, und offenbart in ihrer übertriebenen Zugewandtheit doch nur die innere Abgewandtheit im Verhältnis des jungen Mannes zu seinem Vetter.

Aber natürlich kann der als »Vetterchen« angeredete Tote sich nicht selber auf seinen Cousin zubewegen, einzig die Träger der Bahre sind fähig, den Abstand zwischen den beiden zu verringern; sie also kommen näher und stellen *»den Sarg auf die Erde.«* Und nun tritt der junge Mann auch selber hinzu und sieht, daß in der Lade *»ein toter Mann«* liegt; unbedingt jetzt müßte geklärt werden, ob das ach so liebe »Vetterchen«, nach dessen Nähe der junge Mann sich offenbar derart sehnt, tatsächlich der Tote ist, doch bezeichnenderweise geschieht gerade das nicht, – es kommt anscheinend auch hier wieder nicht so genau darauf an. Dafür verfährt der junge Mann mit dem Toten wie vormals mit den Gehenkten am Galgen: Als er den Deckel von der Lade abhebt und das Gesicht des Toten berührt, ist es *»kalt wie Eis«*, und so wird es, wie all die Zeit, auch jetzt sein Bemühen, dem Daliegenden Wärme zu spenden. Anders freilich als damals auf dem Richtplatz, scheint es ihm jetzt zu schwierig, den Verstorbenen ans Feuer zu tragen, vielmehr wärmt er dort seine eigene Hand und legt sie dem »Vetterchen« auf das Gesicht; doch vergebens: der Tote bleibt kalt. Also versucht er es anders: Er nimmt den Toten dann doch aus der Lade heraus, setzt sich ans Feuer und legt ihn auf seinen Schoß.

Damit entsteht ein Bild wie auf einer Darstellung der Pietà, – als wäre er eine Mutter, die ihren verstorbenen Sohn in den Armen hält. Angedeutet scheint damit immerhin ein weit innigeres Verhältnis zu seinem »Vetterchen« als es bisher zum Ausdruck kam; auch die Kindchenform der Anrede weist darauf hin, allerdings müßten wir, um das für möglich zu halten, unterstellen, daß der junge Mann zu seinem Vetter in der Tat echte, warmherzige und fürsorgliche Gefühle unterhalten hätte, und das widerspricht entschieden dem Gesamtbild, das bisher von ihm zu zeichnen war. Gleichwohl könnte es unter einer bestimmten Voraussetzung sich trotz allem so verhalten, das ist: die Wiederkehr des Verdrängten.

Einen Hinweis auf die ursprüngliche Gefühlslage des jungen Mannes bot bereits sein Verhalten zu den Gehenkten; schon da zeigte er sich als »mitleidig« mit den Toten, weil er glaubte, sie zitterten wie er selber vor Kälte; er sah freilich nicht, womit er es wirklich zu tun hatte, er übertrug vielmehr sein eigenes Empfinden auf sie. Ganz ähnlich dürfte es sich auch jetzt verhalten; dann aber könnten wir auf das projektive Schema zurückschließen, das seinem Verhalten zugrunde liegt, und wir gelangten dadurch zu einer wichtigen Erkenntnis, die wie ein Schlüssel zum Verständnis des eigenartigen Persönlichkeitsaufbaus des Jünglings insgesamt dienen kann: Er selber, so zeigt sich, findet sich wieder in jenem »Vetterchen«, das er auf dem Schoß und im Arm hält, er möchte es offenbar wärmen, wie er selber sein Leben lang im Gefühl unablässiger Kälte hätte gewärmt werden wollen; der Adressat dieses Wunsches aber wäre dann wohl die bitter vermißte Mutter, deren Rolle er hier übernimmt, während von ihr selber in dem ganzen Märchen kein Wort der Erwähnung war. In dem verstorbenen »Vetterchen« wärmt der Jüngling mithin sich selbst und er zeigt diesem all die Hilfe und Zärtlichkeit, die er als kleines Kind sich von seiner Mutter erhofft hätte. So klar wie nirgends sonst offenbart sich in dieser Szene daher die psychogenetische Ursache des sonderbaren Charakteraufbaus dieses jungen Mannes: seine ursprüngliche Sehnsucht und Enttäuschung, seine Einsamkeit und seine Verlorenheit, sein Selbstschutz in Gefühlskälte und das doch immer wieder sichtbar werdende Bild des Verlangens nach einer ganz anderen Welt.

Erschütternd wirkt dann das vergebliche Bemühen des Jünglings um den erkalteten Körper des Aufgebahrten. Wie bei einem Erste-Hilfe-Einsatz zur Wiederbelebung eines ohnmächtigen Bewußtlosen versucht er, das »Vetterchen« ins Leben zurückzurufen, indem er ihm die Arme massiert, um sein Blut wieder in Bewegung zu bringen. Auch die Gehenkten am Galgen sah er damals nicht als wirklich tot an; doch jetzt erst wird klar, worin die Weigerung, den Tod als Tod anzuerkennen, ihren Grund hat: Es ist nicht nur, wie bisher dargestellt, die Angst vor der Unheimlichkeit des Todes an sich, sondern diese Angst selber gründet in einer frühkindlichen Erfahrung, die wir bisher stets unterstellt haben, die aber erst jetzt, wo sie in der Gestalt des toten »Vetterchens« wieder auftaucht, konkrete Züge annimmt: Er selber, so zeigt diese Szene, ist der von jeher »Tote« und »Frierende«, der Junge, den man hätte streicheln und umarmen müssen und der, weil all das unterblieb, sich wie hospitalisiert durch sein Leben schleppen mußte. Es ist, so betrachtet, eine Szene von erschütternder Eindringlichkeit und Tragik – und von völliger Hilflosigkeit.

Denn natürlich: die »Wiederbelebung« des Toten nach Art einer Rot-Kreuz-Maßnahme mißrät, und nicht wenige Leser des Märchens werden es in ihrem Leben auf der Suche nach Hilfe ganz ähnlich erfahren haben: Sie suchten nach jemandem, der ihnen die fehlende Mutter ersetzte und ihren verweigernden Vater gegenbesetzte, und dann trafen sie auf jemanden, der mit viel gutem Willen, womöglich in eigener Identifikation, dies und das nach den Standard-Regeln des Lehrbuchs versuchte und dennoch nicht weiterkam, weil es zwischen ihm und dem Klienten nicht wirklich »warm« ward. Klar ist: Helfen kann man nur durch Gefühle von Person zu Person, und eben das versucht jetzt der Jüngling. Da steht in der Bibel, daß zwei, die zusammenliegen, es wärmer haben als jemand, der allein liegt (Koh 4,11), und das wird ihm zum Ansporn und zur Rechtfertigung, sich genauso zu verhalten: Er bringt das »Vetterchen« *»ins Bett«*, deckt es zu und legt sich daneben; und wirklich: Allmählich breitet die Wärme sich aus, sie durchflutet den »Toten« und bringt ihn zurück ins Leben. Es fragt sich nur, welch eine Deutung dieser Szene zu geben ist.

Wie in diesem Märchen alles »doppelt« ist, indem innen und außen ineinander gehen, so ist auch diese »Therapieszene« in zwei

Richtungen auszulegen: subjektal wie objektal. Nicht wenige, die den Möglichkeiten fremder Hilfe skeptisch oder enttäuscht gegenüberstehen, hören auf die Anweisungen mancher psychologischer Ratgeberbücher, die dazu auffordern, das »Kind in dir« subjektal anzunehmen[52]: Sie stellen die Wunschszenen ihrer verlorenen Kindheit nach, versuchen sich zu erinnern, was sie damals gerne getan hätten und gewesen wären, und träumen sich zurück in eine »bettwarme« Behütetheit, die sie jetzt selber sich zusprechen: Um ihre Kinderängste zu beruhigen, gehen sie mit Stofftieren und Püppchen ins Bett oder sie umhängen sich mit Talismanen und Heiligenbildchen; sie möchten ihre so belastende Kindheit erneuern, doch sie laufen damit Gefahr, auf ewig Kinder zu bleiben und niemals erwachsen zu werden.

Die Folge einer solchen »Wiederbelebung« des »Toten« schildert das Märchen in großer Klarheit. Voller Stolz über seine gelungene »Totenerweckung« spricht der Junge: *»›Siehst du, Vetterchen, hätt' ich dich nicht gewärmt!‹«* Da hebt der Tote an und ruft: *»›Jetzt will ich dich erwürgen!‹«* Diesem Bild entsprechend liegt eine große Gefahr darin, das Kind von damals, das »Vetterchen«, zu sich ins Bett zu holen und mit der eigenen Körperwärme aufzutauen; leicht kann dabei eine Beziehung zu sich selbst entstehen, die erstickend wird: die alten unbefriedigten Wünsche der Kindheit behalten ihre Maßlosigkeit, weil man nie gelernt hat, sie in eigener Entscheidung zu begrenzen und zu kontrollieren; und um nicht gänzlich in der wiederbelebten Vergangenheit zu versinken, bleibt nichts anderes übrig, als die gleiche Maßnahme zu treffen, die der Jüngling hier im Märchen ergreift. Er empfindet es als Undank, daß das »Vetterchen«, kaum zum Leben erwacht, die neu gewonnene Energie dazu benutzen will, ihn, seinen Retter, zu erwürgen. Also stößt er den Vetter zurück in den Sarg und verschließt darüber den Deckel; und die sechs Männer kommen zurück und tragen ihn fort.

Wenn dies das Ende ist, zeichnet sich eine betrübliche Bilanz ab. Da bot sich eine einmalige Chance zur Reintegration der verloren scheinenden Seelenanteile, doch sie scheitert an der Unfähigkeit,

52 Vgl. PETER SCHWARZENAU: Das göttliche Kind, 10: »Der Kind-Archetypus hat etwas zu tun mit den Problemen der zweiten Lebenshälfte.«

einen Kompromiß zwischen Damals und Heute, zwischen den Kinderwünschen von einst und den realen Bedingungen des Lebens heute zu finden, und der Grund dafür: Es gibt kein Ich, das stark genug wäre, sich gegen sich selbst durchzusetzen. Seinen Platz auf der Bank zurückzuerobern zeigte der Jüngling in der zweiten Nacht im »Schlosse« sich für fähig, einen eigenen Standpunkt gegenüber seiner ermordeten Kindheit einzunehmen, vermag er nicht. Über dem Traum seiner Kindheit muß er deshalb buchstäblich den Sargdeckel schließen und die verstorbenen Überbleibsel abtransportieren lassen. Doch wiederkehren wird dabei der alte Zustand gefühlloser Angstfreiheit und Gefühlskälte. *»›Es will mir nicht gruseln, … hier lerne ich's mein Lebtag nicht‹«*, muß der Jüngling enttäuscht feststellen, als wäre sein Unvermögen von dem Ort (»hier«) und nicht von seinem eigenen Bewußtseinszustand bedingt. Am Ende hat erneut die Angst über das Leben gesiegt, die Kälte über die Wärme, der Wiederholungszwang des Alten über die Ahnung einer trotz allem als möglich erschienenen neuen Welt.

Ganz genauso aber kann es sich auch »objektal« gestalten, wenn wir uns das »Vetterchen« als das Kinder-Ich des Jünglings vorstellen und seine Rolle als Mutter uns in einem Therapeuten verkörpert denken. Wenn alle Selbstheilungsversuche ohne Erfolg geblieben sind, mag wieder das Verlangen nach einer Hilfe von außen sich zu Wort melden, und wieder beginnt die Klage darüber, nicht genug an emotionaler Wärme zu spüren, – der Therapeut ist vermeintlich zu kalt, zu intellektuell, zu mechanisch, er läßt sich nicht persönlich genug, mit allem, was er ist, auf seinen Klienten ein. Doch wenn er dessen Wünschen einfach nachgibt, wird es bald dahin kommen, daß die Erwartungen und Ansprüche auf eine Weise wiederbelebt werden, die erdrückend und erstickend wirkt. Nicht nur im Ich des Klienten, auch in der Beziehung von Therapeut und Klient kommt es nie zu einem tragfähigen Kompromiß. Der Patient, wiedererweckt als ein großes Kind, muß schließlich wieder in die alten Verhältnisse zurückgedrückt werden. Aller Wahrscheinlichkeit nach wiederholt sich damit das Urtrauma seiner Kindheit: Kaum zur Welt gekommen, warf man ihm vor, mit seinem Dasein den Menschen zu »erwürgen«, der ihm das Leben geschenkt hat; seine Ansprüche empfand man als mörderisch, – man konnte sie nur als unangemessen zurückweisen und das Kind, das er war, zurückstoßen. Damit bleibt alles, wie es war, nur erscheint es jetzt als noch weit aussichtsloser und trostloser denn je zuvor, indem selbst die letzte sich bietende Chance ungenutzt vertan wurde. Fortan kann es nur noch kälter, noch einsamer, noch tödlicher werden. So kommt jetzt die Stunde, da der Tod selbst auf den Plan tritt, nachdem seine Diener mit der Totenlade abgetreten sind.

Denn, so geht es jetzt weiter: *»Da trat ein Mann herein, der war größer als alle andere(n) und sah fürchterlich aus; er war aber alt und hatte einen langen weißen Bart. »›O du Wicht!‹ rief er, ›nun sollst du bald lernen, was Gruseln ist, denn du sollst sterben.‹«* Mit diesen Worten ist's heraus, was im Sinne des Märchens den eigentlichen Inhalt des »Gruselns« bildet und was zu realisieren der Jüngling all die Zeit über mit Verleugnungen und Verdrehungen erfolgreich vermieden hat. Angst ist, so verstanden, das Erleben der Nichtigkeit des eigenen Daseins angesichts des Todes, begleitet von dem Gefühl der Wertlosigkeit und Unansehnlichkeit in den Augen der entscheidenden Bezugspersonen. Geist zu haben hieße demgegenüber, sich dieser Angst bewußt zu stellen und sie durchzuarbeiten; das aber will der junge Mann im Märchen nicht – und wer überhaupt will es? Niemand kann es wirklich wollen, wenn es nicht eine sinnhafte Antwort auf die bittere Tatsache der Endlichkeit gibt. Woher aber sollte die kommen in einer Weltsicht, die ganz und gar im Endlichen verbleibt? Der junge Mann sucht die Angst als Zeichen von Geist auf ungeistige Weise, und er flieht vor der Endlichkeit, indem er sie ins Unendliche zu verlängern trachtet. So existiert er inmitten zerreißender Widersprüche, über die er zwar permanent Klage führt, doch deren Gründe er sich nicht bewußt macht und die er schon deshalb auch nicht beseitigt.

Eine Situation tritt daher ein, wie HUGO VON HOFMANNSTHAL sie in seinem Versdrama »Der Tod und der Tor« sich selbst und der Welt zur Warnung beschrieben hat[53]: stets erreicht der Tod den ungeistig Existierenden plötzlich und unvorhergesehenermaßen, dabei hat er sich immer von Neuem in Begebenheiten angekündigt, die man nur

53 Der Tor und der Tod, in: Gedichte und lyrische Dramen, 199–220: »Da tot mein Leben war, sei du mein Leben, Tod!« (S. 219).

nicht auf sich selber bezogen hat, sondern wie alle tieferen Gefühle von sich selbst abspaltete. Das unverkennbare Gesicht des Todes, mit dem dieser in das Schloßzimmer des Jünglings tritt, ist *das Alter;* doch wer denkt schon an das Alter in der Jugend? Die Größe der Gestalt des Todes überragt alles, und vernünftigerweise könnte niemand sich ihm gewachsen wähnen; darin aber besteht gerade die »unvernünftige« Haltung der Ungeistigen: sie werden, solange sie können, wie dieser Jüngling, versuchen, dem Tod von der Schippe zu springen, wie man im Volksmund gern sagt. Da gab es irgendwo einen guten Arzt, – der Tod hielt den Patienten bereits fest im Griff, er aber traf die richtige Anordnung, und man brauchte noch nicht zu sterben. Freilich, auch das beste Medikament gewährt nur einen Zeitaufschub, irgendwann, bald schon, wird Bruder Hein wieder ums Haus schleichen und eintreten, und der Jüngling hat recht, wenn er zum Tode sagt: *»›soll ich sterben, so muß ich auch dabei sein.‹«* Nur meint er es wieder falsch herum. Sein »Dabeisein« sollte den Tod vorbereitet, gefaßt und einverstanden bei sich einlassen; er aber will sagen: »nicht mit mir, da habe ich auch noch ein Wörtchen mitzureden.« Doch hat er das? Wie in dem Märchen »Die Boten des Todes« (KHM 177) ignoriert er die Vorzeichen des nahenden Endes (Schmerzen, Alter, Müdigkeit in der Weisheitserzählung) und wähnt sich unangefochten von allen Schrecknissen der irdischen Existenz, und er tut es so erfolgreich, daß er den Selbstbetrug im Umgang mit sich selbst subjektiv gar nicht bemerkt.

Mit seinem *»muß ich auch dabei sein«* tritt der Jüngling von daher in einen Machtkampf mit dem Tode ein, von dem eigentlich feststehen sollte, daß er nicht zu gewinnen ist; der Jüngling aber, als *»der Unhold«* ihn packen will, entgegnet: *»›Sachte, sachte, mach dich nicht so breit; so stark wie du bin ich auch, und wohl noch stärker.‹«* – Man sagt gemeinhin von einem Schwerkranken: er kämpfe gegen den Tod, er ringe mit dem Tod; und wenn jemand stirbt, heißt es: Er hat seinen letzten Kampf verloren. In dieser Sicht ist der Tod ein Feind, gegen den man mit allen Mitteln sich zur Wehr setzen muß. Tatsächlich ist denn auch inmitten einer gefühllos-kalten Welt der Tod fürchterlich. Stets kommt er dann, um ein Leben zu beenden, das einem nie wirklich gehört hat, das niemals das eigene war, das ein Unleben blieb und das der Tod nun so gleichgültig vom Baume des Lebens streift wie ein welkes Blatt. Doch diese Vorstellung, so verbreitet sie auch sein mag, entspricht nicht der Wirklichkeit: der Tod ist ein Teil, nicht der Gegner des Lebens, er ist auch keine Person, mit der man kämpfen könnte, er ist ein Prozeß der allmählichen Schwächung der Organe, deren Zusammenhalt und Zusammenspiel in rein materieller Betrachtung mit »Leben« identisch ist.

Gleichwohl lieben es die Mythen und Märchen, Naturkräfte zu vergöttlichen oder zu vermenschlichen; sie sind dann nicht mehr so unbegreifbar fern, sie sind dann uns ähnlich, sie werden dann gelenkt von vertrauten Motiven; dann allerdings bedrohen sie uns in persönlicher Feindschaft oder sie rächen an uns jene Schuld, die darin besteht, auf der Welt zu sein. Steht es so, müssen die Menschen den Tod bekämpfen, und manchmal, erzählt man, haben sie ihn sogar überlistet, nicht mit Körperkraft – deren Hinschwinden ist ja der Tod! –, wohl aber mit Glück oder Verstand.

Jener *Uta-napischti* im Gilgamesch-Epos zum Beispiel hatte so ein Glück: als die Götter die Sintflut über die Menschen verhängten, war er durch die Gunst des Wassergottes *Ea* gerettet worden; die Götter hatten geschworen, all die sterblichen Menschen zu vernichten, nur er hatte es überlebt, und er war ein Mensch; um ihren Schwur nicht zu brechen, mußten die Götter ihn daher in einen Gottmenschen verwandeln und ihm Unsterblichkeit schenken[54]. Doch das Schicksal des *Uta-napischti* war, wie *Gilgamesch* lernen mußte, eine unwiederholbare Ausnahme; es war auf ihn nicht übertragbar.

Andere verdankten ihr Leben nicht dem Glücksfall eines göttlichen Versehens, sondern sich selbst und ihrer Schlauheit: Zu diesen zählte in der griechischen Mythologie der korinthische Erzschelm *Sisyphos*[55]. Ihm hatte *Zeus* den Tod auf den Hals geschickt zur Strafe dafür, daß er beobachtet hatte, wie der Olympier die Flußnymphe *Aigina* geraubt und entführt hatte; ihm aber, *Sisyphos*, gelang es, den Tod zu fesseln und auf einen Stuhl zu setzen, ganz wie in der Unterwelt manche Tote auf dem Sitz der *Lethe*, dem Stuhl des Vergessens, Platz nehmen müssen. Wegen der Fesselung des Todes aber starb auf

54 Das Gilgamesch-Epos, 11. Tafel, Vers 175, 203–205, S. 141–142.
55 Zum Schicksal des Sisyphos vgl. E. DREWERMANN: Grenzgänger, 126–174.

Erden niemand mehr, die Menschen vermehrten sich zu stark, ihr Geschrei und Gelärm raubte den Göttern die Ruhe, und so boten sie den Kriegsgott *Ares* auf, den Tod zu befreien und die menschliche Spezies wieder kurzzuhalten. Noch ein zweites Mal dann, schon in der Unterwelt, gelang es *Sisyphos*, dem Tod ein Schnippchen zu schlagen; endlich aber wurde er unerbittlich in den Hades gesteckt, wo er seitdem in alle Zeit hin die Strafe für die schlechte Unendlichkeit eines Lebens abzutragen hat, das er vermeinte, verlängern zu können, indem er den Tod übertölpelte: Immer von Neuem muß er einen Stein einen Berg hinauftragen, der, oben angelangt, wieder herabrollt. Lohnt es sich, auf eine Weise zu leben, die nur deshalb andauert, weil man aus Angst vor dem Tode nicht sterben kann?

In Bayern geht gerade dieser Frage die Geschichte vom »Brandner Kaspar«[56] nach. Zu diesem notorischen Wilddieb kam um 1860 der »Boandlkramer« (der Knochensammler), um sein Leben zu fordern; der aber lud ihn zum Kartenspiel ein – wie es jene »Katzen« in der ersten Nacht im »Schloß« wohl gern aufgeführt hätten –, und er erhöhte seine Gewinnchancen, außer durch die üblichen Taschenspielertricks, mit etlichen »Schnapserln«, die er dem Tod gratis spendierte. Am Ende des gewonnenen »Spiels« mit dem Tode forderte er, noch 21 Jahre auf Erden leben zu dürfen, bis er 90 Jahre alt geworden sei, – uralt also für damalige Verhältnisse. Als ihm dies zugestanden wurde, war er gesonnen, in alter Manier, nur noch viel unbesonnener und unbekümmerter, fortzufahren. Ein Jahr später aber mußte er miterleben, wie seine geliebte Nichte verstarb. Was soll ein Leben, in dem einem scheinbar nicht viel passieren kann, wenn ringsumher allen anderen alles Mögliche passiert? Wenn irgendjemand mit jemandem wesentlich verbunden ist, wird man eine solche Lage unerträglich finden. Der *Brandner Kaspar* wollte nicht mehr 90 Jahre alt werden, er wollte nur möglichst bald sterben. Der Tod hatte aufgehört, sein Feind zu sein, er war zu einem Freund geworden, der sogar beim heiligen *Petrus* ein gutes Wort für ihn einlegte.

Von einer solchen Verbrüderung mit dem Tod kann bei dem Jüngling im Märchen freilich nicht die Rede sein. Ihm dient der unglück-

56 Die Geschichte vom Brandner Kaspar, BRD 2008, Hauptrolle Franz Xaver Kroetz.

selige *Sisyphos* geradewegs zum Vorbild, indem er es im Umgang mit dem Tod auf eine Wette ankommen läßt: Wenn er *»stärker«* ist als der Tod, so verspricht dieser ihm, ihn gehen zu lassen. Und so versuchen sie's: *»Durch dunkle Gänge«*, in den Schoß der Unterwelt, führt der Uralte den Jüngling *»zu einem Schmiedefeuer«*, nimmt eine Axt und schlägt *»den einen Amboß mit einem Schlag in die Erde.«* Die Schmiede galten in alten Zeiten für einen ganz besonderen Stand, wissend um die Wandlung von Form und Stoff[57]; ihre Tätigkeit verlieh nicht schon durch sich selbst Unsterblichkeit, doch sie konnte als Bild dafür gelten. Indem der Tod den Amboß mit dem ihm eigenen Werkzeug: mit einer Axt, durch einen einzigen Schlag in den Boden (der Unterwelt) rammt, macht er die Sterblichkeit des Menschen, die er verkörpert, sozusagen zu einer »grundsoliden« Tatsache, – gegen ihn ist »kein Kraut gewachsen«, ihm ist überhaupt niemand gewachsen. Doch genau das beansprucht der Jüngling. *»›Das kann ich noch besser‹«*, spricht er und geht mit seiner Axt zu einem anderen Amboß; voller Neugier tritt der Tod herzu, und um genau zu sehen, was jetzt geschieht, beugt er sich vor, so daß sein langer Bart tief herabhängt.

Erwarten müßte man nun bei einem fairen Wettbewerb, daß auch der Jüngling mit der flachen Rückseite der Axt auf den Amboß einschlägt, um ihn, wenn möglich, noch tiefer in die Erde zu rammen. Ihm aber steht der Sinn nach etwas ganz anderem, – er wittert seine Chance nicht in einem ehrlichen Kräftemessen, sondern in einem hinterlistigen Überraschungscoup: Mit aller Kraft schlägt er mit dem scharfen Axtblatt zu, und es gelingt ihm, den Amboß zu spalten, so daß der weiße Bart des Alten eingeklemmt wird. Um sich zu befreien, bräuchte der Alte – wie der Zwerg in dem Märchen von »Schneeweißchen und Rosenrot« (KHM 161)[58] – eine Schere oder

57 Vgl. MIRCEA ELIADE: Schmiede und Alchemisten, 29–35: Die Mythologie der Eisenzeit: »Die Kunst der Herstellung von Werkzeugen ist übermenschlicher Art, sei er göttlicher, sei er dämonischer. Der Schmied schmiedet auch die tödlichen Waffen. Reste der alten Mythologien der Steinzeit haben sich wahrscheinlich mit der Mythologie der Metalle verbunden … Die ambivalente Magie der Waffen aus Stein … übertrug sich gesteigert auf das neue aus Metall geschmiedete Werkzeug.« (S. 31–32).

58 Vgl. E. DREWERMANN: Brüderchen und Schwesterchen, in: Landschaften der Seele, II 153–155: Beklemmungen, Verklemmungen – der Bart muß ab.

ein Messer, um den feststeckenden Teil des Bartes abzuschneiden, doch wie könnte er in seiner Lage an ein solches Gerät gelangen? Der junge Mann jedenfalls zögert keinen Augenblick, die unfreiwillige Gefangenschaft des Alten zu seinem Vorteil zu nutzen: »*›Nun hab ich dich‹*«, spricht er, »*›jetzt ist das Sterben an dir‹*«, nimmt eine Eisenstange und schlägt auf den Alten ein, bis daß dieser wimmernd ihn bittet, die tödlichen Mißhandlungen einzustellen. Eigentlich könnte der junge Mann nach dem gegebenen Wort des Alten darauf vertrauen, von diesem künftig in Ruhe gelassen zu werden; doch wer mit solchen Tricks arbeitet wie der Jüngling hier, kann selbst dem eigenen Sieg, geschweige denn seinem Gegner kein Vertrauen schenken; er muß, um sicher zu gehen, seinen Feind umbringen. Die Logik eines solch ungleichen, doch umso hinterhältiger geführten Kampfes wie der gegen den Tod läuft wie von selbst darauf hinaus, den Tod töten zu müssen.

Dieses Motiv, das im Märchen wie launig daherkommt, besitzt in der Religionsgeschichte eine großartige Tradition, die vor allem in der Hauptaussage der christlichen Theologie gipfelt, es habe Jesus die Welt erlöst, indem er durch seine Auferstehung den Tod bezwungen habe: »Tod, wo ist nun dein Sieg?« fragt jubelnd *Paulus* im 1. Korintherbrief (1 Kor 15,55). Doch dem voraus liegen die Großtaten des *Herakles*: Als in der griechischen Mythologie *Admetos* stirbt, ist selbst bei den Göttern die Trauer darüber so groß, daß sie sein Leben freizugeben entschlossen sind, wenn jemand anders an seiner Statt in die Unterwelt zu steigen bereit ist. Niemand, nur seine Gattin *Alkestis*, nimmt für das Leben ihres Gatten den Tod auf sich; doch um sie, als die liebste und liebenswerteste aller Frauen, klagt nunmehr untröstlich *Admetos*; die Liebe widerspricht dem Tod. Und so ist es an *Herakles*, das Glück der Liebenden zu retten, indem er den Tod niederringt und *Alkestis* in die Welt des Lebens zurückkehren läßt, – EURIPIDES hat diesem Stoff ein erschütterndes Drama gewidmet[59].

Bei allen Unterschieden läßt sich nicht leugnen, daß der junge Mann im GRIMMschen Märchen etwas Ähnliches tut wie der große

59 EURIPIDES: Alkestis, in: Ausgewählte Tragödien, gr. – dt., Bd. 1, 39–133; E. DREWERMANN: Liebe, Leid und Tod, 532–659: Alkestis und Admetos oder: Tod, wo ist dein Stachel?

Zeus-Sohn *Herakles* in der griechischen Mythe: Er zwingt den Tod zur Kapitulation, nur tut er es nicht, um ein fremdes Leben zu retten, sondern um sein eigenes aus dem Zugriff des Tods zu befreien. Doch im Ergebnis erlöst er damit das gesamte »Schloß«. Denn jetzt zeigt sich: Der Herr all der Spukgestalten im »Schlosse« ist dieser Alte, der Tod, und all die Geister und Gestalten sind samt und sonders seine Dienst- oder Vorboten. Ihn selber zu töten ist letztlich nicht möglich, doch Konzessionen kann man scheinbar sogar dem Tod abringen. Man kann ihn »herakleisch« in die Knie zwingen und damit das eigene Bewußtsein, das verwunschene »Schloß« des »Königs«, von allen Formen angstbedingter Entfremdung befreien.

Erst wenn das geschehen ist, zeigt sich, wie viele *»Kasten voll Geld«* in den Kellern des »Schlosses« lagern, man muß sie nur der Entfremdung der »Geister« entreißen. So reich kann das Leben sein, wenn man die Angst aus dem Bewußtsein vertreibt. Die Schätze, die da lagern, lassen sich weise und wohltätig nutzen, indem, wie der Tod selber verfügt, *»ein Teil den Armen, der andere dem König, der dritte«* aber dem jungen Mann selber gehören soll. Wer bedenkt, wie mit geistigem und materiellem Eigentum angesichts der ständigen Gegenwart des Todes umzugehen ist, wird schwerlich zu einer besseren Einteilung kommen, als sich mit allem, was er besitzt, den Armen und den Aufgaben der Öffentlichkeit (dem »König«) zu widmen und (höchstens) ein Drittel für sich zu gebrauchen.

Kaum hat der Tod diese Entscheidung gefällt, als die Schloßuhr Mitternacht schlägt und seine Erscheinung verschwindet, *»also daß der Junge im Finstern«* steht. So paradox es klingt: Die Anwesenheit des Todes in den Kellerräumen des »Schlosses« (in den Kammern des Unbewußten) ist an sich eine Quelle von Licht und Erleuchtung, – es ist lediglich die Frage, wie der junge Mann damit umgeht. Als *Herakles* den Tod besiegte, um *Alkestis* zu retten, bestand der Schatz, den er hob, in dem Glück der Liebenden; der junge Mann aber steht plötzlich im Dunkeln; um die »Schätze« ist es ihm nie gegangen, und um die Erlösung des »Schlosses« im Grunde auch nicht. Mühsam tappt er durch die finsteren Gänge zurück *»in die Kammer«* und schläft *»dort bei seinem Feuer ein.«* Das einzige, was er erlernen wollte, war die Fähigkeit, Angst zu empfinden, doch das einzige, was er unter Beweis gestellt hat, ist seine schier unglaubliche Fähigkeit, sich alle Angst vom Leibe zu halten. Selbst wenn der Tod seine Hand auf ihn legt, wird er nichts anderes tun, als ihn in die Klemme zu bringen, um in gewohnter Weise weiterzuleben. Ganz richtig hat er gesehen, daß man den Tod nur stoppen kann, wenn man das Symbol des Alterns: den langen Bart des Todes, festsetzt; wer den Prozeß des Alterns fixiert, der hat den Tod in der Hand. Doch wie modern mutet dieser Zug des Märchens an! Mit dieser seiner Einsicht und Vorgehensweise ist der junge Mann geradewegs ein Pionier der Gegenwart geworden: – Fieberhaft jedenfalls versuchen in unseren Tagen Mediziner, den Mechanismus des Todes, das Altern, mit allen Mitteln: mit jugendlichem Blutplasma, dem Hormon Oxytocin oder durch die Kontrolle des Wachstumsfaktors GDF 11, in den Griff zu bekommen[60]. Sie verleugnen dabei die biologische Tatsache, daß Alter und Tod zur Vielzelligkeit der Organismen gehören und den Preis für den Aufstieg des Lebens in der Evolution darstellen. Stattdessen stützen sie die Illusion, man könnte der Endlichkeit des irdischen Lebens entlaufen[61]; sie vermeiden damit, wie der Jüngling im Märchen, sich der Angst vor dem Tode zu stellen, sie verdrängen mit Tricks die

60 JOHANN GROLLE: Alchemie des ewigen Lebens, in: Der Spiegel 16/2017, 13: »Schon glauben einige Wissenschaftler, die Jungbrunnenessenz im Blut identifiziert zu haben. Alternsforscher an der Harvard-Universität haben einen Wachstumsfaktor namens GDF 11 in Verdacht, ihre Kollegen an der Universität von Kalifornien in Berkeley dagegen schreiben dem Liebeshormon Oxytocin die verjüngende Wirkung zu.« S. 16: »Auch die vermeintlich so rational denkenden Wissenschaftler sind oftmals nicht bereit, ganz auf Unsterblichkeitsfantasien zu verzichten – nur dass sie, weil das Jenseits für sie abgeschafft ist, gezwungen sind, den Traum vom ewigen Leben ins Diesseits zu verpflanzen.« »Die moderne Wissenschaft begreift den Menschen als Organismus, der im Tod sein Ende findet. Für ein Jenseits ist in diesem Weltbild kein Platz.« Doch dieses Weltbild, das seine begrenzte Methodologie zur Universalideologie und Totalanschauung erhebt, beantwortet keine einzige Frage der menschlichen Existenz.

61 In: »Wir dürfen nicht Gott spielen«, in: Der Spiegel, 16/2017, S. 21, sagt der Ratsvorsitzende der Evangelischen Kirche HEINRICH BEDFORD-STROHM: »Ich wage einmal zu behaupten, dass Sie kaum jemanden finden werden, der aus den Versprechungen des Silicon Valley irgendeinen Trost für seine persönliche Lebenssituation gewinnt. Ein Mensch, der konfrontiert ist mit der Endlichkeit, braucht eine Sprache für seine Abgründigkeitsgefühle, für seine Verzweiflung … Menschen … erfahren … Zukunft … nicht durch irgendwelche Allmachtsfantasien im Silicon Valley.«

Angst, die dazu gehört, ein sterblicher Mensch zu sein; sie werden zu Helfershelfern einer grundverkehrten Einstellung zu den Grundtatsachen des Daseins. »Der moderne Tod«, sagt der mexikanische Lyriker und Essayist OCTAVIO PAZ vor dem aztekisch-christlichen Hintergrund seiner Kultur, »hat nichts, das ihm Transzendenz verleiht oder sich auf andere Werte bezieht. Fast immer ist er das unvermeidliche Ende eines natürlichen Vorgangs. In einer Welt der Tatsachen ist der Tod nur eine Tatsache mehr. Da er aber eine unangenehme Tatsache ist, die alle unsere Auffassungen und den Sinn unseres Lebens in Abrede stellt, versucht die ›Philosophie des Fortschritts‹ ... seine Existenz hinwegzuzaubern. In der modernen Welt ›funktioniert‹ alles, als gäbe es den Tod überhaupt nicht. Niemand rechnet mit ihm, alles verdrängt ihn: die Reden der Politiker, die Geschäftsanzeigen, die öffentliche Moral, Sitte, die billigen Freuden und das staatliche Gesundheitswesen, das uns Krankenhäuser, Apotheken, Sportplätze verschafft. Doch der Tod, der heute kein Durchgang mehr, sondern ein großer gähnender Rachen ist, welcher durch nichts gesättigt werden kann, wohnt in allen unseren Unternehmungen. Das Jahrhundert der Gesundheit, der Hygiene, Geburtsbeschränkungen, der Wunderdrogen und der synthetischen Nahrung ist auch das Jahrhundert der Konzentrationslager, des Polizeistaates, der Atombombe, der Kriminalität. Niemand denkt ›an seinen eigenen Tod‹, wie RILKE sagte[62] –, denn niemand lebt sein eigenes Leben. Der kollektive Tod ist eine Folge des kollektiven Lebens.«[63] »Der verweigerten Individualität«, kann man auch sagen, des Mangels an Ich und Persönlichkeit, des Ausfalls an Bewußtheit und Geistigkeit.

Wie wenig der junge Mann sein eigenes Verhalten begreift, offenbart er am nächsten Morgen, als der »König« zu ihm kommt und mit Sicherheit annimmt, jetzt werde er gewiß das Gruseln gelernt haben. Doch der erwidert mit Nein; er steht selber vor einem Rätsel. *»Was ist's nur?'«* fragt er sich und faßt das Erlebte der dritten Nacht dahin

62 Vgl. RAINER MARIA RILKE: Das Stundenbuch, in: Sämtliche Werke, I 347:
O Herr, gieb jedem seinen eignen Tod.
Das Sterben, das aus jenem Leben geht,
darin er Liebe hatte, Sinn und Not.

63 OCTAVIO PAZ: Das Labyrinth der Einsamkeit, 62–63.

zusammen: »*›Mein toter Vetter war da, und ein bärtiger Mann ist gekommen, der hat mir unten viel Geld gezeigt, aber was Gruseln ist, hat mir keiner gesagt.‹*« Was er alles unternommen hat, der Angst vor dem Tod *auszuweichen*, begreift wohl der Leser, nicht aber der junge Mann selber. Dabei hat er mit seiner Immunität gegen jegliches Angstempfinden in der Tat *»das Schloß erlöst«*, allerdings auf seine Weise: er hat die Angst vor dem Tod aus dem Bewußtsein (dem »Schloß«, bildlich gesprochen) vertrieben, es »spukt« darinnen nicht mehr. Doch diese Beruhigung basiert wesentlich auf der Totalisierung von Tricks und Verdrängungen. Er hat die Angst vor dem Tod vermieden, doch nur indem er so tat, als wenn es möglich sei, ihm Paroli zu bieten. Er gibt sich dabei als Realist, der an »Gespenster« nicht glaubt, doch in Wirklichkeit flieht er die Realität, indem er den Tod in ihr verleugnet, überspielt und verdrängt. Sein stetes Lamento *»Wenn mir's nur gruselte«* gibt sein an sich ganz richtiges Empfinden wieder, mit dieser Art von Selbstschutz gegen den Tod nicht richtig zu leben. Im Grunde ist er ein Verzweifelter, der so tut, wie wäre er ein »cooler Typ«; und damit steht er für eine ganze Generation, die gelernt hat, das eigentliche Credo unserer Zivilisation in sich aufzunehmen: »Es gibt nur dieses irdische Leben, und an das halte dich, solange es geht. Lebe so, als wenn es den Tod nicht gäbe. Denke nicht an ihn, und du kannst Nacht für Nacht gut schlafen. Du bist zwar ständig auf der Flucht, aber das merkst du nicht.«

Oder doch? – Nach außen hin ist der Jüngling auf beneidenswerte Weise erfolgreich. Er wird die Tochter des Königs heiraten. Er wird selber einst König werden. Er ist – man muß es wohl auf Amerikanisch sagen – der »king«, der »he-man«, der Mann mit einer unwiderstehlichen »man-power«. Doch alles das stimmt nicht, das ist er nicht selber, wer ihn so sieht, mißversteht ihn zutiefst. Unter seiner Keep-smiling-Maske verbirgt sich in Wahrheit unverändert das alte Ensemble: Einsamkeit, Kälte, Selbstverachtung und Fremdheit, in all dem aber eine Angst vor der eigenen Nichtigkeit und Vernichtung, so groß, daß er sie verdrängen muß, um sie nie zu erleben. Beneiden kann ein solches Schicksal nur, wer damit einverstanden ist, sich in der Lüge einzurichten. *»Ich weiß noch immer nicht, was Gruseln ist«*, sagt immer wieder der Jüngling. Das ist die Umkehrformel des »Me-

mento mori« eines ewigen Aschermittwochs, dessen Worte zu hören der Jüngling mit allen Mitteln vermeidet: »Denke daran, daß du Staub bist und zum Staube zurückkehrst.« Die Medizin, ihn zu kurieren, ist bitter und wird ebenfalls verordnet in dem resigniert-skeptischen Weisheitsbuch der Bibel, Kohelet 7,2–6: »Es ist besser in ein Haus zu gehen, wo man trauert«, heißt es dort, »als in ein Haus, wo man feiert; denn da zeigt sich das Ende aller Menschen, und der Lebende nehme es zu Herzen! Trauer ist besser als Lachen; denn durch Trauer wird das Herz gebessert. Das Herz des Weisen ist dort, wo man trauert, aber das Herz der Toren dort, wo man sich freut. Es ist besser, das Schelten des Weisen zu hören als den Gesang der Toren. Denn wie das Krachen der Dornen (im Feuer) unter den Töpfen, so ist das Lachen der Toren; auch das ist eitel.«

Eine unglückliche Ehe und ein schlechter Scherz

Wie soll man sich eine Ehe vorstellen, deren Hauptziel für den Gatten darin besteht, das Gruseln zu lernen? Manch Hagestolz wird sich da als kundiger Experte zu der Antwort drängen, zu heiraten sei an und für sich doch bereits des Grausens genug; der junge Mann, nachdem er in dem Spukschloß, um es zu erlösen, das Gruseln gar nicht habe lernen können, finde sich jetzt, als Gatte einer Königstochter, zum ersten Mal gewiß am rechten Ort der Schule seines Lebens. Jedoch, von solchen Schelmereien abgesehen, sind für den jungen Mann im GRIMMschen Märchen die Voraussetzungen denkbar ungünstig, um ausgerechnet jetzt, als Hochzeiter, dem Wunsch, endlich einmal gründlich von Grauen geschüttelt zu werden, näherzukommen.

Und auch die Königstochter ist in der Partie, in die der Vater sie genötigt hat, durchaus nicht zu beneiden. Nicht weil sie ihn, wie sonst die »Preisjungfern« im Märchen, ihren Befreier von der Tyrannei des Vaters heimlich sich herbeigesehnt, hat sie den jungen Mann zu sich genommen, sondern gerade umgekehrt: sie wurde ihm zur Prämie verordnet wegen seiner Angstfreiheit, mit der er allen Totengeistern und dem Tode selber standgehalten und damit den »Schatz«

im »Schloß« gehoben hat. Er gilt als Held für eben jene Eigenart, die er selbst zu Recht als seine Schwäche ansieht: er kennt keine Gefühle; sobald sich eines regt, verdrängt er es wie alle Schizoiden; er löst die große Angst in Mikroängste auf, die er reflexhaft unterdrückt; und zu all dem bewahrt er sein stets höflich-heiteres Gehabe; er lächelt, wo das Grauen andere Angstschreie ausstoßen oder in Panik fliehen läßt; all das macht ihn für jede Partnerin unnahbar, unzugänglich und schier unbegreifbar.

Am meisten aber muß sie sein Verhalten im Persönlichen belasten: Er gibt sich entgegenkommend, flexibel, hilfsbereit, und fast könnte sie glauben, er liebe sie; doch dann wieder zeigt er Züge erschreckender Oberflächlichkeit und Gleichgültigkeit: Eben noch hat er sie mit Anerkennung und Lob förmlich überschüttet – er schätzt sie wirklich, so muß und soll sie denken –, dann aber fragt sie ihn um Rat in einer Sache, die ihr ziemlich wichtig ist, und sie muß feststellen, daß er kaum zuhört. Ließe sich die Prinzessin von dem jungen Gatten an ihrer Seite all die Begebnisse erzählen, die uns aus dem Märchen der Brüder GRIMM bekannt geworden sind – die Szene unter dem Galgen zum Beispiel –, so müßte ein geradezu ungeheuerlicher Verdacht in ihr aufsteigen: Dieser Mann läßt Beziehungen nur zu, um sie am bequemsten vermeiden zu können. Im Grunde erlebt er alle Menschen als lästig, und er erfüllt ihre Wünsche insgeheim nur, damit sie keinen weiteren Wunsch mehr an ihn richte; er lädt sie ein, um sie los zu sein; mit seinen verbindlich scheinenden Umgangsformen stellt er Honigtöpfe für die Fliegen auf, die ihn sonst in seiner Ruhe stören würden. – Dieser Verdacht läßt sich erhärten. Nie, in dem ganzen Märchen nicht, hat man gehört, daß der Jüngling sich um einen lebenden Menschen, den verletzten Küster zum Beispiel, gekümmert hätte; dafür galt seine Fürsorge ausnahmslos Toten, die er als solche freilich nicht wahrnahm, – Untoten also, die nicht vital genug waren, ihn mit ihren eigenen Bedürfnissen zu bedrängen; wenn er sich solchen Leuten widmete, konnte er die Beziehung zu ihnen vollkommen kontrollieren, er mußte keine Angst haben, daß die Gehenkten oder der in der Totenlade Liegende ihm zu nahe kämen; dann wieder, wenn er mit seinen Hilfsbemühungen scheiterte, konnte er die vorhin noch scheinbar so innig Umsorgten wieder in ihre alte Lage zurückversetzen. Diese Widersprüchlichkeit läßt sich nur so verstehen: Er ging auf sie zu, um sie »auszuschaffen«, wie man in der Schweiz von Asylsuchenden sagt, die man bei sich nicht haben will. In seiner Kälteeinsamkeit sah er nur sich selbst, – er vermochte durchaus in fremdem Leid sich selbst zu erkennen, doch damit er sich ihnen zuwandte, mußten sie gewissermaßen lebendig tot sein – wie er selber.

Es ist klar, daß eine Partnerin in solch einer Ehe sich immer von Neuem im Umgang mit ihrem Gatten irritiert, enttäuscht und allein gelassen vorkommen wird. »Was kann ich nur tun, seine rätselhafte Kälte, getarnt als Gelassenheit, und seine schmerzliche Distanziertheit, kaschiert als Vernünftigkeit, und seine Unbeteiligtheit, gerechtfertigt als Sinn fürs Wesentliche, zu überwinden?« wird sie, je länger, desto gequälter, sich fragen, und sie wird keine Antwort finden. Innerhalb der bestehenden psychischen Strukturen ist kaum etwas zu verändern, und einen ganzen Persönlichkeitsaufbau umgestalten zu wollen, erscheint allemal als ein ebenso anmaßendes wie unangemessenes Bestreben.

Mitunter kommt eine Frau, bedrängt durch das Unglück ihrer Ehe, auf den Gedanken, ihrem Gemahl eine Psychotherapie anzuempfehlen. Es ist nicht sehr wahrscheinlich, daß ein Mann von der Art des Jünglings im Märchen auf solch einen Vorschlag eingehen wird, – er hat, bis auf das Gruseln, mit sich kein weiteres Problem, und er versteht durchaus nicht, wieso das Zusammenleben mit ihm so schwierig sein soll, wo er eigentlich doch gar keine Schwierigkeiten kennt. Doch kommt ein solcher Jüngling wirklich in die Psychotherapie, so wäre die beziehungslose Kälte und die Verleugnung seelischer Konflikte sicherlich die erste Form seines Behandlungswiderstandes. Weitere kämen hinzu. Wenn überhaupt schon eine »Therapie« sein soll, so wird sie, mangels an Gefühlen, wohl vorwiegend rational geprägt sein, indem der Therapeut versucht sein wird, ersatzweise die emotionale Arbeit zu leisten, die der Klient in schizoider Reserviertheit in großem Bogen meidet. Also ventiliert man Theorien, Konstrukte, Erklärungen, die so richtig sein mögen, wie sie wollen, – sie werden nichts bewirken, weil sie den anderen, wie unbewußt von diesem ja auch beabsichtigt, emotional nicht erreichen.

Dabei läßt sich der Wunsch: *»wollt' ich das Gruseln lernen«*, durchaus auch dahin übersetzen: »lehr' mich fühlen, was Wärme ist.« In der Bildsprache des Märchens möchte ein solcher Jüngling, daß mit ihm einmal auf Erden ähnlich verfahren würde, wie er selbst es mit dem toten »Vetterchen« versuchte: nicht »Leibarbeit«, Massage, Psychoanalyse, Verhaltenstherapie oder »praktische« Hilfsvorschläge aller Art stehen zu Gebote; gesucht wird eigentlich, was keine Therapie zu geben vermag oder auch nur zu geben wagen dürfte: benötigt und gefordert wird eine abgründige, grundgebende Liebe – als eine Zuwendung und Anerkennung, wie sie im ganzen Leben nie noch zu fühlen war. Nächst der Falle bloß rationaler Untersuchungen droht jetzt also die Falle emotionaler Überhitzung, verbunden mit einer gefährlichen Ungeduld. Menschen, die in Kälte eingefroren sind, darf man nicht gleich ins Warme bringen, man muß sie nach und nach mit Schnee abreiben, bis daß ihr Körper sich allmählich wieder an verträglichere Temperaturen zu gewöhnen weiß; ein allzu rascher Wechsel würde tödlich sein. So hier. Eine solche Geduld des Hinhaltens verlangt aber vom Patienten etwas, das er nie nötig hatte: Kompromisse zu akzeptieren, Wünsche aufzuschieben, auf den richtigen Zeitpunkt der Erfüllung berechtigter Bedürfnisse zu warten.

Das Schwierigste indessen für einen Patienten von Art dieses Jünglings ist es zu glauben, daß er die Wertschätzung wirklich verdient, die er im Hintergrund der sogenannten »Behandlung« für sich beansprucht. Für den Therapeuten ergibt sich daraus die Frage, wie er die erlernte Mechanik der Selbstablehnung im Patienten zum Stillstand bringen soll, wenn der Klient selber sich unfähig – und ein Stück weit wohl auch unwillig – zeigt, gegen die alten Invektiven vor allem von Seiten des Vaters sich mit gebührendem Widerspruch zur Wehr zu setzen.

Statt diesen stets gefürchteten Hintergrund anzugehen, kann tatsächlich manch ein Klient versuchen, den Therapeuten mit all den Qualitäten zu beeindrucken, an denen er selber die größten Zweifel hegt. Man hält ihn für dumm? Er muß sich als klug erweisen. Man hält ihn für unauffällig? Er muß in phantastischer Weise auf sich aufmerksam machen. Man hält ihn für untüchtig? Er muß sich als besonders leistungsfähig darstellen. An allen Stellen seiner Schwächen muß er ein Gewölbe von Stärke errichten, das bei jeder Schwankung im Untergrund, bei jeder Andeutung möglicher Kritik, zu kollabieren droht. Und kein Therapeut, so gut er es auch meint, wird diesen Kunstaufbau von außen her stützen können. Die Liebe, die da gefordert wird, kann nicht die eines Therapeuten sein. Wer aber sollte sie dann schenken?

Ein enormes Hindernis auf dem Weg zu einer wirklich glaubhaften Liebe ist bei einem solchen »Jüngling« das »Werbeverhalten«. Da es ihm subjektiv eigentlich feststeht, *nicht* liebenswert zu sein, arrangiert er nach außen hin vieles, um sich als liebenswürdig zu erweisen. Wohlgemerkt: Schizoide Charaktere, zu denen natürlich auch Frauen gehören können, sind keine Hysteriker; doch ein Gutteil Schizoidie steckt auch in jeder Hysterie, und eines ist beiden in ihrem Suchen nach Liebe gemeinsam: Es ist dazu bestimmt, an sich selber zu scheitern. Ein Hysteriker, eine Hysterikerin, wird bestrebt sein, eine »große« Persönlichkeit nach Art der verinnerlichten Vatergestalt zu umwerben, und um das zu können, muß man sich selbst so darstellen, als befinde man sich auf der gleichen Höhe wie der Umworbene – man bietet sich dar als der Prinz, die Prinzessin, die nur darauf wartet, in ihrer Bedeutung und Schönheit entdeckt zu werden; gleichzeitig aber fürchtet man nichts mehr als diese Entdeckung, – bestimmt genügt man nicht den angenommenen und selbst geschaffenen Erwartungen, die im Grunde die alten väterlichen Vorlieben aus Kindertagen auf den gesuchten Partner in der Gegenwart übertragen. Die Lösung dieses Zwiespalts wird insgeheim von dem Partner (dem Gatten, dem Therapeuten) erhofft: *Er* soll mit seinen Gefühlen, mit seiner Zuwendung, mit seiner Anerkennung beweisen, daß der eigene Wert zumindest für ihn über jeden Zweifel erhaben ist. Doch stets nagt die Selbstkritik, ein Erbe gleichfalls der väterlichen Ablehnung aus Kindertagen, weiter: Der andere ist vielleicht nett zu mir aus Mitleid; der andere verfügt halt nur noch nicht über ein hinreichendes Vergleichsmaterial an Erfahrungen, – jederzeit kann ein anderer Mann, eine andere Frau dazwischentreten und sich, wie bei dem Streit um den angestammten Platz auf der Bank in der zweiten Nacht, an die eigene Stelle setzen: Marternde Eifersucht gehört zu den Krisenmerkmalen einer jeden solchen Beziehung; oder es bleibt der Verdacht, daß der andere nur seine eigenen (Fehl-)Erwartungen aus privaten Prägungen projektiv auf den Partner verlegt, ganz so, wie man es von sich selber her tut.

In jedem Falle stehen am Ende wieder mal Trauer, Tränen und Tragödien. Auch die Angst, daß es unvermeidbar erneut so kommt, wie es »immer« schon kam, fügt in jede zwischenmenschliche Beziehung gewisse Sollbruchstellen des Scheiterns ein. Eine eher schizoide Persönlichkeit, wie der Jüngling im Märchen, wird in einer generalisierten Skepsis die Bedeutung von all dem, was da so feierlich als Liebe, Treue und Freundschaft gerühmt wird, auf ein Minimum herabstufen: Der als Kind bereits in der Kälte des Elternhauses Enttäuschte will nicht schon wieder und immer von Neuem enttäuscht werden. Wer nichts besitzt, kann nichts verlieren, sagt er sich, und wer nichts begehrt, erspart sich – nach buddhistischer Weisheit – das Leiden. Wenn »es« nichts wird, war es halt nichts, – wo wäre da ein Problem? Früher glaubte man, »realistisch«, das Sein bestimme das Bewußtsein; ein Schizoider wußte schon immer, was wir im digitalen Zeitalter soeben offenbar nachlernen sollen: gerade nicht das Sein, – das Design bestimmt das Bewußtsein. Alles ist ein Theater, ein Rollenspiel, ein Ausprobieren von Möglichkeiten, und eine jede muß durch Attraktivität ihre innere Unglaubwürdigkeit überlagern.

Dabei ist bei einer schizoiden Gemütslage der eigentliche Zuschauer der Selbstdarstellung wohl auch, doch nicht wesentlich, der andere an der Seite; wesentlich gilt alle Aufführung dem eigenen Ich. Und da hinein gehört jetzt auch die Suche nach dem Gruseln, das Spiel mit dem Tod, das Verlangen nach dem maximalen Kick. Infolge der Vergleichgültigung aller Erlebnisinhalte kann das Leben im ganzen nur flächig, ohne Erhebungen im Gelände, und wie im Nebel: grau getönt und unscharf in den Konturen, erscheinen; schon von daher mag es zu einem »verrückten« Verlangen nach »Höhepunkten« kommen, – sexuell in einem fast nymphomanen Gehabe, in dem die Qualität der Liebe vertreten wird durch ein quantitativ unersättliches Liebesleben; suchtähnlich im Konsum von Aufputschdrogen wie Kokain und Amphetaminen; erlebnismäßig im Adrenalinausstoß ständig sich steigernder »Abenteuer«, wie rasenden Autofahrten, Skirennen, Fallschirmabsprüngen.

Doch es kommt noch ein Zweites hinzu: Wenn das ganze Leben

ein Spiel ist, warum nicht, wie bei den »Katzen« in der ersten Nacht oder beim Totenkopf-Kegeln in der zweiten Nacht, das Leben als ein ständiges Spiel mit dem Tod zelebrieren? Auch so sucht man ständig nach einem »Gruseln«, das man zu finden vermeidet, indem man die Angst, die aus der Werthaftigkeit des Daseins erwächst, durch eine gespielte Distanz der Selbstentwertung unterläuft: ob man lebt oder nicht lebt, – was kommt es schon darauf an? Die Vergleichgültigung des Lebens und das Spiel mit dem Tod, die Langeweile scheinbarer Angstfreiheit und die Suche nach dem großen Flash beziehungsweise nach einem Durchgeschütteltwerden in Körper und Seele, bedingen einander und blockieren einander. Ein Leiden, das nicht wirklich zählt, und eine Lust, die nicht zustande kommt, bilden einen Stock mit zwei Enden ohne einen Griff zum Anfassen. Es ist in Ehe wie in Therapie: der Partner einer solchen Persönlichkeit sieht sich vor die Aufgabe gestellt, eine Nuß zu knacken, deren Schale nicht aufspringt, weil sie innerlich hohl ist. Wie will und soll man es als Frau an der Seite eines Mannes aushalten, der, *»so lieb er seine Gemahlin hatte und so vergnügt er war, … doch immer«* erneut vor sich hinredet: *»›Wenn mir nur gruselte, wenn mir nur gruselte.‹«* Die »Liebe« und »Vergnüglichkeit« ist nichts als die Fassade, hinter der er seiner eigentlichen Sehnsucht frönt: sich selbst als jemanden zu finden, den es geben müßte, doch den es nie hat geben dürfen. Es ist kein Wunder, daß die Königstochter *»endlich«* »verdrossen« auf das absolut selbstbezogene Benehmen ihres Gatten reagiert. Doch dagegen etwas tun kann sie nicht, und damit umzugehen wird auf die Dauer auch unmöglich.

Den Ausweg aus der Klemme findet scheinbar das Kammermädchen: *»›Ich will Hilfe schaffen‹«*, spricht es, *»›das Gruseln soll er schon lernen.‹«* Und gesagt, getan: Was diese Frau sich unter »Gruseln« vorstellt, läßt sich in der Tat im Handumdrehen arrangieren: Ein *»Eimer voll Gründlinge«*, geschöpft aus dem Bach im Garten, langt völlig aus: *»Nachts, als der junge König schlief, mußte seine Gemahlin ihm die Decke wegziehen und den Eimer voll kalt Wasser mit den Gründlingen über ihn herschütten, daß die kleinen Fische um ihn herumzappelten.«*

Gründlinge sind Karpfenfische mit »mäßig gestrecktem Körper, seitlich zusammengedrücktem Schwanzstiel und nach außen gerichteten Augen«; sie sind »in allen fließenden Gewässern auf sandigem, kiesigem und lehmigem Grund häufig.«[64] In dem Schloßgarten werden sie wohl als Speisefische gezüchtet sein, und sie sind leicht zu fangen, so daß sie für den Plan der Kammerfrau unschwer zu beschaffen sind. Was diese Frau indessen vorschlägt und ins Werk setzt, ist das Ende aller Problematisiererei und Psychologisiererei: warum der junge Thronnachfolger Angst nicht erlebt, warum ihm über alles daran liegt, Angst zu erleben, egal! Das Gruseln, findet diese Kammerfrau, muß überhaupt kein Seelenzustand sein, man kann es körperlich ganz einfach herstellen: feucht, kalt und glitschig und ganz überraschend muß es über den mal wieder gruselfrei die Nacht Verbringenden hereinbrechen, wobei die Königin und ihre Kammerfrau in einer eigentümlichen Aktionseinheit zusammenfinden, so als wäre die Magd nur die andere Seite der Herrin, oder anders ausgedrückt, so als sei die Königin des Verstehenwollens der Marotte ihres Gatten müde und besönne sich nun kurzentschlossen zu einer Art Gewaltmaßnahme, auf einem Niveau freilich, das man eher als robust und rustikal bezeichnen muß denn als nach höfischer Galanterie geartet. Die Königin und nicht die Kammerfrau ist's jedenfalls, die ihrem Ehemann die Decke wegzieht, um zur Tat zu schreiten – man könnte bei den »Fischen« und dem »Wasser« FREUDianisch sich wohl allerhand vorstellen –; hier jetzt agiert sie in jedem Falle nicht als Königin, sondern, vergessend aller Etikette, als die eigene Kammerfrau; *die* ihrerseits gießt jenen »Eimer« mit den »Gründlingen« über den »Schlafenden«, ihn aufzuwecken. Und siehe da, sie hat Erfolg damit: Nun endlich, stimmt der Jüngling zu, weiß er, was Gruseln ist! Es ähnelt fast schon einem Wunder. Unglaubliche Schauergeschichten mußte er erleben, ohne das Gruseln zu erlernen, und jetzt: so simpel geht's!

Ein Witz entzündet sich, in der Erklärung SIGMUND FREUDS, an der Absenkung des psychischen Niveaus; aus der Sittlichkeit fällt man heraus ins Ordinäre, aus der Logik des Willens in die Überraschung des Unwillkürlichen, aus dem Erwarteten ins Unerwartete[65]. In die-

64 PEDRU BANARESCU: Die Karpfenähnlichen, in: Grzimeks Tierleben, IV: Fische 1, 349.

65 SIGMUND FREUD: Der Witz und seine Beziehung zum Unbewußten, in: Gesammelte Werke, VI, Kap. 4: Der Lustmechanismus und die Psychogenese des Witzes, S. 133: »Wir merken …, daß ›Ersparung an Hemmungs-

sem Sinne ist das Ende dieses Märchens nicht mehr und nicht weniger als ein famoser Witz auf sich selbst. Lachend soll der Leser sich von der Geschichte verabschieden und damit all den Spuk, den sie erzählt, für überflüssig und erledigt halten. Fortan stellt sich die bürgerliche Selbstgewißheit wieder ein: Gespenster gibt es nicht, Tote sind tot und bleiben tot, und ja, die Lebenden können mit Totenköpfen kegeln; um all die Hintergründe und Gefühle wird es müßig sein, sich ferner noch zu kümmern. Ende gut, alles gut, so sieht es aus.

Aber so ist es nicht. Denn eines darf nicht übersehen werden: Es ist der Jüngling selbst, der die Aktion der Kammerfrau als einen Spaß auffaßt; er ist der erste, der mit Lachen sich als gruselfähig ausgibt, – warum auch nicht, wenn's nichts ist als die Gänsehaut, die man beim Frieren kriegt. In Wahrheit ist er jetzt vom Gruseln weiter noch entfernt als je zuvor, – so weit, daß er beginnt, über den Wunsch, der offenbar doch nicht erfüllbar ist, gemeinsam mit der Kammerfrau zu spotten. Wenn es so enden soll, braucht er nicht länger mehr zu suchen. Rückwärts blickend, erscheint es lachhaft, jemals dem Gruseln nachgerannt zu sein. Doch darf und soll er allen Ernstes bei einer solchen Haltung stehenbleiben? Hinter dem witzigen Gehabe, das er all die Zeit schon pflegte, käme nun auch noch die Endgültigkeit zum Vorschein, dem eignen Hauptwunsche gegenüber ein für alle Mal zu resignieren. Im Grunde wäre er in seiner Einsamkeit und Kälte dann noch eingeschlossener. Wer es mit diesem Jüngling gut meint, wie ansatzweise doch die junge Königin, der sollte ihn an dieser Stelle nicht noch frohgemut, wie er sich selber gibt, allein mit sich zurück lassen. Was aber ist zu tun? Die paradoxe Antwort lautet: »tuen« – gar nichts!

Angst entsteht und vergeht im Gegenüber des Unendlichen

Entlang der gesamten Geschichte haben wir den jungen Mann Stelle für Stelle als jemanden kennengelernt, der in einer Welt der Kälte großgeworden ist, verachtet von seinem Vater, verspottet von seinem

oder Unterdrückungsaufwand‹ das Geheimnis der Lustwirkung des tendenziösen Witzes« darstellt.

Bruder, unfähig zu wärmeren Gefühlen, vertraut allein mit dem Empfinden des eigenen Unwerts und wie suchtartig darum bemüht, eine geistige Existenz zu führen – so schlau wie der ältere Bruder; nach den Maßstäben der Existenzphilosophie gebrach es ihm an der nötigen Identität und Personalität; nach den Diagnosen der Psychoanalyse litt er an einer ausgesprochen schizoiden Grundeinstellung, fremd sich selbst gegenüber, fremd der Umwelt gegenüber, außerstande, feste Beziehungen einzugehen, ein frierendes Waisenkind, das, weil unbrauchbar und unerwünscht, als ein Verstoßenes durchs Leben irrt.

Wie von selber legen bei dieser Betrachtung die »richtigen« Zielkoordinaten sich fest, woraufhin dieser junge Mann, bei allem Verständnis für seine unglückliche Kindheit, nun denn doch als Erwachsener nacherzogen, therapiert, katechisiert und sozialisiert gehört. Doch so sicher man einem Mann wie ihm ein wärmeres und freundlicheres Dasein auch wünschen möchte, so hilflos wird man vor ihm stehen, sobald man es mit ihm, egal in welcher Rolle: als Ehefrau, als Psychotherapeut, als Seelsorger, als Sozialarbeiter, ernstlich zu tun bekommt. Er kann nicht lieben, sagten wir, und schon erklingen die bitteren Zynismen aus ALEXANDER PUSCHKINS verzweifeltem Versdrama »Eugen Onegin« im Ohr:

> Wen soll man denn lieben? Wem kann man vertrauen?
> Wer ist der einzige, der uns nicht betrügt?
> …
> Wer verhätschelt uns fürsorglich?
> Wem erscheint unser Laster nicht als ein Unglück?
> Wer erzeugt niemals Langeweile?
> …
> liebe doch, ohne unnütze Mühe
> zu verschwenden, dich selbst.
> …
> Der Gegenstand ist es wert: Einen liebenswürdigeren
> als diesen gibt es ganz bestimmt nicht.[66]

66 ALEXANDER PUSCHKIN: Eugen Onegin, 4. Kapitel, XXII, S. 86.

Kann man jemanden lieben, der selber – als Narzißt, als Egoist, als Egomane, als Phantast – sich eben dazu außerstande zeigt: zu lieben?

Setzen wir einmal, daß es sich so verhält wie gerade angedeutet; dann bräuchten wir nur ein kleines Gedankenexperiment zu starten, um eines Besseren belehrt zu werden. Angenommen, wir hätten es nicht mit jemandem zu tun, dessen Persönlichkeitsstruktur sich als psychogen schizoid verstehen ließe, sondern mit einer autistischen Persönlichkeit, so wäre unsere Einstellung plötzlich eine ganz andere. Kaum hörten wir von einem ASPERGER-Syndrom, ordneten wir den Fall der modernen Neurologie zu, die inzwischen in etwa erklären kann, wie es zu solchen Funktionsstörungen im Gehirn kommt[67]; wirklich helfen kann zwar auch sie nicht, doch ihre ursächlichen Krankheitsbegründungen umgeben eine solche Person immerhin mit einer Art amtsärztlicher Duldung: Der Betreffende kann nichts für seinen Zustand, und die Betroffenen an seiner Seite können Hilfreiches wohl auch kaum dazu beitragen. Oder doch?

In dem äußerst einfühlsamen Spielfilm »Der kalte Himmel« wird eine Mutter (in der Hauptrolle besetzt mit *Christine Neubauer*) geschildert[68], die dafür kämpft, daß ihr Sohn mit seiner genialen mathematischen Inselbegabung nicht als Dorfdepp verspottet und abgeschrieben wird. Freilich, der behandelnde Arzt, der die Fähigkeiten des Jungen entdeckt, muß der Mutter bedeuten, daß die Welt ihres Kindes niemals so sein wird wie bei anderen »gesunden« Menschen; er wird zu Hause sein in einer Welt aus Zahlen, in der Gefühle, menschliche Beziehungen, Ereignisse, die ihn betreffen könnten, keine Rolle spielen. Und seine Mutter lernt, mit diesem Kind zu leben, wie es ist, – es kann nicht anders sein; sie liebt es in seinen Behinderungen, hoffend, es werde eines Tages zu sich selbst und zu seinen Stärken finden. Nicht wie man es trainiert, normiert, normalisiert, ist jetzt die Frage, einzig wie man es akzeptiert in seiner Eigenart. So, gerade so, sollte der Umgang auch mit jenem jungen Mann im Märchen sein.

Der Unterschied, wie wir auf den einen oder den anderen Fall antworten, ist freilich kennzeichnend für die Verquertheit unseres ge-

67 Vgl. E. DREWERMANN: Atem des Lebens, II 280–281.
68 JOHANNES FABRICK (Reg.): Der kalte Himmel, 2011.

samten kulturell bedingten Weltbildes. Alle seelischen Phänomene, die wir nach heutiger Kenntnis glauben somatisch (genetisch, embryologisch, psychiatrisch, neurologisch) erklären zu können, gelten uns als schicksalhafte Gegebenheiten, die wir im Rahmen der medizinischen Behandlungsmöglichkeiten hinzunehmen haben; alle anderen seelischen Phänomene, die wir nicht auf diese Weise erklären können, weil wir dafür »nur« seelische (psychogenetische) oder soziale (milieubedingte) Faktoren als Ursachen heranziehen können, gelten uns im Falle einer gravierenden Störung nicht nur als irgendwie korrigierbar, sondern auch als moralisch vorwerfbar.

Dahinter steht eine Zweiteilung der Welt, bei der alles »Körperliche« für kausal bedingt gehalten wird, während alles »Seelische« als Terrain der Willensfreiheit und der Selbstbestimmung angesehen wird. Jemandem zu sagen, er leide seelisch an Einschränkungen auf eine Weise, die Krankheitswert besitze, ohne daß er an diesem Zustand willentlich etwas zu ändern vermöchte, kommt deshalb einem Anschlag auf den Glauben an die Willensfreiheit, mithin auf die »Menschenwürde« gleich. Doch kann es nicht sein, daß die ausgeprägte Schizoidie einer Persönlichkeit ebenso wenig »heilbar« ist wie ein ASPERGER-Syndrom und daß daher nichts anderes übrig bleibt, als damit leben zu lernen?

Es kann so sein, wie sich bei jener Mutter in dem Film zeigt; jedoch mit einer solchen Möglichkeit zu leben, setzt eine konsequente Änderung der üblichen Betrachtungsweise voraus. Bisher ließ sich Punkt für Punkt bei der Analyse des Märchens aufzählen, was dem Jüngling fehlt, was so, wie er's versucht, nicht geht, wo bei ihm welche Defizite festzustellen sind; in diagnostisch-therapeutischer Distanz mag eine solche Aufzählung hinreichend erscheinen; doch etwas ganz anderes ist es, in der Rolle der Prinzessin an der Seite eines solchen Mannes zu leben; das nämlich geht, wie wir jetzt sehen, überhaupt nicht anders, als seine offensichtlichen Mängel hinzunehmen als das, was sie sind: als unveränderbare Tatsachen, und umso entschiedener die Fähigkeiten zu erkennen und anzuerkennen, die innerhalb der gegebenen Rahmenbedingungen gerade in ihrer Begrenztheit und Eingeschränktheit als vollkommen ungewöhnliche Begabungen in Erscheinung treten.

So viel steht fest: niemand außer diesem Jüngling war imstande, das »Schloß« von dem Spuk der Todesangst zu befreien; nur er, der Angstunfähige, war dazu fähig. Erst wenn man diese seine »Unfähigkeit« in gewissem Sinne als Sonderbefähigung wahrnimmt, wird es möglich, eine Persönlichkeit wie diesen jungen Mann lieben und schätzen zu lernen: Er braucht überhaupt nicht, nur um dem Bewertungsmaßstab seines Vaters im Vergleich mit seinem Bruder zu genügen, das »Gruseln« zu lernen, er kann, gerade weil es ihn *nicht* gruselt, Dinge tun, die für alle äußerst nützlich sind, doch von Persönlichkeiten wie seinem Bruder zum Beispiel nicht entfernt auch nur angegangen werden können. Statt sich nach dem Maßstab seines Bruders zu bemessen und damit stets von Neuem sich selber unrecht zu tun, ist es auch möglich, für sich selber positiv zu verbuchen, was er *de facto* geleistet hat. Seine Minderwertigkeitsgefühle, sein suchtähnliches monomanes Streben: ich muß das Gruseln erlernen, können endgültig vorbei sein, wofern nur zwei Kautelen in Geltung treten:

Zum einen: Eine gefühlsarme Persönlichkeit wie dieser junge Mann ist nicht nur brauchbar als nützlich, er ist mindestens ebenso, wo nicht noch mehr, auch mißbrauchbar als schädlich. Es ist gefährlich, wenn jemand ständig Dinge tut, die in ihrer Bedeutung von seinem Gefühl nicht rückgemeldet und kontrolliert werden. Deshalb ist der Jüngling, wenn er seiner Situation bewußt wird, nicht nur auf Hilfe angewiesen, sondern hoffentlich auch willens, sie anzunehmen, – seine Gemahlin etwa kann ihn davor warnen und bewahren, sich an Aufgaben zu beteiligen, die nur in gefühlskalter Vergleichgültigung aller menschlichen Aspekte durchzuführen sind: Überall braucht die politische Exekutive in Militär und Verwaltung solche Leute. Fast alle Staatsverbrechen in Krieg wie Frieden setzen eine Schicht von menschlichen Robotern voraus, die ohne Bedenken, mit kaltem Blut, ausführen, was ihnen befohlen wird. Persönlichkeiten wie die des Jünglings im Märchen finden sich in diesem Sinn nur allzu oft, und umso wichtiger ist es, auf die Gefahren hinzuweisen, die sich aus der Betriebsbereitschaft schizoider Funktionäre zu ergeben pflegen.

Und *zum anderen*: Ein Mann wie der Jüngling im Märchen ist

eben deshalb alles andere als eine Retter- oder Vorbildgestalt. Was er geschafft hat, ist auf seine Weise außerordentlich: Er hat das menschliche Bewußtsein, im Bild gesprochen: das »Schloß«, von der Angst vor dem Nichts, in Gestalt des Todes und seiner Trabanten, befreit; doch er hat es getan infolge einer persönlichen Behinderung und auf Grund der genau gegenteiligen Motivation: Er wollte die Angst nicht überwinden, er wollte sie erlernen, und weil er dahin nie gelangt, ist seine Angstbeseitigung geradezu verhängnisvoll. Gültigkeit hätte sein Tun nur, wenn er die Angst als subjektiven Reflex von Geist, Bewußtheit und Freiheit tatsächlich kennengelernt und mit geistigen Mitteln durchzuarbeiten vermocht hätte. Doch wie?

Es ist die Kernaussage der KIERKEGAARDschen Existenzphilosophie: daß sich die Angst, als endliches, geschaffenes Wesen über dem Nichts gelagert zu sein, nur überwinden läßt im Vertrauen auf das Unendliche, im Glauben an die Macht, die möchte, daß wir sind. Es wäre fatal, wenn die Botschaft dieses Märchens lauten würde: »Wir brauchen vor dem Tode keine Angst zu haben; wir können ruhig munter Köpfe rollen lassen und mit dem Tode Kegel spielen, – es macht uns alles nichts aus, weil der Natur, in der wir leben, es ohnedies egal ist, was mit uns geschieht. Ob tot oder lebendig – für die Natur macht es in ihrem Energiehaushalt nicht den geringsten Unterschied.«

Letzteres stimmt in der Naturphilosophie gewiß vollkommen, doch es verfälscht das Leben eines Menschen ins Unmenschliche, wenn er die Gleichgültigkeit der Natur in seine Art zu handeln übernimmt und als sein Weltbild sich zu eigen macht. Er hat dann wirklich keinen Grund mehr, Angst zu haben, doch sogar psychologisch spricht alles dafür, daß damit lediglich die untergründig stets vorhandene, latente Angst verdrängt bleibt: Wenn alles in der Welt auf den Tod hinausläuft, kann man das ganze Leben als Gefahr wahrnehmen und bei allem in hypochondrische Ängste geraten: rauchen, trinken, – die Ärzte warnen davor; schadstoffbelastete Nahrung – sie liegt allerorten aus; krebserzeugende Substanzen in Luft und Wasser – sie lassen sich nicht wegfiltern. Überall erweist sich, wie lebensgefährlich das Leben selbst ist. Das Ziel des Lebenserhalts um jeden Preis macht aus der Endlichkeit des Daseins einen ständigen Kampf gegen den Tod, und das Leben selber wird dadurch zu einer steten Todespraxis.

Gegen solch eine Hypochondrie, Phobie oder Paranoia setzt sich die Unfähigkeit des Jünglings, Angst als Erfahrung zuzulassen, indem er alles, Leben oder Tod, als Glücksspiel – als ein Kartenspiel der Mäuse mit den Katzen – ausgibt. Das führt zu einem Gleichmut, der fast biblisch klingt, wenn es in der Bergpredigt heißt: »Sorgt euch nicht um euer Leben, was ihr essen und trinken werdet, auch nicht um euren Leib, was ihr anziehen werdet … Wer ist unter euch, der seines Lebens Länge (auch nur) eine Spanne zusetzen könnte, wie sehr er sich auch darum sorgt? … Drum sorgt nicht für morgen, denn der morgige Tag wird für das Seine sorgen. Es ist genug, daß jeder Tag seine eigene Plage hat.« (Mt 6,25.27.34) Doch eine Einstellung, die, gewonnen aus Glauben, das Spukschloß des menschlichen Bewußtseins wirklich erlösen könnte, führt ohne einen solchen Glauben in den »Realismus« bloßer Angstverdrängung und damit zu einem hohnlächelnden Zynismus: Am Ende wirft man jeden von uns »ins Wasser«, am Ende sind wir auch nichts anderes als »Gründlinge«.

Sehr zu Recht sehnte der Jüngling sich nach der Befähigung, sich gruseln zu können; denn bei all dem Gruseligen und Grausigen im Leben ist die scheinbar naturgegebene Grausamkeit, vermittelt durch Menschen ohne Angst und Skrupel, tatsächlich das am meisten Grauenhafte. Es würde dann, wie es das Märchen erzählt, kollektiv eine schwere seelisch-geistige Beeinträchtigung, ähnlich der dieses Jünglings, das Leben in eine Farce verwandeln, in einen Witz auf sich selbst. FREUD ist zuzustimmen: Ein solcher »Witz« besteht in der Absenkung des psychischen Niveaus, in einem Abbau der spannungsreichen Ambivalenz, die zum Dasein gehört; doch zu erlernen gilt es nicht die Witzigkeit einer Lebenseinstellung, die in der Oberflächlichkeit schon ihr Genügen findet, zu erlernen gälte es einen Humor, der die Abgründigkeit des Daseins aushält und aufhält durch das Vertrauen in jenen Daseinshintergrund, von dem es ausgeht und in den es aus der Zeit zurückkehrt in die Ewigkeit.

Für den Jüngling im Märchen liegt darin zweierlei. Womöglich, so läßt sich hoffen, erfährt er bereits in der Nähe der Prinzessin, die nun seine »Preisjungfrau«, seine Frau ist, daß man ihn mitträgt, erträgt und verträgt, so wie er ist, – in Kenntnis des Nichtveränderbaren in seinen Wesen und in Dankbarkeit für das Geschenk seines Daseins mit all seinen Möglichkeiten. Wie unterscheidet sich dieser Jüngling vor allem doch bereits schon mit seiner Suche nach der Angst zu seinem Vorteil von dem Stereotyp des verordneten »Don't worry, be happy« einer Gesellschaft der Besessenheit von »fun« und »entertainment«! All diese Worte sind nicht zufällig amerikanisch; es ist der »American way of life«, der als »lifestyle« eine ganze Generation dazu nötigt, emsig wie Fliegen an einer Fensterscheibe hin und her zu laufen, ständig im Verlangen nach dem Lichthintergrund, der durch das Glas sichtbar wird, doch zu dem sich nur gelangen läßt, wenn man das Fenster öffnet. Das zumindest wollte dieser Jüngling, selbst wenn es ihm nicht gelang; und schon dafür muß man ihn mögen, als einen unglücklichen Helden, der in seinem Scheitern weit mehr vermocht hat, als in der Dumpfheit des Daseins zu verbleiben. Seine Tragödie verlangt eine Antwort. Doch die kann nur geben, wer selber die Angst bereits kennt und sie überwunden hat in Vertrauen. Einen Mann, einen Menschen wie diesen Jüngling kann man nur wertschätzen, wenn man selber in ihm und für ihn an unendlich viel mehr glaubt, als unmittelbar ihm selber erfahrbar und sichtbar ist, so wie man einen Blinden nur zu führen vermag in dem Licht, das man mit eigenen Augen wahrnimmt.

Läßt sich »das Fenster« öffnen? Das ist die entscheidende Frage. Ja, muß man sagen, doch nur, wenn man aus den zwei Dimensionen der Ebene in die Dimension der Vertikalen tritt. Nicht immer weiter im Flächigen und Oberflächlichen liegt die Lösung; eine solche kann sich nur ergeben, wenn man die Dialektik existentiell begreift, die darin liegt, ein Mensch zu sein. Wäre es möglich, als Mensch zu existieren so identisch mit sich wie ein Stein oder ein Stück Holz, so wäre es unmöglich, Angst zu empfinden. Die Angst tritt erst ein, wenn ein Lebewesen seiner Endlichkeit sich bewußt wird; in dem Moment zerbricht sein Halt in der Welt, die ihn umgibt, – nichts in ihr ist mehr sicher und fest, alles enthüllt sich in seiner Ambivalenz zwischen Leben und Tod; und ein solches Wesen ist notwendigerweise der Mensch. Er existiert in der Welt, doch sobald er sich seiner Lage inmitten der Welt klar wird, packt ihn die Angst. In ihr tritt er heraus aus der Endlichkeit, in ihr wird er heimatlos wie ein Vertriebener, und er kann in seiner Unruhe nicht anders, als auf die Suche sich zu begeben nach einer neuen Geborgenheit im Unendlichen. Alle Angst bricht auf in der Bewußtwerdung der Endlichkeit, und alle Angst vergeht in der Entdeckung der Unendlichkeit. Diese Doppelbestimmung der menschlichen Existenz, ausgespannt zu sein zwischen Endlichkeit und Unendlichkeit, wirkt als Scharnier, an welcher die Öffnung des Fensters sich vollzieht. Angst ist identisch mit dem Wissen um das Ungenügen der Endlichkeit und mit dem Suchen nach Halt im Unendlichen. Angst ist zugleich der Blick in den Abgrund unter den Füßen und, darin gespiegelt, das Aufschauen in den Himmel; sie ist die Brücke, die sich spannt auf den schwankenden Pfeilern der Zeit hinüber zum Ufer der Ewigkeit.

Angst ist mithin eine Probe auf die Wahrheit unseres Daseins, denn sie erlaubt nur zwei Antworten: entweder wir verwandeln die ganze Welt in eine Stätte der Angst, indem wir sie im Bewußtsein verunendlichen, oder wir beenden die Angst im Bewußtsein der Unendlichkeit und nehmen die wenigen Jahrzehnte der irdischen Existenz als Vorbereitung ewigen Lebens. »In der Welt«, sagt der scheidende Jesus den Jüngern im Abendmahlssaal, »habt ihr Angst; aber … ich habe die Welt überwunden.« (Joh 16,33) Eine solche Antwort kann nur vernehmen, wer sich aufmacht, die Angst zu erlernen, doch eine solche Antwort geben kann nur, wer jenseits der Angst das Vertrauen erlernt. Der junge Mann des Märchens zeigt in seinem Ungenügen und in seiner Sehnsucht, was nötig ist, und selbst in seinem Scheitern noch weist er hin auf das eine Notwendige: die Angst zu akzeptieren und mit ihr leben zu lernen im Vertrauen auf ein Absolutes jenseits aller Vergänglichkeit und Vergeblichkeit. Die Psychoanalyse kann zeigen, was geschieht, wenn man Angst auf schizoide Weise vom Erleben abspaltet; die Existenzphilosophie verweist darauf, daß Angst zu unserem endlichen Dasein gehört und sich nur beruhigt in der Unendlichkeit Gottes.

»Groß bist Du,« schrieb in diesem Sinne der Kirchenvater AUGUSTINUS am Beginn seiner »Bekenntnisse«, »und hoch zu preisen (Ps 144,3) … Und preisen will Dich der Mensch, ein kümmerlicher Abriß Deiner Schöpfung, ja der Mensch, der herumschleppt sein Sterbewesen, herumschleppt das Zeugnis seiner Sünde und das Zeugnis, daß Du ›den Hochfährigen widerstehst‹. (1 Petr 5,5) Und dennoch preisen will Dich der Mensch, ein kümmerlicher Abriß Deiner Schöpfung. Du selber reizest an, daß Dich zu preisen Freude ist; denn geschaffen hast Du uns zu Dir, und ruhelos ist unser Herz, bis daß es seine Ruhe hat in Dir.« »Denn wer ihn (sc. Gott, d. V.) sucht, wird ihn finden, und wer ihn findet, wird ihn preisen. Ich will Dich suchen, Herr, mit meinem Rufen, und ich will Dich rufen, indem ich an Dich glaube.«[69] »... laß mich reden von Deiner Barmherzigkeit, mich Staub und Asche, laß mich dennoch reden: Denn siehe, Deine Erbarmung ist es, zu der ich rede, nicht ein Mensch, der mein Spötter wäre ... Denn was ist es, Herr, was ich sagen will, als daß ich nicht weiß, woher ich daher gekommen bin in dieses – soll ich sagen Sterbeleben oder Lebesterben? Ich weiß es nicht.«[70] All die Angst unserer Endlichkeit ist ein Rufen nach dem Gott, der antwortet, indem er uns die Fähigkeit schenkt, an ihn zu glauben und ihm zu vertrauen. »Wer seine echten Verdienste Dir aufzählt«, gesteht AUGUSTINUS später, »was zählt er Dir anderes vor als Deine Gaben?«[71] Sie sind es, nach denen die Angst ruft und kraft derer sie sich beruhigt.

Wie die Angst vor dem Tod sich wandelt im Glauben an die Botschaft des ewigen Lebens und damit das ganze Dasein sich ändert, beschreibt NOVALIS in den »Hymnen an die Nacht«, indem selbst die Trauer der Liebe über die Trennung im Tode sich aufhebt in Zuversicht:

> Nun weint an keinem Grabe,
> Für Schmerz, wer liebend glaubt.
> Der Liebe süße Habe
> Wird keinem nicht geraubt –
> Die Sehnsucht ihm zu lindern,
> Begeistert ihn die Nacht –
> Von treuen Himmelskindern
> Wird ihm sein Herz bewacht.

69 AUGUSTINUS: Bekenntnisse, I 1, S. 7.
70 A. a. O., I 6, S. 10.
71 A. a. O., IX 13, S. 169.

Getrost, das Leben schreitet
Zum ewgen Leben hin;
Von innrer Glut geweitet
Verklärt sich unser Sinn.
Die Sternwelt wird zerfließen
Zum goldnen Lebenswein,
Wir werden sie genießen
Und lichte Sterne sein.

Die Lieb ist frei gegeben,
Und keine Trennung mehr.
Es wogt das volle Leben
Wie ein unendlich Meer.
Nur Eine Nacht der Wonne –
Ein ewiges Gedicht –
Und unser aller Sonne
Ist Gottes Angesicht.[72]

72 NOVALIS: Hymnen an die Nacht, in: Werke, S. 51.

Das tapfere Schneiderlein (KHM 20) oder: Angstlösung durch Angstverbreitung

An einem Sommermorgen saß ein Schneiderlein auf seinem Tisch am Fenster, war guter Dinge und nähte aus Leibeskräften. Da kam eine Bauersfrau die Straße herab und rief: »Gut Mus feil! Gut Mus feil!« Das klang dem Schneiderlein lieblich in die Ohren, er streckte sein zartes Haupt zum Fenster hinaus und rief: »Hier herauf, liebe Frau, hier wird sie ihre Ware los.« Die Frau stieg die drei Treppen mit ihrem schweren Korbe zu dem Schneider herauf und mußte die Töpfe sämtlich vor ihm auspacken. Er besah sie alle, hob sie in die Höhe, hielt die Nase dran und sagte endlich: »Das Mus scheint mir gut, wieg sie mir doch vier Lot ab, liebe Frau, wenn's auch ein Viertelpfund ist, kommt es mir nicht darauf an.« Die Frau, welche gehofft hatte, einen guten Absatz zu finden, gab ihm, was er verlangte, ging aber ganz ärgerlich und brummig fort. »Nun das Mus soll mir Gott gesegnen«, rief das Schneiderlein, »und soll mir Kraft und Stärke geben«, holte das Brot aus dem Schrank, schnitt sich ein Stück über den ganzen Laib und strich das Mus darüber.

»Das wird nicht bitter schmecken«, sprach er, »aber erst will ich den Wams fertig machen, eh ich anbeiße.« Er legte das Brot neben sich, nähte weiter und machte vor Freude immer größere Stiche. Indes stieg der Geruch von dem süßen Mus hinauf an die Wand, wo die Fliegen in großer Menge saßen, so daß sie herangelockt wurden und sich scharenweise darauf niederließen. »Ei, wer hat euch eingeladen?« sprach das Schneiderlein und jagte die ungebetenen Gäste fort. Die Fliegen aber, die kein Deutsch verstanden, ließen sich nicht abweisen, sondern kamen in immer größerer Gesellschaft wieder. Da lief dem Schneiderlein endlich, wie man sagt, die Laus über die Leber, es langte aus seiner Hölle nach einem Tuchlappen, und »Wart, ich will es euch geben!« schlug es unbarmherzig drauf. Als es abzog und zählte, so lagen nicht weniger als sieben vor ihm tot und streckten die Beine. »Bist du so ein Kerl?« sprach er und mußte selbst seine Tapferkeit bewundern. »Das soll die ganze Stadt erfahren.« Und in der Hast schnitt sich das Schneiderlein einen Gürtel, nähte ihn und stickte mit großen Buchstaben darauf: Siebene auf einen Streich! »Ei was, Stadt!« sprach er weiter. »Die ganze Welt soll's erfahren!« Und sein Herz wackelte ihm vor Freude wie ein Lämmerschwänzchen.

Der Schneider band sich den Gürtel um den Leib und wollte in die Welt hinaus, weil er meinte, die Werkstätte sei zu klein für seine Tapferkeit. Eh er abzog, suchte er im Haus herum, ob nichts da wäre, was er mitnehmen könnte, er fand aber nichts als einen alten Käs, den steckte er ein. Vor dem Tore bemerkte er einen Vogel, der sich im Gesträuch gefangen hatte, der mußte zu dem Käse in die Tasche. Nun nahm er den Weg tapfer zwischen die Beine, und weil er leicht und behend war, fühlte er keine Müdigkeit. Der Weg führte ihn auf einen Berg, und als er den höchsten Gipfel erreicht hatte, so saß da ein gewaltiger Riese und schaute sich ganz gemächlich um. Das Schneiderlein ging beherzt auf ihn zu, redete ihn an und sprach: »Guten Tag, Kamerad, gelt, du sitzest da und besiehst dir die weitläufige Welt? Ich bin eben auf dem Weg dahin und will mich versuchen. Hast du Lust, mitzugehen?« Der Riese sah den Schneider verächtlich an und sprach: »Du Lump! Du miserabler Kerl!« »Das wäre!« antwortete das Schneiderlein, knöpfte den Rock auf und zeigte dem Riesen den Gürtel. »Da kannst du lesen, was ich für ein Mann bin.« Der Riese las: »Siebene auf einen Streich«, meinte, das wären Menschen gewesen, die der Schneider erschlagen hätte, und kriegte ein wenig Respekt vor dem kleinen Kerl. Doch wollte er ihn erst prüfen, nahm einen Stein in die Hand und drückte ihn zusammen, daß das Wasser heraustropfte. »Das mach mir nach«, sprach der Riese, »wenn du Stärke hast.« »Ist's weiter nichts?« sagte das Schneiderlein. »Das ist bei unsereinem Spielwerk«, griff in die Tasche, holte den weichen Käs und drückte ihn, daß der Saft herauslief. »Gelt«, sprach er, »das war ein wenig besser?« Der Riese wußte nicht, was er sagen sollte, und konnte es von dem Männlein nicht glauben. Da hob der Riese einen Stein auf und warf ihn so hoch, daß man ihn mit Augen kaum noch sehen konnte. »Nun, du Erpelmännchen, das tu mir nach.« »Gut geworfen«, sagte der Schneider, »aber der Stein hat doch wieder zur Erde herabfallen müssen, ich will dir einen werfen, der soll gar nicht wiederkommen«; griff in die Tasche, nahm den Vogel und warf ihn in die Luft. Der Vogel, froh über seine Freiheit, stieg auf, flog fort und kam nicht wieder. »Wie gefällt dir das Stückchen, Kamerad«? fragte der Schneider. »Werfen kannst du wohl«, sagte der Riese, »aber nun wollen wir sehen, ob du imstande bist, etwas Ordentliches zu tragen.« Er führte das Schneiderlein zu einem mächtigen Eichbaum, der da gefällt auf dem Boden lag, und sagte: »Wenn du stark genug bist, so hilf mir den Baum aus dem Walde heraustragen.« »Gerne, antwortete der kleine Mann, »nimm du nur den Stamm auf deine Schulter, ich will die Äste mit dem Gezweig aufheben und tragen, das ist doch das Schwerste.« Der Riese nahm den Stamm auf die Schulter, der Schneider aber setzte sich auf einen Ast, und der Riese, der sich nicht umsehen konnte, mußte den ganzen Baum und das Schneiderlein noch obendrein forttragen. Es war dahinten ganz lustig und guter Dinge, pfiff das Liedchen »Es ritten drei Schneider zum Tore hinaus«, als wäre das Baumtragen ein Kinderspiel. Der Riese, nachdem er ein Stück Wegs die schwere Last fortgeschleppt hatte, konnte nicht weiter und rief: »Hör, ich muß den Baum fallen lassen.« Der Schneider sprang behendiglich herab, faßte den Baum mit beiden Armen, als wenn er ihn getragen hätte, und sprach zum Riesen: »Du bist ein so großer Kerl und kannst den Baum nicht einmal tragen.«

Sie gingen zusammen weiter, und als sie an einem Kirschbaum vorbeikamen, faßte der Riese die Krone des Baums, wo die zeitigsten Früchte hingen, bog sie herab, gab sie dem Schneider in die Hand und hieß ihn essen. Das Schneiderlein aber war viel zu schwach, um den Baum zu halten, und als der Riese losließ, fuhr der Baum in die Höhe, und der Schneider ward mit in die Luft geschnellt. Als er wieder ohne Schaden herabgefallen war, sprach der Riese: »Was ist das, hast du nicht Kraft, die schwache Gerte zu halten?« »An der Kraft fehlt es nicht«, antwortete das Schneiderlein, »meinst du, das wäre etwas für einen, der siebene mit einem Streich getroffen hat? Ich bin über den Baum gesprungen, weil die Jäger da unten in das Gebüsch schießen. Spring nach, wenn du's vermagst.« Der Riese machte den Versuch, konnte aber nicht über den Baum kommen, sondern blieb in den Ästen hängen, also daß das Schneiderlein auch hier die Oberhand behielt.

Der Riese sprach: »Wenn du so ein tapferer Kerl bist, so komm mit in unsere Höhle und übernachte bei uns.« Das Schneiderlein war bereit und folgte hm. Als sie in der Höhle anlangten, saßen da noch andere Riesen beim Feuer, und jeder hatte ein gebratenes Schaf in der Hand und aß davon. Das Schneiderlein sah sich um und dachte: »Es ist doch hier viel weitläufiger als in meiner Werkstatt.« Der Riese wies ihm ein Bett an und sagte, er solle sich hineinlegen und ausschlafen. Dem Schneiderlein war aber das Bett zu groß, er legte sich nicht hinein, sondern kroch in eine Ecke. Als es Mitternacht war und der Riese meinte, das Schneiderlein läge in tiefem Schlafe, so stand er auf, nahm eine große Eisenstange und schlug das Bett mit einem Schlag durch und meinte, er hätte dem Grashüpfer den Garaus gemacht. Mit dem frühsten Morgen gingen die Riesen in den Wald und hatten das Schneiderlein ganz vergessen, da kam es auf einmal ganz lustig und verwegen dahergeschritten. Die Riesen erschraken, fürchteten, es schlüge sie alle tot, und liefen in einer Hast fort.

Das Schneiderlein zog weiter, immer seiner spitzen Nase nach. Nachdem es lange gewandert war, kam es in den Hof eines königlichen Palastes, und da es Müdigkeit empfand, so legte es sich ins Gras und schlief ein. Während es da lag, kamen die Leute, und betrachteten es von allen Seiten und lasen auf dem Gürtel: Siebene auf einen Streich. »Ach«, sprachen sie, »was will der große Kriegsheld hier mitten im Frieden? Das muß ein mächtiger Herr sein.« Sie gingen und meldeten es dem König und meinten, wenn Krieg ausbrechen sollte, wäre das ein wichtiger und nützlicher Mann, den man um keinen Preis fortlassen dürfte. Dem König gefiel der Rat, und er schickte einen von seinen Hofleuten an das Schneiderlein ab, der sollte ihm, wenn es aufgewacht wäre, Kriegsdienste anbieten. Der Abgesandte blieb bei dem Schläfer stehen, wartete, bis er seine Glieder streckte und die Augen aufschlug, und brachte dann seinen Antrag vor. »Eben deshalb bin ich hierhergekommen«, antwortete er, »ich bin bereit, in des Königs Dienste zu treten.« Also ward er ehrenvoll empfangen und ihm eine besondere Wohnung angewiesen.

Die Kriegsleute aber waren dem Schneiderlein aufgesessen und wünschten, es wäre tausend Meilen weit weg. »Was soll daraus werden?« sprachen sie untereinander. »Wenn wir Zank mit ihm kriegen und er haut zu, so fallen auf jeden Streich siebene. Da kann unsereiner nicht bestehen.« Also faßten sie einen Entschluß, begaben sich allesamt zum König und baten um ihren Abschied. »Wir sind nicht gemacht«, sprachen sie, »neben einem Mann auszuhalten, der siebene auf einen Streich schlägt.« Der König war traurig, daß er um des einen willen alle seine treuen Diener verlieren sollte, wünschte, daß seine Augen ihn nie gesehen hätten, und wäre ihn gerne wieder losgewesen. Aber er getraute sich nicht, ihm den Abschied zu geben, weil er fürchtete, er möchte ihn samt seinem Volke totschlagen und sich auf den königlichen Thron setzen. Er sann lange hin und her, endlich fand er einen Rat. Er schickte zu dem Schneiderlein und ließ ihm sagen, weil er ein so großer Kriegsheld wäre, so wollte er ihm ein Anerbieten machen. In einem Walde seines Landes hausten zwei Riesen, die mit Rauben, Morden, Sengen und Brennen großen Schaden stifteten: Niemand dürfte sich ihnen nahen, ohne sich in Lebensgefahr zu setzen. Wenn er diese beiden Riesen überwände und tötete, so wollte er ihm seine einzige Tochter zur Gemahlin geben und das halbe Königreich zur Ehesteuer; auch sollten hundert Reiter mitziehen und ihm Beistand leisten. »Das wäre so etwas für einen Mann, wie du bist«, dachte das Schneiderlein, »eine schöne Königstochter und ein halbes Königreich wird einem nicht alle Tage angeboten.« »O ja«, gab er zur Antwort, »die Riesen will ich schon bändigen und habe die hundert Reiter dabei nicht nötig: wer siebene auf einen Streich trifft, braucht sich vor zweien nicht zu fürchten.«

Das Schneiderlein zog aus, und die hundert Reiter folgten ihm. Als er zu dem Rand des Waldes kam, sprach er zu seinen Begleitern: »Bleibt hier nur halten, ich will schon allein mit den Riesen fertig werden.« Dann sprang er in den Wald hinein und schaute sich rechts und links um. Über ein Weilchen erblickte er beide Riesen: sie lagen unter einem Baume und schliefen und schnarchten dabei, daß sich die Äste auf und nieder bogen. Das Schneiderlein, nicht faul, las beide Taschen voll Steine auf und stieg damit auf den Baum. Als es in der Mitte war, rutschte es auf einem Ast, bis es gerade über die Schläfer zu sitzen kam, und ließ dem einen Riesen einen Stein nach dem anderen auf die Brust fallen. Der Riese spürte lange nichts, doch endlich wachte er auf, stieß seinen Gesellen an und sprach: »Was schlägst du mich?« »Du träumst«, sagte er andere, »ich schlage dich nicht.« Sie legten sich wieder zum Schlaf, da warf der Schneider auf den zweiten einen Stein herab. »Was soll das?« rief der andere. »Warum wirfst du mich?« »Ich werfe dich nicht«, antwortete der erste und brummte. Sie zankten sich eine Weile herum, doch weil sie müde waren, ließen sie's gut sein, und die Augen fielen ihnen wieder zu. Das Schneiderlein fing sein Spiel von Neuem an, suchte den dicksten Stein aus und warf ihn dem ersten Riesen mit aller Gewalt auf die Brust. »Das ist zu arg!« schrie er, sprang wie ein Unsinniger auf und stieß seinen Gesellen wider den Baum, daß dieser zitterte. Der andere zahlte mit gleicher Münze, und sie gerieten in solche Wut, daß sie Bäume ausrissen, aufeinander losschlugen, so lang, bis sie endlich beide zugleich tot auf die Erde fielen. Nun sprang das Schneiderlein herab. »Ein Glück nur«, sprach es, »daß sie den Baum, auf dem ich saß, nicht ausgerissen haben, sonst hätte ich wie ein Eichhörnchen auf einen andern springen müssen; doch unsereiner ist flüchtig!« Es zog sein Schwert und versetzte jedem ein paar tüchtige Hiebe in die Brust, dann ging es hinaus zu den Reitern und sprach: »Die Arbeit ist getan, ich habe beiden den Garaus gemacht; aber hart ist es hergegangen, sie haben in der Not Bäume ausgerissen und sich gewehrt, doch das hilft alles nichts, wenn einer kommt wie ich, der siebene auf einen Streich schlägt.« »Seid Ihr denn nicht verwundet?« fragten die Reiter. »Das hat gute Wege«, antwortete der Schneider, »kein Haar haben sie mir gekrümmt.« Die Reiter wollten ihm keinen Glauben bemessen und ritten in den Wald hinein; da fanden sie die Riesen in ihrem Blute schwimmend, und ringsherum lagen die ausgerissenen Bäume.

Das Schneiderlein verlangte von dem König die versprochene Belohnung, den aber reute sein Versprechen, und er sann aufs neue, wie er sich den Helden vom Halse schaffen könnte. »Ehe du meine Tochter und das halbe Reich erhältst«, sprach er zu ihm, »mußt du noch eine Heldentat vollbringen. In dem Walde läuft ein Einhorn, das großen Schaden anrichtet, das mußt du erst einfangen.« »Vor einem Einhorn fürchte ich mich noch weniger als vor zwei Riesen; siebene auf einen Streich, das ist meine Sache.« Er nahm sich einen Strick und eine Axt mit, ging hinaus in den Wald und hieß abermals die, welche ihm zugeordnet waren, außen warten. Er brauchte nicht lange zu suchen, das Einhorn kam bald daher und sprang auf den Schneider los, als wollte es ihn ohne Umstände aufspießen. »Sachte, sachte«, sprach er, »so geschwind geht das nicht«, blieb stehen und wartete, bis das Tier ganz nahe war, dann sprang er behendiglich hinter den Baum. Das Einhorn rannte mit aller Kraft gegen den Baum und spießte sein Horn so fest in den Stamm, daß es nicht Kraft genug hatte, es wieder herauszuziehen, und so war es gefangen. »Jetzt hab ich das Vöglein«, sagte der Schneider, kam hinter dem Baum hervor, legte dem Einhorn den Strick erst um den Hals, dann hieb er mit der Axt das Horn aus dem Baum, und als alles in Ordnung war, führte er das Tier ab und brachte es dem König.

Der König wollte ihm den verheißenen Lohn noch nicht gewähren und machte eine dritte Forderung. Der Schneider sollte ihm vor der Hochzeit erst ein Wildschwein fangen, das in dem Wald großen Schaden tat; die Jäger sollten ihm Beistand leisten. »Gerne«, sprach der Schneider, »das ist ein Kinderspiel.« Die Jäger nahm er nicht mit in den Wald, und sie waren's wohl zufrieden, denn das Wildschwein hatte sie schon mehrmals so empfangen, daß sie keine Lust hatten, ihm nachzustellen. Als das Schwein den Schneider erblickte, lief es mit schäumendem Munde und wetzenden Zähnen auf ihn zu und wollte ihn zur Erde werfen; der flüchtige Held aber sprang in eine Kapelle, die in der Nähe war, und gleich oben zum Fenster in einem Satze wieder hinaus. Das Schwein war hinter ihm hergelaufen, er aber hüpfte außen herum und schlug die Türe hinter ihm zu; da war das wütende Tier gefangen, das viel zu schwer und unbehilflich war, um zu dem Fenster hinauszuspringen. Das Schneiderlein rief die Jäger herbei, die mußten den Gefangenen mit eigenen Augen sehen; der Held aber begab sich zum Könige, der nun, er mochte wollen oder nicht, sein Versprechen halten mußte und ihm seine Tochter und das halbe Königreich übergab. Hätte er gewußt, daß kein Kriegsheld, sondern ein Schneiderlein vor ihm stand, es wäre ihm noch mehr zu Herzen gegangen. Die Hochzeit ward also mit großer Pracht und kleiner Freude gehalten und aus einem Schneider ein König gemacht.

Nach einiger Zeit hörte die junge Königin in der Nacht, wie ihr Gemahl im Traume sprach: »Junge, mach mir den Wams und flick mir die Hosen, oder ich will dir die Elle über die Ohren schlagen.« Da merkte sie, in welcher Gasse der junge Herr geboren war, klagte am andern Morgen ihrem Vater ihr Leid und bat, er möchte ihr von dem Manne helfen, der nichts anders als ein Schneider wäre. Der König sprach ihr Trost zu und sagte: »Laß in der nächsten Nacht deine Schlafkammer offen, meine Diener sollen außen stehen und, wenn er eingeschlafen ist, hineingehen, ihn binden und auf ein Schiff tragen, das ihn in die weite Welt führt.« Die Frau war damit zufrieden, des Königs Waffenträger aber, der alles mit angehört hatte, war dem jungen Herrn gewogen und hinterbrachte ihm den ganzen Anschlag. »Dem Ding will ich einen Riegel vorschieben«, sagte das Schneiderlein. Abends legte es sich zu gewöhnlicher Zeit mit seiner Frau zu Bett; als sie glaubte, er sei eingeschlafen, stand sie auf, öffnete die Türe und legte sich wieder. Das Schneiderlein, das sich nur stellte, als wenn es schlief, fing an, mit heller Stimme zu rufen: »Junge, mach mir den Wams und flick mir die Hosen, oder ich will dir die Elle über die Ohren schlagen! Ich habe siebene mit einem Streich getroffen, zwei Riesen getötet, ein Einhorn fortgeführt und ein Wildschwein gefangen und sollte mich vor denen fürchten, die draußen vor der Kammer stehen!« Als diese den Schneider also sprechen hörten, überkam sie eine große Furcht, sie liefen, als wenn das wilde Heer hinter ihnen wäre, und keiner wollte sich mehr an ihn wagen. Also war und blieb das Schneiderlein sein Lebtag ein König.

Das »Schneiderlein« als Typ

Mitunter malen Märchen Charaktere, die als klassisch gelten können. Das »tapfere Schneiderlein« verkörpert einen solchen Typ. Man sieht es förmlich vor sich, sobald von ihm die Rede geht: kleinwüchsig, schmächtig, zu schwerer körperlicher Arbeit außerstande, ein Stubenhocker von Beruf, ein Heimwerker mit Nadel und mit Faden, kein rechter Kerl, ein Halbmann allerhöchstens, den man deshalb auch stets nur als das »Schneiderlein« bezeichnet, ein wenig spöttisch und herablassend, nicht bösartig, doch auch nicht wirklich gütig, eher schon mit der Signatur des Nicht-ganz-ernst-zu-Nehmenden, des irgendwie im Mißverhältnis zu sich selbst Befindlichen, des beinah witzig Wirkenden, mißt man den Anspruch auf gesellschaftlichen Status, den es stellt, an der sichtbaren Kümmerlichkeit seiner Statur. Gleichwohl, ein »Schneiderlein«, das »tapfer« seinem Schicksal trotzt, entwickelt ein ganz eigenes Geschick: so geckenhaft es auch nach außen aufzutreten scheint, – für sich selbst ist es ganz und gar von seiner Aufgabe erfüllt und überzeugt, ihr folgt es Schritt für Schritt und unbeirrt; das Lächeln derer, die es sehen, prallt ab an seiner subjektiv zur Schau getragenen Ernsthaftigkeit und Zielbewußtheit. »Das Bürschchen wird den Weg schon machen«, ist und soll der Eindruck sein; doch kann es das? Man traut's ihm eigentlich nicht zu und ist doch immer neu verwundert, wenn und wie es ihm gelingt.

Mit »tapfer« geht einher die Hochachtung bei einem Wagnis: Mut zeigt jemand, der klaren Blicks sich in Gefahr begibt, Tapferkeit, wer ihr standhält. Beides muß nicht dasselbe sein: Mutig sein kann nur, wer ein bestimmtes Risiko real abschätzt und seine Angst davor besiegt, – sonst treibt ihn Übermut und Tollkühnheit; der Tapfere erweist sich wert aller Anerkennung, egal ob er in seine Lage »mutwillig« geraten ist oder wie blind. Wenn freilich immer wieder jemand sich Gefahren aussetzt, die er, so es mit rechten Dingen zugeht, nicht bestehen kann, nur um sich selbst und aller Welt zu zeigen, was für ein Held er ist, mutet sein Mut *wahn*witzig an, und seine Tapferkeit gründet sich nicht auf eigentliche Stärke, sondern auf »Witz« im ursprünglichen Sinne: Ihm fällt noch immer etwas ein, aus der Bredouille sich zu retten. Für solchen »Fürwitz« (von althochdeutsch *wizzi* – Wissen und mittelhochdeutsch *witze* für Klugheit, Weisheit und Verstand)[73] steht in der Sammlung GRIMMscher Märchen die Geschichte vom »tapferen Schneiderlein«.

»Kleider machen Leute« und »Leute machen Kleider«

Wohlgemerkt, ein Schneider war einmal ein lebenswichtiger, wenn auch nicht sehr einträglicher Beruf, nicht anders als der Schuster[74] oder Schreiner, – wie viele Hausnamen gehen zurück auf diese Handwerkstätigkeiten! In Zeiten, da die Kleidung noch in Handarbeit

73 FRIEDRICH KLUGE: Etymologisches Wörterbuch der deutschen Sprache, 865.

74 Im Dänischen gibt es denn auch ein Märchen von einem »tapferen Schuhmachergesellen«; BRÜDER GRIMM: Kinder- und Hausmärchen, III 31. – Zur Herkunft der Geschichte bemerken die GRIMMS (a. a. O., III 29): »Die erste Hälfte (stammt) aus zwei sich ergänzenden hessischen Erzählungen. Die zweite, von da an, wo der Schneider den Riesen verläßt und sich an des Königs Hof begibt«, geht auf MARTIN MONTANUS »Wegkürzer« (1557) zurück. »Dieser Teil kann für sich bestehen, ist hier aber … angefügt … worden.« Vgl. MARTIN MONTANUS: Schwankbücher, cap. 5, S. 19. Vgl. JOHANNES BOLTE – GEORG BOLÍVKA: Anmerkungen zu den »Kinder- und Hausmärchen, I 148. – HANS-JÖRG UTHER: Handbuch zu den »Kinder- und Hausmärchen« der Brüder Grimm, 47, verweist auf die Hommage an CLEMENS BRENTANO und dessen Geschichte »Siebentot«, verfaßt nach der gleichen Quelle, dem »Wegkürzer« von MARTIN MONTANUS und seiner Geschichte »Von einem König, Schneider, Riesen, Einhorn und Wildschwein«. Den Beruf des Schneiders hält er für ein »wenig angesehenes Handwerk, das wegen seiner damit verbundenen Armut »oft dem Spott ausgesetzt« gewesen sei (S. 48). Doch der Spott bezieht sich auf die Person, nicht auf den Beruf des Schneiders. HEDWIG VON BEIT: Gegensatz und Erneuerung im Märchen, 501, meint wohl richtig, die Gestalt des Schneiders sei gewählt, »weil der Schneider im Gegensatz zu anderen Handwerkern wie Schmied, Bäcker, Metzger, Gärtner, Zimmermann usw. keine Körperkraft in seinem Berufe braucht. Stattdessen sind bei ihm … Witz und Menschenkenntnis ausgebildet, weshalb sein Urbild mit dem des Tricksters identifiziert werden kann.« Doch darf die Schmächtigkeit des »Schneiders« und die Zwiespältigkeit des »Tricksters« nicht übersehen werden; s. u. Anm. 110. In der höchst beachtenswerten Märchen-Sammlung von FRANZ XAVER VON SCHÖNWERTH (1810–1886): Prinz Roßzwifl, 156–161: Sieben auf einem Schlag, ist der »Schneider« »klein von Gestalt« und wandert »auf der Welt in der Fremde« herum (S. 156).

gefertigt wurde[75], genoß die Tätigkeit des Schneiders hohes Ansehen, schon weil sie ihren Kunden Ansehen verlieh. »Wie man kommt gegangen, so wird man auch empfangen«, heißt es. Und: »Kleider machen Leute«. Was es daher bedeuten kann, Schneider zu sein, hat GOTTFRIED KELLER in einer seiner Erzählungen »Die Leute von Seldwyla« dargestellt, in der er dieses Sprichwort aufgegriffen und durch die Umkehrung ergänzt hat: »Leute machen Kleider«. Dort erfahren wir: Schneider stellen nicht nur *»einen Fürstenmantel, Priestertalar und dergleichen«* her, sondern sie verwandeln auch manch eine dürftige Person in ein Schmuckstück höchster Reputation[76].

Gerade so ergeht es in KELLERS Erzählung dem arbeitslosen Schneider *Wenzel Strapinski* aus Seldwyla, der an *»einem unfreundlichen Novembertage«*, ohne Geld und ohne Nahrung, nur einen Fingerhut in der Tasche, während schon die ersten Schneeflocken fallen, zu der Nachbarstadt Goldach unterwegs ist; trotz seiner Armut hält er pfleglich auf sein Äußeres: über *»seinem schwarzen Sonntagskleide«* trägt er *»einen weiten dunkelgrauen Radmantel ..., mit schwarzem Samt ausgeschlagen, der seinem Träger ein edles und romantisches Aussehen«* verleiht, *»zumal dessen lange schwarze Haare und Schnurrbärtchen sorgsam gepflegt«* sind *»und er sich blasser, aber regelmäßiger Gesichtszüge«* erfreut.[77] Unstreitig bietet er, ohne jede täuschende Absicht, nicht zuletzt durch seine polnische Pelzmütze eine vornehme Erscheinung, und als ein hilfsbereiter Kutscher in eine herrschaftliche Karosse ihn einsteigen läßt, wird er in dem ersten Gasthof am Ort mit dem bedeutungsvollen Namen »Zur Waage« für einen Grafen polnischer Abstammung gehalten, indem man seine Schüchternheit und Bescheidenheit als Ausdruck seines edlen Charakters deutet; all die Auslagen für Verpflegung und Unterkunft gedenkt er aus glücklichen Lotteriegewinnen zu bestreiten, und unentwegt sinnt er darauf, ehrlich und ohne Schaden aus dem ebenso vorteilhaften wie mißlichen

75 Zur Einführung der Spinnmaschine im 18. Jh. vgl. E. DREWERMANN: Geld, Gesellschaft und Gewalt, 1. Bd., 211–213; zur Stellung eines »armen, ehrlichen Schneiders« vgl. DERS.: Der Schneider im Himmel, in: Geschichten gelebter Menschlichkeit, 99–100.

76 GOTTFRIED KELLER: Die Leute von Seldwyla, 2. Bd., in: Werke, 4. Bd., 295–342: Kleider machen Leute, 323.

77 A. a. O., 295.

Mißverständnis sich zu entfernen. Gleichwohl ist es die Tochter des Amtsrats, das *Nettchen*, dessen Zuneigung ihn in Goldach festhält. Bei ihrem Vater, der sie gerne standesgemäß mit dem Buchhalter *Melchior Böhm* verheiratet sähe, setzt sie sich durch in dem Glauben, einen polnischen Grafen heimzuführen; doch während der Verlobungsfreier stellt eine Gruppe aus Seldwyla in einem Rollenspiel den anwesenden Gästen die wahre Identität des vermeintlichen Edelmannes aus dem Osten dar, – er ist nur ein Schneider. Wortlos verläßt *Wenzel Strapinski* die Festgemeinschaft, als einer, der *»ein Betrüger geworden dadurch, daß die Torheit der Welt ihn in einem unbewachten und sozusagen wehrlosen Augenblicke überfallen und ihn zu ihrem Spielgesellen gemacht hatte.«*[78] *Nettchen* aber geht ihm nach und findet ihn fast erfroren *»auf dem nächtlichen Schnee«* am Wegesrand liegend, *»schön und edel«* nach wie vor aussehend: *»der schlanke Leib und die geschmeidigen Glieder, wohl geschnürt und bekleidet, alles sagte noch in der Erstarrung, am Rande des Untergangs, im Verlorensein: Kleider machen Leute.«*[79]

Doch eben darum geht es jetzt gar nicht mehr. Die Liebe, die durch *Wenzel*s äußere Erscheinung in *Nettchen* entflammt wurde, ist fähig auch, die Wahrheit hinter der Fassade zu erkennen: Ihr Geliebter ist kein Betrüger, weiß das *Nettchen*, welchem dieser nun endlich ganz seine Geschichte erzählt: Seine Mutter war in Diensten bei einer benachbarten Gutsherrin gestanden und hatte *»ihr einziges Kind« »immer etwas zierlicher und gesuchter«* gekleidet, als es sonst üblich war. Nach dem Tode des Vaters, eines armen Schulmeisters, zerschlugen sich alle Hoffnungen der Mutter auf ein glücklicheres Leben, vielmehr mußte sie selbst mit harter Arbeit das Nötigste verdienen, – für ihre Vorliebe zu besserer *»Haltung und Kleidung«* blieb fortan kein Platz mehr. Mit 16 Jahren hatte *Wenzel* die Chance gehabt, von der verwitweten Gutsherrin in die Residenz mitgenommen zu werden, doch entschied er sich dafür, bei seiner lieben Mutter zu bleiben und in die Lehre bei einem einfachen Dorfschneider zu gehen. Nach seinem Militärdienst bei den Husaren, als er ins Dorf zurückkehrte, fand er seine Mutter tot, und so war er denn *»einsam in*

78 A. a. O., 326.
79 A. a. O., 330.

die Welt gereist und endlich hier in … Unglück geraten«.[80] Es ist jetzt *Nettchen*, die mit ihrer Liebe die Treue *Wenzel*s zu seiner Mutter belohnt; und dieser erkennt in ihr zu seiner Überraschung das Mädchen wieder, das er, damals sieben- bis achtjährig, als die Tochter jener Gutsherrin zu des Pfarrers Unterricht zu bringen pflegte und das er beim Abschied traurig hatte zurücklassen müssen. Was als ein unschuldiger Kindertraum begann, erfüllt sich nun als beider Bestimmung zu einem gemeinsamen Glück. Das Äußere hat sich verinnerlicht, der Widerspruch von Schein und Sein ist überwunden, eine Einheit von Vertrauen, Wahrhaftigkeit und Treue hat sich gebildet, die auch gesellschaftlich im folgenden die Basis von Erfolg und Anerkennung abgibt. *Wenzel Strapinski* ist nach wie vor ein Schneider, jetzt aber so, daß es für ihn ganz und gar stimmt. Die Angst, *»als armer Schneider entdeckt zu werden und dazustehen«*, ist vorüber. *»Sein angeborenes Bedürfnis, etwas Zierliches und Außergewöhnliches vorzustellen, wenn auch nur in der Wahl der Kleider, hatte ihn in diesen Konflikt geführt«*[81]; aber er war gewissenhaft und ehrlich genug geblieben, um nicht mit dem irrigen Urteil der Umgebung zu verschmelzen.

Es ist wahr: *»Kleider machen Leute«* und *»Leute machen Kleider«*[82], – *»les belles plumes font les beaux oiseaux«*, wie man in Frankreich sagt, »schöne Federn machen schöne Vögel«; allein, Menschen mögen schon recht »kauzig« oder »gimpelhaft« erscheinen, sie können und sie dürfen sich ihre Mimikry nicht selber glauben; sie sind unendlich mehr als all die täuschend echten Tarnungen der Angst im Kampf um Wertschätzung und Anerkennung. So das Fazit aus KELLERS Novelle, – eine Lebensweisheit, die paradoxerweise wie veraltet anmutet gegenüber der um ein halbes Jahrhundert früheren Märchengestalt der BRÜDER GRIMM.

80 A. a. O., 335.
81 A. a. O., 316.
82 A. a. O., 321.

Die Aktualität einer narzißtischen Persönlichkeit

Ihr »tapferes Schneiderlein« tritt auf mit einer Chuzpe von gewissermaßen »postmoderner« Aktualität, als wäre gerade erst in unseren Tagen seine Zeit recht eigentlich gekommen. Ist es überhaupt »tapfer«? Das wäre es, wenn es mit fairen Mitteln, chancengleich, einem gefährlichen Gegner entgegentreten würde; doch gerade das ist ausgeschlossen, indem es sich mit Riesen und mit Untieren anlegt. Ein »Riese« ist nicht tapfer, wenn er einen Zwerg erschlägt, und ebenso wenig ein »Schneiderlein«, das als ein Wicht sich messen will mit einem »Riesen«; es kann sich »Tapferkeit« nicht leisten; was es ins Treffen mitbringt, ist nicht entfernt ein aneinander zu Messendes an Kraft, es kann sich retten nur mit Tricks, mit List und einem unverfroren demonstrierten Selbstbewußtsein. Aber so hat es doch Erfolg! So wird es doch zum »King«, zum GOAL (zum Greatest of All), zum lebenden Beweis des *American Dream*: ein »Schneiderlein«, das sich zum »König« hocharbeitet! – wie jener legendäre *Rockefeller*, der als ein Schuhputzjunge es zum Millionär gebracht hat[83], »from zero to hero« also, einfach weil er »niemals aufgegeben« hat, weil er »fest an sich geglaubt« hat und weil er zielbewußt die größten Gegner, Opponenten und Konkurrenten, »ausgeschaltet« hat! So ist die Ausdrucksform eines inzwischen quasi religiösen Selbstverständnisses: Gott gibt den Sieg, er steht aufseiten der Gewinner. So glaubt man es in »God's own country«, dem Vorbildland der westlichen »Kultur«. Der Sieg des »Schneiderleins« basiert auf Täuschungen und Finten? Ja sicher, wenn's nicht anders geht! Es hat Erfolg, und folglich macht es

83 Zu *John D. Rockefeller* vgl. JÖRG-UWE ALBIG: Rockefeller, in: Der Kapitalismus, Geo Epoche, Nr. 69, S. 75: »Der amerikanische Ölmagnat … ist ein Raubtier unter den Unternehmern – und wird auf Jahrzehnte zum Symbol für einen rücksichtslosen Kapitalismus. Dabei ist Geldverdienen für ihn mehr als das Streben nach Reichtum. Es ist religiöse Pflicht.« – HANS-JOACHIM MAAZ: Die narzißtische Gesellschaft, 117, nimmt den Narzißmus-Begriff zur Diagnose unserer Art zu leben – politisch wie privat –, und schreibt: »Machogehabe, Stärkekult, Zwang zum Siegen, gnadenloser Konkurrenzkampf, Wachstumsfetischismus und eine gierige Finanzwirtschaft sind Ausformungen narzißtisch-männlicher Kompensation. Dies gilt natürlich auch im Kleinen: Der Familienpascha, der autoritäre Vater, der dominante Partner sind ›klassische‹ Rollen für männliche Narzißten.«

alles richtig! Die Skrupel eines Herrn *Strapinski* wirken da »mega-out«. Nur keine Angst. Nur »weiter so«. In einer Welt globalisierter Konkurrenz braucht es der Grundeinstellung US-amerikanischer Pioniere und Unternehmer. In der Ära des Neoliberalismus in Wirtschaft und Politik[84] ist die Geschichte vom »tapferen Schneiderlein« überaus modern. Denn sie gibt vor: So muß man's machen!

Tatsächlich gibt es Autoren, die das GRIMMsche Märchen in diesem Sinne interpretieren. Sie geben dem »Schneiderlein« recht; sie finden es vorbildlich; sie geben seine Erfolgsstory als empfehlenswert weiter[85], ganz so, als handle es sich um das französische Märchen vom »Gestiefelten Kater«[86]. Doch Vorsicht! Schon jene Geschichte

84 Vgl. E. DREWERMANN: Geld, Gesellschaft und Gewalt, 1. Bd., 131–147: Was kostet die Welt?

85 So RUDOLF MEYER: Die Weisheit der deutschen Volksmärchen, 37: »Man könnte ... vom Siegeszug der Intelligenz durch die ganze Welt sprechen. Die dumpfen, dämmernden Gewalten erliegen der zielsicheren Kraft des Gedankens.« Allerdings fügt er (S. 38) warnend hinzu: »Jede intellektuelle Erkenntnis hat den Drang zur Ausbreitung in sich. Gelehrte wollen ihre Ideen zur Anerkennung bringen, Erfinder die ihrigen nutzbar machen, Aufklärer ihren Weltbeglückungsprogrammen über die ganze Erde hin zum Siege verhelfen. Sie können nicht warten ... Der Glaube an die alleinseligmachende Kraft des Verstandes vermag in kurzer Frist Tradition und Sitte wegzuräumen. Uralte Formen geraten ins Wanken. Alle strecken vor ihm, ohne recht das Angepriesene erprobt zu haben, die Waffen. Die Zaubermacht des Hochstaplers wohnt dem Gebaren des Schneiderleins inne ... Und doch spürt man: der Schneider hat irgendwie auch seine Sendung; er handelt im Sinne des erneuernden Zeitgeistes.« Doch eben dieser »Zeitgeist« ist das Problem. – RUDOLF GEIGER: Märchenkunde, 329, sieht in dem »Schneiderlein« »ein Selbst- und Heldenbewußtsein von zerfließenden Ausmaßen, ... eine ungebärdige Weltlust ... einen Schuß echter Courage und ... situationsgeniale Einfälle. Mit diesen Schneidergaben bringt er die Welt der Riesen ins Wanken, bändigt Bestien, treibt die gedungenen Entführer seiner selbst in die Flucht und behauptet endlich die ihm zugestandene Königstochter. Ja, der Schneider wird König.« – Nur wenn man die Psychologie eines Menschen von der Art eines »tapferen Schneiderleins« vollständig ausklammert (und damit zugleich die Frage nach der Bedeutung einer solchen Geschichte im Leben und Erleben gänzlich ausblendet), kann man sich auf den lustvollen Betrachterstatus eines Lesers zurückziehen, der nichts weiter goutieren möchte als ein »Schwankmärchen« nach Art eines der frühen Walt Disney-Märchentrickfilme, in dem 1938 »Mickey Mouse als Held in The Brave Little Tailor« auftauchte. HANS-JÖRG UTHER: Handbuch zu den »Kinder- und Hausmärchen« der Brüder Grimm, 49.

86 Vgl. E. DREWERMANN: Der gestiefelte Kater, in: Von der Macht des Geldes, 73–122.

aus der Feder CHARLES PERROTS war eine unverhohlene Satire auf die bestehenden Verhältnisse in der Zeit des Merkantilismus; das »tapfere Schneiderlein«, liest man es entlang den Brechungen der GRIMMschen Erzählkunst, enthält erst recht eine eher humorvoll-subtile Warnung denn die Empfehlung eines opportunistischen *Savoir-vivre*. Unmißverständlich schimmert durch all die Schelmereien und Gaunereien des »Schneiderleins« die ganz entgegengesetzte Mahnung eines Weisheitsworts Jesu hindurch: »Was nutzt es einem Menschen, wenn er die ganze Welt gewinnt, aber Schaden an seiner Seele nimmt?« (Mt 16,26)[87] Wer nach außen hin mit allen Mitteln, à tout prix, reüssieren muß und möchte, verliert sich selbst, – wenn er sich selber je gehört hat!

Schon die ganze Lebenseinstellung des »Schneiderleins« zeugt von den Spuren eines merkwürdig entfremdeten und fehlgeleiteten Daseinsentwurfes. »Ich muß der Größte sein! Ich bin der Größte! Ich werd' es allen zeigen!« Aus wie viel Minderwertigkeitsgefühlen stammen Maximen dieser Art? Welch einem Ideal-Ich und Ich-Ideal streben sie hinterdrein? Aus welchen Kompensationsversuchen und Fehl-Identifikationen mögen sie erwachsen sein? So viel steht fest: Dieses »Schneiderlein« ist ein »Macher« *par excellence*, aber was hat man mit ihm gemacht, daß es so wurde, wie es ist? Schon der Spott, der es eine Weile lang begleitet, die Angst dann, die es anderen einflößt, und schließlich der Triumph seiner Thronbesteigung verbleiben bis zuletzt im Zweifelhaften, Zweideutigen und Zwiespältigen. Es ist ein Getriebener, das ist ganz deutlich. Es handelt nicht aus einem gesunden Selbstbewußtsein heraus, basierend auf realen Erfahrungen; sein Selbstbild und seine Selbstdarstellung gründen vielmehr auf einem geradezu lächerlichen Wahn: dem absurden Spiel mit einer Quantität (»sieben auf einen Streich«), die es von ihrer ursprünglichen Ausgangserfahrung isoliert und abstrahiert, um sie hernach auf jede beliebige Größe: Riesen und Untiere, Monstren und Menschen, gleich viel, beziehen zu können. Wenn jemand ganz arg übertreibt, sagt man, er mache aus einer Mücke einen Elefanten; wenn aber jemand

87 Vgl. E. DREWERMANN: Das Matthäus-Evangelium, II 377–393: Mt 16,21–28: Vom »Kreuzweg« der Selbstfindung und der Befreiung des Menschen, S. 391–393.

aus dem Erschlagen von sieben Fliegen das Selbstbewußtsein unbesiegbarer Größe und heldischer Unwiderstehlichkeit ableitet, verrückt er nicht nur die Maßstäbe, dann ist er »verrückt« in wörtlichem Sinne. Er paßt nicht in die Welt; wofern es ihm dennoch gelingen sollte, seine Umgebung – genügend viele, die maßgeblichen Leute, alle anderen – in seinen Bann zu ziehen, wird er, sobald ihm der Erfolg versagt bleibt, sich selbst und seinen Anhängern, Erfolgsleuten und Mitläufern, zu einer Gefahr, vergleichbar mit dem Einbruch der Caldera eines Vulkans, dessen Magma-Massen bei seiner Eruption sich entleert haben. Freilich, ein Vulkan explodiert unter dem Überdruck in der Tiefe und erschafft dadurch Hohlräume in den oberen Zonen; ein solches »Schneiderlein« aber ist hohl in der Tiefe und explodiert mit der Energie einer Vakuumblase. Es ist ein umgekehrtes, ein »verkehrtes«, ein angstverformtes Leben, das es führt.

Die einfachste Feststellung über dieses »Schneiderlein« muß daher lauten: es ist ein Narzißt gigantischen Ausmaßes – wie sonst auch würde es ausziehen, Giganten aus dem Wege zu räumen? –, und zwar unverbesserlich: bei allem, was es erlebt, kann es sich nur bestätigt fühlen; Korrekturen, Lernerfahrungen, Einwände – all das würde nur seine vorgestellte Größe schmälern. – »Narzißmus« ist ein Ausdruck, den SIGMUND FREUD einführte[88] unter Verwendung der grie-

88 SIGMUND FREUD: Zur Einführung des Narzißmus, in: Gesammelte Werke, X 137–170: »Wir finden (sc. im Seelenleben von Kindern und von primitiven Völkern, d. V.) … eine Überschätzung der Macht ihrer Wünsche und psychischen Akte, die ›Allmacht der Gedanken‹, einen Glauben an die Zauberkraft der Worte, eine Technik gegen die Außenwelt, die ›Magie‹, welche als konsequente Anwendung dieser größensüchtigen Voraussetzungen erscheint.« (S. 140) – PAUL FEDERN: Zur Unterscheidung des gesunden und krankhaften Narzißmus, in: Ichpsychologie und die Psychosen, 305, betont, der Narzißmus sei »nicht ein pathologischer Rest der Vergangenheit, sondern das normale, wesentliche Mittel zum lebendigen seelischen Zusammenhalt des Ichs.« Besonders »inneres Behagen und Gleichmut« gehe darauf zurück (311). Angst entstehe im Ich, »nicht an der Ichgrenze«, wie die Furcht (131–314). Übermäßiger Narzißmus sei die Folge von Ichschwäche (319). – ALINE VATER – STEFAN ROEPKE – KATHRIN RITTER – CLAAS-HINRICH LAMMERS: Narzißtische Persönlichkeitsstörung, in: Psychotherapeut 2013, S. 600, beschreiben Narzißmus als eine »autoerotische Persönlichkeitsstörung, gekennzeichnet durch »ein Muster von eigener Großartigkeit und Selbstidealisierung …, ein übermäßiges Bedürfnis nach Bewunderung … im Kontakt häufig arrogant … und … Empathiemangel.« Kriterien sind

chischen Erzählung von dem Jüngling *Narkissos*, dessen Mutter, die Nymphe der blauen Gewässer *Liriope*, ihn zur Welt brachte als Frucht einer Vergewaltigung durch den Flußgott *Kephisos*, – in der Frühlingsblume, die seinen Namen als Narzisse trägt, lebt offenbar ein alter Fruchtbarkeitsmythos weiter; psychologisch aber ist des *Narkissos* Schicksal geeignet, eine bestimmte seelische Haltung zu repräsentieren: Er war dazu verurteilt, einzig sich selber zu lieben; vergeblich verzehrte die Nymphe *Echo* sich in Liebe nach ihm. *Narkissos* starb, als er beim Anblick seines Spiegelbildes im Wasser sich mit sich selbst zu vereinigen suchte und dabei in den Fluten versank. Ein »Narzißt« gilt deshalb als ein Mensch, der unfähig ist, noch irgendjemand anderen zu lieben als sich selbst[89]. – FREUD meinte des näheren, daß jedes Kind mit einem gesunden »Urnarzißmus« ausgestattet sei, – es gibt zunächst nichts außer es selbst, seine Mutter ist ihm wie ein verlängertes Organ zur Erfüllung und Befriedigung seiner Bedürfnisse, und erst im Verlauf der frühkindlichen Entwicklung treten andere

(S. 601) darüber hinaus »Fantasien grenzenlosen Erfolgs, Macht, Glanz, Schönheit oder idealer Liebe«, »Anspruchsdenken«, »in zwischenmenschlichen Beziehungen ausbeuterisch«, sowie (S. 603) »Überschätzung eigener Leistung und Attraktivität« sowie im ganzen (S. 608) ein »perfektionistisches Selbstkonzept.« – OTTO F. KERNBERG: Eine zeitgenössische Interpretation von »Zur Einführung des Narzißmus«, in Otto F. Kernberg – Hans-Peter Hartmann (Hg.): Narzissmus, 123, gibt FREUDS Ansicht so wieder: »Der infantile Narzissmus, die libidinöse Besetzung des Selbst, wird … durch die libidinöse Besetzung des Ich-Ideals ersetzt … FREUD postuliert …, dass eine andere Instanz, ›das Gewissen‹, die Beziehung zwischen den Forderungen des Ich-Ideals und den eigentlichen Errungenschaften des Ichs misst und in diesem Prozess die Selbstachtung des Individuums reguliert.« – Zur Weiterentwicklung und Unterschiedlichkeit des Narzißmus-Begriffs vgl. MARTIN ALTMEYER: Narzissmus und Objekt, 42–46, der die »Vieldeutigkeit des FREUDschen Narzißmus-Begriffs« darstellt und (S. 53) die »Bedeutungsverschiebung vom Ich-Ideal zum Über-Ich« bei FREUD zwischen 1914 und 1923 in diesen Gegensatz faßt: Zunächst ist das Ich-Ideal präödipal ein Erbe des primären Narzißmus und entsteht aus der Mutter-Kind-Beziehung in einer an sich freundlichen Umwelt; später ist das Ich-Ideal (Überich) ödipal ein Erbe des Ödipuskomplexes, entstanden in der Dreier-Beziehung von Mutter – Kind – Vater, inmitten einer eher feindlichen Umwelt. Die »mütterliche« Narzißmus-Konzeption steht also der »väterlichen« Variante gegenüber.

89 Zum Mythos von *Narkissos* vgl. OVID: Metamorphosen, III 339–510. Zur Interpretation vgl. E. DREWERMANN: Liebe, Leid und Tod, 66–83: Narkissos und Echo oder: Die Flucht zu sich selbst und die Flucht vor sich selbst.

Personen als eigenständige Wesen in sein Blickfeld, so daß die Energie der Selbstliebe sich nach und nach auf diese zu verschieben vermag. Diese Auffassung FREUDs besitzt den außerordentlichen Vorteil, daß sie den Typ eines erwachsenen Narzißten nicht einfach nach bestimmten Kriterien von »Vorteil« und »Nachteil«, von »Nutzen« und »Schaden« zu beschreiben und einzuordnen versucht, sondern unmittelbar die Frage stellt, warum jemand seine frühkindliche Einstellung lebenslang beibehält. Die übergroße Verwöhnung einer Mutter, die, wie die geschändete Nymphe *Liriope*, das Problem ihrer Einsamkeit und Trauer dadurch zu lösen sucht, daß sie ihr Kind in überbesorgter Liebe zu ihrem Partnerersatz erwählt, kann dazu beitragen, oder auch, ganz entgegengesetzt, ein Gefühl früher Verlassenheit und Fremdheit inmitten einer ängstigenden, bedrohlichen Welt.

Man sieht: Niemand wählt sich die Rolle eines Narzißten »freiwillig«, und so macht es keinen Sinn, einen psychoanalytischen Begriff, der dem Verstehen dienen sollte, wie ein Schimpfwort zu gebrauchen, um einem Menschen in hämisch-überlegenem Ton vorzuwerfen, er sei ein Narzißt. Solche Bemerkungen sind nicht nur nicht hilfreich; sie verstärken lediglich wie mit Absicht das Gefühl der Gekränktheit aufseiten des Angegriffenen. Dabei hat dieser ohnehin Probleme genug, mit sich selber ebenso wie mit den Menschen seiner Umgebung zurechtzukommen. Vor allem darf man die hohe Verletzbarkeit (die »Vulnerabilität«) nicht übersehen, mit der ein großer Teil von Narzißten auf Kritik reagiert.[90] Sie sind gerade nicht, wie es nach

90 HEINZ KOHUT: Narzißmus, 132–133, geht aus von den Bedürfnissen eines Kindes »nach Anteilnahme an den narzißtisch-exhibitionistischen Äußerungen seiner Größenphantasien« (S. 131) und schreibt: »Die endgültigen Lebensziele eines Menschen und sein Selbstwertgefühl tragen das Kennzeichen der wesentlichen Merkmale und Einstellungen der Imagines jener Menschen, in denen das Kind sein Größenselbst reflektiert fand … Die spezifischen Zielvorstellungen, die häufig das Lebensschicksal bestimmen, sind somit Abkömmlinge der Identifikationen mit eben jenen Gestalten, die ursprünglich als Erweiterungen des Größen-Selbst erlebt worden waren … Wenn die optimale Entwicklung und Integration des Größen-Selbst jedoch gestört wird, dann kann diese psychische Struktur vom realitätsprüfenden Ich abgespalten und/oder von ihm durch Verdrängung getrennt werden. Sie ist dann äußeren Einflüssen nicht länger zugänglich, sondern bleibt in ihrer archaischen Form erhalten … Das allmähliche Erkennen der realistischen

außen hin erscheinen könnte, in sich ruhende Persönlichkeiten, sondern ihr Selbstwertgefühl gleicht einem Alpinisten an der Felswand, der für seine Leistungen gesehen und bewundert werden möchte, doch bei einem einzigen Fehltritt ins Bodenlose zu stürzen droht.

Neben den verletzbaren, übersensiblen Narzißten freilich stehen die »grandiosen Narzißten«, denen scheinbar nichts etwas anzuhaben vermag. Zu deren Standardkür gehört der Auftritt, ihr Tatort ist die Bühne: Sie suchen förmlich die eindrucksvolle Selbstinszenierung. In Gesellschaften trifft man sie als icherzählende Dauerunterhalter; in Betrieben fügen sie sich in die Rolle des »Experten«, »Fachberaters« oder des Chefstellvertreters; der Maßstab ihrer Größe ist der Radius der Wolke von Zeugen und Claqueuren, die sie als ein soziales Gravitationszentrum um sich attrahieren. Natürlich erwarten sie, daß man ihnen glaubt, so unglaublich ihre Posen und Possen auch ausfallen mögen. Was sie ausstrahlen, ist der Eindruck, bildlich gesprochen, einen Kopf größer zu sein als alle anderen und ihnen im Vergleichskampf stets eine Nasenlänge weit voraus zu sein; den neidvollen Verdacht, es könnte dieser oder jener, wie man treffend zu sagen pflegt, ihnen »die Show stehlen«, werden sie mit Spott und Verachtung niederkämpfen; wenn es auch jetzt noch ungewiß scheinen mag, was im Einzelfall von einem narzißtischen Poseur zu halten sei, – er wird es in Zukunft schon allen beibringen.

Natürlich steckt in einem solchen Gehabe die Gefahr eines katastrophalen Scheiterns, von dem dann die gesamte Anhängerschaft betroffen sein kann. Doch selbst das nimmt ein wahrer Desaster-

Unvollkommenheiten und Begrenzungen des Selbst, d. h. die allmähliche Verringerung des Bereichs und der Macht der Größenphantasie, ist im allgemeinen eine Voraussetzung für die psychische Gesundheit im narzißtischen Sektor der Persönlichkeit.« – HANS-PETER HARTMANN: Narzisstische Persönlichkeitsstörungen – ein Überblick, in: Otto F. Kernberg – Hans-Peter Hartmann (Hg.): Narzissmus, 14, unterscheidet (nach KOHUT) den »unbeirrten Narzißten« von dem »hypervigilanten Narzißten«; *ersterer* ist viel zu sehr mit sich beschäftigt, um in seiner Arroganz und Aggressivität der Reaktionen anderer gewahr zu werden; er hat einen »Sender«, aber keinen »Empfänger«; *letzterer* ist gehemmt, scheu und überbescheiden, höchst sensibel gegenüber den Reaktionen anderer, meidet es, im Zentrum der Aufmerksam zu stehen, und fühlt sich leicht gekränkt.

Narzißt[91] nonchalant in Kauf; ja, wie ein Spieler beim Roulette quittiert er die jederzeit möglichen Verluste mit umso höheren Einsätzen.

91 Vgl. FRANK GERBERT: Narzissmus. Im Sog des Selbst, in: Focus, 7/2017, S. 72, stellt die helle Seite des Narzißmus (Überlegenheitsgefühl, optimistische Phantasien, grandiose Selbstdarstellung und Anhängerschaft) der dunklen Seite (Empfindlichkeit, Rachsucht, Kälte, Ausbeutung, Arroganz, Rechthaberei, Neid, Scham, wackliger Selbstwert, Depressivität) gegenüber. Den Typ der hellen Seite kann man als den »grandiosen Narzißten« bezeichnen, – ihm entspricht das »tapfere Schneiderlein«; die dunkle Seite hat OTTO F. KERNBERG als »malignen Narzißmus« bezeichnet; dieser Typ trägt antisoziale, psychopathische Züge an sich; ein Mensch dieses Typs wird seiner Verletzbarkeit wegen auch als »vulnerabler Narzißt« bezeichnet und seiner destruktiven Schadensfähigkeit wegen als »Desaster-Narzißt«. Näherhin unterscheidet OTTO F. KERNBERG: Hass, Wut, Gewalt und Narzissmus, 57, bei der »narzisstischen Persönlichkeitsstörung«: »die einfache narzisstische Persönlichkeit«, die »narzisstische Persönlichkeit mit antisozialen Zügen«, das »Syndrom des malignen Narzissmus« sowie die »Antisoziale Persönlichkeit.« An »primitiven Abwehrmechanismen« zählt er (S. 59) auf: »Spaltung der Beziehungen in idealisierte und verfolgende – Verleugnung, d. h. affektive Trennung von kognitiv zusammenhängenden Umständen – Primitive Idealisierung und primitive Entwertung – Omnipotente Kontrolle der Umwelt – Projektive Identifikation, d. h. Zuweisung eines Aspekts des Selbst, das innerlich nicht toleriert werden kann, an andere.« So kommt es (S. 62–63) zu der Charakterisierung der narzißtischen Persönlichkeit »durch ein pathologisches Größenselbst. Alle idealisierten Aspekte des eigenen Selbst und der Anderen werden vom Patienten auf sich selbst bezogen, während alle entwerteten, negativen nach außen projiziert werden, so dass der Patient mit einem Gefühl einmaliger Grandiosität dem Leben gegenübersteht. – Auffällig ist die Sucht, bewundert zu werden. Sie brauchen keine Liebe, aber sie brauchen Bewunderung … das grandiose Selbst zeigt sich in einer ganzen Reihe von Symptomen: erhöhter Selbstbezug, Selbstbeschäftigung, Größenphantasien, ein Gefühl der Grandiosität und Großartigkeit, Exhibitionismus, Überheblichkeit und Ansprüchlichkeit, Draufgängerverhalten sowie demonstrativ selbstsicheres Verhalten, das mit einer großen Bewunderungssucht einhergeht … Diese Patienten zeigen eine emotionale Oberflächlichkeit, die ihre Beziehungen beeinträchtigt. Sie leiden unter einem enormen bewussten und unbewussten Neid, der sich in der Entwertung anderer zeigt. Zusätzlich besteht eine Unfähigkeit, von anderen wirklich abhängig zu sein, denn Abhängigkeit bedeutet, sich in eine minderwertige Position zu begeben. Außerdem fehlt den Patienten die Fähigkeit zu Empathie.« HANS-JOACHIM MAAZ: Die narzißtische Gesellschaft, 30–46, stellt das »Größenselbst« und das »Größenklein« einander im Wechselspiel gegenüber und meint (S. 28): »Ein Narzisst verträgt keinen anderen in seiner Nähe, es sei denn kollusiv, unter der Voraussetzung, dass der vorliegende innerseelische Mangel durch Huldigung kompensiert wird. Das Größenselbst entwickelt sich zum Vampir, das Größenklein hingegen zum Schmarotzer. So berauben sich beide der Energie.«

Er spielt Vabanque, er setzt alles auf eine Karte, und wenn *die* nicht sticht, so soll und wird mit seinem Untergang die Sonne am Himmel verlöschen. Wie für den »Führer« im Nationalsozialismus sein eigener Untergang als identisch galt mit dem Niedergang des deutschen Volkes – ein Sieg des dann stärkeren »Ostvolkes« über die »arische Rasse« –, so verknüpft jeder Desaster-Narzißt sein eigenes Schicksal mit dem aller von ihm Abhängigen: im Zweifelsfall haben sie sich seiner halt als nicht würdig erwiesen. In jedem Falle wird den Spöttern von einst das Lachen noch vergehen, – wie *Adolf Hitler* seinen innenpolitischen Kritikern und Gegnern als haßerfülltes Racheziel in Aussicht stellte[92]. Narzißten dieser Art spielen buchstäblich mit ihrem Leben, ihre Lebensanlage kalkuliert den Suizid stets mit ein.

92 In der Person *Hitlers* ging der grandiose ebenso wie der desaströse Narzißmus ineinander. JOACHIM C. FEST: Hitler, 989, spricht geradezu von der »Strategie« des grandiosen Untergangs. S. 699–700 schreibt er, »daß Hitlers Regietalent angesichts der Feier des Todes erst seine eigentlich überredende Gewalt entfaltete. Das Leben schien seine Einfallskraft zu paralysieren, und alle Versuche, es zu feiern, kamen nie über eine öde Kleinbauernfolklore hinaus … Dagegen gewann sein pessimistisches Temperament der Zeremonie des Todes unermüdlich neue Blendwirkungen ab … in solchen Szenen eines politisierten Karfreitagszaubers, in denen, ganz wie man von der Musik *Richard Wagners* gesagt hat, ›der Glanz für den Tod Reklame‹ machte, kam Hitlers Vorstellung ästhetisierter Politik zur Deckung mit dem Begriff. – In den gleichen Zusammenhang ästhetischer Todesverklärung gehörte die Vorliebe für nächtliche Kulissen. Unentwegt wurden Fackeln, Scheiterhaufen und Flammenräder entzündet, die den Behauptungen der totalitären Stimmungstechniker zufolge zwar das Leben zu feiern vorgaben, es tatsächlich aber pathetisch entwerteten, indem sie es an apokalyptische Vorstellungen banden und den Schauder von Weltbränden verklärten oder Untergänge beschworen, den eigenen nicht ausgenommen.« HANS-JÜRGEN WIRTH: Pathologischer Narzissmus und Machtmißbrauch in der Politik, in: Otto F. Kernberg – Hans-Peter Hartmann (Hg.): Narzissmus, 159–161, sieht in dem Machtstreben des Narzißten eine »Verleugnung von Abhängigkeiten«. Die »Ausübung von Macht« verleihe »innere Stabilität« (S. 165). Als Narzißten auf dem Kaiserthron führt er *Caligula* und *Wilhelm II.* an (S. 168). Aber: Der Typ des »paranoischen Führers« »sei zu unterscheiden von dem narzißtischen politischen Führer; der »paranoische Führer« will nicht geliebt werden, sondern die anderen unterwerfen; »er fühlt sich nur dann sicher, wenn er mit Hilfe von Angst die anderen omnipotent kontrollieren … kann«, wie er (S. 169) mit OTTO F. KERNBERG sagt. – STEFAN ROEPKE: »Wir wissen nicht, ob der US-Präsident leidet.« Interview mit Christian Weber, in: Süddeutsche Zeitung, Nr. 41, 18./19.2.2017, S. 2, warnt vor raschen »Ferndiagnosen« und betont – in bezug auf *Donald Trump* –, daß eine Persönlichkeitsstörung erst zu diagnostizieren sei, »wenn der Betrof-

Kann ein Narzißt lieben? *Narkissos* konnte es nicht, – er wollte von *Echo* nicht einmal geliebt werden; wenn aber doch ein Narzißt eine dauerhafte Beziehung eingeht, dann um des Vorteils willen, mit dem anderen als Schmuckstück und Zierde sein Ich prunkvoll vergrößern zu können oder den anderen wie einen Tempelpriester zu halten, der mit seinen täglich darzubringenden Opfern der ihrer selbst insgeheim noch unsicheren Gottheit die nötige Kraft zuführen muß. Wie die Götter der Antike nur lebten durch die kultischen Darbringungen ihrer Gläubigen[93], so wird die Ego-Inflation eines Narzißten ermöglicht durch die Atemluft all derer, die sein Ballon-Ich aufblasen und emporsteigen lassen.

Narzißmus als Merkmal der Selfie-Generation

Man möchte meinen, die Zeiten von damals hätten sich geändert und der Typ eines Narzißten vom Schlage eines »Schneiderleins« gehörte ein für alle Mal der Vergangenheit an. Doch das gerade Gegenteil ist der Fall. Nie hat eine narzißtische Grundhaltung bis in den Intimbereich der Einzelnen hinein eine Epoche derart geprägt wie die unsrige. Von einer Narzißmus-Epidemie sprechen zu Recht die amerika-

fene auch selber leidet.« Wie aber, wenn jemand sich das Leiden an sich selbst erspart, indem er andere leiden macht? – VAMIK D. VOLKAN: Großgruppen und ihre politischen Führer mit narzisstischer Persönlichkeitsorganisation, in: Otto F. Kernberg – Hans-Peter Hartmann (Hg.): Narzissmus, 210, setzt die Gestalt des »reparativen« oder »destruktiven« narzißtischen Führers in Beziehung zur »Großgruppen-Regression« und meint (S. 213): »Narzisstische Führer machen sich ihre Persönlichkeitsorganisation zunutze, um ihre regredierten Anhänger zu manipulieren, indem sie gewählte Ruhmesblätter und Traumata der Gruppe reaktiveren.« Speziell ein maligner destruktiver Narzißt wie *Hitler* bringe seine Anhänger dahin, sich selbst als keine Götzen zu fühlen, und stärke ihr Selbstwertgefühl auf Kosten anderer (S. 221).

93 *Demeter* zum Beispiel zwingt ihren Bruder *Zeus* zur Befreiung ihrer Tochter *Persephone* aus der Unterwelt, indem sie den Göttern die Opfer der Menschen zu entziehen droht; vgl. EUGEN DREWERMANN: Liebe, Leid und Tod, 580–631: Demeter und Persephone, S. 607–609. Als Quelle vgl. den Demeter-Hymnos, in: Homerische Hymnen, Demeter, Vers 276–280, S. 10.

nischen Psychologen JEAN TWENGE und KEITH CAMPBELL[94], und sie können zum Beleg der Richtigkeit ihrer These natürlich auf die Lieb-

94 KRISTIN DOMBEK: Die Selbstsucht der anderen, 9, sieht in der »neuen Selbstsucht« zu Recht einen Ausdruck emotionaler »Kälte«: Da läßt eine 16-Jährige für ihre Geburtstagsparty die verkehrsreichste Straße von Atlanta sperren, gleich gegenüber dem Krankenhaus. »Kranke und Sterbende« sind »diesem Mädchen … scheißegal.« Es geht um Selbstdarstellung um jeden Preis. Der Grund für solche Verhaltensweisen, meint sie, liege darin, »dass der Narzisst nicht bloß egoistisch ist, sondern im Grunde gar kein Ego hat.« (S. 15) – Vor allem im »Sittlichkeitsnarzissmus«, in den Überzeugungstätern, die bereit sind, einen Mord zu begehen, ohne Schuldgefühle zu empfinden, sieht sie den Verlust wahrer Anteilnahme und schreibt (S. 14): »Es ist nicht so, dass ein Narzisst einfach nur ein schlechter Mensch ist: Er ist vielmehr die Karikatur dessen, was wir unter einem schlechten Menschen verstehen« – jemand, der mit scheinbar gutem Gefühl Schlimmstes tut. – JEAN M. TWENGE – W. KEITH CAMBELL: The Narcissism Epidemic, 23, unterscheiden »zwischen Narzißmus als einem Persönlichkeits-Zug und Narzißmus als einer kulturellen Bedingung« und beobachten (S. 38), wie sich die Normen der Selbstdarstellung mit kulturellen Trends und neuer Technologie verändert haben. Narzißtisches Verhalten wird mit Erfolg gleichgesetzt und dieser mit größerer Sichtbarkeit (S. 52). Bereits in der Erziehung wird Narzißmus gefördert, indem die Eltern rundum alles an ihrem Kind loben und als außerordentlich talentiert hervorheben (S. 80). So entsteht vor allem in den Medien eine Kultur der »Sofort-Berühmtheit« (S. 102) durch Auffallen um jeden Preis, inklusive aggressiver Schaustücke, wie beim World Wrestling »Smack Down« (Abklatschen). Insbesondere Facebook und YouTube bieten die Plattform für »Broadcast Yourself« (S. 107). Die Regeln der »Generation My Space« lauten: »Ich muß ständig unterhalten (›bespaßt‹) werden … Erfolg heißt, ein Verbraucher sein. Glück ist, ein bezaubernder Erwachsener« zu sein, mit deutlich sexueller Betonung (S. 108). So »einzigartig« das Selbstbild der »My Space Persönlichkeit« ausfällt, so »wichtig« sind auch ihre veröffentlichten Ansichten im Internet, – nicht Sachkenntnis, sondern die plakative Formulierung entscheidet (S. 117–118). Jeder spielt sein Hollywood, jeder vermarktet sich selbst (S. 120–121). Und dieses »zweite« (digitale) Leben bestimmt das wirkliche Leben, wie der Eitelkeitswettbewerb (die Botox-Kosmetik, die Schönheitschirurgie und die Top-Model-Sucht) zeigt (S. 141–443). Es ist nicht genug, schön zu sein, du mußt »›heiß‹ sein.« (S. 142) Angeben können die Reichen sogar mit ihrer »Großzügigkeit« (S. 162). Im Grunde gilt: »Es ist nicht genug. Ich will mehr« (S. 163), und das selbst um den Preis immer höherer Verschuldung – man muß »mithalten«. Den Zielhintergrund bilden »die Reichen und Berühmten« (S. 171) Dabei dringt allein Skype mit 50 TV-Kanälen ins Internet ein (S. 189); aus den jetzt schon 500 TV-Kanälen können bald 5000 Kanäle weltweit werden. Das Ergebnis: die narzißtische Persönlichkeit, mit dem Anspruch des »Besonderen« (nicht des Eigentlichen), versucht sich nicht zuletzt im Aggressiven und Gewalttätigen (S. 169). In jedem Falle ist »Leistung« wichtiger als »Liebe« (S. 225). Auch die Religion

lingsbeschäftigung fast ausnahmslos aller heutigen Jugendlichen im digitalen Zeitalter hinweisen: Was auch immer jemand irgendwo auf der Welt tut, – er muß es auf YouTube oder Facebook der Menschheit mitteilen. So wie vor 20–30 Jahren noch der Bildschirm des häuslichen Fernsehens so etwas wie die Mandorla eines gefeierten Stars, Politikers, Entertainers oder Moderators bildete, so findet heute ein jeder Gelegenheit, sich das Drehbuch seiner Selfie-Doku selbst zu schreiben und es im Internet zu »posten«. Was ehemals ein privater Gedankenaustausch war, gerät in unseren Tagen zu einem medialen Großereignis: man »twittert« – ungefragt und ohne lange nachzudenken –, was man als Kommentar zu diesem oder jenem abzusondern gewillt ist, Sinnes, einen »Shitstorm« oder auch eine Jubelorgie tausender Gleichgesinnter auszulösen. Der Vorteil solcher Verant-

unterliegt dem Wandel. Lehrte sie früher: »Die Gewalttätigen stößt er vom Thron und erhebt die Niedrigen« (Lk 1,52), so lehrt sie jetzt: »Gott hat dich nicht geschaffen, durchschnittlich zu sein.« »Gewinnen heißt Gott ehren.« (S. 248) Narzißmus als Gottesdienst! Weiter kann auch ein »Schneiderlein« nicht kommen. – DIANA DIAMOND: Narzissmus als klinisches und gesellschaftliches Phänomen, in: Otto F. Kernberg – Hans-Peter Hartmann (Hg.): Narzissmus, 171–174, spricht zu Recht von einem »Zeitalter des Narzissmus« und sieht den Wandel der Familienstruktur und des Sozialisationsprozesses dabei als ausschlaggebend an; sie nennt: »zunehmende Bürokratisierung, die bis in die Sphäre des Privatlebens reicht und Eigeninitiative und Selbstfürsorge erstickt – Konsumbesessenheit und die Neigung, alles mit zu verändern, inklusive menschlicher Erfahrungen – Überflutung durch Medienbilder, die stereotype Darstellungen mit genuiner Individualität und menschlicher Komplexität verwechseln.« (S. 172) – MARTIN ALTMEYER: Im Spiegel des Anderen, 49, sieht die »Inszenierungen des Selbst im interaktiven Fernsehen« mit der Reihe von Big Brother perfektioniert, die 2003 schon in der 3. Staffel an den Markt ging, und meint: »Es handelt sich um ein Pionierformat …, das unter dem Markenzeichen des Authentischen jedermann und jeder Frau die Chance gibt, sich als interessante Person öffentlich zu präsentieren: Medialer Narzissmus … Das Schmierige, das Gemeine, das Degoutante – so lange es nur echt wirkt – verkauft sich eben glänzend. Die Kultur ist erniedrigt, die Intelligenz fühlt sich beleidigt, das Feuilleton schäumt vor Abscheu.« Doch interessant dabei sei eigentlich die »Suche nach dem ›unverfälschten Leben‹.« In der virtualisierten Welt sei das »Authentische« ein Markenartikel, und Sendungen wie Big Brother gäben einfachen Menschen Gelegenheit, »aus der Anonymität ihres trostlosen Alltags aufzutauchen.« (S. 51) Das ist allerdings nur die halbe Wahrheit: das »Echte« als »Marke« steht in grotesker Konkurrenz zum »Promi« und zum »Superstar«, zum »Model« und zum »Inselparadies« der Nackten und der Schönen.

wortungslosigkeit: Man ist nicht mehr allein; man sagt etwas, und man wird gehört, ja, man vernimmt selber das Raunen der eigenen Worte in dem Nachhall fremder Zustimmung und Ablehnung. Welch eine Chance!

Je anonymer die heutige Gesellschaft sich gibt, desto größer wird die Sucht nach Beachtung und Bestätigung in den digitalen Medien. Das urreligiöse Bedürfnis eines jeden Menschen, in seiner Existenz berechtigt und gemocht zu sein, verlagert sich in die virtuelle Unendlichkeit der Cyber-Welt: »Das Internet vergißt nie«! Was wie die Androhung einer Strafe für eine niemals zu tilgende Schuld klingt, nimmt für viele mittlerweile die freundliche Maske eines Ersatzes für die verdampfende Hoffnung einstiger Frömmigkeit auf ein Fortleben in Gottes Ewigkeit an[95]. Unsere neoliberale kapitalistische »Freiheits«-

95 Inzwischen prophezeit der amerikanische Erfinder *Ray Kurzweil* eine technisch konstruierte Unsterblichkeit, indem die Geschichte auf eine »Singularität« zulaufe, in der Mensch und Maschine verschmolzen seien und eine künstliche Intelligenz sich exponentiell schnell weiterentwickle. Eine solche Vision entwickelte WINWOOD READE: The Martyrdom of Man bereits 1872, indem er sich eine Menschheit vorstellte, in der die Einzelnen als Zellen eines Organismus fungierten, in dem es Krieg, Hunger und Ungerechtigkeit nicht mehr gebe; die Menschheit habe sich aus den Grausamkeiten des Krieges über die Phantasmen der Religion zu Freiheit und schließlich zu Intelligenz entwickelt, die ihr eine universell vernünftige Form des Zusammenlebens und die Gewinnung der Zukunft ermögliche. Einen persönlichen Gott kann es für READE in Anbetracht der Übel in der Welt nicht geben (416–417), und die erhoffte Unsterblichkeit des Einzelnen gilt allenfalls der Gattung. Das Schöpfertum Gottes werde ersetzt durch das Schöpfertum des Menschen: »Die Erde wird ein Heiliges Land werden, das besucht werden wird von Pilgern von allen bewohnbaren Gegenden des Universums. Schließlich werden die Menschen die Kräfte der Natur meistern; sie werden selber die Architekten der Systeme, die Handwerker der Welten.« (413). Vgl. CHRISTOPHER COENEN: Der alte Traum vom mechanischen Menschen, in: Spektrum der Wissenschaft. Spektrum Spezial Physik – Mathematik – Technik 2/15: Mensch, Maschine, Visionen, 66–73. Zu Recht weist TIMO DAUM: Das neue Pixelproletariat, in: junge Welt, Nr. 41, 17. Febr. 2017, 12–13, auf die Tendenz hin, daß die Individualisierung, »die der wichtigste Trend des 20. Jahrhunderte war«, im 21. Jh. »nicht mehr nur über den Konsum«, sondern über die Selbstdarstellung erfolge: »Die Selbstverwirklichung als Konsument löste das kollektive Klassenbewusstsein ab, die Arbeit an der eigenen Persönlichkeit die soziale Revolution; willkommen in der Ära des Selbst, in dem individuelle Befriedigung zur höchsten Priorität wird und diese durch Unternehmen mit immer neuen Produkten geleistet wird.« – NICHOLAS CARR: Wer bin ich, wenn ich online bin, 331, warnt, wohl zu

»Ordnung« (ein doppelter Selbstwiderspruch!) verzweckt einen jeden, der seinen Lebensunterhalt noch selbst verdienen muß, zu einem Instrument der »Sicherung des Industriestandortes Deutschland im globalisierten Konkurrenzkampf« der multinationalen Banken und Konzerne[96]; doch gerade diesem absolut sinnentleerten und entfremdeten Schattendasein all der an sich überflüssigen, durch »intelligente« Roboter jederzeit ersetzbaren Individualexistenzen schenkt die Kommunikation auf Smartphone und Tablet eine virtuell immense Bedeutungsverleihung. »Ich bin online, also bin ich.« Die bestätigende Referenz der Person eines Einzelnen im Gegenüber der absoluten Person Gottes, wie die Religion zu allen Zeiten sie glaubte und vermittelte, löst sich im digitalen Zeitalter auf in dem vagen

Recht, vor der Rückwirkung aller Nutzung von Maschinen und meint: »Wir programmieren unsere Computer und danach programmieren sie uns.« »Mehr Informationen können weniger Wissen bedeuten.« Zu befürchten stehe bei fortschreitender Automatisierung geistiger Tätigkeiten »eine langsame Erosion unseres Menschseins und unserer Menschlichkeit.«

96 So klagt KLAUS OTT: Schulen müssen nachsitzen, in: Süddeutsche Zeitung, Nr. 36, 13. Febr. 2017, S. 17: »Die Wirklichkeit hat die Schule längst überholt. Während Smartphone, Digitalisierung und Globalisierung die Arbeitswelt und Gesellschaft mehr und mehr verändern, hinkt die Bildung hinterher. Mit fatalen Konsequenzen.« Um »möglichst viele Menschen mitzunehmen auf dem Weg in die digitale Gesellschaft, in die Industrie 4.0 ..., braucht es ... ein eigenes Fach Medien- und Sozialkunde, in dem alle wesentlichen Inhalte dieses (sc. technischen und sozialen, d. V.) Wandels umfassend behandelt werden.« Ähnlich plädiert CHRISTOPH MEINEL: Eine Vision für die Zukunft digitaler Bildung, in: FAZ, Nr. 92, 20. Apr. 2017, 20–21, für die Einrichtung einer »Bildungscloud« und moniert: »Tafel und Kreide halten sich bis heute hartnäckig in den Klassenzimmern und Hörsälen der Republik, obwohl fast alle Schüler und Studenten über Smartphones und Tablets verfügen ... Das ist tragisch und gesellschaftspolitisch unverantwortlich.« (S. 21) »Die digitalen Lerninhalte müssen in einer modernen Cloud-Architektur vorgehalten werden, die auf im Land verteilten und professionell gewarteten Rechenzentren gehostet werden.« Jeder Nutzer soll ein Lernprofil anlegen, das einen persönlichen Lebenslauf wiedergibt, der über seine Kenntnisse Auskunft gibt, besser als das Abitur. Demgegenüber betont zu Recht WERNER SEPPMANN: Entgrenzung und Kontrolle, in: junge Welt, 30.5.17, Nr. 124, S. 13: »Eine fragwürdige Rolle spielen Computer und Internet ... als Bildungsmedien ... Kognitive Entwicklungen werden ebenso behindert wie emotionale Prozesse gestört.« Die »Verarbeitungstiefe des Lernstoffes« werde geringer, ebenso die »Phantasieressourcen« »beim Tablet-Lesen«. In den USA werden »die ersten Tablet-Klassen bereits wieder aufgehoben«. In Norwegen wurde 2016 die »Ausstattung der Schulen mit Computern nach nur drei Monaten wieder gestoppt«.

Nebel nichtssagender Relativismen und theatralischer Belanglosigkeiten ohne jedwede Bindung noch Verbindlichkeit.

Wer ist man selber?

Das Internet sagt es einem so wenig wie das Spiegelkabinett eines Kirmesschaustellers, wie HERMANN HESSE es im »Steppenwolf« beschrieben hat[97]. Die Narzißten der Selfie-Generation müssen ihr Selbst derart zur Schau tragen, weil sie in Wahrheit kein Selbst besitzen, und ihr außengeleitetes, entfremdetes Ich sucht im Internet nach einer Identität, welche das Mißverhältnis zu sich selbst, die Nicht-Identität der eigenen Existenz eher noch verstärkt in sich aufnimmt[98].

97 HERMANN HESSE: Der Steppenwolf, 189–226: »Wir zeigen demjenigen, der das Auseinanderfallen seines Ich erlebt hat, daß er die Stücke jederzeit in beliebiger Ordnung neu zusammenstellen und daß er damit eine unendliche Mannigfaltigkeit des Lebensspieles erzielen kann.« (209–210)

98 MARTIN ALTMEYER: Auf der Suche nach Resonanz, 73, glaubt, etwas ganz Natürliches zu beschreiben, wenn er sagt: »Wahrscheinlich ist in der (mental)kapitalistisch verfassten Mediengesellschaft das individualpsychologische Resonanzbedürfnis von seiner sozioökonomischen Verwertung gar nicht zu trennen. Womöglich verschmilzt die mediale Subjektrolle mit der medialen Objektrolle schon deshalb, weil sich das Individuelle vom Gesellschaftlichen ohnehin nicht scharf unterscheiden lässt. Denn Menschen sind keine Monaden, sondern soziale Wesen. Das menschliche Seelenleben ist kein apartes Gebilde, das bloß nach inneren Regeln funktioniert.« Und S. 127: »Der Narzissmus von Jugendlichen in der Pubertät ist in seiner ganzen Exzentrik darauf angelegt, sich in der sozialen Welt auszuprobieren und Rückmeldungen zu provozieren.« Auf diese Weise schlägt er (S. 132) »eine progressive Deutung des Narzissmus vor. Im narzisstischen Modus wirft das Selbst einen fragenden Blick auf die soziale Lebenswelt: Werde ich gesehen? Finde ich Beachtung? Nimmt mich die Welt auf und an? … Die Antworten auf solche Fragen regulieren wiederum das eigene Selbstwertgefühl … Dabei vollzieht das Selbst unbewusst eine doppelte Blickbewegung, die sich zunächst auf den Anderen richtet, um von dort wieder zum Selbst zurückzukehren.« – Wesentlich kritischer – und wohl auch zutreffender – beschreibt JEAN M. TWENGE: Generation Me, 107–141, eine ganze Generation von Narzißten, die unter dem amerikanischen Dogma aufwächst und lebt: »Du kannst alles sein, was du sein willst,« verbunden mit dem (falsch verstandenen) psychologischen Lehrsatz: »Du mußt dich selbst lieben, ehe du andere lieben kannst.« (S. 129–134) Gepflegt wird in der Besessenheit der Selbstbedeutsamkeit vor allem die äußere Erscheinung, das Körperich: Tatoos, Piercings, Schönheitsoperationen, Diäten, Kleidung, Frisur sollen

Die hysterisch anmutende Extraversion, die exaltierte Exzentrik, mit der die »User« sich in die »Cloud« ihrer »Provider« stürzen, wird in Gang gehalten von einer Zentrifuge ständiger Selbstzweifel, die in immer rascherer Umdrehung die Vakuumbildung im eigenen Inneren auf fatale Weise beschleunigt.

Parallel zu dieser hysterischen Seite des medialen Selfie-Narzißmuß entwickelt sich in wechselseitiger Verstärkung ein ausgesprochen zwangsneurotischer Grundzug der narzißtischen Persönlichkeit. Der erste Adressat all der Rollenspiele und Bühnenauftritte im »Netz« ist mit Regelmäßigkeit gar nicht »die Öffentlichkeit«, sondern der eigene Vater, die eigene Mutter, die mit ihren Erwartungen und Bewertungen sich im Über-Ich ihres Kindes als feste Instanzen verinnerlicht haben. Ihrem Wunschbild nachzukommen gilt das ganze Bemühen der Heranwachsenden. Von einem Narzißmus des Über-Ichs[99] kann man deshalb sprechen, wenn Menschen in bestimmten

auf Facebook das Produkt zeigen: ich bin »einzig«, »individuell« und »heiß«. Tatsächlich markiert die »Generation Me« eine »Zeit der Angst (Depression und Einsamkeit)«: eine gestreßte Generation (S. 142–180), die an mentaler und emotionaler Isolation leidet (149–157) und schon während der Ausbildung in Konkurrenz um Zulassungen und Arbeitsplätze unter Druck steht (S. 157–160). Psychologisch zeigen sich daran die Folgen des kapitalistischen Wirtschaftssystems der New Economics (160–170): beide Elternteile müssen arbeiten, um überhaupt leben und die Miete zahlen zu können; Kinder sind da ein Kostenfaktor, der sich rentieren soll. Der Widerspruch der offiziell vorgegebenen Erwartungen und der Wirklichkeit wird unüberbrückbar. Im Sexualverhalten trifft die prüde Generation von einst auf die krude (grell obszöne) Generation Me, in der es für »zickig« gilt, auf die Ehe zu warten, und in der man doch enttäuscht ist, »nicht das große Ding« zu erleben. Sexualität hat jetzt eher mit Sport und Erholung als mit Liebe zu tun (215–218), – Sorgen machen allein unerwünschte Schwangerschaften und AIDS-Gefahren. Lesbisch oder schwul zu sein hat für normal zu gelten. Die »ultimative Erregung« (223) ist das Ziel. Sex ist überall.

99 Vgl. SIGMUND FREUD: Massenpsychologie und Ich-Analyse, in: Ges. Werke, XIII 120–121: »Wir haben schon bei früheren Anlässen die Annahme machen müssen …, daß sich in unserem Ich eine solche Instanz entwickelt, welche sich vom anderen Ich absondern und in Konflikte mit ihm geraten kann. Wir nannten sie das ›Ichideal‹ und schrieben ihr an Funktionen die Selbstbeobachtung, das moralische Gewissen, die Traumzensur und den Haupteinfluß bei der Verdrängung zu. Wir sagten, sie sei der Erbe des ursprünglichen Narzißmus, in dem das kindliche Ich sich selbst genügte. Allmählich nehme sie aus den Einflüssen der Umgebung die Anforderungen auf, die diese an das Ich stelle, denen das Ich nicht immer nachkommen

Situationen nicht realitätsgerecht reagieren, sondern auf ihre Lage so antworten, als wenn ihre Eltern immer noch neben ihnen stünden und das Verhalten entsprechend ihren ethischen und ästhetischen Vorstellungen von Richtig und Falsch, von Wünschenswert und Verurteilungswert, von Billigung und Mißbilligung zu lenken wüßten. Nicht was man selber möchte und nach eigenem Urteil für eine korrekte Problemlösung ansehen würde, ist da die Frage, sondern was in Kindertagen die Eltern mit ihren Dressaten eingepflanzt haben, das gilt und hat in Geltung zu bleiben.

In diesem Stadium der seelischen Entwicklung kommt es auf die Zustimmung der sozialen Umgebung recht wenig an; zwischen dem Ich und der Gesellschaft stehen die Eltern vermittelnd oder versperrend, je nachdem. Ohne es bewußt wahrzunehmen, mechanisch geradezu, wird die Einstellung zu den Eltern sich zur Gemeinschaft hin ausdehnen: auch den gesellschaftlichen Nachfolgegestalten der Eltern in den Institutionen, Ämtern und Behörden wird man mit ähnlichen Gefühlen entgegentreten wie in Kindertagen dem eigenen Vater und der eigenen Mutter. In den Facebook-Eintragungen setzt sich mithin in erweiterter Form eigentlich die alte, womöglich schon damals frustrierte Suche nach familiärer Gemeinsamkeit und Geborgenheit fort, unter Verkennung der Tatsache freilich, daß man es jetzt durchaus nicht mehr mit geschwisterlich einander Nahestehenden, sondern mit interessengeleiteten Funktionären zu tun hat. Tendierte der Verhaltenskodex damals schon in Richtung einer leistungsorientierten Selbstdarstellung, so wird dieses Muster sich auch auf die sozialen Netzwerke übertragen. Umgekehrt aber kann gerade auch ein Scheitern an den elterlichen Forderungen zu einer kompensatorischen Flucht in die Suche nach einer möglichst umfassenden Wertschätzung durch andere führen. In diesem Falle ist der öffentlich dargebotene Narzißmus das Ergebnis einer Ersatzbefriedigung für die mangelnde Akzeptanz bereits in den ersten Lebensjahren.

Unter diesen Voraussetzungen läßt sich das Gebaren von Narzißten am einfachsten begreifen, wenn man in ihnen Kinder erkennt, die

könne, so daß der Mensch, wo er mit seinem Ich selbst nicht zufrieden sein kann, doch seine Befriedigung in dem aus dem Ich differenzierten Ichideal finden dürfte.«

Götter oder Giganten, Titanen, Riesen oder Heroen sein *müssen* auf Grund schwerer Selbstwertzweifel und Minderwertigkeitsgefühle. SÖREN KIERKEGAARD meinte, ein Mensch sei *verzweifelt* infolge einer Fehleinstellung zu sich selber, indem er sein wolle, was er nicht ist, oder indem er nicht sein wolle, was er ist[100]. In diesem Sinne sind Narzißten genau das: Verzweifelte, die (noch) nicht wissen, wie es um sie steht. Nur: Wie sollten sie es auch bemerken, wenn alle Welt sie in ihrer Fehlhaltung sich selber gegenüber noch bestätigt?

Wenn es sich so verhält, kommt der Geschichte vom »tapferen Schneiderlein« der Wert einer symbolischen Diagnostik unseres gesamten derzeitigen gesellschaftlichen wie persönlichen Bewußtseinszustandes zu; und die Anregung ergeht, darüber nachzusinnen, wie ein solcher Charakter von seiner Sucht und Suche nach Selbstdarstellung und Anerkennung – nach dem Vorbild des Schneiders *Wenzel Strapinski* bei KELLER – je noch geheilt werden kann.

Narzißmus aus Angst als ärgerliche Irreführung anderer

Was die Geschichte vom »tapferen Schneiderlein« in der GRIMMschen Fassung während ihres gesamten Verlaufs auszeichnet, ist der charakteristische Narzißmus-Kontrast von Innen und Außen, von Selbstwahrnehmung und Außenwahrnehmung, von Anspruch und Wirklichkeit, der, je nach Betrachtung, humorvoll oder satirisch die schmächtige Kleinwüchsigkeit des »Schneiderleins« zur Parodie seines ebenso lässigen wie herablassenden Auftretens nimmt. Schon sein Verhalten, gleich in der Einleitungsszene, entspricht geradezu überdimensioniert diesem Eindruck. Da sitzt *es* (das »Schneiderlein«) *»an einem Sommermorgen … auf seinem Tisch am Fenster«*, ist *»guter Dinge«* und *»näht aus Leibeskräften.«* Was, soll man sich gleich hier schon fragen, braucht es beim Nähen wohl für »Leibeskräfte«? Sitzfleisch und Rückgrat braucht es, gute Augen und Ausdauer, aber

100 SÖREN KIERKEGAARD: Die Krankheit zum Tode, 1. Abschn. A) B. Die Möglichkeit und Wirklichkeit der Verzweiflung, 15: »Verzweiflung ist das Mißverhältnis in dem Verhältnis einer Synthese, das sich zu sich selbst verhält.«

gerade keine große körperliche Stärke, – es sei denn, daß bereits das Führen einer Nadel die Physis eines solchen Winzlings, der für eine wirklich anstrengende Arbeit von vornherein nicht in Betracht kommt, bis an den Rand des Möglichen beansprucht. »Mehr kann er nicht«, soll man beim ersten Satz des Märchens bereits denken und behaglich dabei schmunzeln.

Und tatsächlich geht denn die Groteske auch gleich an: *»eine Bauersfrau«* kommt *»die Straße herab«* und bietet, laut rufend, ihr *»gut Mus«* feil. Dem Klischee nach darf man sich eine solche Bauersfrau als eine Person von rüstiger Statur vorstellen, die in Haus und Hof kräftig zuzupacken versteht; und sicherlich ist das »Mus«, das sie zum Verkauf ausruft, in mühsamer Handarbeit von ihr selbst hergestellt worden. Zu denken ist offenbar an Pflaumenmus, gewonnen aus der frischen Spätsommerernte, mühsam entsteint, gepreßt, gekocht und gerührt, und verkäuflich nur in einem Zeitraum von wenigen Tagen, – noch hat CARL VON LINDE nicht die Technik erfunden, durch Erwärmung mittels Verdunstung Kälte zu erzeugen und damit leicht verderbliche Waren (wie Milch- und Obstprodukte) länger lagern zu können[101]; »gut« ist dieses Mus, weil es – ohne Beifügung von Zucker – aus reifen, zuckersüßen Früchten gewonnen wurde; nur: umso rascher auch droht in der Sommerhitze die Gärung einzusetzen. Zu verzögern suchte man das damals durch Einlagerung der Produkte in Steingut-Töpfen, die unter Sonneneinstrahlung (nach dem LINDE-Prinzip!) eine erstaunliche Kühlwirkung entfalten. Zum Verkauf hat die Bäuerin das Mus praktischerweise in entsprechend kleinen Töpfen portioniert, die sie sicher in ganzen Mengen abzusetzen gedenkt; die Mehrzahl der Töpfe wird sie für genau diesen Zweck vorbereitet und über das ganze Jahr aufbewahrt haben. In jedem August wird diese Frau den Ertrag ihrer Pflaumenernte durch den Ort tragen und dabei auf eine zum Teil wohl bereits feste Kundschaft zählen dürfen.

Umso erfreulicher muß es ihr vorkommen, daß aus dem dritten Stockwerk eines Hauses über ihr eine – vermutlich fistelige Stimme, wie sie aus einem *»zarten Haupt«* wohl erschallen mag – verheißungsvoll verkündet, hier werde sie *»ihre* (ganze?) *Ware los.«* Das klingt nach

101 Vgl. ROLAND GÖÖCK: Erfindungen der Menschheit. Gesundheit – Nahrung – Wohnung – Bauen, 144.

einem größeren Absatz auf einen Schlag, das verspricht eine erhebliche Arbeitserleichterung für den Rest des Tages, das stellt eine gesicherte Einnahme gleich schon am Morgen in Aussicht. Doch alles das hört sich nur schön an, denn es kann nur enttäuscht werden. Die Stimme nämlich gehört unserem »Schneiderlein«, dem das Ausrufen des »gut Mus« gar *»lieblich in den Ohren«* klingt, derart, daß es seinem Verlangen nach gewiß geneigt wäre, der Bäuerin sogleich die ganze Ware abzukaufen; aber natürlich: für größere unbedachte Ausgaben hat es kein Geld, es muß haushalten; und es denkt gar nicht daran, auch nur einen geringen Vorrat des begehrten Brotaufstrichs zu erstehen; was ihm vorschwebt, ist nicht mehr als der Belag für eine Schnitte Brot zum Frühstück. Diese Menge könnte es leichthin in einem Schälchen sich selbst von der Straße holen, doch eine solche Idee des »Entgegenkommens«, ganz wörtlich, ist ihm wesensfremd. Durch seine Großankündigung verlockt, schleppt sich vielmehr die Bäuerin mitsamt ihren Töpfen im Korbe die drei Stockwerke zum Stübchen des »Schneiderleins« empor, nur um eine vollendete Farce miterleben zu müssen: Unser Schmalhans sagt nicht, was er will – offenbar weiß er es selber noch nicht –; stattdessen beliebt er, sich erst einmal alle »Optionen« vorstellen zu lassen, um dann, sachkundig geworden, sich einer Entscheidung schlüssig zu werden. Also muß die Bäuerin, die eben noch auf eine erfreuliche Zeiteinsparung beim Verkauf zählen mochte, erst einmal sämtliche Töpfe vor dem »Schneiderlein« ausbreiten.

Jeder Vernünftige käme wohl unschwer auf die Vermutung, daß das Mus aus ein und derselben Ernte gepreßt wurde und sein Geschmack mithin dem Durchschnitt der Qualität der Pflaumenbäume des Bauernhofes zu den Bedingungen der Witterungsverhältnisse des Jahres entsprechen wird, – der Inhalt des einen Topfes wird nicht den geringsten Unterschied zu dem Inhalt aller anderen Töpfe aufweisen. Doch nicht so das »Schneiderlein«. Wie für alle Narzißten ist nur das Beste für es gut genug; ein Mann wie er muß prüfen, ein solcher ist ausgesprochen wählerisch, ein solcher legt den größten Wert auf die kleinsten Nuancen von Unterschieden, die, ob wirklich oder eingebildet, von dem Banausentum gewöhnlich Sterblicher gar nicht wahrgenommen zu werden pflegen. Ein außergewöhnlicher Mensch wie er legt halt Wert auf das Außergewöhnliche, Erlesene, Kostbare, – nur das weiß er zu goutieren, nur dergleichen vereinbart sich mit seiner vornehmen Wesensart. Also hebt er jeden Mustopf empor, mustert ihn mit Meisterblick, und als prüfte er als ein Connaisseur die Wein-Qualität verschiedener ausgewählter Rebsorten, zieht er das Aroma des Pflaumenmus in den Töpfen der Bäuerin in seine Nase, die er zu diesem Zweck freilich in die dichteste Nähe zu der angebotenen Ware bringen muß. »Ekelhaft«, wird die gute Händlerin denken, als sie das sieht, und Sorge tragen, daß das »Schneiderlein« eher seine eigenen Ausdünstungen auf die Töpfe überträgt als deren Geruch wahrzunehmen. Dabei muß sie offenbar noch froh sein, daß es nicht noch »besser« kommt, indem das »Schneiderlein«, um den rechten Wert ihrer Ware zu ermessen, nicht gleich zur Geschmacksprobe schreitet und Löffel für Löffel und Topf für Topf erst einmal vorkostet, ehe es einkauft, – in einem »ordentlichen« Nahrungsmittelgeschäft unserer Tage stünde ein solches Geschmacksangebot in kleinen Häppchen immerhin als Standard zu erwarten. Jedenfalls verkündet »endlich« nach langem Herumgeschnupper das »Schneiderlein« sein »sachverständiges« Urteil: *»Das Mus scheint mir gut.«* Es spricht's, wie wenn jemand in einer Markthalle den gesamten geprüften Warenbestand aufkaufen wollte, doch nur, um im gleichen Satz die Händlerin aufzufordern, ihr ein Winziges davon auszuhändigen: *»vier Lot«*, also vier Teelöffelchen etwa, mehr möchte es nicht, und sagt's, wie wenn es allen Ernstes ihr damit eine überaus große Wohltat erwiese, – mit *»liebe Frau«* redet es sie an, in Dankbarkeit für die Dame, die es in den Genuß des delikaten Brotaufstrichs setzt. Und gar großzügig gibt es sich dabei obendrein noch: *»wenn's auch ein Viertelpfund ist, kommt es mir nicht darauf an«*, erklärt es. Seine Ansage war total (»ihre Ware«), seine Nachprüfung bemaß sich in den Krügen des Gesamtbestandes, sein »Handel« aber (das heißt, seine Art zu handeln) rechnet sich in Gramm, und die Händlerin, die sich wie betrogen fühlen muß, hat sich zu fügen, – sie hat kein Recht, Klage zu führen gegen ihre Kundschaft, der sie mit wechselndem Erfolg Straße für Straße und Gasse für Gasse hinterherlaufen muß. Lediglich in ihrem Verhalten und in ihren Gesichtszügen malt sich ihr nur allzu verständlicher Unmut und ihr Verdruß.

Zwischen Minderwertigkeitsgefühl und Selbstaufblähung

Bis dahin, wohlgemerkt, haben wir es nur erst mit einer kleinen einleitenden Szene des Gehabes dieses »Schneiderleins« zu tun, doch was ein Narzißt ist, demonstriert es gleich hier auf unmißverständliche Weise. Da ist als erstes die Kluft zwischen Wunsch und Wirklichkeit. Man darf nicht denken, daß das »Schneiderlein« bewußt und absichtlich die Bäuerin in die Irre lockte, es ist der Widerspruch in seinem Wesen zwischen Mögen und Vermögen, dem es als erstes zum Opfer fällt. »Die Augen sind größer als der Magen«, sagt man zu Kindern, die Anspruch auf fünf Stücke Kuchen machen und die nach einem halben Stück bereits gesättigt sind; es handelt sich um einen durch und durch noch kindlichen Verhaltenszug, wenn sich die eigenen Wünsche spontan derart vordrängen, daß sie wie ohne Rücksicht auf die Wirklichkeit zum Maßlosen tendieren; daß dieser mangelnde Realitätssinn als Rücksichtslosigkeit auf andere Menschen wirkt, ist gewiß unvermeidlich, doch sonderbarerweise unbeabsichtigt. Nie würde es ein Narzißt wie das »Schneiderlein« verstehen, wenn man ihm vorwürfe, die Mitmenschen zu überfordern und ihre Langmut überzustrapazieren; das tut es ohne Zweifel ständig, doch diese unausweichliche Folge seines Narzißmus entgeht ihm gänzlich; es will nicht so sein, – es ist so, und zwar so selbstverständlich und naturgemäß, wie daß ein Pflaumenbaum hinter dem Haus im Garten steht. Wohl, es gibt jene Narzißten im Über-Ich, die ständig an sich selber leiden und an sich stets etwas zu mäkeln finden, weil sie den eingepflanzten Erwartungen an Perfektion und Ausstrahlung nicht zu entsprechen vermögen, doch von solchen Selbstzweifeln wird der ungebrochene Narzißmus dieses »Schneiderleins« in keiner Form geplagt. Sein »Mut« ist grenzenlos, weil es den Unmut anderer schlicht ignoriert; mag es ob seiner Keckheit auch als Geck erscheinen, – es selber nimmt sich ohne nachzudenken als im Recht befindlich.

Zu einem Grundzug seines Wesens zählt desgleichen seine wählerische Art: Ist, was es sich einhandelt, auch dem gemäß, was es ersehnt? Wohl eher nicht, – es muß die Sache prüfen und mit allem sonst noch möglichen vergleichen, mag dabei auch der Aufwand an Geduld und Zeit, den es anderen abverlangt, in gar keinem Verhältnis stehen zu dem Umfang seiner Wünsche in der Wirklichkeit, – ohne Komplikationen und Ziereriereien aller Art ist mit einem so zierlichen Charakter wie dem des »Schneiderleins« nicht auszukommen. Von weitem betrachtet, in den Augen des Lesers des GRIMMschen Märchens zum Beispiel, mag das Gehabe eines solchen Zeitgenossen wohl noch lustig scheinen; von nahem aber, wenn man es mit ihm zu tun bekommt, empfindet man's gewiß als lästig, wo nicht gar als unerträglich, und geht entsprechend auf Distanz. Die Bäuerin für diesmal muß mit ihrem verschrobenen Kunden handelseinig werden, will sie nicht gänzlich unverrichteter Dinge wieder abziehen, doch beim nächsten Mal wird sie sich vorsehen, um nicht wieder in eine solche Narzißmus-Falle zu laufen.

Ein Drittes kommt im Betragen eines »Schneiderleins« hinzu, das ist der effeminierte Stil seines Gehabes. Generell gehört dieses Merkmal nicht notwendig zu der Charakterzeichnung eines Narzißten, doch die Art des »Schneiderleins« ist davon wesentlich mitgeprägt. Von Frauen gilt im Allgemeinen, daß ihr Kaufverhalten weit wählerischer sei als das von Männern; in Frauen, sagt man, stecke noch der alte Sammlertrieb: aufnehmen, anschauen, vergleichen, prüfen, den Preis abschätzen und dann erst einstecken, wohingegen Männer als geborene Jäger eher umstandslos auf ihr Ziel losgingen; mag das so sein, – in jedem Falle erwartet man von einem Manne, daß er weiß, was er will, und nicht erst lange herumschnüffelt, bis er seinen Geschmack findet. Das Getue des »Schneiderleins« wirkt weiblich, um nicht zu sagen weibisch, und selbst die Wahl seines Berufes weist, bei allem Respekt, in diese Richtung. Der Umgang mit Nadel, Tuch und Faden galt und gilt als so sehr frauenspezifisch, daß noch in den »Volksschulen« des 20. Jhs. das Fach Handarbeit als Pflichtunterricht für alle Mädchen vorgeschrieben war, während man den Jungen das Fach »Werken«, also den Umgang mit Säge, Hammer und Meißel, angedeihen ließ. Selbst wer in Zeiten der Genderdebatten solche Rollenzuschreibungen als ein gesellschaftsbezogenes Unrecht an den Frauen diffamieren wollte, kommt doch nicht umhin, an diesem Märchen vom »tapferen Schneiderlein« festzustellen, was für Probleme eine derartige Definition von Männlichkeit für einen Jungen mit sich bringen wird, der körperlich als kleinwüchsig und schmächtig eingestuft wird und zu schwerer Arbeit kaum befähigt scheint. Wenn er zu typisch »männlicher« Kraftanstrengungen schon außerstande ist, was bleibt ihm anderes da übrig, als in eine »weibliche« Betätigung auszuweichen? Doch wie damit leben, als »unmännlich« allenfalls geduldet, doch immer wieder auch spöttisch beäugt zu werden?

Niemand lebt gern als Spott- und Witzfigur, so daß der Spaß bei der Lektüre dieses Märchens auf den Betroffenen, von dem die Rede geht, als eine chronische Grausamkeit zurückfällt.

Allein schon von diesem Ausgangspunkt her versteht man, wie es schicksalhaft zu der Ausbildung eines narzißtischen Charakters kommen kann. Von einem »männlichen Protest« sprach ALFRED ADLER in Reaktion auf das Empfinden einer Organminderwertigkeit[102]; er beschrieb damit gerade diese zentrale Infragestellung des Selbstwertgefühls. »Werde ich jemals geliebt, wenn meine Gestalt an bestimmten Körperzonen (Busen, Hüften und Beinen) zu klein geraten ist?« mag manches Mädchen sich fragen, das ängstlich in den

102 ALFRED ADLER: Studie über Minderwertigkeit von Organen, 98, vertrat die These, daß »alle Erscheinungen der Neurosen und Psychosen zurückzuführen (sind) auf Organminderwertigkeit, den Grad und die Art der nicht völlig gelungenen zentralen Kompensation und auf eintretende Kompensationsstörungen.« S. 101: »Wie sehr unsere Auffassung von der Kompensation und Überkompensation des minderwertigen Organes mit dem Volksgeist übereinstimmt, möge folgende Darstellung aus ›GRIMMS Deutscher Mythologie‹ bezeugen: ›Wie bei den Göttern, so findet man auch bei den Helden Mangel an Gliedern: Odin ist einäugig, Tyr einhändig, Locki (? = Hephaest) lahm, Hödr blind, Vidar stumm, nicht anders Hagano einäugig, Walkeri einhändig, Günthari und Wieland lahm; blinde und stumme Helden gibt es viele‹.« JAKOB GRIMM: Deutsche Mythologie, 1. Bd., XV 321. ALFRED ADLER: Menschenkenntnis, 174, betont: »Wir dürfen vermuten, daß ein Mensch, dessen Ehrgeiz in die Augen springt, eine geringe Selbsteinschätzung hat, von der er meist selbst nichts weiß.« – Hauptformen der Kompensation des beeinträchtigten Selbst hat – in Anlehnung an HEINZ KOHUT – RAYMOND BATTEGAY: Narzißmus und Objektbeziehungen, 31–33, hervorgehoben, indem er bei narzißtisch Gestörten »drei Haupttendenzen« herausstellte: Die Fixierung an ein Größenselbst durch Reaktivierung eines kindlichen Größenselbst; Spiegelübertragungen auf Grund von Grandiositätsvorstellungen; die Fixierung an eine idealisierte Eltern- oder eine entsprechende Ersatz-Imago.

Jahren der Reifung zur Frau seinen Gestaltwandel vor dem Spiegel betrachtet und zu seinem Nachteil mit anderen in seinem Alter vergleicht. »Wird man mich jemals achten und schätzen, wenn ich mich nicht einmal körperlich durchzusetzen vermag?« wird ein Junge sich fragen, den man als »Hänfling« bei jedem Mannschaftssport als Ballast mitschleppen muß. Die Lust, es eines Tages allen anderen zu zeigen, wird ins Grenzenlose wachsen. Der geborene Wicht kann sich gar nicht wichtig genug nehmen und machen. Es gibt Menschen, die sich zu klein vorkommen, weil sie ihrem Selbstbild entsprechend groß sein müssen; unser »Schneiderlein« muß danach streben, der Allergrößte zu sein, um das Trauma vergessen zu machen, als der Allerkleinste durchzugehen; der für unmännlich Geltende muß sich als Superman neu erfinden; der als Knirps Verschriene muß sich messen mit Riesen; der ins Klein-Klein von Nadelstichen und Sticheleien Hineingedrückte muß sich aufblasen zu ungeahnter Größe. Kleinkrämerei und Großmannssucht, Selbstwertzweifel und Selbstübersteigerung, Wirklichkeitsfurcht und Wirklichkeitsverleugnung gehen in der Person dieses »Schneiderleins« eine wie irre anmutende Mesalliance ein, und der rechte Zeitpunkt dieser »Vermählung« des logisch Unvereinbaren, des psychologisch aber sich wechselseitig Bedingenden ist im Märchen vom »tapferen Schneiderlein« just diese sonderliche Musmahlzeit.

Eines kann man dem »Schneiderlein« allerdings nicht nachsagen: daß es in seinem Genußstreben allzu unbeherrscht sei. Kaum hat die Bäuerin sich wieder entfernt, da spricht es über die sorgsam erstandene Ware wie ein Gebet den Wunsch, Gott möge das Mus ihm segnen. Dann aber fällt es nicht sogleich gierig darüber her, sondern setzt die ersehnte Köstlichkeit sich selbst als Prämie für die noch gerade zu erledigende Arbeit aus. Wohl schneidet es sich schon mal eine Scheibe Brot ab, wie um seine Vorfreude zu erhöhen, doch zuvor will es noch *»den Wams fertig machen.«* Es genießt die Spannung des Wartens auf den ersehnten Genuß, es geht strategisch planend vor, es teilt seine Zeit konsequent in Leistung und Belohnung, und es setzt das geplante Frühstück bewußt als ein Motiv zu fleißiger Arbeit ein, – kein Pädagoge könnte seine Schüler besser im Wechsel von Anspannung und Entspannung zu Konzentration und Fleiß hin anleiten. So also, die abgeschnittene Brotscheibe bestrichen mit dem köstlichen Mus bereits neben sich, näht das »Schneiderlein« weiter, um die begonnene Arbeit zu Ende zu bringen; dann aber gerät seine Contenance im Ausgleich von Lustprinzip und Realitätsprinzip offenbar denn doch aus der Balance: um rasch fertig zu werden, macht es *»vor Freude immer größere Stiche.«* Das ist keine saubere Arbeit mehr, das ist, wie sich sogleich zeigt, der Anfang vom Ende jeglicher Schneiderei, das ist der Abgesang auf die Rolle des »Schneiderleins« überhaupt. Denn hier nun hebt an die Geschichte des »Schneiderhelden«, wie LUDWIG BECHSTEIN rund ein halbes Jahrhundert später in seinem »Deutschen Märchenbuch« von 1857 die Titelfigur seiner Erzählung nennen wird[103].

Nahrungsaufnahme und kindliche Magie

Die gesamte »Einleitung« bis hierher mit dem (Pflaumen)Mus verdankt sich in ihrer psychologisch klug berechneten Meisterschaft ganz und gar der Darstellungskunst der BRÜDER GRIMM, wie ein Vergleich mit der BECHSTEIN-Fassung zeigt; die nämlich beginnt ohne Umschweife mit einem (überreifen) Apfel, der, *»wie das in Sommerzeiten so gewöhnlich«*, mit seinem süßen Duft Fliegen anzieht; die nämliche Wirkung geht in dem GRIMMschen Märchen eben von dem Mus aus, – scharenweise lockt es die Insekten als *»ungebetene Gäste«* an, doch sind wir jetzt darauf vorbereitet, die Reaktion des »Schneiderleins« zu verstehen. So ungehalten es ihre Dreistigkeit auch schilt, – die Fliegen verstehen kein Deutsch, sondern kommen *»in immer größerer Gesellschaft wieder.«* Und damit machen diese Winzlinge ihm, dem unter den Menschen für winzig Geltenden, sein so sehr ersehntes Mus streitig. Schon das ist ärgerlich genug. Indessen stellt dieses Mus für das »Schneiderlein«, wie wir mittlerweile wissen, keinen einfachen Brotaufstrich dar, sondern es trägt in sich die Bedeutung einer gewissermaßen magischen Kraftnahrung. Nicht nur hat es den Segen Gottes über das Brot herabgerufen, es hat auch den dringlichen

103 LUDWIG BECHSTEIN: Deutsches Märchenbuch 1857, in: Sämtliche Märchen, S. 5.

Wunsch und die feste Erwartung daran geknüpft, der Verzehr des Musbrotes werde ihm »*Kraft und Stärke geben.*« Diese Hoffnung zeigt nicht nur, wie sehr das »Schneiderlein« unter seiner Schmächtigkeit leidet und wie innig es sie zu überwinden wünscht, sie verrät auch, wie seelisch noch klein und kindlich dieser Mann geblieben ist. »Du mußt tüchtig essen, damit du groß und stark wirst.« Diese aussichtsvolle Ermahnung hat schon unzählige Heranwachsende gefügig gemacht, ihren »Teller leer« zu essen und alles in sich hineinzustopfen, was »auf den Tisch kommt«, mochte es nun schmecken oder nicht. Das Mus des »Schneiderleins« freilich verbindet den Wunsch nach Größe zugleich mit der Süßigkeit des Geschmacks und macht es von daher doppelt wertvoll. Erst von daher begreift man jetzt wirklich das seltsame Gebaren des »Schneiderleins« beim Ankauf der »Ware«: Wohnt ihr eine solche Wirkung, groß zu machen, inne, wie erhofft, so ist sie in der Tat eine unschätzbare Kostbarkeit, die gar nicht sorgfältig genug und tatsächlich nur in gewissermaßen homöopathischen Dosen erworben werden kann, – eine ganze Zukunft ruht auf ihr. Nur wieder: Wie kleinkindlich ist diese Hoffnung geprägt!

Für ein Baby ist die Milch seiner Mutter auch in der Realität alles auf einmal: ein Mittel zu Wachstum und Größe, eine Arznei gegen Schwäche und Krankheit, das Elixier einer einzigartigen Bedeutung in den Armen des gottgleichen mütterlichen Wesens, dem man sein Dasein verdankt, – kein Wunder also, daß der größte der griechischen Helden: *Herakles*, ein Kind des *Zeus* und der *Alkmene*, an den Brüsten der Göttermutter *Hera* so gierig saugte, daß ihre Milch über den ganzen Himmel spritzte und alle Sternenansammlungen in eine »Galaxie« (in eine Milchstraße) verwandelte[104]; dieses himmlische

104 DIODOR: Historische Bibliothek, IV 9; S. 374: »Aus Furcht vor *Heras* Eifersucht setzte *Alkmene* das Kind, das sie geboren, aus, an einem Platze, welcher daher noch jetzt das Herculesfeld heißt. Um diese Zeit kam *Athene* dahin mit *Hera*. Sie betrachtete die Gestalt des Kindes mit Verwunderung und bewog die *Hera*, ihm die Brust zu reichen. Der Knabe sog aber kräftiger an der Brust, als sein Alter erwarten ließ; *Hera* empfand Schmerzen und warf das Kind weg.« KARL KERÉNYI: Die Mythologie der Griechen, II 111 ergänzt: »Nach einer anderen Erzählung geschah es hingegen so, daß *Hermes* das *Herakles*kind der schlafenden *Hera* in ihrem himmlischen Gemach an die Brust legte, und als sie es vor Schmerz von sich warf und ihr die Milch weiterfloß, entstand die Milchstraße.«

Getränk machte den »Ruhm *Heras*« (wie des Hera-kles Name besagt) zu dem, was zu sein er als Sohn des *Zeus* auch bestimmt war: ein Heros, ein Gottessohn, ein Gottmensch an Größe und Stärke. Von daher war es (und ist es noch immer) ein religiöses Ideal, das Göttliche als übermenschliche Größe zu definieren und zu kultivieren und in der Annäherung an dieses Vorbild den Beistand des Gottes zu erflehen beziehungsweise, im Erfolgsfall, zu ersehen. Wie schon im Beispiel amerikanischer »Frömmigkeit« dargestellt, wurde wirklich »Wachstum« ins Gewaltige und Gewalttätige von alters her als ein sicheres Indiz göttlichen Segens begriffen. Nicht erst der Kapitalismus mit seiner inneren Expansionsdynamik erzwingt ökonomisch ein solches Denken, es sind psychologisch die Minderwertigkeitsgefühle aller zu klein Geratenen, die nach gigantischer Größe streben und die am liebsten »alles« sein möchten, weil sie als gar »nichts« sich fühlen.

Ein aggressiver Triebdurchbruch als Wandlung der Person

Bislang hat dem »Schneiderlein« allerdings weder das Beten noch das Wünschen geholfen; es ist klein geblieben, und es hat, wie wir jetzt wissen, schon deshalb eine Menge kindlichen Kleinmuts aufgespart und angesammelt. Gerade die Frustration über die Defizite schon der eigenen unterentwickelt gebliebenen Gestalt läßt seine gegenläufigen Phantasien ins Ungeheure ausgreifen, und das wiederum erzeugt eine Spannung, die irgendwann umkippen kann. Genau das geschieht jetzt, als der Schwarm der Fliegen sich über das kostbare, köstliche Mus-Butterbrot hermacht. – Manch einem beschert das Herumgeschwirre von Fliegen hypochondrische Panikzustände: Wo, um Himmels Willen, haben diese Fliegen eben noch gesessen? Wo irgendein Kadaver oder ein Stück Kot Verwesung und Verfall anzeigt, da saßen sie bestimmt, um ihre Nahrung draus zu saugen; wie viele Krankheitskeime also können sie da übertragen! Wohl, das »Schneiderlein« der BRÜDER GRIMM müßte noch ein halbes Jahrhundert warten, bis um 1860 LOUIS PASTEUR die optischen Voraussetzungen dafür schuf, Mikroorganismen als Erreger epidemischer Erkrankungen zu erkennen und ihre Ausbreitungswege zu rekonstruieren[105]; in des »Schneiderleins« Tagen existierte weder eine Bazillophobie noch eine Myiaphobie (von griech. *myĩa* – Fliege). Was das »Schneiderlein« jedoch ärgert, ist die Unverschämtheit der Insekten, sich auf seinem so überaus hochgeschätzten Musbrot niederzulassen, sowie sein Unvermögen, sie nachhaltig davon zu vertreiben. – Man muß sich nur einmal anschauen, wie auf orientalischen Basaren die Verkäufer von Feigen, Datteln oder honiggetränkten ölhaltigen Backwaren mit ständig bewegten Wedeln die Plagegeister zu vertreiben suchen, und man kann sich eine Vorstellung von der ganz ähnlichen Schwierigkeit des »Schneiderleins« machen, an einem warmen Sommervormittag – in dem noch intakten Ökosystem des Ortes – seine verlockende Süßspeise für sich allein zu reservieren. *»Da lief dem Schneiderlein endlich, wie man sagt, die Laus über die Leber, es langte aus seiner Hölle* (sc. aus dem Spalt hinter dem Kachelofen zur Wand, d. V.) *nach einem Tuchlappen, und ›Wart, ich will es euch geben!‹ schlug es unbarmherzig drauf. Als es abzog und zählte, so lagen nicht weniger als sieben vor ihm tot und streckten die Beine.«*

Das entscheidende Wort dieser Darstellung ist »unbarmherzig«; es verrät, daß in den Augen des »Schneiderleins« eigentlich auch Fliegen gegenüber »Barmherzigkeit« angezeigt wäre; mit anderen Worten, im Grunde ist es ein Mann, der sprichwörtlich »keiner Fliege was zuleide tut«. Nie hat es gewagt, sich fremder Übergriffe zu erwehren, doch jetzt, bei den Fliegen, die so viel kleiner als es selbst sind und die sich dennoch herausnehmen, es derart respektlos zu behandeln, da wird es ihm zuviel, da schlägt es drauf, da entlädt es seinen ganzen Zorn gegen diese winzigen Wesen, die noch wehrloser sind als es selbst. Damit überschreitet es allerdings eine bis dahin strikt einzuhaltende Grenze: In seiner Wut wird es zum Mörder, und es entdeckt: Es kann auch anders! Es kann aggressiv sein. Es kann sogar gewalttätig sein. Also: Es kann sich wehren! Sein Selbstbild kehrt sich damit komplett um. Aus dem bis dahin weichlich-weiblich wirkenden »Schneiderlein« wird in diesem Moment ein Mann, der draufhaut, der zuschlägt, der totschlägt. Was sich da im Umgang mit den Fliegen erzeigt, ist eine

105 Vgl. Roland Gööck: Erfindungen der Menschheit. Gesundheit – Nahrung – Wohnen – Bauen, 117–118.

Tafel 1: Die zehn Taten des Theseus, Kadros-Maler, 440–430 v. Chr. (zu S. 192, Anm. 123; S. 194–195)

Tafel 2: Siegel aus Mohenjo-Daro (2500 v. Chr.) (zu S. 226)

Tafel 3: Ischtar-Tor in Babylon (zu S. 226–227)

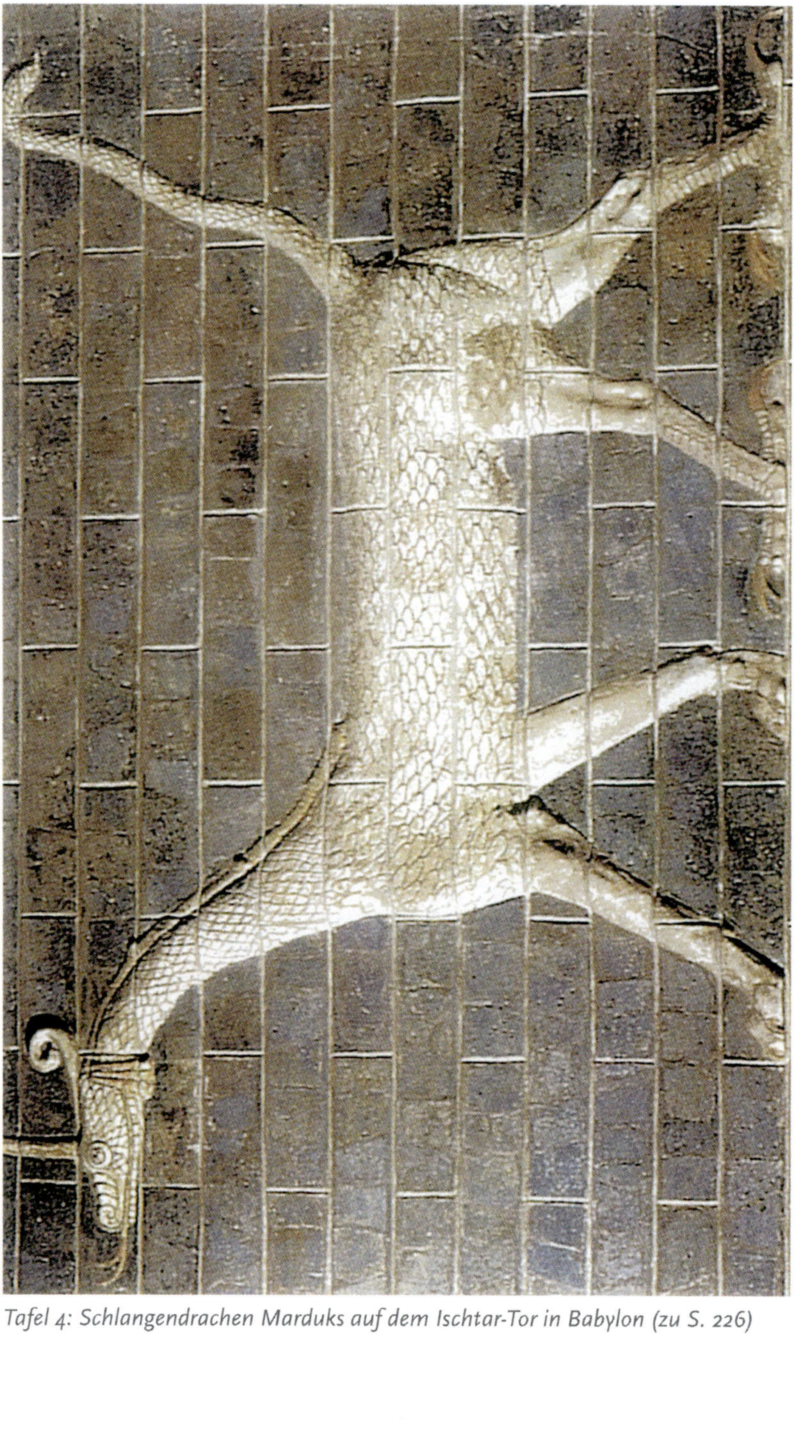

Tafel 4: Schlangendrachen Marduks auf dem Ischtar-Tor in Babylon (zu S. 226)

Tafel 5: Römischer Sarkophag um 200 n.Chr.: Die Jagd auf den kalydonischen Eber (zu S. 242–247)

Tafel 6: Römischer Sarkophag um 190 n. Chr.: Meleagers Tod (zu S. 247)

Tafel 7: Schwarzfigurige Halsamphore des Antimenes-Malers um 510 v. Chr.: Herakles bringt den erymanthischen Eber zu Eurystheus (zu S. 254–255)

Tafel 8: Römische Tonlampe aus dem 1. Jh. n. Chr. (zu S. 289–290)

Durchbruchserfahrung von grundsätzlicher Bedeutung: Es ist nicht länger mehr der Kleinste, es gibt noch kleinere als ihn, und wieso soll, was da für Fliegen gilt, nicht auch für Menschen gelten? Unter den Menschen wurde das »Schneiderlein« stets nur als »Fliegengewicht« geführt, doch siehe da: Es wird zum Herrn der Fliegen. Es kann allen anderen heimleuchten, die vielleicht ihrerseits »Fliegengewichte« sind. Es ist jemand, der töten kann. Mithin: Es ist Herr über Leben und Tod. Es ist ein Held. Wer sieben Fliegen auf einen Streich umbringt, der ist in dieser Logik denn wohl auch imstande, alle beliebigen Feinde zu erschlagen. – Eingangs schon haben wir darauf verwiesen, daß die bloße Abstraktion der Sieben-Zahl sich zu einem Anspruch auf Größe auswächst, der, je nach Betrachtung, witzig oder wahnsinnig anmutet; jetzt aber beginnen wir zu begreifen, wie die anscheinend »verrückte« Selbsteinschätzung des »Schneiderleins« zustande kommt.

ALFRED DÖBLIN hat in seiner Geschichte von der »Ermordung einer Butterblume« aus psychiatrischer Sicht einmal den Ausbruch einer schizophrenen Paranoia geschildert[106]. Auf einem Spaziergang köpft der unbescholtene Bürger *Michael Fischer* mit seinem Stock mutwillig eine Blume, und er erlebt es wie ein Verbrechen, für das man unbemerkt bereits beginnt, ihn zu verfolgen. Was er getan hat, ist in der Schwere des Schuldgefühls, das ihn heimsucht und das er in alle anderen hineinprojiziert, nur zu verstehen, wenn man die »Ermordung« der »Butterblume« symbolisch versteht – als einen mörderischen Akt der Gewalt einer Frau gegenüber; unbewußt ist da etwas geschehen, das im Bewußtsein die Wahrnehmung der gesamten Um-

106 ALFRED DÖBLIN: Die Ermordung der Butterblume, in: Die Ermordung der Butterblume und andere Erzählungen, 5–15. Die »Ermordete« nennt der unglückliche Herr *Fischer* »*Ellen*« und weiß, während er verzweifelt in seinem Zimmer sitzt: »Ellen, die verhaßte Blume, mit jeder Schönheit der Welt klagte sie ihn jetzt an … Niemand wird die Stelle ihres schmählichen Todes betrachten, keine Gebete wird man dort sprechen … Wenn doch die Welt mit einem Seufzer untergegangen wäre, damit der Blume das Maul gestopft sei. Ja, an Selbstmord dachte er, um diese Not endlich zu stillen.« (S. 13) – MARTIN ALTMEYER: Im Spiegel des Anderen, 61–65, nimmt das Schulmassaker in Erfurt vom 26.4.2002, den Fall des 19-jährigen *Robert Steinhäuser*, zum Anlaß, von »rampage killing« zu sprechen, von »jenem Typus öffentlichen Mordens, bei dem sich eine atavistische private Wut mit der zeitgenössischen Sehnsucht nach medialer Spiegelung zu einer explosiven Mischung zu verbinden scheint.« (S. 65)

gebung vollkommen verändert. Ein ähnliches erlebt offenbar auch das »Schneiderlein«, nur in umgekehrter Antriebsrichtung: Während DÖBLINS Wanderer endgültig in dem Wahn tödlicher Schuldgefühle gefangengesetzt wird, bricht das GRIMMsche »Schneiderlein« mit seinem »Massenmord« an den Fliegen endgültig aus dem Gefängnis seiner Minderwertigkeitsgefühle und aggressiven Gehemmtheiten aus. Der Unterschied ist wichtig: Für Herrn *Fischer* erschien die Gestalt der Frau symbolisch in der »ermordeten« Blume, für das »Schneiderlein« werden die erschlagenen Fliegen zum Bild für Ärgernisse oder Hindernisse, die sich überwinden lassen, wenn man entschlossen »draufhaut«. Auch für das »Schneiderlein« besitzen die »Fliegen« mithin eine symbolische Bedeutung, sonst wären sie im Weltbild dieses Mannes nicht ohne weiteres auf alles ringsum, was ihm je gefährlich oder lästig werden könnte, übertragbar: auf Menschen wie auf Monstren, auf Unholde wie auf Ungeheuer, – alle wird er sie besiegen, ganz wie er und weil er die Fliegen mit einem einzigen Schlage erlegt hat. Die Zeit, da man ihm auf der Nase herumgetanzt ist, soll ein für allemal vorbei sein. All die Menschen, die ihm bisher so groß und gewaltig erschienen, gelten nunmehr für einen wie ihn, der draufzuhauen gewagt hat, nicht anders denn als Fliegengeschmeiß. Hau drauf. Schlag zu. So wird's gemacht. – *»›Bist du so ein Kerl?‹ sprach er und mußte selbst seine Tapferkeit bewundern.«*

In diesem Augenblick hat das »Schneiderlein« eine ganz neue Seite an sich erfahren und ist gerade so hoch über sich hinausgewachsen, wie es zuvor im Vergleich mit den anderen sich erniedrigt gefühlt hat. – Man mag es bedauern, daß persönliche Stärke offenbar immer noch in archaischer Weise mit dem Einsatz von Aggressionen verknüpft ist, doch auch hier hat SIGMUND FREUD offenbar richtig gesehen, als er die Aggressivität als einen Ich-Trieb erkannte[107], dazu bestimmt, die eige-

107 Vgl. SIGMUND FREUD: Jenseits des Lustprinzips, in: Ges. Werke, XIII 66, Anm. 1: »›Ichtriebe‹ … Ursprünglich nannten wir so alle jene von uns nicht näher gekannten Triebrichtungen, die sich von den auf das Objekt gerichteten Sexualtrieben abscheiden lassen, und brachten die Ichtriebe in Gegensatz zu den Sexualtrieben, deren Ausdruck die Libido ist. Späterhin näherten wir uns der Analyse des Ichs und erkannten, daß auch ein Teil der ›Ichtriebe‹ libidinöser Natur ist, das eigene Ich zum Objekt genommen hat. Diese narzißtischen Selbsterhaltungstriebe mußten also jetzt den libidinösen Sexual-

nen individuellen Interessen in angemessener Weise einzubringen und durchzusetzen; wie solches unter zivilisierten Bedingungen geschehen

trieben zugerechnet werden. Der Gegensatz zwischen Ich- und Sexualtrieben wandelte sich in den zwischen Ich- und Objekttrieben, beide libidinöser Natur. An seine Stelle trat aber ein neuer Gegensatz zwischen libidinösen (Ich- und Objekt-)Trieben und anderen, die im Ich zu statuieren und vielleicht in den Destruktionstrieben aufzuzeigen sind. Die Spekulation wandelt diesen Gegensatz in den von Lebenstrieben (Eros) und von Todestrieben (sc. Thanatos, d. V.) um.« – Ein erschreckendes Beispiel für narzißtische Aggressivität bildet die Geschichte des *Marcel H.*, der 2017 bei seinem Doppelmord in Herne sich mit der Leiche des neunjährigen Opfers photographierte und die Bilder im Internet verschickte. Vgl. FRANK SCHNEIDER – KAI FELDHAUS: Tür an Tür mit dem Killer, in: Bild, 5.7.2017, S. 7. – »Jemand der bis dahin auf der Verliererseite gestanden hat, tut jetzt etwas ganz Außergewöhnliches, bei dem er sicher davon ausgehen kann, dass alle Menschen, die das sehen, davon sehr beeindruckt sind,« erklärte die Direktorin der Klinik für Psychiatrie und Psychotherapie von der Berliner Charité, *Isabella Heuser*, und meinte, der Täter trage »Züge eines ausgesprochenen Narzissmus«. Die Psychologin sprach von der Tat eines Narzissten, in: Neue Westfälische, 13.3.2017. Zu dieser Einschätzung führt die enorme Emotionalität, mit der die Tat durch viele Messerstiche begangen wurde, und die scheinbare Gefühlskälte beim Diktat des Geschehens gegenüber der Polizei. GÖTZ EISENBERG: Amok und Abbildung, in: junge Welt, Nr. 72, 25./26. März 2017, 12–13, meint zu Recht: »Gäbe es den medialen Hype nicht und würden Meldungen über Amoktaten und Terrorakte auf Seite sieben der Lokalzeitungen landen, gäbe es solche Taten in viel geringerem Ausmaß.« »Das Streben nach Aufmerksamkeit und Sichtbarkeit, das uns hier in einer gefährlichen Form begegnet, stellt die pathologisch entglittene Extremvariante eines verbreiteten narzisstischen Modus heutiger Identitätsbildung dar: Immer mehr vor allem junge Menschen versichern sich über täglich gepostete Fotos ihrer Existenz und ihres Marktwertes. Viele Jugendliche leiden unter chronischen Anerkennungsdefiziten, und wenn man innerhalb der Gesellschaft keine Anerkennung finden kann, dann eben außerhalb oder gegen sie. Die Laufbahn als Missetäter steht auch dem ›Lumpenproletariat der Beachtungsökonomie‹ (GEORG FRANCK) offen; negative Aufmerksamkeit ist besser als gar keine. Eine Gesellschaft, die im Interesse des Massenkonsums durch Werbung und Unterhaltung den Narzissmus unentwegt stimuliert, darf sich nicht wundern, wenn auch dessen maligne, also bösartige und destruktive Formen vermehrt zutage treten.« »Die klassische Beziehungstat, der Mord aus Eifersucht oder wegen in Hass umgeschlagener Liebe …, wuchs aus der Erwärmung des familiären Klimas hervor (sc. in dem ein soziales Kältegefühl eine private Erhitzung förderte, d. V.) … Demgegenüber stammt der Amoklauf aus Kälte, fehlenden Objektbeziehungen und um sich greifender Indifferenz.« Was das »Schneiderlein« angeht, so bietet eventuell auch der Mangel an körperlicher Anstrengung in seinem Beruf inmitten der bürokratisch zwangsgeregelten Gesellschaft der Gegenwart ein Vorbildmotiv für »das Phantasma alles verschlingender Gewalt.« (S. 13) könnte, ohne Gewalt zu üben, auf sublime Weise, ist eine Frage, die kulturhistorisch leider immer noch einer schlüssigen Beantwortung harrt. Das »Schneiderlein« jedenfalls, das sich als fähig zum »Dreinschlagen« jetzt erst kennengelernt hat, verlangt danach, daß alle anderen es ihrerseits in seiner »Tapferkeit« fortan nur richtig kennenlernen sollen. *»Das soll die ganze Stadt* (sc. »Romadia« heißt sie bei BECHSTEIN, – ein romantisch-romanhaftes Rom anscheinend, d. V.) *erfahren«*, beschließt das »Schneiderlein«, und als weithin sichtbares Emblem seiner Großtat schneidet es sich einen Gürtel und stickt *»mit großen Buchstaben darauf: ›Siebene auf einen Streich‹.«*

Man lasse sich bei diesen Worten nicht täuschen: Der neu erwachte Drang zu triumphalistischer Selbstdarstellung ist bei dem fliegenmordenden »Schneiderlein« nicht weniger wahnhaft als der verängstigte Selbstrückzug bei DÖBLINS blumenschlachtendem Wanderer. Durchaus entschlossen zeigt es sich in Zukunft von der Idee besessen, Menschen gleich Fliegen betrachten und behandeln zu können, und eben in dieser Verwechslung von Symbol und Wirklichkeit besteht sein Wahn: Menschen sind keine Fliegen. Von daher könnte man realistischerweise eigentlich nur erwarten, daß dieser Narzißt in seiner Verletzbarkeit und Bereitschaft, ab sofort andere zu verletzen, grandios scheitern wird, – ein Desaster-Narzißt ganz großen Formats. Doch manchmal kann es auch anders kommen, und der angstgeborene Größenwahn gewinnt eine solche Energie, daß er die Wirklichkeit nach den eigenen Vorstellungen umgestaltet. Die Wehrmacht des »Großdeutschen Reiches« zum Beispiel schrieb auf ihre Militärkoppel: »Gott mit uns« – »Immanuel« –, die Formel des Heiligen Krieges aus Jesaja 7,14. Der ganzen Welt erklärte man den Krieg, in der Gewißheit, Gottes Segen mitzuführen[108]. Die Sieges-

108 Zur Auslegung der Stelle vgl. GERHARD VON RAD: Theologie des Alten Testaments, II 183–184. – PETER FONAGY: Persönlichkeitsstörung und Gewalt – ein psychoanalytisch-bindungstheoretischer Ansatz, in: Otto F. Kernberg – Hans-Peter Hartmann (Hg.): Narzissmus, 512–514, verweist bei dem Gewaltproblem auf »die Repräsentation inneren Erlebens« im »Modus psychischer Äquivalenz« und im »Als-ob-Modus«; er schreibt: »Da es erschreckend sein kann, Gedanken und Gefühle als tatsächlich ›real‹ zu erleben, entwickelt das kleine Kind einen alternativen Modus, mentale Zustände zu konstruieren. Im ›Als-ob-Modus‹ erlebt das Kind Gefühle und Vorstellungen als völlig repräsentational oder symbolisch, ohne Implikatio-

meldung dieses »Schneiderleins« auf seinem Gürtel ist ganz entsprechend die Erfüllung und die Garantie des Segens Gottes, den es auf die Kraftnahrung seines Musbrots herabgerufen hat. Allerdings geht, was magisch anhub, nicht ganz konsequent zu Ende: Das »Schneiderlein« gewinnt die neue Stärke nicht aus dem Verzehr des Brotes – davon ist nicht die Rede –, sondern allein aus seinem Zornesausbruch über die Frechheit der Fliegen; gleichwohl entdeckt es in sich nunmehr einen gewissermaßen religiösen Sendungsauftrag, sich aller Welt in seiner Herrlichkeit zu offenbaren. Die Stadt (»Romadia«) ist ihm nicht mehr genug. *»Die ganze Welt soll's erfahren!«* spricht es. *»Und sein Herz wackelte ihm vor Freude wie ein Lämmerschwänzchen.«* Das gleiche Herz, das vormals zitterte vor Angst, springt jetzt im Rausch sicherer Siege hin und her. Wo DÖBLINS Wanderer seine Verurteilung, erlebt das GRIMMsche »Schneiderlein« seine Freisetzung zur Unbedenklichkeit. Die Ichaufblähung seiner Obsession erfüllt es wie die Einnahme von Amphetaminen mit grenzenloser Euphorie und Angriffslust. Ihm gehört die Welt, und wer wollte wagen, es noch zu stoppen?

Wie jene Nazi-Soldaten ihre Koppel, wie ein nordamerikanischer Indianer auf dem Kriegszug seinen Wampum[109], bindet *»der Schnei-*

nen für die äußere Realität.« »Kinder mit Verhaltensstörungen« können »als ob« und »real« weniger gut auseinanderhalten. – So werden für das »Schneiderlein« aus »Fliegen« Menschen, Riesen, Ungeheuer – was auch immer. – An sich richtig, doch wenig konkret meinte WILHELM SALBER: Märchenanalyse, 77: »Wem es gelingt, am Leben zu bleiben, der gibt so bereits eine Antwort auf die Frage, wer der Größte ist ... Das kann auch so gewendet werden, der Größte sei der, der am meisten vernichten kann.« SALBER wollte nicht Märchen interpretieren, sondern in ihnen grundlegende Lebensverhältnisse dargestellt finden. In diesem Sinne repräsentiert der Typ des »Schneiderleins« für ihn eine höchst ambivalente Daseinsform. – JEAN PAUL SATRE: Die Fliegen, 2. Akt, 1. Bild, 2. Szene, in: Gesammelte Dramen, S. 30, nimmt die »Fliegen« für »die Vergessenen, die Verlassenen, die Enttäuschten, die ihr über dem Erdboden kriecht«, im Schwarzen, wie Rauchschwaden, ihr, denen nichts mehr gehört als euer großer Verdruß, ihr, die Toten, auf, dies ist euer Fest!«. In ihnen als den Rachegedanken der Getöteten, umschwirren lähmende Schuldgefühle die Lebenden, und (2. Bild, 2. Szene, S. 43) man muß sie als rechter Soldat »sieben auf einen Schlag ..., einen ganzen Schwarm« töten. Das Theaterstück wollte 1943 das kriegsmüde geschlagene Frankreich zum Widerstand aufrufen.

109 Vgl. WALTER HIRSCHBERG (Hg.): Wörterbuch der Völkerkunde, 480–481: »Wampum (algonkinisch ›wampompeag‹ = weiße Schnüre von Muschel-

der« (nicht länger mehr »das Schneiderlein«) *»sich den Gürtel um den Leib und wollte in die Welt hinaus, weil er meinte, die Werkstätte sei zu klein für seine Tapferkeit«*. Wird er die Egoinflation des neuen Selbstbewußtseins als seine Wirklichkeit der Welt aufzwingen können? Das ist jetzt die Frage, und sie kann sich in klassisch narzißtischer Weise nur beantworten mit Alles oder Nichts: entweder Sieg oder Untergang. Sein oder Nichtsein – unterhalb dieses Anspruchs tut es unser Schneider nicht. Zu diesem phantastischen Lebens-Konzept gehört nun endgültig auch der Überstieg in eine Welt phantastischer Gebilde. Wie für CERVANTES' *Don Quijote* Windmühlen sich in Riesen verwandeln konnten, die es zur Befreiung der Welt von diesen ungeschlachten Wesen zu bekämpfen galt[110], so betritt auch unser Schneider eine Sphäre heroischer Aufgaben und Kraftbeweise, die in ihrer archaischen Typologie ohne weiteres sich mit den Taten griechischer Helden – eines *Theseus*, *Herakles* oder *Meleager* – vergleichen

scheibchen), Mosaikarbeit der nordamerikanischen Indianer ..., die meist die Form eines Gürtels ... erhielt ... Ferner wurden Figuren von bestimmter Bedeutung eingestickt, die dem Empfänger des W(ampum) verständlich waren. Die Übergabe oder der Austausch des W(ampum) bedeutete auch den Friedensabschluß.« VERENA KAST: Märchen als Therapie, 59, sieht richtig, daß das »Heldentum« des »Schneiderleins« wesentlich in der Idee des »Zuschlagens« besteht: »Es ist Heldentum im Umdeuten der Realität und damit verbunden im Überlisten anderer Menschen. – Das Schneiderlein hat mythologische Vorbilder: *Thor, Sigfried, Laurin* hatten alle einen Kraftgürtel.« Aber das »Schneiderlein« gewinnt nicht Kraft aus dem Gürtel, sondern umgekehrt: der Gürtel bezeugt seine (vermeintliche) Kraft. – In FRANZ XAVER VON SCHÖWERTH: Prinz Roßzwifl und andere Märchen, 156, findet der Schneider an einer Quelle im Wald »ein rotseidenes Band ..., auf dem die Worte standen: ›Sieben auf einen Schlag, wer macht es mir nach?‹« Hier ist der Gürtel nicht ein Anspruch, mit dem der Schneider sich als schreckgewaltig der Welt darstellt, sondern als erstes ein Auftrag seines Unbewußten. Als er später in einer Höhle sieben Drachen erschlagen soll, fordert der Gürtel ihm nach der Tötung des ersten der Untiere auf: »Gehe nur in die Höhle hinein, die übrigen sechs Drachen können dir nichts mehr anhaben, weil du den ersten davon erschlagen hast.« Und als er schließlich für den König in den Krieg zieht, stehen auf am Band die Worte: »Du wirst Sieger sein.« Der Gürtel ist in diesem Sinne ein Spiegel des wachsenden Selbstvertrauens des Schneiders.

110 MIGUEL DE CERVANTES: Don Quijote, 1. Buch, 8. Kapitel: Von dem glücklichen Erfolg, den der mannhafte Don Quijote bei dem erschrecklichen und nie erhörten Kampf mit den Windmühlen davontrug, nebst anderen Begebnissen, die eines ewigen Gedenkens würdig sind, S. 67–75.

lassen und von diesen her offenbar auch ihre Anregung beziehen. Jene Heroen freilich verfügten über beeindruckende Körperkräfte, mit denen das Ex-Schneiderlein nicht wohl wird konkurrieren können; aber es ist ja auch nicht seine natürliche Stärke, die es zu einem heroischen Dasein bestimmt, sondern es ist, wie wir wissen, ganz im Gegenteil seine physische Schwäche, die es in die kompensatorische Halluzination einer unvergleichlichen, alles besiegenden Kraftfülle treibt. Nicht mit den Mitteln einer »ehrlichen« Auseinandersetzung im Messen vorhandener Stärke vermag deshalb der Schneider seine Gegner zu bezwingen, sondern allein mit »geistigen« Mitteln, will sagen: mit Tricks und Finten. Manche Autoren erblicken gerade darin das Anzeichen einer besonderen geistigen Überlegenheit[111], doch was wir im folgenden zu sehen bekommen werden, ist eine charakteristische Mischung aus tatsächlich planvoll überlegtem Vorgehen und »Rette sich wer kann«-Reaktionen, die allein durch pures Glück noch einen guten Ausgang nehmen.

Diese Mixtur aus schamloser Chuzpe und unverschämter Fortune beginnt schon mit der Ausstattung für jenen Feldzug des Ruhms, zu dessen Antritt jetzt der Schneider seine kleine Welt verläßt. Andere in vergleichbarer Lage wappnen sich mit einer strahlenden Rüstung wie *Achill* vor Troja, dessen Waffen auf die Bitten seiner Mutter *Thetis* hin der Schmiedegott *Hephaistos* fertigte[112]; von Wunderschwertern, wie dem Mimung, den *Wieland* herstellte, erzählen die nordischen Heldensagen[113], unser Schneider hier jedoch hat überhaupt nicht nötig, irgendetwas solcher Art mit auf den Weg zu nehmen. Er nimmt, wie's kommt, sorglos improvisierend, um dann tatsächlich zu erleben, daß rein »zufällig« er die Mittel schon parat hält, die sich zu

111 So spricht RUDOLF GEIGER: Märchenkunde, 330, von den »Intelligenzleistungen« des »Schneiderleins«, zu welchen »der geniale Pfiff« trete.

112 HOMER: Ilias, XVIII 478–608, S. 392–396.

113 Vgl. EDMUND MUDRAK: Deutsche Heldensagen, 7–15, S. 9: »Wieland war ein kunstreicher Schmied und verstand sich ebenso darauf, unübertreffliche Waffen herzustellen wie kunstvolle Geschmeide aus edlem Metall.« S. 167: »Im Hause seines Vaters, des berühmten Schmiedes Wieland, lebte der kühne *Witege* … Wieland … gab ihm eine meisterhaft geschmiedete Rüstung und das Schwert Mimung, das er einst selbst erschaffen hatte und das so scharf und hart war, daß es jede Brünne und jeden Helm durchschnitt.«

seinen Gaunereien eignen. Denn das im Grunde ist es, was er, äußerlich betrachtet, als Zeichen seiner »Tapferkeit« zustande bringt: eine schier unerhörte Serie verschlagener Überlistungen, – von Gaunereien eben. Nicht ein vorausschauendes Planen, – der Kniff im Augenblick ist sein Metier. So sucht er, als er von der Schneiderwohnung Abschied nimmt, noch in dem *»Haus herum, ob nichts da wäre, was er mitnehmen könnte«*, findet *»aber nichts als einen alten Käs«*, den steckt er ein. Dann sieht er vor dem Stadttor *»einen Vogel, der sich im Gesträuch gefangen hatte«*, auch den nimmt er und packt ihn *»zu dem Käse in die Tasche.«* Das ist alles. Wie gerade diese Mitgift sich günstig für ihn fügen wird, weiß er in diesem Augenblick durchaus nicht, und scheinbar muß er es auch nicht wissen; im Nachhinein bestätigt sich's. Der Erfolg gibt ihm recht. So die Maxime aller Gaunerstücke.

Selbst in den Entwicklungswegen von Vollnarzißten, selbst unter der Voraussetzung eines schier wahnhaften Selbstgefühls, kann es zu echten Reifungsprozessen kommen, die zumindest dann, wenn man die symbolisch im Märchen vorgestellten Auseinandersetzungen nach innen zieht, sich als notwendige Versuche zur Klärung der womöglich schon in früher Kindheit grundgelegten Konflikte zu erkennen geben. *Der* Konflikt schlechthin im Leben und Erleben des »Schneiderleins« bestand bislang in dem Gefühl der zu geringen Größe, der körperlichen Unterlegenheit, der Minderwertigkeit auch als Person. Ein solcher Zusammenhang von Körperlichem und Geistigem ist zwar bei äußerer Betrachtung naheliegend, aber deswegen nicht schon zwingend. Kleinwüchsigkeit kann bei entsprechender Wendigkeit in manchen Berufs- und Sportarten (bei Untertagearbeit oder im Fußball etwa) sogar von Vorteil sein; körperliche Unterlegenheit läßt sich von einem bestimmten Alter an durch geistige Überlegenheit nicht nur ohne weiteres ausgleichen, sondern vollkommen vergessen machen; um sich auf Grund von körperlicher Unterlegenheit für minderwertig als Person zu fühlen, muß man mit all dem Unrecht, das seit Kindertagen einem zugemutet wurde, rein resignativ beinah schon einverstanden sein. Das »Schneiderlein«, befeuert von der überraschenden Erfahrung, sich zur Wehr setzen zu können, steht nun allerdings vor einer außerordentlichen Aufgabe: Es muß die Vorstellung der riesenhaften Größe derer, die sein Leben bisher hinderten, versuchen auszulöschen. Egal, ob diese »Riesen« mit den Figuren seiner Eltern verschmolzen sind oder ob sie aus den Niederlagen im Vergleich mit Freunden oder Vorgesetzten sich erhoben haben, – sie alle kondensieren zu der einen Frage, die da lautet: Wie stellst du dich dem Grundgefühl, ein Knirps inmitten reckenhafter Kolosse zu sein, entgegen?

Manchmal in der Psychotherapie oder ganz einfach auch im Austausch zweier Menschen, die sich lieben, kann es Jahre dauern, bis es dahin kommt, daß einer einen »Lappen« nimmt und auf die »Fliegen« schlägt, die ihm sein »Musbrot« madig machen. Allein schon die Bewegung mit der Hand, verbunden mit der Intonation des Stimmeinsatzes, die so etwas wie Entschlossenheit vermuten läßt, will eigens geübt sein. »Ich habe anderen etwas zu sagen.« »Ich habe ein Recht, einen eigenen Wunsch, ein eigenes Interesse zu vertreten.« »Ich verliere die Zuneigung des anderen nicht, wenn ich ihm meine Bedürfnisse, meine Verhandlungsoptionen, meine Ansichten, meinen mitunter auch kritischen Standpunkt mitteile.« »Ich muß nicht stets erst wiedergutmachen, daß ich auf der Welt bin.« Wieviel an Vertrauen zu einem anderen Menschen muß reifen, ehe ein solches Selbstvertrauen sich bildet? Nur mit dem Ärger-Reflex, daß einem »die Läuse über die Leber laufen«, wie das GRIMMsche Märchen es schildert, ist es nicht getan. Darf man tatsächlich »aggressiv« sein? Für nicht wenige, jedenfalls für alle »tapferen Schneiderlein«, ist das eine ganz ungeheuerliche Vorstellung, – sie durften es nie, und jetzt mit einem Mal scheint es möglich, erfordert, erwünscht! Man hört damit auf, sich von allem Lästigen widerstandslos umschwirren zu lassen; man darf sich verweigern; man darf sogar, wenn's drauf ankommt, mal nein sagen. Ungeheuerlich! Und eben dieses Ungeheuerliche steht jetzt als Ungeheuer dem Schneider im Wege.

Die Auseinandersetzung mit dem Riesen

Der Angang dahin schreitet anfangs munter voran, dann aber geht es bergauf, und zum ersten Mal wird damit das Thema der kommenden Begegnung ausgesprochen: der Kampf gegen die Schwerkraft. Das

Motiv der Bergbesteigung selbst ist eine Einladung zur Erhebung des Körpers wie der Seele, hinaus aus den Niederungen des »Flachlandes«, es gilt, einen höheren Standpunkt zu gewinnen, – bis er *»den höchsten Gipfel erreicht«*, macht der Schneider seinen Weg; doch eben dort, an der Spitze des Berges, am Ort, da er unstreitig alle anderen bergehoch überragt, sitzt *»ein gewaltiger Riese«*, der sich *»ganz gemächlich«* umschaut. Nicht selten sind in den Mythen und Märchen solche »Riesen« die Verkörperung des Bergs oder Gebirges selbst, an dem sie sich aufhalten, – *Atlas* zum Beispiel im Westen der Welt ist beides in eins: als Titan der Bruder des *Prometheus* und zugleich als solcher das Gebirge in Nordafrika im heutigen Marokko[114]. Hier, in dem Märchen steht der Riese anscheinend für die Höhe des Selbstbewußtseins, bis zu der unser Schneider emporgeklettert ist, und wieder kehrt zu ihm die alte narzißtische Frage zurück: Werde ich wirklich auf meinem neu gewonnenen Anspruchsniveau als gleichwertig anerkannt? Erwartung und Enttäuschung liegen dicht beieinander, er muß sich zeigen, er muß es probieren, und er versucht's, indem er den »Riesen«, als wäre er seinesgleichen, »beherzt als *»Kameraden«* begrüßt und ihm sogar einen gewissen Erfahrungsvorsprung bescheinigt: Von diesem Gipfelpunkt des Bewußtseins aus scheint ihm die Welt zu Füßen zu liegen, von dort aus genießt er geruhsam die Übersicht, die ihm vergönnt ist, besitzt er von oben herab alles, was man in Wahrheit doch nur erkennt, indem man's erfährt: Der Höhenstandpunkt als solcher läßt sich auf Dauer nicht halten, er trägt Nutzen erst wirklich als Orientierung dafür, wie in der Ebene der weitere Weg sich fortsetzen läßt, in der *»weitläufigen Welt«*, die zu erforschen der Schneider sich eben jetzt anschickt.

114 Vgl. E. DREWERMANN: Grenzgänger, 80–82. – Zum Aufstieg auf den »Berg« meint VERENA KAST: Märchen als Therapie, 59: »Berge haben immer mit Aufstieg zu tun, mit Anstrengung, aber auch damit, daß man, einmal oben, herunterschauen kann.« Das gerade fasziniert das »Schneiderlein« mit seinem »Riesenanspruch«. In FRANZ XAVER VON SCHÖNWERTH: Prinz Roßzwifl und andere Märchen, 156, weist die Herausgeberin ERIKA EICHENSEER darauf hin, daß »Riesen … überall in der Oberpfalz« wohnten. »Ihre Wohnstätten, alte Burgen … trifft man vorzüglich längs des Böhmerwaldes …, westlich am Fichtelgebirge …, aber auch im Inneren des Landes, wie um Amberg … Auffallend ist, dass die Sage von den Riesen vorzugsweise in den gebirgigen Strichen geht.«

Entscheidend ist, daß im Grunde der Zeitpunkt gekommen sein könnte, die bisherige narzißtische Einstellung zumindest zu mäßigen, wo nicht gänzlich zu korrigieren: Muß denn alles, wie bisher, in einer scheuen Selbstbezogenheit in den vier Wänden des eigenen Ich verbleiben? Das soll es nicht; und würde der Schneider an dieser Stelle einer »wirklichen« Person auf seinem Weg in die Welt begegnen, so stünde denn auch unmittelbar ein neuerlicher Umbruch in der Entfaltung seiner Persönlichkeit zu erwarten. Doch so weit ist er noch nicht. Nach wie vor ist er beschäftigt mit sich selbst, genauer gesagt: mit dem Spiegelbild seiner selbst. Er, der soeben als Siebentöter zum »Riesen« geworden ist, begegnet sich selbst in diesem anderen Riesen als seinem eigenen Doppel, als Reflex des Anspruchs an sich selbst. Andererseits führt dieses Bild seiner selbst auch ein Eigenleben. Nach wie vor hat das »Schneiderlein« die Frage zu beantworten: Wer bin ich selbst in den Augen des anderen? Wenn ich ein Riese bin, wie sehen mich dann andere Riesen? Werden sie mit mir gehen? Mich führen? Mich begleiten?

Die Antwort, die dieser Riese dem Schneider erteilt, klingt bezeichnenderweise wie das Echo all der verächtlichen und abwertenden Redensarten, die das »Schneiderlein« all sein Leben lang bisher zu hören bekam. *»Du Lump! Du miserabler Kerl!«* Man kann das wohl nur so verstehen: Wem auch immer der Schneider mit seinem neuen sprunghaft vergrößerten Selbstbild begegnet, – er wird ihn projektiv in seinesgleichen verwandeln und sich an ihm zu messen versuchen. Früher stand die Rollenverteilung fest: Er war der Zwerg und die anderen die unerreichbar Großen; jetzt lebt der Schneider in einer Welt, in der alle »Riesen« sind, jedoch nicht im Rahmen eines respektvollen Umgangs miteinander auf der Basis von Gleichberechtigung und Anerkennung, sondern stets in der zwischen Wunsch und Angst schillernden Frage: Wie komme ich an als Riese in den Augen anderer Riesen? Im Grunde kann die Antwort nicht anders lauten, als es den alten Erfahrungen entspricht; neu aber ist jetzt die Tatsache, daß der Schneider nicht wieder einknickt, sondern sich durchhält: Selbst wenn ein Hüne von Kerl ihm entgegenträte und ihn, wie immer, verächtlich von oben herab behandeln würde, so würde er fortan sich wehren. Ein für allemal hat er aufgehört, den Wicht zu spielen; so wie bisher wird man mit ihm nicht länger verfahren können, – nicht mit jemandem, der *»Sieben auf einen Streich«* erschlagen hat. So steht es auf seinem Gürtel, so zeigt er sich vor als Träger des Gürtels, und als der »Riese« dessen Aufschrift liest, denkt er tatsächlich, was er denken soll: bei den Sieben handle es sich um Menschen, die das »Schneiderlein« erschlagen habe. Die Erzeugung dieses Mißverständnisses erfüllt, rein äußerlich betrachtet, den Tatbestand der Täuschung; doch sie gelänge nicht, wenn der Schneider beim Erschlagen der »Fliegen« nicht selbst etwas erlebt hätte, das ihn in den lästigen Insekten all die menschlichen Plagegeister seines bisherigen Lebens hätte erkennen und die einen gegen die anderen als austauschbar hätte erscheinen lassen. Was er den »Fliegen« angetan hat, kann er folglich auch allen anderen antun, mögen sie noch so groß sein, – das glaubt das »Schneiderlein« sich selbst, und es muß diese seine Überzeugung jetzt »nur« die anderen noch glauben machen. Und tatsächlich: in einem Mann, der imstande ist, sieben *Menschen* mit einem Schlag zu erledigen, erkennt der Riese denn doch so etwas wie eine Respektperson; zögernd fragt er sich, ob das »Schneiderlein« trotz seiner schmächtigen Erscheinung wirklich die Kraft besitzt, die angegebenen »Großtaten« zu vollbringen. Er muß es herausfinden.

Wir müssen, wie gesagt, es einstweilen hinnehmen, daß, wie in den Tagen antiker Helden allgemein üblich, alle »Größe« sich als erstes an der Sichtbarkeit des körperlichen Eindrucks orientiert und man, wie im Militär noch heute, von allem Achtungheischenden die Fähigkeit zum Töten als wichtigstes Indiz erkennt; erst nach und nach offenbar, wie es im Zeitraffer sich dann auch in der Individualentwicklung wiederholt, verschiebt sich geschichtlich der Begriff dessen, was unter Menschen für »groß« gelten kann, vom Körperlichen zunehmend ins Geistige; die Art und Weise aber, wie dieser »Geist« sich zu Anerkennung und Durchsetzung vorarbeitet, bestand und besteht allem Anschein nach immer noch in einer Kette aus Tricks und Täuschungen von eben der Güte, wie sie das Grimmsche Märchen im folgenden aufführt. Wie wir diese archaische Psychologie in der menschlichen Kulturgeschichte moralisch zu bewerten haben, steht freilich auf einem anderen Blatt. Zudem ist der »ödipale« Grundzug des sonderbaren Kräftemessens unseres »Schneiderleins«

nicht zu übersehen: Wohl jeder Junge möchte einmal »groß und stark« sein wie sein Vater, – die ganze Szene: Zwerg und Riese im Vergleich der Größe, verweist eindeutig in die Phantasie der Kindertage und zeigt unmißverständlich, wie es um den Schneider steht: In seiner Vorstellung, es als der Größte nunmehr auch mit Riesen aufnehmen zu können, ist er zwar nicht mehr nur der Wicht von einst und auch nicht einfach mehr ein bloßer Gernegroß; aber er ist jemand, der wie besessen an die eigene Größe glaubt und eben damit demonstriert, daß er ein großes Kind (geblieben) ist; sein Narzißmus ist das infantile Relikt der unerledigten Hypothek erlittener Demütigungen, und eben die geht er nun an, so phantastisch auch immer.

Bekannt ist aus der Bibel (1 Sam 17,1–51) die Konfrontation auf Leben und Tod zwischen dem »Riesen« *Goliath* und dem Hirtenjungen *David*, der eine in der Rüstung »ordentlicher« Krieger seiner Zeit, siegesgewiß und voller Hohn über den militärisch wenig überzeugenden Auftritt seines Gegners: – Wie viel Angst müssen die Kinder Israels vor den Philistern gehabt haben, daß niemand von ihnen sich getraute, gegen den Vorkämpfer ihrer Gegner anzutreten, und sie notgedrungen deshalb eine solch kläglich scheinende Ersatzlösung wie einen steineschleudernden Knirps ins Treffen führten? Aufseiten *David*s allerdings herrscht schiere Siegessicherheit, gestützt jedoch nicht auf die Kunst, gepanzert und behelmt, mit Spieß und Schwert, fechten zu können, sondern vertrauend bedingungslos allein auf Gottes Schutz. – Was, muß man kritisch sich fragen, unterscheidet diesen Glauben *David*s von dem Größenwahn des Schneiders?

Gattungsgeschichtlich ist die Geschichte *Davids* eine Heldensage mit umgekehrtem Ausgang, indem dort nicht der Überlegene, sondern der nach menschlichem Ermessen Chancenlose den mörderischen Kampf gewinnt; Geschichten dieser Art beanspruchen, mit ihren Orts- und Zeit- und Namensangaben, trotz aller Phantastik in der historischen Realität zu spielen; die Bibel deutet die Philistersage denn auch als Eingreifen Gottes, als ein Wunder zur Rettung seines Volkes aus einer geschichtlichen Krise. Anders die Geschichte vom Schneider, die gattungsgeschichtlich ein Märchen ist: Sie enthält – außerhalb gewisser magischer Reste – keinerlei religiöse Botschaft; charakteristischerweise bezieht der Schneider sein neues Selbstbewußtsein durchaus nicht aus einem ausgeprägten Gottvertrauen, sondern aus einer wahnhaft narzißtischen Metamorphose vom »Schneiderlein« zum »Siebentöter«. Psychoanalytisch betrachtet mag beides sehr nah beieinander liegen, doch nicht nur existentiell, sondern auch psychologisch besteht zwischen Glauben und Ichaufblähung eine absolute Differenz, sichtbar darin, daß der eine durch sein Vertrauen auf Gott dahin geführt wird, in sich selbst zu ruhen, während der andere in gewissem Sinne selber »wie Gott« sein muß und in seiner Selbstüberhöhung auf immer neue Proben seiner angeblichen Stärke angewiesen ist. Gemeinsam freilich ist dem biblischen *David* wie dem GRIMMschen Schneider, daß sie beide sich auf die Mittel besinnen müssen, über die sie verfügen, um die beabsichtigte Herausforderung erfolgreich zu bestehen. *David* bleibt bei dem, was er als Hirtenjunge gelernt hat, – er weiß mit einer Steinschleuder umzugehen; der Schneider verfügt über nichts weiter als über das, was er wie zufällig mitgenommen hat; das allerdings wird sich als überraschend hilfreich erweisen, so als hätte er schon immer »irgendwie« vorausgeahnt, was ihm bei seinen Power-Showeinlagen noch werde nützen können.

Die drei Proben

Die Krafterweise, die der Schneider leisten soll, um den Verdacht zu widerlegen, daß er kein »Schneider« sei, sondern ein *Auf*schneider, sind alle drei verständlich nur bei einem echten *Berg*riesen, wie wir ihn offensichtlich vor uns haben.

a) Von Natur und Kultur

Es ist dem Anschein nach die Kraft des Berges selber, Gestein, wie dieser »Riese«, derart zusammenzudrücken, daß Wasser draus entspringt: In aller Regel finden Quellen sich am Fuße von Gebirgen. Herausgefordert ist der Schneider also eigentlich zu einem Kraftvergleich zwischen Mensch und Natur, – etwas, das von vornherein als aussichtslos erscheinen müßte, wüßte der Schneider nicht, was *die Natur* kann, noch zu übertreffen mit Hilfe einer Möglichkeit, die ihm *die Kultur* bietet. Wie beiläufig hat er bei seinem Aufbruch von zu Hause ein Stück Käse mitgenommen, – als Wegzehr, mochte man bis dahin glauben; jetzt aber sieht man, daß der Käse noch ganz anders denn als bloßes Nahrungsmittel zu verwenden ist. Ein Stück Stein, preßt es eine Riesenfaust (also ein ganzes Bergmassiv), zusammen, zeigt sich als wasserhaltig: Darin liegt eine Täuschung, – in Wahrheit ist Gebirgsgestein bestimmter Konsistenz zwar wasserführend, doch enthält es selbst kein Wasser. Gleichwohl, was der Schneider vorzuführen weiß, sein »Trick«, besteht darin, daß er ein Stück Natur durch ein Kulturprodukt ersetzt: nicht Stein preßt er zusammen, sondern Käse, der einen Rest an Molke tatsächlich in Gestalt von Wasser freisetzt, ergiebiger in jedem Falle, als es Gestein je könnte. Der Geist des Menschen, die Kultur, die er sich schafft, ist mithin überlegen der Natur und ihren Riesenkräften. So klein der Schneider auch erscheinen mag, dem tumben Berggiganten gegenüber trägt er im Kraftwettstreit den Sieg davon. Was generell in dem Verhältnis von Natur und Kultur gilt, nutzt er, um seinen Anspruch als »der Größte« aufrecht zu erhalten, wobei sein eigentlicher Adressat freilich nicht länger mehr der »Riese« ist, sondern all die Menschen, mit denen er es bald bereits zu tun bekommen wird.

In ein gleiches Gefüge des Kräftevergleichs gehört auch die zweite Probe, die der »Riese« dem Schneider abverlangt. Noch immer von dessen Stärke nicht überzeugt, bezeichnet er hohnvoll seinen Möchtegernkonkurrenten als *»Erpelmännchen«*; das Wort ist gewiß nicht als Tautologie zu verstehen (ein Erpel ist bereits der Name einer männlichen Ente), sondern es will den Schneider als ein »Männchen« anreden, das trotz seiner Kleinheit lauthals und großschnäblig wie eine Ente herumschnattert, um sich wichtig zu machen, – sein Mannsein ist nur eine lächerliche Lautkundgebung. Doch wenn es schon um »Größe« geht: Wie hoch hinaus vermag ein Mensch zu langen im Vergleich mit den Titanenkräften der Natur?

b) Beseeltes gegen Unbeseeltes

Ein Bergriese vermag nicht nur Steine zusammenzupressen, bis daß sie (scheinbar) Wasser hervorträufeln, er vermag – als Vulkan – auch Gesteinsmassen hoch hinauf in den Himmel zu schleudern, – entgegen der Trägheit schwerer Massen, entgegen der Sogwirkung der

Gravitation. Vermag etwas Ähnliches entfernt auch nur mit seinen winzigen Kräften der Mensch? Er vermag's! Nicht zwar mit seiner Körperkraft, doch kraft seines Geistes.

Was der Schneider sofort sieht, ist sprichwörtlich: »Alles, was hoch kommt, kommt auch wieder runter.« So geht es zu in dem gravitativen Kraftfeld der Erdanziehung. Man kann ihr heute zwar mit technischen Mitteln entrinnen, doch dazu muß man mehrere Raketenstufen aufeinandersetzen, deren Gesamtbeschleunigung die Entweichgeschwindigkeit auf unserem (kleinen) Planeten erreicht – mehr als 40 000 km/h[115]; an eine solche Möglichkeit auch nur zu denken, war dem GRIMMschen Schneider vor 200 Jahren ganz unmöglich. Doch er hätte mit einer solch technischen Lösung die Herausforderung wohl auch verfehlt, die in dem Kräftevergleich mit dem »Riesen« tatsächlich angesprochen wird: Ist es möglich, sich über die tote Materie und der ihr innewohnenden Schwerkraft zu erheben? Mit rein physikalischen (mechanischen) Mitteln läßt sich den Gesetzmäßigkeiten der Physik nicht entkommen; doch über die Physik erhebt sich die Chemie und über diese die Biochemie und über diese schließlich die Biologie und über diese die Psychologie. Wohl, alles Leben fußt auf Gesetzen des Unbelebten, doch es ist damit nicht identisch; schon das »animalische« Leben ist, wie sein Name sagt, etwas Beseeltes; es wird nicht von außen bewegt, es bewegt sich selbst; es besitzt gegenüber den Gesetzen der Natur gewisse Grade der Freiheit, selber zu tun, was es will. Die tote Materie unterscheidet sich insofern absolut von einem Lebewesen, und gerade diese Differenz – nächst dem Gegensatz von Natur und Kultur – offenbart jetzt der Schneider, indem er im Wettstreit mit dem »Riesen« sie sich zunutze macht. Mag ein Berg sein Gestein auch noch so hoch empor werfen, es fällt auf einer Parabelbahn unweigerlich zur Erde zurück. Demgegenüber gibt es Lebewesen, die es gelernt haben, erst im Gleitflug sich zu bewegen, dann selber sich flügelschlagend in die Lüfte zu schwingen und dann frei zu fliegen, und eben diese Fähigkeit stellt für einen jeden Menschen von jeher ein Symbol seiner Sehnsucht nach Unge-

115 HELMUT ZIMMERMANN – ALFRED WEIGERT: ABC-Lexikon Astronomie, 79: Entweichgeschwindigkeit; S. 299: Ausgewählte Planetendaten; die Entweichgeschwindigkeit auf der Erde beträgt 11,2 km/s.

bundenheit und Unabhängigkeit dar: *Daidalos* etwa, der »einfallsreiche« Meisterhandwerker auf Kreta, fertigte sich und seinem Sohn *Ikaros* Flügel, um ihrer Gefangenschaft im Palaste des *Minos* zu entrinnen[116]; *Bellerophon*, dem Sohn des *Glaukos* von Korinth, gelang es, das Flügelpferd *Pegasos* zu zähmen; und der Gott *Hermes* gar verfügte über Flügel an seinen Füßen, die ihn behende über Land und Meer zu tragen vermochten[117]. Leichtigkeit gegen Schwerkraft, Lebendiges gegen Lebloses, Beseeltes gegen Unbeseeltes, – im Bilde des Vogels findet dieser Kontrast seinen Ausdruck. Kein Wunder deshalb, wenn im Alten Ägypten die individuelle Seele als *Ba*-Vogel dargestellt wurde, der sich im Tode aus dem Gefängnis des Körpers löst und zurückfliegt zu seiner ewigen Heimat unter den Sternen[118].

Was also tut der Schneider, wenn er dem Riesen vorgaukelt, einen Stein in den Himmel zu werfen, *»der soll gar nicht wiederkommen«*? Er hatte den Vogel, *»der sich im Gesträuch gefangen hatte«*, wie beiläufig befreit und in sein Reisegepäck geladen, ohne damit einen besonderen Plan zu verfolgen. Jetzt aber zeigt sich, daß beide Mitbringsel: der Käse wie der Vogel, symbolisch als Bild der Kultur wie als Bild

116 Vgl. OVID: Metamorphosen, VIII 183–235, S. 284–287. – In der Auseinandersetzung mit dem »Riesen« läßt sich in der Psychologie C. G. JUNGS rein subjektal auch die Durchsetzung des Geistes (in Vogelgestalt) gegen »unbewußte, triebhafte Impulse« erkennen, »die zwar äußerst energiegeladen und kraftvoll, aber infolge ihrer Unbewußtheit einseitig« sind; HEDWIG VON BEIT: Gegensatz und Erneuerung im Märchen, 497.

117 Vgl. HESIOD: Theogonie, V. 325, in: Sämtliche Gedichte, 45; dazu schreibt PINDAR: Olympische Oden, XIII 84–90, in: Oden, griech.-dt., S. 79: »Und wirklich packte der starke Bellerophontes eilends / das geflügelte Roß und spannte ihm den zähmenden Zauber um das Kinn. / Er stieg auf, und gepanzert begann er sogleich das Waffenspiel. / Mit jenem Roß hat er dann auch der Amazonen / weibliches pfeilschießendes Heer von den kalten Weiten / des einsamen Äthers aus getroffen / und die feuerschnaubende Chimaira und die *Solymer* getötet. / Von seinem Tod will ich schweigen. / Das Roß aber haben die altehrwürdigen Krippen des *Zeus* auf dem Olymp aufgenommen.« – Die *Solymer* wohnten im Südwesten Kleinasiens, Bellerophon bekämpfte sie von Lykien aus. Vgl. HOMER: Ilias, VI 166–205, S. 115–116. – Zur Gestalt des Hermes vgl. HOMER: Odyssee, V 43–46, S. 75: »So sprach er (sc. Zeus, d. V.), und ihm folgte der Argostöter, der schnelle, / Band sich dann unter die Füße sogleich die schönen Sandalen, / Goldene göttlicher Art, die trugen ihn über die Feuchte / Und das unendliche Land im Hauch des wehenden Windes.«

118 Vgl. E. DREWERMANN: Ich steige hinab in die Barke der Sonne, 115–117.

der Freiheit des Geistes verstanden, in der Tat die notwendige Mitgift eines jeden Menschen auf seinem Lebenswege darstellen. Es ist lediglich die vertrackte Art des Schneiders, von diesen Gaben Gebrauch zu machen, die die so wichtige Einsicht in das menschliche Wesen aus narzißtischen Gründen beinahe verhüllt. Er, der als der Größte unter allen gelten will, setzt seine Fähigkeiten als Mensch so ein, als wenn sie ihm ganz allein zu eigen wären; er weiß sehr wohl um die Unmöglichkeit, mit reiner Körperkraft dem »Riesen« Paroli zu bieten, er kann den Gesetzen der Schwerkraft sich nur überlegen zeigen mit Geisteskraft, doch genau das zeigt er mitnichten dem »Riesen«; ihn läßt er bewußt in dem Glauben, er habe nicht einen »Vogel«, sondern einen Stein empor geworfen, und diese Zweideutigkeit: den Geist ungeistig einzusetzen, um eine körperliche Stärke vorzutäuschen, die nur dem Anschein nach auf Grund von geistvoll ersonnenen Notlügen existiert, durchzieht bis zuletzt den Machtkampf dieses mit Riesenkräften spielenden Narzißten im Kampf gegen seine eigene körperliche Schwäche. *»Wie gefällt dir das Stückchen, Kamerad?«*, fragt er den »Riesen«, hoffend, nun endlich gleichberechtigt unter den »Recken« anerkannt zu sein. Doch obwohl der »Riese« den (scheinbar!) gelungenen Wurf anerkennen muß, verlangt er dem »Schneiderlein« noch eine dritte und letzte Kraftprobe ab.

c) Von Last und Leichtigkeit

Es gehört zur Natur von Bergriesen, daß sie – bis hinauf zur Baumgrenze – bewaldet sind; in tieferen Lagen tragen sie sogar mächtige Eichen. In solche Wälder dringen Menschen ein und fällen geeignete Stämme für ihren Holzbedarf (als Bau- und Werkzeugmaterial, zum Brennen und zur Papierherstellung). Einen Baum zu schlagen, ist seit der Einführung von eisernen Äxten und Sägen (ab 700 v. Chr.) nicht besonders schwer[119]; einen gefällten Baumstamm aber aus dem Wald herauszuholen und ihn dann talwärts zu seinem Bestimmungsort zu befördern, stellt bis heute eine schwierige und aufwendige Arbeit dar, die von keinem einzelnen zu leisten ist; allenfalls die Körperkraft

119 Die »Eisenzeit« (ca. ab 700 v. Chr.) ist archäologisch als Hallstattkultur bekannt; vgl. WILFRIED MENGHIN: Kelten, Römer und Germanen, 89–105: Die Hallstattkultur. Die ältere Eisenzeit in Süddeutschland.

eines Rückepferdes kann unter Umständen ausreichen, – und eben: die eines »Riesen«. Überließe man dem Bergriesen die natürliche Entfernung eines am Boden liegenden Baumstammes, so müßte man wohl nur lang genug warten, – die Zeit arbeitete für ihn: nach und nach zerfiele das morsche Holz durch Fäulnis und Verwesung – zum Nutzen zahlreicher Klein- und Kleinstlebewesen, denen es eine Weile lang Wohnung und Nahrung zuteilwerden ließe. Doch im Kräftevergleich von Natur und Mensch, von Bergriese und Schneider, gerinnt der Vorgang der Baumbeseitigung zu einer einzigartigen spektakulären Aktion.

Die Frage, um die es, wieder symbolisch gelesen, in Wirklichkeit geht, ist diese: Wie läßt die Last sich bewältigen, die es bedeutet, inmitten der natürlichen Gegebenheiten als Mensch zu existieren? Es sind die unteren Ebenen des Daseins, hier die vegetative Ebene, welche die höheren »animalischen« und geistigen Schichten niederdrücken, ja, erdrücken können. Einen »Stein« konnte der Schneider durch einen »Vogel« ersetzen, – die Freiheit des Geistes ist siegreich über den Zwang der Schwerkraft. Doch die Schwere, mit der die Last sogar der geleisteten Arbeit (ein gefällter Baum) auf die Schultern drücken kann, ist in der Gesamtbilanz unerträglich. Der Titan *Atlas* litt unter der Last des Himmelsgewölbes, und auch *Herakles*, auf der Suche nach den Äpfeln der *Hesperiden*, mochte nur kurz diese Arbeit ihm abnehmen[120]. Hier jetzt ist selbst für diesen Bergriesen der

120 Vgl. PAUSANIAS: Reisen in Griechenland, V 11,5, Bd. II 30, der von einem Bild in Olympia erzählt, das Atlas zeigt, »der Himmel und Erde trägt, und Herakles steht neben ihm, um Atlas die Last abzunehmen«. Die Geschichte selbst erzählt APOLLODOR II 120f, in: Griechische Sagen, 63: »*Prometheus* hatte Herakles den Rat gegeben, nicht selbst die Äpfel aufzusuchen, sondern Atlas das Himmelsgewölbe abzunehmen und ihn zu schicken, und als er zu Atlas kam bei den Hyperboreern, folgte er dem Rat und löste ihn ab. Atlas pflückte drei Äpfel bei den Hesperiden und kam damit zu Herakles zurück. Da er aber das Himmelsgewölbe nicht wieder tragen wollte, (gab er vor, selber die Äpfel dem *Eurystheus* bringen zu wollen, solange solle jener noch an seiner Stelle die Last behalten. Herakles erklärte sich einverstanden, nur) wolle er sich ein Polster machen für seinen Kopf. Daraufhin legte Atlas die Äpfel auf die Erde und übernahm wieder das Himmelsgewölbe, indes Herakles sich mit den Äpfeln entfernte.« – Selbst ein Herakles also muß sich mit Tricks und Finten bei einem Riesen wie dem Titan Atlas durchzusetzen suchen. – Das Lied des Schneiders lautet eigentlich: »Es ritten drei Reiter zum Tore hinaus, ade! / Feinsliebchen, das schaute zum Fen-

Transport eines Eichenstammes, den er, weil noch nicht entästet, auf den Schultern tragen muß, eine Arbeit, so schwer, daß er Hilfe dazu benötigt; es fragt sich nur, ob, statt eines anderen Riesen, ausgerechnet das »Schneiderlein« zu einem solchen Dienst befähigt ist. Dieses freilich, zum dritten Mal, erblickt in der gestellten Aufgabe natürlich keine Gelegenheit zu einem ehrlichen Erweis seiner Körperkraft, wohl aber zu einer neuerlichen Demonstration seiner Geistesgegenwart und Verschlagenheit. *»Gern«* bietet es zum Scheine dem »Riesen« seine Hilfsbereitschaft an, ja, es stellt sich besonders entgegenkommend, indem es beim Tragen nicht am Stamm, sondern am Geäst anzufassen vorgibt, denn, sagt es, *»das ist doch das Schwerste«*; und der »Riese«, erneut überlistet, lastet den Baumstamm sich selbst auf die Schulter und trägt die gefällte Eiche ganz allein, – und den Schneider gleich mit! Der nämlich setzt *»sich auf einen Ast«* und pfeift lustig *»das Liedchen ›Es ritten drei Schneider zum Tore hinaus‹, als wäre das Baumtragen ein Kinderspiel«*, wobei er abweichend vom ursprünglichen Liedtext, der von drei Rittern handelt, sich als Schneider gewissermaßen selbst zum Ritter schlägt. Tatsächlich muß ihm die bequeme Art, aus dem Wald getragen zu werden, wie ein munterer Ausritt erscheinen, während *»der Riese, der sich nicht umsehen«* kann, unter dem Übergewicht seiner Last stöhnt und ächzt, bis er *»den Baum fallen lassen«* muß.

Das freilich ist nun der Moment des sicheren Triumphes für den Schneider: *»behendiglich«* springt er herab, faßt *»den Baum mit beiden Armen, als wenn er ihn getragen hätte«*, und spricht hohnvoll zu dem »Riesen«: *»Du bist ein so großer Kerl und kannst den Baum nicht einmal tragen.« »Als wenn er hätte«* und *»nicht einmal«*: In diesen zwei Wendungen übertrifft die Unabsehbarkeit des Irrealis bei weitem die stets

ster hinaus, ade! / Und wenn es denn soll geschieden sein, / So reich mir dein goldenes Ringelein! Ade, ade, ade! Ja, Scheiden und Meiden tut weh! // Und der uns scheidet, das ist der Tod, ade! / Er schneidet so manches Mündlein rot, ade! / Er scheidet so manchen Mann vom Weib, / Die konnten sich machen viel Zeitvertreib. / Ade, ade, ade! / Scheiden und Meiden tut weh! // Er scheidet das Kind wohl in der Wiegen, ade! / Wann werd ich mein schwarzbraunes Mädel noch kriegen? Ade! / Und ist es nicht morgen, ach, wär' es doch heut', / Er macht' uns allbeiden gar große Freud'. / Ade, ade, ade! Scheiden und Meiden tut weh.«

zu mickrige Realität. Als Gegensatz von Vorstellung und Wirklichkeit kann man das Kräftemessen des Schneiders und des Riesen an dieser Stelle wohl bezeichnen. Doch es steckt mehr darin, – ein neuerliches Lehrstück über das Verhältnis Mensch – Natur: Niemand vermag das Lastgewicht des Lebens zu »stemmen«, es »tapfer« zu »tragen«, es als sein »Kreuz« sich auf die schwachen Schultern zu laden, – er wird, wie sogar Christus auf dem Weg nach Golgotha, entkräftet darunter immer wieder zusammenbrechen. Aber er kann, mit Witz und guter Laune, gleich einem Eichhörnchen in den Baumwipfeln, sich von den Kräften der Natur buchstäblich tragen lassen, – nur dann erträgt und verträgt man für eine Weile dieses Leben. Es geht jetzt nicht mehr nur um eine Nutzung der physikalischen und biologischen Gegebenheiten der Natur, es wird jetzt innerlich zur Frage, was mich trägt, woran ich selber mich festhalten kann, worauf ich ruhig mich niederlassen darf, – was also, während das Leben weitergeht, mich streßfrei »aus dem Walde« bringt. Für eine Weile ist die Welt kein Ort größtmöglicher Anstrengung mehr, sondern die Dinge gehen scheinbar von allein: man schaut nur noch nach vorn, – es ist die Weisheit LAO TSES: »Durch das Nichthandeln ist alles gemacht.«[121].

So betrachtet, ist es nicht Hinterlist und Faulheit, es ist im Gegenteil ein Zeichen abgeklärter Weisheit, in den »Baumwipfeln« zu leben, – hoch hinaus und dennoch leicht getragen von Kräften, die uns hilfreich sind, wenn wir, scheinbar selbst hilfreich, ihnen uns hinzugesellen. Erst der Versuch des Schneiders, sich mit den Möglichkeiten, die dazu gehören, daß wir Menschen sind, persönlich als

121 LAOTSE: Tao te king, Nr. 3, S. 43: »Die Tüchtigen nicht bevorzugen, so macht man, daß das Volk nicht streitet. Kostbarkeiten nicht schätzen, so macht man, daß das Volk nicht stiehlt. Nichts Begehrenswertes zeigen, so macht man, daß des Volkes Herz nicht wirr wird. – Darum regiert der Berufene also: Er leert ihre Herzen und füllt ihren Leib. Er schwächt ihren Willen und stärkt ihre Knochen und macht, daß das Volk ohne Wissen und ohne Wünsche bleibt, und sorgt dafür, daß jene Wissenden nicht zu handeln wagen. Er macht das Nichtmachen, so kommt alles in Ordnung.« Es ist schwer vorstellbar, eine Weisheit zu begründen, die unsere derzeitige kapitalistische Wirtschaftsordnung tiefer widerlegen würde, als sie in diesen Sätze sich ausspricht. Speziell an das »Schneiderlein« gerichtet sein könnte die Einsicht in Nr. 38, S. 81: »Er (sc. der das Leben hochhält, d. V.) wohnt im Sein und nicht im Schein.« Der »rechte Mann (bleibt) beim Völligen und nicht beim Dürftigen.«

schier unvergleichlich darzubieten, macht das Verhalten einer weisen Lebensführung zu einem Trick im Überlebenskampf angstvoller Selbstdarstellung. Sogar die Techniken christlicher oder ostasiatischer Selbstbesinnung lassen sich mißbrauchen als Hochdruckeinspritzung von Kraftstoff beim Boxenstopp in einem Formel-1-Rennen.

Es gibt keine Kameradschaft in Konkurrenz

Gleichwohl, jetzt endlich scheint die Zeit gekommen, da, wie man sagt, »gut Kirschen essen« ist. Als hätte sich der Wunsch des »Schneiderleins« erfüllt: es wäre, anerkannt und respektiert, nunmehr der »Kamerad« des Riesen, beugt dieser bei Gelegenheit die Krone eines Kirschbaums zu ihm nieder, auf daß es *»die zeitigsten Früchte«* davon esse. Doch zwischen einem Riesen und einem Schneider kann es auf Dauer keine wirklichen Gemeinsamkeiten geben, im Gegenteil, der enorme Abstand, mit Tricks nur scheinbar überspielt, droht bei zu großer Annäherung lebensgefährlich zu werden: Es ist unmöglich, gemeinsam von einem Kirschbaum zu schmausen, den eine Riesenfaust herabgebogen hat, den aber eines Menschen Hand nicht festzuhalten vermag. Im Gegenteil, kaum läßt der Riese los, da wird *»der Schneider mit in die Luft geschnellt«* und muß froh sein, *»ohne Schaden«* wieder herabzufallen. Für einen Riesen ist der Zweig eines Baums nur eine *»schwache Gerte«*, und er wundert sich zu Recht über die Schwächlichkeit des Schneiders, die seine alten Zweifel zu bestätigen scheint. Doch wieder fällt dem »Schneiderlein« eine Ausrede ein: Es wurde nicht hinweggerissen – so etwas würde einem wie ihm mit den »Sieben auf einen Streich« nie passieren –, nein, es ist über den Baum hinweggesprungen!

Frecher kann man ein unfreiwilliges Fiasko nicht in eine absichtsvolle Großtat umlügen, doch anders kann und darf der Schneider sich jetzt gar nicht mehr verhalten. Er muß unter allen Umständen die von ihm selbst errichtete Fassade wahren. Die Lüge wird für ihn dabei lebensgefährlich, doch jetzt noch die Wahrheit zu sagen, bedeutete eine Katastrophe. Freilich, inzwischen kommt er sich selber vor wie auf der Treibjagd, *»weil die Jäger da unten ins Gebüsch schießen«*; als Rettung bleibt ihm nur die Umdeutung von schicksalhafter Schwäche in selbst gewählte Stärke, eine Lebenslüge, mit der er freilich virtuos von Mal zu Mal durchkommt. Dem Riesen setzt er damit neue Maßstäbe, denn auch der muß es ihm gleichtun: *»Spring nach, wenn du's vermagst«*, fordert der Schneider seinen Konkurrenten auf. Der macht tatsächlich den Versuch, schafft's aber nicht, er bleibt *»in den Ästen hängen, also daß das Schneiderlein auch hier die Oberhand behielt.«*

Da ist er also nun der Held, als der er sich vor aller Augen präsentieren mag, und doch ist er es nicht. Wie eine »richtige« Heldensage sich erzählt, wußten die Alten Griechen von einem ihrer Größten, von *Theseus*, aus ähnlichem Anlaß zu berichten, in gebotener Kürze folgendermaßen: Er war das uneheliche Kind der *Pittheus*-Tochter *Aithra* und des bis dahin kinderlosen *Aigeus*, des Königs von Athen. Erst als er schon zum Mann geworden war, zeigte die Mutter *Theseus* einen Stein, unter dem sein Vater ein Schwert und Sandalen hinterlegt hatte, und verriet ihm den Namen des Erzeugers. Der Weg nach Athen freilich, zum Heimatort seines Vaters, geriet dem jungen Heros zu einer Aneinanderreihung bewundernswerter Taten, indem er einen Unhold nach dem anderen beseitigte. So stieß er am Isthmos von Korinth auf den *Pityokamptes*, den »Tannenbieger« *Sinis*, der auf verruchte Weise Menschen opferte: Er nahm von ihnen beim Niederbiegen eines Baumes zum Schein Hilfe an, ließ dann aber die Zweige los, so daß sie in die Luft geschleudert wurden, oder er band sie zwischen zwei niedergebogenen Tannen fest, so daß sie zerrissen wurden, wenn er die Bäume wieder freigab[122].

Was auch immer die Gestalt des *Sinis* mythologisch bedeuten mag – er könnte die Kraft des Windes verkörpern, der durch die

122 Vgl. APOLLODOR, III 218, in: Griechische Sagen, 123: »Theseus … tötete … Sinis, den Sohn des *Polypemon* und der Korinthostochter *Sylea*. Dieser hatte den Beinamen ›Fichtenbeuger‹. Er wohnte nämlich auf der Landenge der Korinther und zwang die Vorübergehenden, Fichten, die er herabbeugte, gebeugt zu halten. Das konnten sie nicht, da sie zu schwach dafür waren, und so wurden sie von den Bäumen hochgeschleudert und fanden einen jämmerlichen Tod. So verfuhr nun auch Theseus mit Sinis selbst.« Vgl. HYGIN, 38, in: A. a. O., 262.

Baumwipfel fährt und dem man Menschen opferte, um nicht selbst Schaden zu erleiden –, fest steht, daß *Theseus* die Heimtücke des Wegelagerers beendete, indem er ihn auf die gleiche Art tötete, mit der dieser seine Opfer hingerichtet hatte (Tafel 1)[123].

Symbolisch ist auch bei dieser Erzählung daran zu denken, daß einem Bergriesen allemal die Kraft zu Gebote steht, mit dem ein Sturm die Wipfel der Bäume verbiegt, und der Sturmwind selbst seinerseits ist ein beliebtes Bild für die Energie, die dem Geist innewohnt. Doch gerade darin liegt eine Gefahr. Das »Schneiderlein« nutzte seinen Verstand bislang einzig dazu, von Finte zu Finte seinen Machtanspruch aufrecht zu erhalten; doch was das Märchen (noch) nicht erzählt, davor gerade warnt der *Theseus*-Mythos: Insbesondere der Geist kann in Spannungen und Widersprüche verwickeln, die einen Menschen zu zerreißen drohen. All die bisher schon erwähnten Gegensätze von Kultur und Natur, von Leben und Materie, von Vorstellung und Wirklichkeit sind geeignet, das menschliche Bewußtsein bis zu schizophrenen Zuständen zu zerspalten, so daß es zwischen all den Ambivalenzen und Antinomien weder Kompromiß noch Synthese mehr gibt. Je mehr die Angst das Gefühl von Kleinheit und Minderwertigkeit verstärkt, desto heftiger wird der kompensatorische Drang nach Größe sich dagegen stemmen, bis daß die Kluft zwischen Selbstanspruch und Selbstsein nicht mehr zu über-

123 Vgl. JOHN H. OAKLEY: The Greek Vase, Figure 10, p. 73: Die zehn Taten des Theseus, rotfiguriger Becher in der Schule des Kadros-Malers, 440–430 v. Chr. Dargestellt sind die acht Heldentaten des *Theseus*: In der Mitte oben bekämpft er den eleusinischen König *Kerkyon*, der alle Vorüberfahrenden zu einem Ringkampf zwang, bei dem er sie tötete. In der nächsten Szene erschlägt er den *Prokrustes*, den »Strecker«, der auf der Straße von Eleusis nach Athen die Passanten einlud, bei ihm zu schlafen, und sie dann in seinen Betten als zu lang oder zu kurz zurechtstutzte und umbrachte. Am Skeironischen Weg zwischen Eleusis und Megara trifft er sodann auf *Skeiron*, den Sohn des *Poseidon*, der sich von Reisenden die Füße waschen ließ, um sie dann von der Klippe ins Meer zu stoßen, wo eine Riesenschildkröte sie fraß. Im östlichen Attika erlegte er den wilden Stier von Marathon, der das Land verwüstete. Im Golf von Korinth stellte er den Pityokamptes, den »Tannenbieger«, *Sinis*, der zwischen zwei Tannen Menschen zerriß; er tötete ihn und heiratete seine schöne Tochter *Perigune*, die hinter Spargelgestrüpp sich versteckt hatte. In Krommyon, im Südwesten von Megara, erlegte er die graue Sau *Phaia*, ein landverheerendes Ungeheuer. Im Mittelpunkt von allem aber steht der Sieg des Theseus über den *Minotauros* auf Kreta.

brücken ist. Das »Schneiderlein« hat auf seine Weise Erfolg, doch was es bräuchte, wäre so ein *Theseus*, der den tannenverbiegenden Grundkonflikt der Angst selbst aus der Welt schaffte. Eben dahin aber wird das »Schneiderlein« selber nie gelangen. Selbst seine Erfolge sind einer Unsicherheit geschuldet, die es von Fall zu Fall zwar überspielt, doch niemals wirklich überwindet.

Ein rettender Rest von Realitätssinn

Wie zur Beruhigung allerdings darf man im folgenden bemerken, daß das »Schneiderlein« bei all seinem Größenwahn, mit dem es seiner Umgebung entgegentritt, im Umgang mit sich selbst denn doch nicht wahnsinnig genug ist, den Sinn für das, was es wirklich ist, gänzlich dahin zu geben. Es führt die anderen hinters Licht, doch gerät sein Leben als Dauerbetrug nicht gänzlich zum Selbstbetrug. Es belügt alle Welt, doch insgeheim glaubt es sich selbst seine Lügen nicht. Gerade dieser Widerspruch zwischen außen und innen hält es von Abenteuer zu Abenteuer in Trab und ist zugleich der Grund dafür, daß es seine eigenen Machenschaften von Fall zu Fall gerade eben noch überlebt. Es läßt alle anderen glauben, es mit einem Wundermann und Alleskönner zu tun zu haben, weiß aber selbst nur zu genau, daß es allein durch Täuschungen und nicht durch Taten seinen Ansprüchen gerecht wird. Eben deswegen freilich naht bereits eine neue Gefahr.

Wenn jemand Mal um Mal verliert, obwohl er guten Grund hat, sich als überlegen einzuschätzen, wird er nicht lange guter Laune bleiben. Man kann daher verstehen, daß der Riese, da er immer wieder sich im Hintertreffen sieht und schließlich noch erniedrigt und verhöhnt vorkommen muß, auf Rache sinnt, und diesmal ist es er, der seinen Gegner überlisten will. Als Köder in der Falle, die er dem »Schneiderlein« aufstellt, benutzt er eine Eigenschaft, die bislang, da es scheinbar nur um körperliches Kräftemessen ging, so gut wie keine Rolle spielte, auf die der Schneider aber großen Wert legt: Er will für »tapfer« gelten. Das allerdings kann er am einfachsten unter Beweis stellen, indem er sich selbst in die Höhle des Riesen begibt, um dort zu übernachten. In Höhlen, unter Abris, suchten die Menschen schon in der Eiszeit Zuflucht vor Kälte, Wind und Regen – und vor Gefahren aller Art. Eine Höhle aber, die von Riesen bewohnt ist, verspricht nicht Schutz, sondern ist selber eine Stätte der Gefahr. Natürlich weiß das auch der Schneider; wenn er gleichwohl der Einladung des Riesen folgt, dann nicht in Zuversicht auf dessen Wohlwollen, sondern allein unter dem Zwang einer neuerlichen Demonstration seiner Vortrefflichkeit. Zu einem rechten Mann gehört neben der Körperkraft auch Geisteskraft: Charakterstärke und Mut, genug, möglichen Gefahren standzuhalten. Der Schneider kann nicht anders, als auf das Angebot des Riesen einzugehen.

Doch es kommt, wie zu erwarten: Da sitzen *»noch andere Riesen beim Feuer, und jeder hatte ein gebratenes Schaf in der Hand und aß davon.«* Allein der enorme Appetit dieser Unholde verheißt nichts Gutes; immerhin, für ihre Zivilisiertheit spricht, daß sie des Feueranzündens fähig sind – ein Geschenk des Titanen *Prometheus*[124] –, so daß es in der Höhle, wenn auch rauchig und rußig, gemütlich hell und warm ist. Dann aber begibt sich etwas, das dieses »Schneiderlein« erneut von einem *Theseus* auf charakteristische Weise unterscheidet.

Der griechische Held, so wird überliefert, traf in Erineus am Berg Aigaleos auf das Monstrum *Prokrustes*, den »Strecker«, der die Reisenden zu sich einlud und sie scheinbar aus lauter Gastfreundschaft aufforderte, sich auf sein Bett zu legen, – waren sie kleinwüchsig, mußten sie sich auf ein langes Bett legen, waren sie groß von Gestalt, dann auf ein kurzes; hernach fesselte er sie und paßte sie durch Strecken oder Stauchen an die Maße ihrer Unterlage an. Das ging so lange, bis *Theseus* kam und diesen Quälgeist mit seiner gewalttätigen Gleichmacherei auf die gleiche Weise tötete; ja, er hieb dem *Prokrustes* obendrein den Kopf ab, da dieser selber sehr groß war und in keine seiner Bett-Stätten paßte (vgl. Tafel 1)[125]. – Was die Helden-

124 Vgl. E. DREWERMANN: Grenzgänger, 70–82: Das Schicksal des Prometheus oder: Von Wissen und Leid.

125 Vgl. HYGIN, 38, in: Griechische Sagen, 262, zählt unter den Taten des Theseus auch auf, wie er den »Prokrustes, den Sohn *Poseidons*« tötete; »wenn ein Fremder zu ihm kam, legte er ihn, wenn er groß war, in ein kleineres Bett und schnitt den übrigen Teil des Körpers ab; wenn er aber klein von Wuchs

sage als eine recht launige Geschichte zum besten gibt, läßt ein mythisches Motiv durchscheinen, das unser Dasein als sterbliche Kreaturen deutet: Wir legen uns schlafen und folgen damit dem Einfluß des Gottes *Hypnos* (des Schlafes), der als Sohn der *Nyx* (der Nacht) ein Bruder des *Thanatos* (des Todes) ist. Auch *Hypnos* schläft auf der Insel Lemnos in einer Höhle, umgeben von seinen Söhnen, den Träumen; es kann aber auch sein, daß *Hypnos* und *Thanatos* gemeinsam sich eines Menschen annehmen, wie im Falle des *Sarpedon*s, des Sohnes *Apollon*s, den sie als Gefallenen im Trojanischen Krieg nach Lykien zurücktrugen. – Eine solche Nähe zu Tod und zu Schlaf scheint auch *Prokrustes* zu eigen, und indem er in seinen Betten alle Sterblichen auf eine Einheitslänge zurechtdrückt, tut er genau das, was man für gewöhnlich vom Tod sagt: Er macht sie alle gleich. Dieser Todesgefahr stellt sich *Theseus*; als er *Prokrustes* enthauptet, tötet er den Tod und befreit er das Leben von Furcht.

Anders indessen, ganz anders das »Schneiderlein« in der Höhle der Riesen.

Im Inneren der Erde verkörpern sie unter anderem auch die Macht der Natur, Leben, das sie hervorgebracht haben, wieder zurückzunehmen und zu zerstören. Was überhaupt ist das menschliche Leben in seiner Kürze, gemessen an der Dauer von Bergriesen? – IWAN TURGENJEW hat einmal zwei Alpenberge miteinander reden lassen, um ihren langen Atem gegenüber der Kleinheit der Menschen zu schildern[126]: Zwei Ungeheuer, zwei Riesen, türmen sich auf beiden Seiten

war, gab er ihm ein größeres Bett, und auf einem Amboß dehnte er ihn aus, bis er gleich lang war wie das Bett. Ihn tötete *Theseus*.« – HEDWIG VON BEIT: Das Märchen, 396, erklärt es zur Aufgabe des »Helden«, »als der vollkommene Mensch … in das dunkle Chaos, in dem die Seele gefangen ist, hinunterzusteigen und dessen Gewalten auf sich wirken zu lassen.« So der »Abstieg« in die »Höhle« der »Riesen«. In dem »Bett« sieht sie (S. 365) »eine Unterlage, eine Grundlage, eine stoffliche Stütze«, »der Inbegriff der materiellen Natur der Magna Mater.« Tatsächlich geht es um das Eingeständnis der wirklichen Kleinheit der Person. – Zu Hypnos und Thanatos vgl. HOMER: Ilias, XVI 671–673, S. 342–343: »Und entsendend ihn (sc. *Apollon*, d. V.) mit raschen Geleitern, daß sie ihn tragen, / Schlaf und Tod, den Zwillingsbrüdern, die ihn dann eilends / Niedersetzen in Lykiens weitem und blühendem Lande.«

126 IWAN S. TURGENJEW: Eine Unterhaltung, in: Gedichte in Prosa, in: Erzählungen 1857–1883. Gedichte in Prosa, 869–870.

des Horizonts empor: die *Jungfrau* und das *Finsteraarhorn*, und sie sprechen in Abständen von Jahrtausenden über das, was sie sehen: wie Wolken alles verhängen, dann aber den Blick freigeben auf die Gewässer und Wälder und auf die Steinmassen, die sich vom Boden abheben, und wie neben ihnen zweibeinige Käfer hin und her laufen, denen es noch nicht gelungen ist, die Gletschergipfel zu entweihen, die Menschen. Dann, nach Jahrtausenden, scheinen sie weniger geworden, *»es ist reiner geworden unten«*, finden die Berge, und wieder, nach langen Jahrtausenden, sprechen sie zu einander: Es ist schön, *»sauber und weiß überall … Man sieht nur Schnee, glatten Schnee und Eis. Alles ist erstarrt. – Schön ist es, ruhig …«* Und *»die hohen Berge schlummern; und es schläft auch der helle grüne Himmel über einer für immer erstarrten Erde.«* – Für die Natur ist der Mensch nur eine Ruhestörung, eine vorübergehende Verschmutzung; und doch sind diese »Käfer« fähig, sich ihre Kräfte zunutze zu machen und sich über sie zu erheben. Allerdings nur kurzzeitig sind solche »Erfolge«, ein Entkommen von Fall zu Fall, eine Flucht, die sich tarnt als Triumph.

In der Höhle der Bergriesen kann das »Schneiderlein« sich von daher im Grunde nur zu einer Ruhe begeben, die seine letzte sein sollte. Denn: *»Als es Mitternacht war«*, zur Geisterstunde also, tritt der Riese, im Glauben, der Schneider liege in seinem Bett und sei fest am Schlafen, mit einer Eisenstange herzu und schlägt *»das Bett mit einem Schlag durch.«* Damit vermeint er, *»dem Grashüpfer den Garaus gemacht«* zu haben. Doch dem ist nicht so. Erstaunt nämlich hat der Schneider feststellen müssen, daß in der Höhle der Riesen alles *»viel weitläufiger«* ist als in seiner Werkstatt. Auch das Bett, das ihm zugewiesen ward, erscheint ihm als viel zu groß, so daß er sich dort nicht hineinzulegen wagt, sondern in eine Ecke kriecht, wie um sich zu verstecken.

Was ihm in diesem Augenblick also das Leben rettet, ist der Realismus seiner Selbsteinschätzung. Bei allen Posen von Größe und Stärke nach außen weiß der Schneider im Umgang mit sich selber denn doch, woran er mit sich ist. Er nimmt, was er den anderen vormacht, nicht für sich selbst als bare Münze. Wäre es anders, so hätte er mit Wonne sich in das Riesenbett gelegt; so aber weiß er um die Kleinheit seines Körper-Ichs; wohl, dieses Wissen zwingt ihn zu seinen kompensatorischen Großmannsallüren, aber so sehr es davon auch überlagert wird, bleibt es im Untergrund dennoch erhalten; nur deshalb überlebt der Schneider den tödlichen Anschlag des Riesen.

Dafür gelingt ihm am Morgen ein neuer Coup: Die Riesen gehen, kaum daß die Sonne am Himmel steht, in den Wald und haben *»das Schneiderlein ganz vergessen,«* als es ihnen *»auf einmal ganz lustig und verwegen dahergeschritten«* kommt. Schrecken ergreift sie, und sie fürchten ernstlich, daß nunmehr sie von diesem *»Grashüpfer«* erschlagen würden. Voller Panik nehmen sie Reißaus und fliehen. Dem Schneider aber ist, unter seinen Bedingungen, ein Bravour-Stück gelungen: Er hat seine Angst nach außen verschoben. »Ich brauche keine Angst mehr zu haben, indem ich anderen Angst mache«, lautet die Devise einer solchen Haltung. Sie macht andere zu Opfern der eigenen ungelösten Ängste, doch welch einem wahren Narzißten machte das schon etwas aus? Zu der Attitüde des Allergrößten kommt nun noch die Pose des Schreckenverbreiters, und auch darin beweist das Märchen vom »tapferen Schneiderlein« seine traurige Aktualität: Wo auf der Welt, in der hohen Politik etwa, ginge es anders zu, genauso wohlgemut und genauso irrsinnig?

Das Logo eines großen Kriegsmannes

Die »Ausreise« des »Schneiderleins« bestand bis dahin, innerlich gelesen, in einer dramatischen Auseinandersetzung mit seinen eigenen »Riesen«ansprüchen, innerhalb deren es sich seiner Position als Mensch im Gegenüber der Natur klar werden mußte: Wenn etwas ihm zu der ersehnten Überlegenheit verhilft, so ist es einzig sein Verstand im Unterschied zu den blind wirkenden Naturgewalten. Verstand aber besitzen alle Menschen; wie es mit »Riesen« umgeht, hat das »Schneiderlein« gezeigt; wie indessen wird es gegenüber Menschen sich behaupten? – Diese Frage beantwortet der zweite Teil des Märchens, den die BRÜDER GRIMM »angefügt und … umgeschrieben« haben[127]; er setzt psychisch den weiteren Weg des »Schneiderleins«

127 BRÜDER GRIMM: Kinder- und Hausmärchen, III 29. Vgl. HANS-JÖRG UTHER: Handbuch zu den »Kinder- und Hausmärchen« der Brüder Grimm, 47. –

im Rahmen seiner narzißtischen Grundeinstellung konsequent fort, geht es doch, nachdem es den »Riesen« ein Schnippchen geschlagen hat, einfach *»weiter, immer seiner spitzen Nase nach.«* Mit anderen Worten: Es folgt sich selbst und bleibt sich treu. Und so bewegt es sich denn bald schon auf sein eigentliches Ziel zu: Entsprechend seiner Vorstellung ist es von einer außerordentlichen »Schlagfertigkeit«, die es zu etwas Unvergleichlichem, zu dem »Größten« unter allen Menschen macht. Also: Es muß »König« werden, das heißt, es müssen all die anderen nur erst noch mitbekommen, wen eigentlich sie in seiner Person vor sich haben; augenblicklich werden sie dann merken, daß es, das »Schneiderlein«, dazu prädestiniert ist, über sie als »König« zu herrschen.

Wie das zu bewerkstelligen ist? Ganz einfach! Es ist, als wäre GRIMMS Zwergenriese der PR-Beratung eines politischen »Think-Tank« oder der Reklameabteilung einer Sport- und Bekleidungsfirma unserer Tage entsprungen: Das Image, der Slogan, das Logo macht's[128]. Werbesprüche müssen keinen Sinn und keinen Wahrheitswert besitzen, sie müssen auffallen, indem sie von allem Gewöhnlichen abstechen, indem sie alles andere ausstechen. So kreierte man in den 50ern des vergangenen Jahrhunderts »Aussagen« wie: »Aus gutem Grund ist Juno (eine Zigarettenmarke mit Bezug zu der attraktiven Schwester und Ehefrau *Jupiter*s) rund«, – die sexuelle Untertönung der Werbung blieb damals diskret unausgesprochen, doch sie erst verlieh dem offenbaren Unsinn einen verführerischen »Sinn«; zeitgleich ging die *Adenauer*-CDU auf Stimmenfang mit der Aufforderung: »Keine Experimente« und wollte damit warnen vor allen, die etwas anderes sich vorstellen mochten als das Bisherige; sie hätte in gleicher Absicht für sich auch wie für ein Markenprodukt zum Kauf

MARTIN MONTANUS: Schwankbücher, cap. 5: Von einem könig, schneyder, rysen, einhorn und wilden schwein, S. 19–24, enthält die in sich geschlossene Vorlage der GRIMMschein Geschichte. Vgl. auch a. a. O., S. 479–483: Warum die schneider so stoltz.

128 NAOMI KLEIN: No Logo!, 36, notiert den Trend: »Das reale Produkt war für sie (sc. Unternehmen wie Nike, Apple, Body Shop, Calvin Klein, Disney, Levi's und Starbucks, d. V.) nur noch Füllstoff für das eigentliche Produkt: die Marke.« Und S. 60: »Der Geburtsort dieser ehrgeizigen Form der Markenpolitik ist das Internet, in dem es nie eine rigide Trennung zwischen redaktionellen und werblichen Inhalten gab.«

auffordern können mit den derzeit wirksamen Worten »Test the best«, denn klar ist: Das »Beste« ist stets das jeweils Angebotene. Wohlgemerkt, das Ergebnis des »Tests« steht immer schon fest und kann in jedem Falle nur bestätigt werden. Eben darauf basiert der Trick aller Werbung, daß man immer im voraus schon weiß, womit man es zu tun hat, noch bevor man es damit zu tun bekommt – das präformierte Vorurteil firmiert das Urteil, der Schein das Sein, das Außen den Inhalt –, die Behauptung selber ist die Hauptsache[129]. Ganz so das »Schneiderlein«.

Bezeichnenderweise muß es überhaupt nichts mehr machen, sein Erfolg erfolgt buchstäblich »traumhaft«: Die Illusion setzt sich als Wirklichkeit. Da liegt es ermüdet im Grase und schläft ein; die Nacht in der »Höhle« der »Riesen« war offenbar nicht entfernt so entspannt, wie es am Morgen zur Schau trug. Jetzt freilich muß es gar nichts mehr tun. Sein Gürtel gilt als Ausweis seiner Deckidentität, denn da steht: Es ist ein »Siebentöter«. Niemand kann denken, niemand *soll* denken, daß es sich bei den »sieben« um Fliegen, nicht um Menschen (oder Riesen) handelt. Und das ist der Kern des ganzen Blendwerks narzißtischer Eigenwerbung: Was sich das »Schneiderlein« selber hat glauben machen, erweitert unversehens sich zum Glauben aller: es ist der Unvergleichliche, der Größte, der Ausgezeichnete – der Held, der Superman. Wieso? Es steht gestickt, in kunstvoll manierierter Schrift vermutlich, auf seinem Gürtel! Selbst noch im Schlafe also liegt es da als die allseits sichtbare Siegesstele

129 Bereits 1957 warnte VANCE PACKARD: Die geheimen Verführer, 19, vor den »Kundenfang-Techniken«, mit Hilfe des Unbewußten Kaufanreize zu schaffen. Da die Produkte (Whiskey, Zigaretten, Bier etc.) einander sehr ähnlich sind, spielt »die Vernunft bei der Markenwahl« nur eine geringe Rolle (S. 18); also müssen Werbetechniken eingesetzt werden, die der Marke selber einen entscheidenden »irrationalen« Vorteil (Männlichkeit, Freiheit, Freundschaft, Gesundheit, Glück, Kinderliebe …) zusprechen. Umgekehrt meint HANS-JOACHIM MAAZ: Die narzisstische Gesellschaft, 22: »Ohne ein narzisstisches Defizit könnten die Lebensfreude, die Lust und der Genuss aus der Erfüllung natürlicher Bedürfnisse für sich befriedigend wirken. Sie brauchten keine besondere kämpferische Anstrengung, keine ständige Steigerung, kein unbegrenztes Wachstum, keine Werbung, keine Programme, keine Trophäen und verweigerten sich einer Vermarktung.« Ein Nicht-Narzißt wäre ein Verfassungsfeind der BRD, zu deren Grundsätzen des politischen Handelns die Steigerung der Wachstumsraten gehört.

seiner selbst. Und deren Aufschrift wird geglaubt. Nicht was man selber sieht: die Schmächtigkeit des Kerlchens, das da schläft, ist ausschlaggebend, vielmehr belebt die absichtlich irreführende Angabe auf der Banderole um den dürren Leib des »Schneiderleins« die Phantasie ins Ungeahnte; das kolossale »Sieben auf einen Streich« fasziniert alle Betrachter und löst jene magische Hypnose aus, die im Umkreis narzißtischer Selbsteinschätzung im Erfolgsfall für gewöhnlich anzutreffen ist.

Demnach ergeht es dem »Schneiderlein« nunmehr geradewegs biblisch, heißt es doch in Ps 127,2: »den Seinen gibt's der Herr im Schlafe«, und in Spr 10,22: »Der Segen des Herrn allein macht reich, und nichts tut eigene Mühe hinzu.« In der Magie-Religion ist das »Schneiderlein« kraft seines Erfolges ein Gottesgesegneter; das göttliche Wunder aber ist dies: Nicht was das »Schneiderlein« getan hat, – was es beansprucht, tun zu können, zieht die Aufmerksamkeit der anderen an. Die Leute kommen *»von allen Seiten«*, und kaum lesen sie die Eigenwerbung auf des Schneiders Gürtel, da fragen sie sich staunend und erschrocken: *»was will der große Kriegsheld hier mitten im Frieden?«* Und sie geben sich sicher: *»Das muß ein mächtiger Herr sein.«* Ja, sie stellen sich vor, was für einen Nutzen solch ein Mann mitbrächte, bräche ein Krieg aus. Es ist klar: Der König muß dem Rechnung tragen und sich mit dem fremden Recken arrangieren, wie im Krieg um Troja der Heerführer *Agamemnon* mit dem größten Kämpfer im Heer der Achäer: *Achill.* Wohl, jeder könnte sehen, daß das Männchen, das da schlafend liegt, nichts von der Statur und dem Format des Sohns der *Thetis* und des *Peleus* aufzuweisen hat[130], doch gerade dieser Widerspruch von Anspruch und Augenschein, der die narzißtische Kompensation der Minderwertigkeitsgefühle des »Schneiderleins« in seiner Heldenpose bedingt, macht die Verführungskraft seines Logos aus. Von einem bestimmten Punkt der Tollheit an erscheint das Phantastische, das Geheimnisvolle, das Unglaubliche allemal als glaubhafter denn das Realistische, Feststellbare

130 Vgl. HOMER: Ilias, XX 206, S. 420: »Du bist, wie sie da sagen, ein Sproß des untadligen Peleus / Und der Thetis, der Tochter des Meeres mit prangenden Flechten.«

und Nachprüfbare; fortan sieht man die Welt, wie man sie wünscht – und fürchtet.

Unmittelbar nämlich betreten wir an dieser Stelle die Ambivalenz des gesamten Lebensentwurfes eines »tapferen« »Schneiderleins«, – einer Person, die ihre Minderwertigkeitsgefühle »durch Stark-sich-Stellen« (»tapfer«) zu überwinden sucht und damit die eigene Angst abwälzt auf alle anderen: sie sollen einen solchen Kraftprotz achten, schätzen, ja, benötigen und als ihren Retter aus jedweder Not in ihre Reihen aufnehmen, doch gleichzeitig sollen und müssen sie ihn fürchten und mit einer Halo des Unbegreiflichen und Unangreifbaren umgeben. Die demonstrierte Stärke eines solchen »Helden« verspricht Schutz und Sicherheit, wenn man auf seiner Seite steht; die Bedingung dafür aber besteht darin, daß man ihn sich gefällig hält; mit einem Wort: Man begibt sich von Anfang an in Abhängigkeit von seiner Wohlgelittenheit, man muß ihm zu Gefallen sein, man muß ihn so umwerben, daß er nicht irgendwann einmal Grund sieht, die Fronten zu wechseln.

Und jetzt wird es ganz klar: die Karriere eines solchen »Schneiderleins« in seiner vorgeblichen »Tapferkeit« ist gebunden an die Grundangst in allen Staaten und politischen Institutionen: *»wenn Krieg ausbrechen sollte.«* Der Mann, der seine eigene Kleinheit überspielt, indem er sich als Massentotschläger in die Gesellschaft einführt, hat für sich selbst nur einen einzigen Verwendungszweck: er kann als *»großer Kriegsmann«* dienen. Alles, was Militär und Krieg heißt, rekurriert zu seiner (Schein-)Rechtfertigung allein auf diesen Mechanismus: Es gibt als »Hoffnung« aus, daß die Angst, im Krieg durch fremde Gewalt getötet werden zu können, sich überwinden ließe durch umso größere eigene Gewalt zum Töten anderer. Die »Größe« solcher »Kriegsmänner« bemißt sich denn auch geradewegs nach der Anzahl ihrer Opfer. »*Saul* hat tausend erschlagen, *David* aber Zehntausende«, singen am Straßenrand die vor Begeisterung rasenden Frauen, als sie dem Sieger über die Philister zujubeln (1 Sam 18,7).

Das ist archaisch? Das ist einfach ekelhaft? Gewiß! Doch so gehört es quer durch die Jahrtausende zum Denken aller »tüchtigen« und »tapferen« Militärs. Im Ersten Weltkrieg stellte man für die »Ritter der Lüfte« ein Ranking je nach den Abschüssen feindlicher

Flugzeuge im Luftkampf auf: *Manfred von Richthofen*, der »rote Baron«, so genannt der Farbe seiner Maschine wegen, lag da ganz vorn, ebenso *Immelmann* und *Oswald Bölcke*[131], – Leute, nach denen in Berlin noch heute Straßen benannt sind. U-Boot-Kommandanten wurden ausgezeichnet, je nach der Menge der versenkten Bruttoregistertonnage feindlicher Schiffe. Die Einheiten der US-Army in Vietnam maßen täglich ihre »Leistung« beim Body Count nach der Anzahl der Körper getöteter »Gooks« (Kanaken) oder »Charlies« auf den Schlachtfeldern ihres »Befreiungskampfes« gegen den Vietkong[132]. 1991 zeichnete man die 1. motorisierte Infanteriedivision »The Big Red One« dafür aus, daß sie auf einer Frontlänge von 70 Meilen die Schützengräben der Iraker mit gepanzerten Bulldozern zugeschüttet und etwa 6000 gegnerische Soldaten bei lebendigem Leibe unter sich begraben hatte …[133] Nichts hat sich geändert. »Sieben auf einen Streich« – das Töten von Menschen erfolgt in der gleichen Routine wie das Erschlagen von Fliegen.

Spätestens jetzt verliert das so spaßig wirkende »Schneiderlein« seine Harmlosigkeit und offenbart es seine monströse Gefährlichkeit, seinen hohnlachenden Zynismus, seine entsetzliche Menschenverachtung. Sobald das Konzept der Angstüberwindung durch Draufschlagen und Töten in die Wirklichkeit des Umgangs mit Menschen tritt, erweist es seine narzißtische Unmenschlichkeit und – nicht zuletzt – seine militärpolitische (Miß-)Brauchbarkeit. Man denke nur

131 Vgl. CHRISTIAN ZENTNER: Illustrierte Geschichte des Ersten Weltkriegs, 351–361: Luftkrieg. Allein beim »Unternehmen Michael«, beginnend am 21. März 1918, schossen »deutsche Jäger … 364 Feindflugzeuge ab, 58 eigene Maschinen gingen verloren.« (S. 360)

132 CHRISTIAN ZENTNER: Die Kriege der Nachkriegszeit, 484: Es war »eine ›Kill-Quote‹ von 50 Menschen pro Monat einzuhalten.«

133 Vgl. RAMSEY CLARK: Wüstensturm, 88–89: »am 12. September 1991, brachte ›Newsday‹ die vielleicht schrecklichste Meldung. Tausende irakische Soldaten waren in den ersten beiden Tagen der Bodenoffensive lebendig begraben worden.« Captain *Bennie Williams* wurde mit dem Silver Star ausgezeichnet. »Dieses beispiellose Vorgehen wurde vor der Öffentlichkeit verborgen … ›Soweit ich weiß, haben wir Tausende erledigt‹, erklärte Colonel *Anthony Moreno*, Kommandant der 2. Brigade, die den Angriff auf die stärksten Abwehrstellungen anführte.‹ In dem Artikel heißt es weiter, daß nach der ersten Bulldozerwelle, die die Irakis außer Gefecht setzte, eine zweite die Gräben mit Sand zuschüttete, um sicherzugehen, daß von den Verwundeten niemand überlebte.«

an Leute wie den Pistolenfetischisten General *Patton*, um diese desaströs nützliche Mischung von persönlicher Ehrsucht beim Töten und öffentlicher Ehrung fürs Töten sich vor Augen zu stellen[134]. Einen solch »wichtigen und nützlichen Mann« darf ein König *»um keinen Preis fortlassen.«* Der Grund ist einfach: Jederzeit könnte es Krieg geben, und allezeit wird es Krieg geben, solange diese Logik der Angst regiert. Von daher ist es wirklich ein sich erfüllender (Wunsch-) Traum des schlafend daliegenden »Schneiderleins« (und der Beginn eines Albtraums aller Beteiligten), daß *»der Abgesandte«* des Königs, kaum daß es aufgewacht ist, ihm *»Kriegsdienste«* im Auftrag seiner Herrschaft anbietet.

Bis heute mögen Psychologen sich fragen, wer wirklich imstande ist, das Soldatsein als »Berufung« zu empfinden. Eine höchst plausible Theorie lautet: eigentlich niemand; die Regeln des zivilen Zusammenlebens in Friedenszeiten sind so extrem entgegengesetzt den Befehlen und Handlungen in Kriegszeiten, daß es allerorten einer eigenen Umerziehung auf den Kasernenhöfen der Welt bedarf, um aus den Bürgern von einst Soldaten in Uniform zu machen. Ganz deutlich ignoriert »Verteidigungsministerin« Frau *von der Leyen* ebenso wie ihre aufrüstungsbereite Kanzlerin *Merkel* die moralisch menschliche Seite des Problems, wenn sie so tut, als könne man Rekruten für die Bundeswehr auf die gleiche Weise anwerben wie EDV-Spezialisten für eine Computerfirma: – mit Urlaub, Freizeit, Rentenerwartung, Versicherung im Krankheitsfall u. ä. Ein Drohnenpilot in Ramstein oder Potsdam verrichtet eine qualitativ absolut andere Tätigkeit als ein Fahrdienstleiter im Schaltzentrum der Bahn AG in Duisburg oder

134 *George Smith Patton* führte als Panzergeneral die 3. amerikanische Armee und galt als ein legendärer »Draufgänger«; vgl. CHRISTIAN ZENTNER: Der Zweite Weltkrieg, 364–365. Als am 22.3.1945 die 5. amerikanische Infanteriedivision, die zu seiner Armee gehörte, bei Oppenheim einen zweiten rechtsrheinischen Brückenkopf bildete und das VIII. Korps bei Boppard, und als die 76. Infanteriedivision bei St. Goar über den Rhein setzte, hätte er »am liebsten drei Panzerdivisionen und starke, motorisierte Infanterie zu einem Panzerkorps zusammengefaßt, um möglichst rasch den hessisch-thüringischen Raum zwischen Kassel und Weimar zu gewinnen, in klarer Erkenntnis der operativen Bedeutung der Panzerwaffe.« (S. 450) Pattons Erfahrungen im 1. Weltkrieg machten aus ihm einen Kriegs- und Waffenfetischisten.

Frankfurt; es ist nicht möglich, den Zweck aller militärischen Aktivitäten: die gezielte Tötung von Menschen, hinter der funktionalen Korrektheit der einzelnen befehlsgerechten Maßnahmen vergessen zu machen. Natürlich, man kann subjektiv das Bewußtsein davon, was eigentlich auf den Trainingsplätzen des Militärs im Umgang mit Waffen aller Art geübt und gedrillt wird, isolieren und neutralisieren, um sich an den Rahmenbedingungen von Aufstiegschancen und Gehaltserhöhungen zu orientieren, wie sie in vergleichbarer Form auch in zivilen Berufen angeboten werden; doch auf diesem Niveau der Verdrängung ist es relativ egal, was jemand tut. Wer hingegen wie das »Schneiderlein« des GRIMMschen Märchens beim »Aufwachen« erklärt, *»eben deshalb«* sei es *»hierhergekommen«*, dem König seine *»Kriegsdienste«* anzubieten, und es sei *»bereit, in des Königs Dienste zu treten«*, der gibt zu erkennen, wohin die narzißtische Überwindung seines Kleinheitskomplexes durch die großsprecherische Aufschneiderei als »Siebentöter« führt: Jener Traum, der in seinen Minderwertigkeitsgefühlen als Albtraum begann, vollendet sich als ein realisierter Wunschtraum einzig beim Militär. Dort als der Größte zu erscheinen, dekoriert für seine Heldentaten, bewundert für seine »Tapferkeit vorm Feind«, geehrt für sein aufopferungsvolles Eintreten für »Volk und Vaterland«, – so sähe die Erfolgsbilanz der »Dienste« eines derartigen »Schneiders« in unseren Tagen aus. Was er den »Feinden« antut, spielt da keine Rolle, wenn es nur seiner Größe dient.

So konnte beispielsweise der hochgeachtete General *Douglas Mac Arthur* im Korea-Krieg den Einsatz von Atomwaffen gegen die chinesischen Großstädte mit ihrer Millionenbevölkerung urgieren, um ein für allemal die kommunistische Hydra in Ostasien zu enthaupten[135], so konnte *Churchill* den Einsatz von Giftgas zur Ausrottung

135 Vgl. CHRISTIAN ZENTNER: Die Kriege der Nachkriegszeit, 84–86. JÖRG FRIEDRICH: Yalu, 481–490: Atomschlag, betont: Auch *Mac Arthurs* Nachfolger *Mark Clark* verlangte im Oktober 1952 den Einsatz von Atombomben. »Mit 342–482 Stück könnte man den mandschurisch-koreanischen Kriegsschauplatz leicht in den Griff bekommen.« (S. 481) – HANS-JOACHIM MAAZ: Die narzisstische Gesellschaft, 204, unterlegt die Narzißmus-Problematik auch der Ost-West-Spaltung nach dem Zweiten Weltkrieg »in ein sozialistisches (kommunistisches) und ein kapitalistisches (imperialistisches) Lager als ein kollusives Zusammenspiel von Größenselbst und Größenklein – jenen beiden Seiten des Bewältigungsversuches narzisstischer

der Bevölkerung in den Städten Nazi-Deutschlands erwägen[136], so setzte *Hitler* auf die Totalisierung des Krieges mit immer wirksameren Massenvernichtungswaffen, um seinem Ruhm als des »Größten Feldherrn aller Zeiten« nachzukommen. Es ist ein unheimliches Geflecht von Minderwertigkeitsgefühl und Größenwahn, das sich aus der Vermengung von Narzißmus und Aggressivität ergibt.

Vor allem: Man mißversteht die »Helden« vom Typ eines »tapferen Schneiderleins«, wenn man ihre Erklärung, »dienen« zu wollen, beim Wort nimmt. Solche Leute dienen niemandem außer sich selber, sie gehorchen niemandem außer ihrem Ich-Ideal, und sie folgen niemandem außer dem Zwang, die eigenen Selbstwertzweifel durch eine offensive Selbstdarstellung zu widerlegen. Selbst in ihren sozial nützlich erscheinenden Großtaten sind sie zutiefst asozial, oder anders gesagt: Die strahlende Aura ihres Stolzes verbirgt nur mühsam die Tragik ihrer fundamentalen Isolation und Einsamkeit. Die Art der Angstüberwindung, die den »Schneider« nur in der Pose des Auf-

Verletzung. So machen sowohl der manische Wiederaufbau mit dem daraus resultierenden ›Wirtschaftswunder‹ wie auch die zwangsläufige Mißwirtschaft und der Verfall der ›Volksrepubliken‹ Sinn. Manie und Sucht einerseits, Depression und Zwang andererseits sind die Hauptsymptome des Größenselbst bzw. des Größenklein.«

136 JÖRG FRIEDRICH: Der Brand, 358, nennt den Angriff auf Dresden am 13./14. Febr. 1945 mit etwa 40 000 Toten eine »gemäßigte Version des Gas- und Bakterienangriffs, dem Churchill damals sechzig deutsche Städte unterziehen wollte.« *Winston Churchill,* geprägt ebenfalls von den Erfahrungen des Ersten Weltkriegs, stellte sich einen »absolut verwüstenden Ausrottungsangriff (›exterminating attack‹) durch sehr schwere Bomber« vor. (S. 77) – An Churchill nagte unauslöschlich die Niederlage bei dem Angriff auf Gallipoli im April 1915, für den er »als Erster Lord der Admiralität … den Plan« entworfen hatte und der zu einem katastrophalen Fehlschlag wurde. Vgl. HEATHER JONES. 25. April 1915, in: Der Erste Weltkrieg, 94. Die Alliierten verloren über 140 000 Mann, die Osmanen »doppelt so viele.« (100) – HANS-JOACHIM MAAZ: Die narzisstische Gesellschaft, 199, verweist auf die »Falle«, in die seiner Meinung nach die USA nach 9/11 geraten seien: »Die USA haben sich provozieren lassen und Verbrechen mit Verbrechen beantwortet. Die Achillesferse westlicher Führer ist der Narzissmus! Reife Persönlichkeiten ohne narzisstische Störung würden Verbrechen mit rechtsstaatlichen Mitteln verfolgen und ahnden, zugleich aber die Ursachen des Terrorismus analysieren und dabei eigene schuldige Anteile identifizieren und korrigieren.« Das ist richtig, darf aber nicht vergessen machen, daß das gesamte US-amerikanische Sendungsbewußtsein narzißtisch ist und daß die kapitalistische Wirtschaftsform ihrerseits zu immer neuen Machtdemonstrationen zwingt.

schneiders zu den anderen führt, versetzt ihrerseits alle anderen in Angst und Schrecken, Kraftmeierei paßt nicht zu Kameradschaft, Ruhmsucht ist der Ruin des nötigen Respekts im Miteinander, und Prahlerei geht nicht in eins mit Partnerschaft. Wie also jetzt?

Der Eine und die Einzige

Kaum wird das Siebentöter-Schneiderlein *»ehrenvoll«*, das soll wohl heißen: mit militärischem Gepränge unter Salutieren und Paradieren, empfangen und in Würdigung seiner zu erwartenden Großtaten angemessen in *»eine besondere Wohnung«* geleitet (Prinz *Eugen* baute sich zu diesem Zweck das Obere Belvedere in Wien)[137], da wird es den gewöhnlichen Soldaten in des Königs Heer, gelinde gesagt, mulmig. Ein solcher Schlagetot, wie das »Schneiderlein« zu sein sich rühmt, wäre gewiß hocherwünscht als Vor- und Einzelkämpfer, etwa als *Promachos* im antiken griechischen Heer, im Fall, daß ein Krieg im Duell der Besten unter den Kriegern entschieden werden soll und nicht durch das wahllose Abschlachten ganzer Mannschaftsteile der gegnerischen Heere; doch wenn es dazu nicht kommt? Wenn die Aggression ob der Konkurrenz um Achtung und Anerkennung, statt nach außen gegen den Feind gerichtet zu werden, Feindseligkeiten untereinander zu schüren beginnt, erweist sich ein solcher »Held« als gemeingefährlich für die eigene Truppe. Man kann verstehen, daß die »gewöhnlichen« *»Kriegsleute«* wünschen, das »Schneiderlein« *»wäre tausend Meilen weit weg.«* Unter rechten Kerlen wird es im Feldlager immer mal wieder zu Rangeleien und Raufereien kommen, und was dann? *»Wenn wir Zank mit ihm kriegen«*, so sprechen sie untereinander, *»und er haut zu, so fallen auf jeden Streich siebene. Da kann unsereiner nicht bestehen.«* Also daß sie sich *»allesamt«* zum König begeben und um ihre Demission anhalten, – sie können nicht mithalten mit diesem Ungeheuren! Das ganze königliche Heer beginnt zu meutern

137 Vgl. BRIGITTE VACHA (Hg.): Die Habsburger, 274–276: (Prinz Eugen:) Der feinsinnige Sammler, Kunstmäzen und Frühaufklärer. Das Obere Belvedere wurde von *Lukas von Hildebrandt* erbaut.

wegen dieses einen, und der König selber kann nur wünschen, *»daß seine Augen ihn nie gesehen hätten.«*

Es steht mithin auf Entweder-Oder: entweder der König verliert *»alle seine treuen Diener«* oder er entläßt diesen einen, der wie eine fremde Sonne in das Planetensystem am Hofe eingedrungen ist und mit seinem Eigengewicht die Bahnbewegung sämtlicher Planeten durcheinanderwirbelt. Die vernünftigste Lösung wäre es in der Tat, diesen scheinbar so Übernützlichen als Krebsgefahr für die gesamte Mannschaft tunlichst zu entlassen, denn die Blase der Ego-Inflation dieses einen und einzigen bedrückt und erdrückt alle anderen. Doch darf man »so einen« einfach entlassen? Was, wenn er sich rächt, zur Gegenseite überläuft und wie ein Berserker um sich schlägt?

Das am meisten sonderbare in dieser Szene besteht in der offenbaren Gesprächsunfähigkeit aller. Die *»Kriegsleute«* reden unter sich, doch nicht mit dem Siebentöter, dem »Schneiderlein«; sie reden mit dem König, doch nicht einmal *der* wagt zu reden mit dem »Schneiderlein«. Größer kann dessen Einsamkeit inmitten des öffentlichen Eindrucks nicht sein. Es ist unmöglich, mit ihm ins Gespräch zu kommen und auf Augenhöhe zu verhandeln, wie es für einen Vertragsabschluß bezüglich seiner Loyalität und Gefolgschaftstreue unerläßlich wäre; es ist ebenso undenkbar, ihm zu bedeuten, man wünsche nur möglichst bald seinen Abgang, – erst jetzt erkenne man so recht den Schaden, den es stifte, indem es sich wie ein Kuckuck in das gemachte Nest des königlichen Heeres gesetzt habe: niemand halte es neben ihm aus, sein Beistand habe keinen Bestand, da niemand ihn ertrage; es mache nicht Mut, es verbreite Entmutigung; es genüge, daß es da sei, und alle anderen nähmen Reißaus vor ihm. – Die Wirkung, die dieses »Schneiderlein« auf die Mannschaft des Königs und vor allem auf diesen selber ausübt, ähnelt wirklich dem biblischen Vorbild der Beziehung des triumphalen Philistertöters *David* zu dem rechtmäßigen König *Saul*: Je strahlender der junge *David* im Ansehen des Volkes emporsteigt, desto umdüsterter sinkt der Stern *Saul*s in die Nacht; Schwermut überfällt ihn, Niederlagen häufen sich, er bietet das Bild eines von Gott Geschlagenen und Verworfenen (1 Sam 19,8–10). Und der Grund dafür ist, wie in dem »Schneiderlein-Märchen«, dieser zielstrebige Emporkömmling, dem alles zu gelingen scheint, was er beginnt. Seine Erfolge sind die Niederlagen seines Königs, sein Selbstvertrauen ramponiert den Rest an Achtung, die der König bei seinen Leuten noch genießt. Wenn er König bleiben will, muß er *David* vernichten. Doch darf er das? Viele im Volke nähmen es ihm bitter übel. Aber kann er *David* einfach weiter gewähren lassen? Das sicher auch nicht. Er sitzt in der Klemme. Was auch immer er tut, es scheint verkehrt.

Ganz ähnlich hier der König, an dessen Hof der vermeintliche Siebentöter sich Zugang verschafft hat. Er möchte ihn loswerden, und er hätte am liebsten niemals sich auf ihn eingelassen; doch wie soll er ihn vom Hofe entfernen? Es ist kennzeichnend für die Lage, in welcher der König sich befindet, daß er um seinen Thron fürchten müßte, wollte er diesem sonderbaren »Kriegsmann« die Indienstnahme aufkündigen. Er hat sich von ihm abhängig gemacht im Einkauf für militärische Sicherheit; doch wer so regiert, ist ein Vasall eben dieses sicherheitsschaffenden Faktums. Kaiser *Wilhelm II.* zum Beispiel nach Ausbruch des Ersten Weltkriegs war nur noch ein Spielball in den Händen seiner Generäle[138], und hätte er den einen oder anderen von ihnen aus seinen Diensten entlassen, hätte er einen Putsch gewärtigen müssen: das Militär hätte die Regierungsgewalt übernommen und damit eigentlich nur die geheime Wahrheit sichtbar gemacht, daß es seit langem schon der eigentliche Träger aller Entscheidungen war. – So auch hier: Um zumindest den Anschein einer gewissen Verfügungsgewalt aufrecht zu erhalten, muß der König sich aufs Paktieren und Taktieren verlegen. Da ein offenes Gespräch mit dem »Schneiderlein« bei der Doppelbödigkeit dieses Mannes nicht möglich ist, bleibt auch dem König nur das verdeckte Spiel eines *Doublebind*: Weil der »Schneider« mit einem Anspruch auftritt der nicht real ist, nötigt er auch die anderen in seiner Umgebung dazu, anders zu reden, als sie denken, und anders zu handeln, als sie wollen.

138 Vgl. CHRISTIAN ZENTNER: Illustrierte Geschichte des Ersten Weltkriegs, 34–35, zu den Spannungen zwischen Generaloberst *Helmuth von Moltke* und Kaiser *Wilhelm II.* beim Kriegsausbruch August 1914; nach der verlorenen Schlacht an der Marne bat *von Moltke*, »krank und entnervt, um seinen Abschied.« (S. 35)

Im Kampf der Unaufrichtigkeit

Auf diese Weise erreicht die paradoxe Form des königlichen Machterhalts angesichts des sonderlichen Machtanspruchs des »Schneiderleins« einen grotesken Höhepunkt. Statt sich offen und ehrlich von ihm zu trennen, was ganz und gar in der Ordnung der Dinge gelegen wäre, sinnt der König darauf, den Störenfried aus seinem Machtbereich zu entfernen, indem er ihn – maximal einbindet! Seine Idee, die ihm nach langem Hin und Her kommt, besteht darin, das »Schneiderlein« an seiner Ehre und an seinem Ehrgeiz zu packen: Wenn man ihm eine Aufgabe stellt, die es bei seinem Ruhm nicht ablehnen, die es aber mit seinen begrenzten Kräften auch nicht erfüllen kann, so wird es, um die moralische Katastrophe zu vermeiden, physisch von selbst in seinen Untergang taumeln. Hernach wird es den *»Kriegsmann«* nicht mehr geben: Entweder er weicht aus, dann wird er zum Gespött der Menge werden, oder er begibt sich in die Gefahr hinein, dann wird er darin umkommen.

So oder so – der König muß mit List und Arglist seine Stellung verteidigen. Er kann nicht dem Schneider offen sagen, man komme am besten ohne ihn aus, er solle sich gefälligst aus dem Staube machen; er muß im Gegenteil erklären, da warte eine Aufgabe auf ihn, die einzig er imstande sei zu meistern. Er spricht damit die höchste Anerkennung aus für jemanden, den er vertreiben möchte, doch den er so sehr fürchtet, daß er ihn nur zu beseitigen sich getraut, indem er ihn in den sicheren Tod schickt. Muß Politik so sein? Offenbar, wenn sie in einem Feld von Angst, Abhängigkeit und Unaufrichtigkeit agiert. Der Schneider sagt nicht, wer er wirklich ist, der König sagt nicht, was er wirklich will; ein jeder gibt im Umgang mit dem anderen die Lüge wieder, die er hören möchte: der Schneider will hören, daß er unentbehrlich, unvergleichlich und entscheidend wichtig ist; der König will hören, daß er der Mann ist, der an seinem Hofe noch das Sagen hat und die Geschäfte führt.

Im Grunde sind sie beide damit quitt, mit einem Unterschied: Die Aufgabe, die sich dem Schneider stellt, mag so ehrenvoll sein, wie sie will, ehrlicherweise soll sie für ihn tödlich ausfallen, und *diese* Gefahr sieht sicher auch das »Schneiderlein«. Es täte gut daran, zu retirieren;

das wiederum weiß aber auch der König, und so muß er sein Angebot, will sagen: seinen Auftrag, noch ein Stück »sexier« machen, wie man sich im deutschen Neusprech derzeit auszudrücken pflegt: Er setzt seine einzige Tochter als Siegespreis aus und dazu noch *»als Ehesteuer«* sein halbes Königreich. Er, der an der Macht hängt und sein Königtum behalten will, lobt es zur Hälfte aus, um denjenigen umzubringen, der den Thron gefährdet. So unfrei sind die Mächtigen in Angst.

Die Preisjungfrau

Wie aber steht es mit der Königstochter? Daß sie als eigene Person gar nicht erst in Erscheinung tritt, muß man als die Usance am Hof verstehen: eine Königstochter ist eine Figur auf dem Spielfeld der königlichen Diplomatie; man setzt sie ein zur Durchsetzung eigener Interessen. – Auch dieser Zug hat eine biblische Parallele: *Saul*, um *David* loszuwerden, verspricht ihm seine Tochter *Michal*, wofern dieser eigenhändig 100 Philister tötet und zum Beweis ihre von den Gliedern der Männlichkeit abgeschnittenen Vorhäute mitbringt. »Das wird er niemals schaffen«, denkt *Saul*, und seine Tochter *Michal*, die *David* wirklich liebt, soll ihm dadurch zum »Fallstrick« werden, »daß die Hände der Philister gegen ihn sind.« Man sieht: Ein König tötet nicht, er läßt töten, und am besten, wenn seine Feinde selbst die Tat für ihn vollbringen. Ein König lockt sein Opfer auch nicht eigenhändig in die Falle – das läßt er seine Leute machen –, denn er muß unsichtbar bleiben und schon im Voraus die Spuren verwischen; wenn der Coup fehlschlägt, weiß er von nichts und verfolgt voller Eifer eine neue unfaßbare Intrige an seinem Hof. Also spricht *Saul* zu seinen Granden: »So sagt zu David: Der König begehrt keinen anderen Brautpreis (für seine Tochter *Michal*) als hundert Vorhäute von den Philistern, um an den Feinden des Königs Vergeltung zu üben.« Doch die Absicht dabei ist klar: »*Saul* trachtete danach, *David* umzubringen durch die Hände der Philister.« (1 Sam 18,25)

»Um zu herrschen«, läßt STEFAN HEYM einmal *Jonathan*, den Sohn *Sauls*, sagen, »darfst du nur ein Ziel sehen – die Macht. Darfst du nur einen Menschen lieben – dich selbst. Sogar dein Gott muß ausschließlich dein Gott sein, der ein jedes deiner Verbrechen rechtfertigt und es mit seinem heiligen Namen deckt.«[139] Narzißmus als Religion, Narzißmus als Wille zur Macht, Narzißmus als Selbstdurchsetzung mit allen Mitteln: der König, der seine Tochter verkuppelt, um ihren Liebhaber zu ermorden, ist nicht besser und nicht schlechter als ein »Schneider«, der solcherart aufschneidet, daß er als allesbesiegender Kriegsheld erscheint. Beide töten sie, beide lügen sie – des Machterhalts wegen, des Machtgewinns wegen; im Grunde sind beide miteinander identisch: Der »Schneider« ist nur eine Königsgestalt auf dem Weg zu sich selbst und der »König« nur die Zielgestalt aller Narzißten. Beide leben in einer Welt des Betrugs, beide machen sich selber und aller Welt etwas vor, doch dieses »etwas« ist ihr eigenes Sein, geboren aus ihrer eigenen Angst, ihrer Selbstverachtung auf Grund der verinnerlichten Ablehnung vonseiten der anderen sowie aus dem Willen, es ihnen allen zu zeigen. Wer stets der Kleinste sein mußte, hält sich nur aus als der Größte. Ein solches »Schneiderlein« lebt verborgen in jedem »König«, und jeder »König« ist – außerhalb der Erbfolge – nur ein »Schneiderlein«, das es fertiggebracht hat, mit seinen Machenschaften die Macht zu erobern. Selbst die Liebe ist auf diesem Weg nur ein Mittel zum Zweck und die geliebte Prinzessin nur die Trophäe des Thronanspruchs.

Das Arrangement, das dadurch entsteht, ist in mehrfacher Hinsicht »typisch« und ist in den Mythen und Märchen der Völker als Erzählmotiv in vielfachen Variationen verbreitet. In diesen »Brautwerbungsmärchen« geht es nicht immer, wie gerne geglaubt, um die Vereinigung zweier Liebender, die nach Überwindung lebensgefährlicher Schwierigkeiten, die in aller Regel vom Vater der Braut herrühren, am Ende verdientermaßen zueinanderfinden; recht häufig geht es, wie in unserem Falle, um den drohenden Sturz eines älteren Herrschers durch die Machtansprüche eines vermeintlich Besseren, Talentierteren, in jedem Falle Jüngeren, und es ist der König selber, der im Vergleichskampf mit seinem Konkurrenten sich als stark genug erweisen muß, Thron und Tochter für sich zu behalten. Mit einem

139 STEFAN HEYM: Der König David Bericht, 58.

Wagenrennen auf Leben und Tod suchte zum Beispiel König *Oinomaos* von Elis (vergeblich) seine Stellung gegen den *Tantalos*-Sohn *Pelops* zu behaupten; seine Tochter *Hippodameia* wurde nicht aus Liebe begehrt, sondern als Mitgift bei der Thronbesteigung[140]: Der Machtwechsel konnte in jenen Tagen nur zustande kommen durch Einheirat in die königlich-blaublütige Erblinie. Nicht die persönliche Bindung, sondern der soziale Aufstieg des Brautwerbers stand da im Mittelpunkt, und nur in dieser Form fügt sich das Motiv von der »Preisjungfrau« in die Geschichte vom »tapferen Schneiderlein« ein: nicht Liebe zu suchen zog es aus, wie die Helden zahlreicher »Zaubermärchen«, sondern »um Abenteuer zu bestehen, um irgendwie zu Glück und Wohlstand zu kommen,« und »dabei gelangt es zufällig dazu, die schwierigen, von der Prinzessin gestellten Aufgaben lösen zu dürfen.«[141] Das heißt: Was hier wie »zufällig« aussieht, folgt, psychoanalytisch betrachtet, einer strikten Steuerung durch das Unbewußte: Wer den Anspruch erhebt, der »Größte« zu sein, der definiert sich im Voraus bereits als ungekrönter »König«, der nur noch auf seine Amtseinführung wartet; zu dieser seiner Absicht darf er sich nicht offen bekennen, ja, er verbirgt sie am besten auch vor sich selbst. Eine Revolte, ein Putschversuch erforderte ein ganz anderes, frontales Vorgehen; ungleich günstiger ist es, als unentbehrlicher Retter des Reichs sich zur Tat bitten zu lassen; freilich, nicht »von der Prinzessin«, – vom König selber muß das Ersuchen ergehen, das die Tötungsabsicht kaschiert hinter der Prämie maximalen Aufstiegs.

Zwei Riesenansprüche neutralisieren sich

Worin aber besteht nun die Aufgabe? Da hausen im »Walde« des *»Landes ... zwei Riesen, die mit Rauben, Morden, Sengen und Brennen großen Schaden stiften«* und die so gefährlich sind, daß *»niemand ... sich ihnen nahen«* darf, *»ohne sich in Lebensgefahr zu setzen.«* Diese beiden »Riesen« trieben offenbar all die Zeit schon ihr Unwesen, und

140 APOLLODOROS, Epitome, II 4, in: Griechische Sagen, 129.
141 LUTZ MACKENSEN (Hg.): Handwörterbuch des deutschen Märchens, I 319.

bezeichnenderweise ist ihr Zuhause der *Wald*, die Stätte des Unbewußten, Naturhaften, des in die Kultur (noch) nicht Integrierten, mit anderen Worten: des Triebhaften, Unbeherrschbaren, Übermächtigen; so viel bereits verraten die Gestalt, der Aufenthaltsort und das Gebaren der »Riesen«. Was sie indessen inhaltlich verkörpern, ist nicht ganz so leicht auszumachen. Fest steht: sie sind, obwohl gemeinsam agierend, dahin zu bringen, daß sie als unversöhnliche Gegner übereinander herfallen und sich wechselseitig umbringen – man braucht, um das zu erreichen, sie »nur« aus ihrem Tiefschlaf aufzuwecken. Wer also sind sie?

Denken ließe sich psychoanalytisch bei dem Konflikt zweier gewaltiger Triebkräfte, die eigentlich beide Verbündete sind, an den Gegensatz von Es und Über-Ich in der Seele des Menschen: Die Naturgewalt der Triebbedürfnisse, meinte FREUD, lasse sich nur kontrollieren, wenn etwas Gleichstarkes ihnen entgegengesetzt werde, und das geschehe im Überich, dessen Macht selber aus umgelenkten Es-Energien stamme[142]: Das Kind liebe seine Eltern und sei schon auf Grund seiner vollkommenen Abhängigkeit von ihnen bereit, ihnen zu Willen zu sein; so mache es sich deren Befehle, Drohungen und Strafen zu eigen, mit denen diese der kindlichen Willkür Schranken entgegenzustellen suchten; so werde auf dem Terrain des Ich eine eigene Instanz der Kontrolle, Bewertung und Zügelung errichtet, die automatisch, wie wären die Eltern ständig präsent, im Inneren deren Funktion übernehmen. Das »Überich« ist mithin selber ein Ableger des Es und in seiner Wirkungsweise ebenso unbewußt wie dieses. Zwischen beiden aber steht das Ich, das als »König« jenes »Landes« sich wie ohnmächtig ausnehmen müßte, wenn es nicht vermittels seines Verstandes über eine gewisse Realitätskontrolle verfügte; ihm ob-

142 Vgl. SIGMUND FREUD: Die Frage der Laienanalyse, in: Gesammelte Werke, XIV 255–256: »Dieses Über-Ich hat eine besondere Stellung zwischen dem Ich und dem Es. Es gehört dem Ich an, teilt dessen hohe psychologische Organisation, steht aber in besonders inniger Beziehung zum Es. Es ist in Wirklichkeit der Niederschlag der ersten Objektbesetzungen des Es, der Erbe des Ödipuskomplexes nach dessen Auffassung. Dieses Über-Ich kann sich dem Ich gegenüberstellen, es wie ein Objekt behandeln und behandelt es oft sehr hart. Es ist für das Ich ebenso wichtig, mit dem Über-Ich im Einvernehmen zu bleiben, wie mit dem Es.«

liegt die Lösung der Frage, wie sich zwischen Trieb (Natur), Moral (Kultur) und Wirklichkeit ein Kompromiß herstellen läßt, – eine schwierige Aufgabe, die nur zu lösen ist, wenn die maßlosen »Riesen«ansprüche von Es und Überich in der Realität miteinander verträglich gemacht werden.

Es ist von daher tatsächlich ein ansprechender Gedanke, die beiden sich bekämpfenden Riesen als eine Darstellung eben dieses notwendigen innerpsychischen Gegensatzes zu deuten. Indessen scheitert eine solche Interpretation an einem wichtigen Detail: Die beiden »Riesen« werden nicht dahin geführt, sich auf der Basis eines verständigen Kompromisses miteinander zu versöhnen, sie werden dahin gebracht, über einander herzufallen und sich gegenseitig – in der Sprache des Militärs – zu »annihilieren«, zu »neutralisieren« oder, simpel, wechselseitig »auszuschalten«. Der absichtlich provozierte Konflikt *soll* das Resultat erbringen, daß die zwei »Riesen«kräfte, die da im Waldeshintergrund (des Unbewußten) jenseits jeder Kontrolle oder Einflußnahme vonseiten des »Königs« (des Ich) ihrem wüsten Treiben mit Rauben, Morden und Sengen nach Herzenslust frönen, im Wettstreit gegeneinander aufhören zu existieren.

Welch ein Konflikt dabei ausgetragen wird, errät man am einfachsten, wenn man der Spur weiter folgt, die das Märchen bisher schon gelegt hat: dem Hauptgegensatz in dem Doppelkontrast des *Doublebind*-Spiels aufseiten des Königs ebenso wie aufseiten des »Schneiderleins«. Was der König versprach, war das Gegenteil des eigentlich Beabsichtigten, – es sollte, was da gesagt wurde, sich *nicht* ereignen, damit das Ungesagte einträte; und das »Schneiderlein« wiederum täuschte eine körperliche Stärke vor, die seine trickreiche Behendigkeit vertuschen sollte. In dieser Doppelbödigkeit treten sie eigentlich gegeneinander an im Kampf um Machterhalt beziehungsweise um Machterwerb, sie tarnen diese Tatsache aber unter dem Anschein von Dienstauftrag und Diensterfüllung. Der Machtanspruch des einen wie der Machtanspruch des anderen läßt sich durchaus in Gestalt zweier Ungeheuer darstellen, die indessen, weil der Konflikt weder vor sich selbst noch vor dem Gegner offen eingestanden werden darf, im Tiefschlaf daliegen, wobei sie lautstark vor sich hin schnarchen. Das eigentlich Gemeinte und Beabsichtigte dringt geradezu aufdringlich in jedermanns Ohren, es darf nur als solches nicht mit Worten benannt werden.

Wie aber soll ein solcher Konflikt gelöst werden? – Entscheidend ist, daß, um ihn in der angegebenen Form zu verstehen, die Notwendigkeit entfällt, die Märchengeschichte in ein vorgefertigtes Schema der psychoanalytischen Theoriebildung (über den Gegensatz von Es und Überich) zu zwängen, – es genügt, seinem Erzählfluß zu folgen und sich von ihm leiten zu lassen. Dann wird vor allem deutlich, warum der Zweikampf der Riesen gerade hier, an dieser Stelle, stattfinden muß: Es ist nicht länger vermeidbar, daß die wohlverhüllten, wie »schlafend« daliegenden Machtansprüche »aufgeweckt« werden, also ins Bewußtsein treten und eben dort ausgetragen werden, und die Art, wie der »Schneider« bei der Lösung der gestellten Aufgabe vorgeht, spricht für sich selbst. *»Hundert Reiter«* sollen *»mitziehen und ihm Beistand leisten.«* Doch gerade eine solche königliche Kavalkade ist das letzte, was das »Schneiderlein« gebrauchen kann. Eine derartige Truppe würde nicht nur das parteiliche Interesse des Königs verstärken, sie würde vor allem das »Schneiderlein« auf Schritt und Tritt überwachen, – sie müßte es genau auf die Kampfesform festlegen, deren es sich nach außen hin rühmt: Es müßte vor aller Augen jene gewaltige Körperkraft unter Beweis stellen, über die es absolut nicht verfügt! Doch darf es das eingestehen? Natürlich nicht. Ihm bleibt nur ein Ausweg: Es muß sein Blendwerk noch blendender machen, es muß die Fiktion seines Könnens noch steigern. *»Ich«*, spricht es, *»habe die hundert Reiter … nicht nötig: wer siebene auf einen Streich trifft, braucht sich vor zweien nicht zu fürchten.«* Die prahlerische »Sieben« kann und soll für alles stehen, was sich erschlagen läßt: für Fliegen, Menschen, Riesen – einerlei. Doch der so großspurig Auftretende ist in Wahrheit der Gefangene seiner Gaunereien: Er kann, mit Unwahrheit beginnend, den Einsatz seiner Lügen nur immer mehr erhöhen.

Vor allem: Für die Art seines Vorgehens darf es keine Zeugen geben. Wie in der hohen Politik, wenn es um »Sicherheitsfragen« geht, bei allem also, was mit Kriegsvorbereitung und Kriegsführung zu tun hat, herrscht als oberstes Gesetz das Prinzip der Geheimhaltung. »Die Wahrheit stirbt zuerst«, sagt man von jedem Krieg. Täuschen, tarnen, tricksen, bluffen, – wie alles im Krieg auf das Gegenteil der Kultur des menschlichen Zusammenlebens hinausläuft, so ist das Gegenteil der Wahrheit, die bewußte Lüge, eine hochwillkommene Waffe bei jeder Auseinandersetzung auf Leben und Tod. Das Prahlen mit der Zahl getöteter Feinde hat das »Schneiderlein« längst zur Routine entwickelt, nur darf es sich dabei nicht erwischen lassen. Sein stolz-verzweifeltes »Ich schaff' das ganz allein« ist nicht nur ein sprechender Ausdruck der Isolation und der mangelnden Kooperationsfähigkeit, in die es sich mit seiner narzißtischen Ruhmsucht hineinmanövriert hat, es dient zugleich auch der Abwehr jedweder Zeugenschaft angesichts seiner wirklichen Schwachheit. Es kann und darf nicht sagen, daß es Hilfe brauche, auf Biegen und Brechen muß es die Attitüde autarker Souveränität beibehalten: Es ist unbedürftig aller, – nur so ist es der Einzige, der Einzigartige, der Unvergleichliche. Dafür, wenn es mit seinen Ränken durchkommt, versetzt es jedesmal die Zeitgenossen seiner unverhofften Großtaten ins Staunen. Niemand hat gesehen, niemand durfte sehen, wie es kam, – es ist von Wunder zu sagen, daß es vollbracht ward. Mehr braucht es nicht. Wieder: es geht zu wie in der hohen Politik. Stets als unklug und als unprofessionell erscheint es da, die Gäste in die Küche einzuladen und sie als Gutachter für die Kochkunst der Chefin zuzulassen; sie haben gefälligst Platz zu nehmen und dankbar zu sich zu nehmen, was ihnen fertig vorgesetzt wird; woher es kommt – die Zutaten, die Rezeptur, die Machart –, all das soll und muß das Geheimnis der »Köchin« bleiben. So auch das »Schneiderlein«: Wenn es schon die »Riesen« erlegt, so mag man es dafür bewundern, doch ein Wunder bleibt es nur, solange niemand weiß, wie es geschah. Was als Selbstbetrug begann, weitet im Erfolgsfalle sich aus zu einem Mysterium, zu einem Phänomen, zum Unfaßbaren in den Augen aller.

Freilich, es geschieht, was sich da begibt, denn doch allzu possierlich, – sähe es jemand, die heiligen Schauer des Wunders lösten sich auf in schieres Gelächter. »Wenn zwei sich zanken, freut sich der Dritte,« sagt man, und in der Politik gilt es tatsächlich als Regierungskunst, Feinde, die man selber nicht besiegen kann, gegeneinander zu hetzen und sich wechselseitig schwächen oder umbringen zu lassen: In Syrien zum Beispiel wollen die USA derzeit weder die

Herrschaft *Assad*s anerkennen noch die der Al-nusra-Front erlauben, doch wenn beide sich lange genug bekämpfen, ist das Land vielleicht reif für die Machtergreifung eines Wunschpräsidenten westlicher Provenienz. Hier im Märchen allerdings haben wir es – erneut – nicht mit realen »politischen« »Riesen« zu tun, sondern mit seelischen Ansprüchen und deren wechselseitigem Widerspruch. Um diese »Riesen« zu finden, muß sich der Schneider ein ganzes Stück weit in den »Wald« des Unbewußten hineinbegeben, und als er sie dann schlafend findet, macht er sich daran, sie »aufzuwecken«. Das Versteckspiel der Doppelbödigkeit ist jetzt vorbei, und es gilt, sich den bestehenden Konflikt bewußt zu machen und einzugestehen: Der »König« will das »Schneiderlein« aus lauter Angst vor einem möglichen Verlust seiner Macht töten; dieser also hat Grund, sich zu fürchten; doch auch umgekehrt: Das »Schneiderlein« will in der Tat den »König« unter dem Anschein der Dienstbarkeit vom Throne stoßen. Was also passiert, wenn ihrer beider Absichten nicht länger mehr verdrängt und im Unbewußten wie »schlafend« bleiben, sondern wenn sie bewußt (»aufgeweckt«) werden und in ihrer Gegensätzlichkeit aufeinanderprallen?

Allein schon das »Aufwecken« ist nicht so einfach. Das »Schneiderlein« bezieht auf einem Baumast einen Platz, *»bis es gerade über die Schläfer zu sitzen«* kommt, und von dieser überlegenen Position aus wirft es Steine auf die Brust des einen, dann des anderen »Riesen«, so daß jeder der beiden sich von dem anderen in seiner Ruhe unsanft gestört fühlt; der Ärger darüber, den jeder dabei verspürt, läßt sie schließlich gegeneinander handgreiflich werden. Ein wütender, mörderischer Zweikampf entbrennt. Warum? Weil ein jeder sich gegen den anderen im Recht fühlt und keiner von beiden es auch nur für möglich hält, daß der andere es ehrlich meint, wenn er sagt: »Ich war es nicht.« Ist man erst einmal von der Schuld des anderen überzeugt, tragen seine Unschuldsbeteuerungen nur dazu bei, den Ärger noch zu vermehren: Man weiß ja nie! Zu einer Verständigung oder Versöhnung könnte es nur kommen, wenn man dem Glauben schenkte, was der andere sagt; doch der entfachte Ärger braucht einen Schuldigen und findet ihn sofort, auf dem kürzesten Wege: Der andere war es, er muß es gewesen sein, selbst sein Ableugnen ist ein Beweis seiner Bosheit. Also, daß man ihn niedermachen muß. Inhaltlich geht es eigentlich um nichts, – man ist unsanft aus dem Schlaf gerissen worden, und darüber hat man sich verständlicherweise erbost, mehr nicht. Der Ärger selbst, nicht dessen Anlaß ist das Problem; doch eben darüber kann man sich nicht mehr verständigen. Man agiert den Ärger aus, statt seinen Gründen nachzugehen. Hätte einer von den beiden »Riesen« sich umgeschaut und den Schneider entdeckt, so wären sie rasch wieder miteinander ins Reine gekommen; doch alle starken Emotionen drängen danach, sich auszutoben; sie lassen keinen Raum für Nachdenken und Nachprüfen.

Insofern ist es nicht ganz nebensächlich, daß, um die »Riesen« aufzuwecken, das »Schneiderlein« die Steine ihnen *auf die Brust* wirft. Vorausgesetzt ist offenbar, daß »Riesen« auf dem Rücken schlafen, – so möchte sich denn auch ihr wüstes Schnarchen, das die Bäume im Gebläse ihres Atems durchpustet, erklären; doch vorzustellen hat man sich, daß die »Erweckung« aus dem Tiefschlaf durch eine Anregung im Gemüt zustande kommt, – der eine wie der andere »Riese« fühlt sich »ins Herz getroffen«, und ohne die witzig erzählte Episode überzuinterpretieren, kann man doch sagen, daß die Beendigung des »Schlafs« der »Riesen« damit identisch ist, daß sie ihre wirklichen überaus aggressiven Gefühle bewußt, »im Wachzustand«, gegeneinander richten. Sie stoßen einander gegen die Bäume, und als ob das noch nicht genügte, reißen sie Bäume aus und schlagen damit, als wären es Keulen, aufeinander ein, – das »Schneiderlein« muß froh sein, daß sie sich nicht just an dem Baum vergreifen, auf dem es selber sitzt, es hätte sonst, *»wie ein Eichhörnchen«*, von Ast zu Ast springend, um sein Leben laufen müssen; doch wie es selber sagt: *»unsereiner ist flüchtig.«*

Auch diese Äußerung klingt wieder selbst-ironisch lustig, sie offenbart jedoch noch einmal den Gesamtzustand, in dem der Schneider sich befindet: Er ist in seinem Stark- und Tapfersein im Grunde ständig auf der Flucht, und seine Rettung ist allein sein flinkes Reaktionsvermögen. Daß es so ist, weiß der Leser längst; daß es indessen auch dem »Schneiderlein« bewußt ist, hört man erst jetzt aus seinem Munde. Wohl kann ein ganzer Teil der Unstimmigkeiten eines Lebensaufbaus im Unbewußten bleiben – jede Neurose, meinte ALFRED

ADLER, sei eine Form von »Lüge«[143] – doch Unwahrheit als Waffe zu benutzen ist nur möglich in einem bewußten Vergleich von Fake und Fakt, von Fiktion und von Wirklichkeit, von Illusion und Sachverhalt. Das »Schneiderlein« weiß, was es tut, und es weiß auch, was es mit seinem Tun beabsichtigt.

Von Mißtrauen und alter Angst

Natürlich reicht es für eine Heldentat nicht aus, zwei »Riesen« dahin gebracht zu haben, sich wechselseitig totzuschlagen; das Resultat muß ihm, dem Schneider, anrechenbar sein, – er muß und will es sein, der die Unholde getötet hat. Also nimmt er *»sein Schwert«* und versetzt *»jedem ein paar tüchtige Hiebe in die Brust.«* Er tötet die Toten, um als derjenige zu erscheinen, der sie getötet hat. – Eine kriminaltechnische Untersuchung hielte einem solch primitiven Täuschungsversuch gewiß nicht stand: Auch ohne Obduktion ließe sich auf den ersten Blick erkennen, daß die Todesursache der Riesen die schweren Kopfverletzungen gewesen sind und nicht etwa ein Schwerthieb; außerdem: Wieso sollte jemand, der mit dem Schwert kämpft, Bäume ausreißen, um sie als Fechtwaffe zu nutzen? Es ist offensichtlich, daß die Stichverletzungen den »Riesen« nachträglich zugefügt wurden; also ist der Tathergang durch eine Manipulation der Todesursache absichtlich verschleiert worden, und der einzige, der dafür in Frage kommt, ist das »Schneiderlein«, das als ein »Siebentöter« die Riesen will »erschlagen« haben. Zudem: Daß diese selbst aus schierer Verzweiflung angesichts der Fechtkunst des Schneiders die Bäume geschwungen haben sollten, nur um aus Versehen aufeinander einzu-

143 ALFRED ADLER: Menschenkenntnis, 5. Kap.: Minderwertigkeitsgefühl und Geltungsstreben, 71–89, schildert (S. 79–80) einen Patienten, der stets von dem Gedanken gequält war, er werde »immer als das ›Kind‹ durchs Leben gehen ... Sobald er mit jemand zusammenkam, versuchte er ununterbrochen ihm klarzumachen, daß er nicht etwa das Kind sei, als das er erscheine. Das tat er so, daß er sich immer wichtig nahm und wichtig machte und alle Bewegungen und Ausdrucksmittel in den Dienst des Bestrebens stellte, sich vorzudrängen.«

schlagen, erscheint denn doch als gar zu unwahrscheinlich, – deshalb die nachgeholte »Tötung« mit dem Schwert: *die* soll als seine Tat erscheinen, während man die ausgerissenen Bäume als die Folgen des blindwütigen Todeskampfs der Riesen auffassen müßte. Es ist schwer glaubhaft, daß jemand bei Besichtigung des Tatortes so etwas glauben sollte. Und doch: Die 100 Ritter, die das »Schneiderlein« als Eskorte mitführen mußte und die kaum hoffen durften, ihren Anführer jemals lebend wiederzusehen, sind all die Zeit in der Ferne, vor dem »Walde«, wartend, stehen geblieben; als sie endlich das »Schneiderlein« wohlbehalten auf sich zukommen sehen und es erklären hören: *»Die Arbeit ist getan, ich habe beiden den Garaus gemacht,«* können sie's kaum glauben, zumal ihm *»kein Haar ... gekrümmt«* zu sein scheint. Mit gewissem Recht wollen sie ihm *»keinen Glauben beimessen«* und reiten *»in den Wald hinein«*, um sich selbst ein Bild zu machen. Dort aber finden *»sie die Riesen in ihrem Blute schwimmend und ringsherum ... die ausgerissenen Bäume«*; danach ist offenbar von ihnen nichts mehr zu berichten. Sie sind verstummt, und sie verschwinden von der Bühne der Geschichte, – sie gehen gänzlich auf in der Selbstdarstellung des »Schneiderleins«.

Gerade das aber ist denn doch erstaunlich: Statt der Fülle der Indizien am Tatort nachzugehen und sie selbständig zu bewerten, geben sie sich beim Anblick der erschlagenen »Riesen« selbst geschlagen, und man versteht, warum: Bemerkenswerterweise folgen sie damit ihrerseits, wie in einem Spiegelbild, dem alternativischen Entweder-Oder, das in dem »Schneiderlein« sich ausprägt: Es ist ein Nichts, und deshalb muß es alles sein. Ganz analog dazu reagieren hier die »Ritter«: Sie glauben dem »Schneiderlein« entweder gar nichts oder alles; dazwischen gibt es keine Zwischenwerte, die durch eigene Nachprüfung zustande kämen –, gewisse Abstufungen der Wahrheit, die sich der einen oder der anderen Seite annähern würden. Es ist im Umgang mit einem solchen zwischen den Extremen existierenden »Schneiderlein« offenbar unmöglich, zu reden, sich auszutauschen, zu verhandeln oder gemeinsam einen Kompromiß anzustreben; man kann diesen »Goal« (diesen greatest of all) nur ablehnen oder sich ihm unterwerfen, – eins von beidem. Nur: in jedem Falle bleibt das »Schneiderlein« mit sich allein: ob als der Verachtete, ob als der Geachtete, – ein Gemiedener ist es allemal. So sieht ein Leben aus nach der Devise: »Ich bin der Größte«.

Von daher trügt auch die Erwartung des »Schneiderleins«, es werde, wenn es nur weiter trickreich von Erfolg zu Erfolg eile, am Ende bei den anderen geehrt und geliebt werden. Eben das ist unmöglich. Selbst wenn man die Großtaten des »Schneiderleins« als unerklärliche Wunder bestaunt, bleibt ein Rest an Zögern und an Mißtrauen bestehen. Entsprechend der getroffenen Vereinbarung *»verlangt«* das »Schneiderlein« jetzt *»von dem König die versprochene Belohnung«*. Das ist verständlich, denn in der Tat müßte das Ergebnis der wechselseitigen Tötung der »Riesen« jetzt eigentlich in Geltung stehen: Wenn, wie angenommen, die beiden Unholde die gegeneinander gerichteten »schlafenden« »Riesen«ansprüche auf Thron und Macht repräsentieren, so sind diese Tendenzen nunmehr »aufgeweckt«, also bewußtgemacht worden, und sie haben sich wechselseitig »neutralisiert«. Das Resultat müßte daher ähnlich ausfallen wie in der Atomphysik: Wenn dort ein Materieteilchen auf sein Antiteilchen trifft, zerstrahlen beide in Energie; ganz so sollte nach dem Zusammenprall von »Schneiderlein« und »König« sich jetzt eine gemeinsame Energiewelle ausbreiten: Eine echte Synthese ihrer Machtansprüche müßte sich bilden, indem beide sich darauf einigten, wechselseitig sich als berechtigt anzuerkennen und zu bestätigen: Fest stehen könnte, daß der König in seinem Amt verbleibt, solange er trotz seines Alters fähig ist, es auszufüllen; fest stehen müßte aber auch, daß das »Schneiderlein« eines Tages zum König aufsteigen wird, – schon jetzt darf es als designierter Thronnachfolger gelten. Ginge es mit rechten Dingen zu, könnte der König hinter sein gegebenes Versprechen nicht zurück. Doch unter den gegebenen Voraussetzungen kann es nicht mit rechten Dingen zugehen. Dem König muß das »Schneiderlein« rätselhaft bleiben, und dieses muß sich hüten, ihm bei der Lösung seines »Rätsels« behilflich zu sein, – es kann die Maschen seines Lügengewebes nur immer enger ziehen, doch eben damit steigert es nur immer mehr das Mißtrauen, das ihm verständlicherweise entgegenschlägt.

Was immer daher das »Schneiderlein« auf seine Weise auch tut, es löst bei dem König eine Wirkung aus, wie in der Bibel *David* sie bei seinem Schwiegervater und König *Saul* hinterließ: Als er, statt der verlangten 100 Vorhäute von getöteten Philistern, 200 Vorhäute mitbrachte, gab pflichtgemäß *Saul* ihm seine Tochter *Michal* zur Frau. Aber: »als *Saul* sah und merkte, daß der Herr mit *David* war und daß seine Tochter *Michal* ihn liebhatte, da fürchtete sich *Saul* noch mehr vor David und wurde sein Feind sein Leben lang.« (1 Sam 18,28–29) – Ganz ähnlich hier: Angst, Mißtrauen, Neid, Haß und Aggression begleiten die Einstellung des Königs zu dem »Schneiderlein«, so daß ihn *»sein Versprechen«* reut und er *»aufs neue«* darüber nachsinnt, *»wie er sich den Helden vom Halse schaffen könnte.«* Die Machtfrage ist im Prinzip geklärt, aber die Verheiratung der Tochter, die mit der Thronbesteigung verbunden ist, gewinnt jetzt ein eigenes Gewicht und tendiert dahin, das Verhältnis von Tochter und Vater sowie von Braut und Brautwerber mit der ihr eigenen Thematik aufzufüllen. Aus einem politischen wird ein psychisches Problem.

Zwei neue Aufgaben der Brautwerbung

Wohl jeder, der um die Hand seiner Geliebten anhält, steht vor der Frage, wie er das Bild des Vaters in ihrer Seele zugleich weiterzuführen wie zu überwinden vermag. Im Erleben eines Mädchens ist der Vater der erste und auf lange Zeit hin der einzige Mann, den es ganz und gar liebt, und es wird zeit seines Lebens einen jeden Mann, der sich um seine Gunst bewirbt, unbewußt nach dem Maßstab dieser Gestalt beurteilen. Um zur Frau zu reifen, muß das Mädchen von einst sich von dem Brautwerber dazu verführen lassen, die Bindung an den Vater aufzugeben und an der Seite des Mannes, den es als wert genug empfindet, in einen neuen Abschnitt seines Lebens zu treten. Unvermeidlich kommt es daher zu einem Wettkampf im Herzen der Tochter zwischen dem Vater und dem Bräutigam, zwischen dem Alten und dem Neuen, zwischen der Treue zur Herkunft und der Entscheidung zur Zukunft. Der Vater möchte mit seiner Liebe die Tochter behalten, der Brautwerber möchte sie mit seiner Liebe für sich erobern. Der Konflikt, der so entsteht, kann sich zugespitzt entscheiden nach Art jenes Wagenrennens zwischen *Oinomaos* und

Pelops, eines tödlichen Zweikampfs zwischen zwei Männern um die Gunst einer Frau; doch auch unterhalb eines solchen mörderischen Niveaus – in jedem Falle muß der junge Mann sich der Liebe seiner Geliebten als würdig erweisen. Um sie aus den Fesseln ihres Vaters zu lösen, muß er sich und sie dahin bringen, eine Liebe ohne Angst und ohne Scheu zu leben; er muß sich als ein Mann erweisen, der ebenso leidenschaftlich zu begehren wie zärtlich sich einzufühlen vermag; er muß, symbolisch gesprochen, gerade die beiden Aufgaben erledigen, die der König im folgenden dem »Schneiderlein« abverlangt: die Zähmung des »Einhorns« und die Kontrolle des »Wildschweins«.

a) Die Gefangennahme des Einhorns

Aus der Sicht (und in der Absicht) des Königs steht nicht mehr und nicht weniger auf dem Spiel als ein neuerlicher Mordanschlag, – als hätte es die »Aufweckung« (oder Aufdeckung) des »Riesen«konfliktes der Machtinteressen nicht eben erst gegeben; allerdings gilt die Falle, die dem »Schneiderlein« jetzt gestellt wird, auch nicht mehr seiner Rolle als Thronprätendent, sondern »nur noch« der Rolle als möglicher Ehemann, und dieser Umstand bestätigt scheinbar von vornherein die Ansicht der Psychoanalytiker, die in dem »*Einhorn*« ohne weiteres ein männliches Sexualsymbol erblicken möchten[144]; diese Deutung ist, wie sich gleich zeigen wird, gewiß nicht gänzlich falsch, aber sie ist nicht ganz so einfach, – bekanntlich sind Symbole vieldeutig.

Ein Sinngehalt insbesondere zieht sich durch die gesamte Kulturgeschichte: Wo auch immer das »Einhorn« erwähnt wird, verbindet es sich mit der Vorstellung von Kraft und Stärke. Es kann, laut Einschätzung des »Königs«, im »*Walde … großen Schaden*« anrichten. Es haust mit anderen Worten, wie die »Riesen«, im Unbewußten, als ein Fabelwesen, das seine Energie aus Triebkräften der menschlichen Psyche bezieht und deren Hoffnungen und Ängste aufgreift. Was

144 ECKHARD NEUMANN: Herrschafts- und Sexualsymbolik, 23, verweist warnend auf den Mangel an empirischen Belegen und auf das Unzureichende bei Analogieschlußverfahren, wenn alle langen Geräte (Speere z.B.) als Penis-Symbole gedeutet würden; gefordert sei eine entsprechende Kritik von seiten der Ethnologie.

aber wissen wir von solchen Einhörnern? Nur dies: Sie leben in einem Zwischenreich aus Wirklichem und Vorgestelltem.

Nach dem Zeugnis des griechischen Arztes KTESIAS von Knidos, der ab 405 v. Chr. am Hofe *Artaxerxes* I. lebte, ist Indien das Herkunftsland des Einhorns[145]. Er schreibt: »In Indien gibt es wilde Esel, die den Pferden gleich, nur grösser sind; der Leib ist weiss, der Kopf purpurroth, die Augen dunkelblau; auf der Stirn haben sie ein Horn von der Länge einer Elle. Abgefeilte Theilchen desselben werden in einen Trank gethan und sind ein Schutzmittel gegen tödliche Stoffe (Gifte); der untere Theil des Hornes, gegen die Stirn zu, ist in einem Umfang von zwei Handbreiten außerordentlich weiss; der obere Theil, der spitzig ist, dagegen hochpurpurroth; der mittlere schwarz. Diejenigen nun, welche aus den aus diesem Horne gefertigten Bechern trinken, werden von keinen Krämpfen noch von der heiligen Krankheit (sc. Epilepsie, d. V.) ereilt … Alle anderen Esel, sowohl zahme als wilde, sowie die übrigen einhufigen Thiere, haben keine Sprungbeine, noch Galle in der Leber; diese aber haben beides. Das

145 LUTZ MACKENSEN: Handwörterbuch des deutschen Märchens, I 498–507: Einhorn, S. 499. – Die Abhandlung des Ktesias: Indika, ist erhalten bei PHOTIUS: Bibliothēkē, Nr. 72, 48 a, hg. u. ins Franz. übers. von René Henry: PHOTIUS: Bibliotheque, Tome I, p. 143; die zitierte deutsche Übersetzung findet sich bei JOHN WILHELM VON MÜLLER: Das Einhorn, 20–21. Vgl. bes. auch AELIAN: Thiergeschichten, XVI 20, Werke, 9. Bd., S. 1042–1043: »Es soll auch unter diesen (sc. den Tieren Indiens, d. V.) ein Thier seyn, Einhorn, und von ihnen Kartazonon genannt. An Größe soll es einem ausgewachsenen Pferde gleichkommen, einen Haarschopf und ein gelbliches Haar haben, mit den Füßen wohlbegabt, und sehr schnell seyn. Die Füße haben keine Gelenke, und sind ähnlich den Füßen der Elephanten zusammengewachsen; der Schwanz ist wie der eines Schweines. Mitten zwischen den Augenbrauen hat es ein Horn, das aber nicht glatt, sondern mit natürlichen Windungen versehen ist, und schwarz von Farbe. Es soll dieses Horn sehr spitzig seyn … nicht allein zwischen den Männchen finden Kämpfe und Schlachten statt, sondern auch gegen die Weibchen hegen sie denselben Zorn, und wenn sie besiegt sind, treiben sie den Zwist bis zum Tode. Die Stärke des Thieres verbreitet sich durch seinen ganzen Leib; aber die Kraft seines Hornes ist unbesieglich … Daß … ein erwachsenes (sc. Thier, d. V.) gefangen worden, erwähnt Niemand.« – Auf Grund von Reiseberichten aus Afrika über Einhörner und eigenen Erfahrungen in Kordofan schließt VON MÜLLER bei dem »Einhorn« auf das Horn des Rhinozeros. Vgl. auch ODELL SHEPARD: The Lore of the Unicorn, 205–208, der (Kap. 9, S. 253–272) allerdings auch den Narwal als eine Quelle für die Geschichte vom Einhorn betrachtet.

schönste Sprungbein, das ich gesehen habe, gleicht dem eines Ochsen an Gestalt und Grösse … Dieses Thier ist sehr schnell und stark … Zuerst läuft es etwas langsam; je länger es aber läuft, umso mehr wächst seine Kraft, dass es immer schneller läuft. Dieses Thier ist nicht leicht jagdbar. Wenn sie aber ihre Jungen auf die Weide führen und von vielen Reitern umzingelt werden, so fliehen sie nicht und lassen ihre Jungen im Stich, sondern sie wehren sich durch Stossen mit ihren Hörnern und Füssen und durch Beissen mit den Zähnen, und tödten viele Pferde und Menschen; sie werden endlich mit Pfeilschüssen oder Wurfgeschossen erlegt. Lebendig könnte sie Niemand fangen. Das Fleisch kann wegen seiner Bitterkeit nicht genossen werden. Man jagt sie nur der Hörner und Sprungbeine wegen.«

Ihm folgend referiert auch PLINIUS SECUNDUS in seiner »Naturgeschichte«: »In Indien giebt es auch einhörnige Ochsen mit ungespaltenen Klauen … Aber das aller unbändigste Thier ist das Einhorn, welches am Körper dem Pferde, am Kopfe dem Hirschen, an den Füssen dem Elephanten, am Schwanze dem Eber ähnlich sieht, sehr stark brüllt und mitten auf der Stirn ein 2 Cubitus (sc. Ellen, d. V.) langes Horn trägt. Lebendig soll man es nicht einfangen können.«[146] Eben weil das so ist, soll der Schneider im Märchen sich offenbar an diese *mission impossible* begeben.

Doch so eindeutig, wie es scheint, ist das Bild des Einhorns in der Überlieferung nicht. STRABO in seinen »Geographica« zitiert den griechischen Erdkundler MEGASTHENES (aus dem 4.–3. Jh. v. Chr.), der von »einhörnigen, hirschköpfigen Pferden« berichtet.[147] Zu den »merkwürdigsten« Tieren in deutschen Landen, im »Hercyner Wald«, zählt sogar C. JULIUS CAESAR im »Gallischen Krieg« »erstlich ein großes Tier, das mit einem Hirsch viel Ähnlichkeit hat. Mitten auf seiner Stirn hat es zwischen den Ohren nur ein Horn, das größer ist und gerader hervorragt als die uns bekannten Hörner. An seinem Ende breiten sich handförmige Verzweigungen aus. Das Weibchen hat die gleiche Gestalt wie das Männchen und trägt ein Horn von derselben Form und Größe.«[148] Bei diesem Tier könnte es sich vielleicht um ein

146 PLINIUS SECUNDUS: Naturgeschichte, VIII 76, Bd. 1, S. 455–456.
147 STRABO: Geographica, XV 1,56; S. 1004.
148 C. JULIUS CAESAR: Der Gallische Krieg, VI 26, S. 131.

Rentier handeln, »das sich damals wegen der dichteren Wälder noch nicht weiter nach Norden gezogen hatte.«[149] Doch paßt zu den friedlichen Rentieren (oder auch Elchen) nicht die ungebärdige Wildheit der Einhörner, an deren »Realität … man nie gezweifelt« hat[150]. PHILOSTRAT (im 2.–3. Jh. n. Chr.) jedenfalls berichtet, daß *Apollonius von Tyana* Einhörner mit eigenen Augen gesehen habe[151].

Anscheinend gibt es sie also, die Einhörner. Doch bei der Vielgestalt ihrer Erscheinung muß man gleich jetzt schon feststellen: Nicht eine bestimmte geographische Landschaft war das wichtigste Verbreitungsgebiet der Einhörner, sie sind und waren zumindest auch ein literarisches Gebilde, und den ausgedehntesten Boden dafür bietet abermals die Bibel. Der Grund liegt in der Tatsache, daß das hebräische Wort *re'em* – Wildochse – in den Septuaginta griechisch mit *monókerōs* (einhörnig) übersetzt wurde (vgl. Num 23,22; 24,8; Dtn 33,17; Hi 39,9; Ps 21,22; 29,6; 78,69; 92,11; Jes 34,7). Gewahrt, ja sogar verstärkt, wurde dabei die Vorstellung von der gewalttätigen Wildheit, die mit dem »Wildochsen« oder eben mit dem »Einhorn« verbunden ist. So spricht zum Beispiel *Bileam* davon, daß der Gott, der Israel aus Ägypten geführt hat, »wie das Horn des Wildstieres« für es eintreten wird. »Er wird die Völker, seine Verfolger, auffressen und ihre Gebeine zermalmen.« (Num 24,8)

Wie man sich eine solche Verbindung von »Wildstier« und »Einhorn« vorzustellen hat, verrät eventuell ein Siegel aus Mohenjo-Daro (2500 v. Chr.), das ein »Einhorn« mit Stierleib zeigt, konfiguriert von Schriftzeichen, die bis heute nicht entziffert werden konnten[152]. (Tafel 2) Auf Grund der uralten Verbindungen zwischen der Indus-Kultur und dem antiken Sumer, wundert es nicht, daß in Mesopotamien das »Einhorn« in Gestalt des Schlangendrachens *Marduks* zusammen mit dem Stier des Wettergottes *Adad* auch am *Ischtar*-Tor in

149 A. a. O., 224, Anm.
150 WILL RICHTER: Einhorn, in: Konrat Ziegler – Walther Sontheimer (Hg.): Der Kleine Pauly, II 213.
151 Vgl. LUTZ MACKENSEN (Hg.): Handbuch des deutschen Märchens, I 498. Vgl. auch ODELL SHEPARD: The Lore of the Unicorn, 42–45.
152 Vergessene Städte am Indus, S. 200; 201.

Babylon auftaucht[153] (Tafel 3; 4): Von rechts nach links schreitend, auf gelb und blau glasierten Ziegeln, ist dort das »Einhorn« im Profil dargestellt, freilich »nach Körperbau und Kopfform mehr Esel oder Pferd als Stier, mit Eselsschwanz.«[154]

So verschiedene Formen die Darstellung von Einhörnern mithin auch annehmen konnten, – vergessen darf man nicht den indischen Ursprung des Mythems. Vieles spricht dafür, daß das einhörnige Rhinozeros Indiens den realen Hintergrund der vielfältigen Varianten in all den Ländern und Kulturen bildete, in denen dieses Tier nur vom Hörensagen bekannt war; weniger wahrscheinlich ist die Möglichkeit, daß die Idee des Einhorns den Darstellungen (nicht der realen Ansicht) der Oryx-Antilope entstammen sollte, deren parallel verlaufende Hörner in Seitenansicht als eines abgebildet wurden; denn dagegen spricht vor allem die kraftvolle Wildheit des Fabeltieres, die es nur mit dem indischen (und afrikanischen) Rhinozeros gemein hat, »dessen zum Kampf bestimmtes Horn aufwärts gerichtet und mit der Spitze leicht nach rückwärts gekrümmt ist (ganz anders als die flachliegenden Hörner des Oryx).«[155] Die Bedeutung des Einhorns ward in der Antike noch gesteigert durch die erwähnte Heilkraft, die man seinem Horn gegen allerlei Krankheiten zuschrieb. Bis in die Gegenwart findet sich diese Tradition in den zahlreichen Einhorn-Apotheken wieder; auch als Potenzmittel gelten in Asien und Afrika noch heute Pulver, die aus Rhinozeroshörnern gewonnen wurden. Kraft, Gesundheit, männliche Stärke und wilde Angriffs-

153 BARTHEL HROUDA: Mesopotamien: Kunst, in: DERS. (Hg.): Der Alte Orient, S. 359.

154 Vgl. LUTZ MACKENSEN (Hg.): Handwörterbuch des deutschen Märchens, I 500.

155 A. a. O., I 501. – Von einem einhörnigen Tier als óryx spricht ARISTOTELES: Historia animalium, II 1, 499 b 19–20, S. 40: »Kein Tier wurde von uns gesehen, welches einhufig ist und zwei Hörner hat. Es gibt aber wenige Einhufer mit nur einem Horn, zum Beispiel den Indischen Esel (Nashorn). Auch der Oryx (Nashorn- oder Gazellen-Art?) hat ein Horn und ist paarhufig.« In seinem Kommentar zur Stelle verweist STEPHAN ZIERLEIN (S. 413) darauf, daß ARISTOTELES »die Andersartigkeit des Horns der Nashörner gegenüber dem der Bovidae (Hornträger) … nicht bekannt« war. Was er mit dem Oryx als Träger nur eines Hornes und als eines Paarhufers meinte, ist unklar. »Vermuten ließe sich, dass ARISTOTELES entweder von einer weiteren Nashornart oder einer Gazelle spricht.«

lust – das alles nimmt Gestalt an in dem Mythos vom Einhorn, in welches die Phantasie das indische Rhinozeros unter griechischem Einfluß in Verbindung mit dem biblischen »Wildstier« verwandelt hat.

Und ausgerechnet ein solches Untier soll das »Schneiderlein« auf Befehl des Königs als Bedingung seiner Heirat mit der Prinzessin nicht, wie die »Riesen«, zur Strecke bringen, sondern *»einfangen«*, also zähmen. Eine solche Aufgabe ist unmöglich zu lösen – Einhörner lassen sich, wie gesagt, nicht fangen –, und sie scheint grotesk, denn von sich her ist das »Schneiderlein« alles andere als der Typ eines wie im Blutrausch um sich schlagenden Wildtöters. Nicht in der direkten Konfrontation von aggressiver Gewalt gegen die rohe Kraft eines unvernünftigen Tieres liegt daher seine Chance, sondern zu erwarten steht wieder irgendein Trick, um siegreich zu sein. *Töten* ließe sich ein solches Einhorn womöglich mit Pfeil und Bogen oder mit Speer und Spieß oder mit Schwert und Säbel, wie »echte« Helden vom Schlag eines *Perseus* oder *Siegfried* es versuchen würden; doch um es *einzufangen*, bedürfte das »Schneiderlein« entweder der Körperkraft eines *Herakles*, der mit der bloßen Hand den Löwen von Nemea niederrang[156], oder einer sinnreich gestellten Falle, in welcher das Untier sich gefangen setzen ließe. Doch nichts von all dem tut das GRIMMsche »Schneiderlein«. Wohl erklärt es, sich vor einem Einhorn noch weniger zu fürchten als vor den beiden Riesen, – *»siebene auf einen Streich, das ist meine Sache«* –; das klingt erneut nach einer martiali-

156 Vgl. KARL KERÉNYI: Die Mythologie der Griechen, II 116–118: Der Löwe von Nemea: »Der Löwe von Nemea war … der Bruder der thebanischen Sphinx … Nach einer anderen (sc. Überlieferung, d. V.) war das Tier ursprünglich bei der Mondgöttin *Selene* zu Hause. Sie schüttelte es von sich ab, und so fiel es auf den Berg Apesas herunter … der Löwe mag den Tod und die Unterwelt besonders verkörpert haben.« »Das unverwundbare Fell des Löwen zog der Heros ab … *Zeus* aber versetzte das Untier, um seinen Sohn zu ehren, als Denkmal an den Himmel: es wurde zum Löwen im Tierkreis.« HYGIN, Nr. 30, in: Griechische Sagen, S. 257, berichtet: »Er (sc. Herakles, d. V.) tötete den Nemeischen Löwen, den Selene in einer Höhle mit zwei Eingängen aufgezogen hatte, den unverwundbaren, und nahm dessen Fell als Bekleidung.« Zu dem Ort Neméa auf der Peloponnes mit seinem Zeus-Heiligtum und seinen Festspielen vgl. STEFANO MAGGI – CHRISTINA TROSO: Griechenland, 198.

schen Krafttat, mit welcher das »Schneiderlein« seiner bisherigen Außendarstellung treu zu bleiben verspricht; auch die *»Axt«*, die es neben einem Strick als Waffe mitnimmt, soll diesen Eindruck vermitteln; doch wissen wir längst, daß es sich bei all dem nur um Mimikry und Maskerade handelt. Was in Wirklichkeit kann das »Schneiderlein« tun?

Als erstes muß es wiederum seine Eskorte loswerden, um alle Zeugen seiner »Großtat« zu beseitigen, denn daß es eine solche nicht geben wird, weiß unser »Schneiderlein« gewiß am besten selber. Gleichwohl bringt es auch diesmal, wie bei den Kraftproben mit dem Bergriesen, die »richtigen« Utensilien mit, um seine Aufgabe erfüllen zu können; während es seinerzeit freilich schien, als habe es rein zufällig mit Käse und Vogel die passende Ausstattung mitgenommen, verfolgt es jetzt anscheinend denn doch einen festen Plan: Es gilt, mit einer Aggression umzugehen, die, wie ein (Wild-)Stier (oder ein Einhorn), mit vollem Tempo und mit enormer Körpermasse frontal, mit gesenkten Hörnern (oder Horn), angreift, – das ähnelt aufs Haar der klassischen Auseinandersetzung bei einem Stierkampf. Doch darf ein »Schneiderlein« sich darauf einlassen?

ERNEST HEMINGWAY hat in der Kurzgeschichten-Sammlung »In unserer Zeit« einmal einen solchen »heldischen« Zweikampf eines echten Torero beschrieben: »Wenn es sich gerade unten, dicht vor ihnen abspielte, konnten sie hören, wie *Villata* den Stier anknurrte und beschimpfte, und wenn der Stier angriff, bog er sich zurück, feststehend wie eine Eiche, in die der Sturm fährt, mit geschlossenen Füßen, während die Muleta schleppte und der Degen der Kurve folgte. Dann beschimpfte er den Stier, schlug mit der Muleta nach ihm und bog sich vor dem Angriff mit geschlossenen Füßen und geschwungener Muleta zurück, und bei jedem Schwung brüllte die Menge. – Das ganze Töten machte er in einem Anlauf. Der Stier sah in haßerfüllt von vorn an. Er zog den Degen aus den Falten der Muleta, visierte mit derselben Bewegung und rief den Stier an: Toro! Toro! und der Stier griff an, und *Villata* griff an, und eine Sekunde lang waren sie eins. *Villata* war eins mit dem Stier, und dann war es vorbei. *Villata* stand aufrecht da, und das rote Heft des Degens stak vorschriftsmäßig zwischen den Schultern des Stieres. *Villata* hob die

Hand zur Menge empor; der Stier hustete Blut und blickte *Villata* an, und seine Beine gaben nach.«[157]

Ein derartiger Stierkampf folgt einem archaischen Ritual, dargestellt als Aufeinanderprall von Gut und Böse (moralisch), von Vernunft und Trieb (psychologisch), von Kultur und Natur (anthropologisch), und er kann nur enden mit dem Tod eines der beiden Kontrahenten. Sehen will das Publikum den Sieg des Matadors, den es für einen gezielten Degenstoß zwischen den Hörnern des ungestüm anrennenden Stiers direkt in das kleine briefmarkengroße Feld zwischen den Schultern, da das Eisen tödlich in den Leib des Tieres dringt, frenetisch umjubelt. Doch so muß es nicht kommen. Die Zuschauer auf den Tribünen wissen auch den Mut und die Kampfeslust des durch die schmerzvollen Attacken der Picadores zum äußersten gereizten Stieres zu würdigen, der dem Mann mit dem Degen ein Höchstmaß an Beherrschung und Zielsicherheit abverlangt; sonst kann es sein, daß eines der Hörner sich in den Körper des Kämpfers bohrt und ihm schwerste Verletzungen zufügt. Mitunter plädiert die Menge sogar um Schonung, um das »Indulto«, eines besonders tapferen Stiers. Doch der Sinn des Schauspiels ist allemal die Demonstration menschlicher Überlegenheit gegenüber dumpfer tierischer Stärke. Eine solche Vorführung kann auch unblutig, wie wohl schon im minoischen Kreta[86], dadurch erfolgen, daß ein behender Springer mit einem Überschlag den wuchtigen Körper des Stiers überwindet, wie wäre dieser ein Kasten oder ein Langpferd beim Geräteturnen. Aber auch dann ist klar: In keinem Falle wäre mit solchen Techniken die Aufgabe zu lösen, die jetzt dem »Schneiderlein« gestellt ist: das Einhorn weder zu töten noch zu necken, sondern es gefangen zu nehmen und gezähmt an den Hof des Königs zu bringen.

Um das zu bewerkstelligen, zieht der Schneider es vor, die beiden möglichen Formen des Stierkampfs in gewisser Weise zu vereinen, um daraus ein eigenes Drittes zu formen, – allerdings, viel anderes bleibt ihm auch nicht übrig. Kaum nämlich wird das Einhorn seiner ansichtig, da springt es auch schon auf ihn los, *»als wollte es ihn ohne Umstände aufspießen.«* Man muß es als eine wirkliche Meisterleistung

157 ERNEST HEMINGWAY: In unserer Zeit, XII, S. 79.

des »Schneiderleins« würdigen, daß es in dieser gefahrvollen Situation kühles Blut und ruhige Nerven bewahrt; sein künstliches Ego als »Siebentöter« flößt ihm inzwischen offenbar ein Selbstwertgefühl ein, das man in Berlin nur noch mit der Redensart wiedergaben kann: »Watt denn, watt denn? Meer kann keener.« Ganz so spricht in der Tat jetzt das »Schneiderlein« zu dem Einhorn: *»Sachte, sachte, ... so geschwind geht das nicht.«* Die blindwütige Raserei des Tieres tritt hier in einen erheiternd komischen Kontrast zu der ruhigen Nonchalance des »Schneiderleins«. Seine oberste Maxime lautet: »cool« bleiben, nicht selber agieren, den anderen kommen lassen. Als wäre es selber die verkörperte Capa, mit deren grellem Rot ein Stier zum Angriff gereizt wird, bleibt es ruhig stehen, während das Einhorn mit Ungestüm auf es zustürzt. Fast schon ist es in seiner Nähe, da rettet es sich *»behendiglich«* mit einem raschen Sprung *»hinter den Baum«*, während das Einhorn nicht mehr aus der Spur kommt, so daß sein langgestrecktes Horn, das den Schneider hätte aufspießen sollen, jählings in den Baumstamm fährt und darin stecken bleibt. Es ist gefangen, und das »Schneiderlein« zückt erst jetzt seine Axt, nicht um das Tier anzugreifen, sondern sein Horn freizuschlagen und dieses wie zum Tatbeweis im Baum stecken zu lassen. An dem Strick, den es ihm wie ein Halsband umhängt, führt es dann das seiner Kraft beraubte, doch dafür mit relativer Bewegungsfreiheit beschenkte Einhorn sittsam gezähmt, wie es sollte, zu dem Hof des Königs hinüber.

Was dem »Schneiderlein« damit gelingt, ist bei aller narzißtischen Großmannssucht denn doch ein ausgesprochenes Bravourstück im Umgang mit den eigenen Antrieben. Sie dem »König« (dem Ich) gefügig zu machen, ist ein schwieriges Unterfangen, das gleichwohl bestanden sein will, wenn irgend es möglich sein soll, die »Prinzessin« zu freien. Verbliebe das Einhorn weiter in freier Wildbahn, im »Walde« des Unbewußten, verbreitete es nicht nur Furcht und Schrecken, sondern es richtete wüst und unkontrolliert gewiß immer wieder erheblichen Schaden an. Vor allem, die Auseinandersetzung mit den *aggressiven* Triebregungen steht hier in Frage. – Ursprünglich haben wir uns das »Schneiderlein« gerade in diesem Affektbereich als eher scheu und schüchtern, ja als triebgehemmt vorstellen müssen; erst das Durchbruchserlebnis mit den sieben Fliegen ließ es anderen

Sinnes werden, jedoch in einem phantastisch überzogenen Maße. Dennoch ist das »Schneiderlein«, wie schon bisher zu beobachten stand, wohl »wahnwitzig« in seiner Einstellung zu sich selber geworden – es kann alles, es hat vor nichts noch Angst, es wird schon allen anderen zeigen, was in ihm steckt –, doch ist es realistisch geblieben in der Einschätzung seiner Möglichkeiten in der wirklichen Welt; seine narzißtische Ego-Inflation ist nicht identisch mit einer psychotischen Ersetzung der Wirklichkeit durch die eigenen Wunschträume, und so legt es in der Auseinandersetzung mit der eigenen Aggressivität eine für seine Verhältnisse lehrbuchmäßige Meisterprüfung ab: Es sucht von sich aus die Zonen im »Walde«, psychologisch in seiner Seele, auf, da das Einhorn unkontrolliert sein Unwesen treibt; es reizt das Untier nicht nach Art eines Torero an, es läßt es vielmehr auf sich zukommen, und es stellt sich ihm nicht frontal in den Weg, es weicht ihm im entscheidenden Augenblick aus und läßt es sich buchstäblich festlaufen, so daß es mit seinem Angriff stecken bleibt. Deutlicher läßt sich nicht demonstrieren, wie sinnwidrig es ist, im Zorn blindwütig drauflos zu rennen. Es ist der Beginn einer Einsicht, die den Umgang mit Aggressionen insgesamt verändern könnte. Und eine solche Änderung tut not.

Kein Gefängnis etwa gibt es, in dem nicht eine Gruppe von »Gewalttätern« einsäße, die in Erregung, wie dieses Einhorn, massiv auf ihren vermeintlichen oder wirklichen Gegner losgestürzt wären. »Sie verfügen nicht über die nötige Affektkontrolle«, hat der Richter gesagt und ihnen die Teilnahme an einem Anti-Aggressionskurs verordnet, in dem den Gründen des Zorns nachgegangen werden soll. »Was alles ist für dich ein rotes Tuch?« wird da gefragt. »Und womit bringst du es in Verbindung? Warum ärgert dich gerade dies und das am meisten?« – Man wird Aggressionen niemals ins Leere laufen lassen und beherrschen können, wenn man nicht versteht, woher sie kommen. Die heftigsten unter ihnen beziehen sich zumeist gar nicht auf die Gegenwart, sondern auf scheinbar längst vergessene Szenen in der Vergangenheit, die aus gegebenem Anlaß jetzt wieder hochgespült werden. Dann ist es wichtig, zwischen heute und damals zu unterscheiden, um nicht die Gegenwart mit der Vergangenheit zu verwechseln. Damals, in der Vergangenheit, war man ein kleines hilfloses Kind, das eine Menge an Demütigungen und Erniedrigungen herunterschlucken mußte, ohne sich wehren zu können. Die Wutausbrüche heute holen eigentlich nur nach, was man damals hätte tun mögen; nur: Man ist kein kleines Kind mehr; wenn man heute zuschlägt, tut man es mit der Kraft eines Erwachsenen. Doch eben: Als Erwachsener müßte man sich nicht mehr fürchten wie in Kindertagen, und man könnte neue Reaktionsweisen auf fremde Aggressionen erlernen, – das Drauf und Rein stellt keinesfalls schon eine normale, geschweige denn eine optimale Antwort dar. Viel, fast alles ist gewonnen, wenn es gelingt, an die Stelle drohender Tätlichkeiten so etwas wie ein Gespräch zu setzen, – bezeichnenderweise wird zwischen dem »Schneiderlein« und dem Einhorn kein Wort des Dialogs gewechselt, nur eine spöttische Bemerkung fällt; Gewalt ist allemal, wie man erkennt, die Ersatzsprache einer ausgefallenen Verständigung. Doch auch das Umgekehrte gilt: Wem daran liegt, Gewalt zu vermeiden, der muß mit seinem Gegner reden, wer immer er sei, und liefe es auch auf ein Bemühen hinaus, so sonderbar, wie als Mensch mit einem phantastischen Untier ins Gespräch zu kommen. Vielleicht existiert der Gegner als »Einhorn« ja nur in der Vorstellung und er nähme sogleich schon menschliche Züge an, wenn man ihm nur die Gelegenheit schaffte, sich adäquat auszudrücken.

An dieser Stelle geschieht eine entscheidende Weichenstellung. Wer selber voller Ärger ist, steht unter erheblichem Druck; er will sich mitteilen, doch hat er selbst nicht den Spielraum zum Zuhören; wenn er redet, eskaliert deshalb der Streit erst recht durch die üblichen Fehler: Wer schon auf Brassfahrt ist, nimmt Riffs und Untiefen nicht wahr, er übersegelt alles, bis sein Schiff auf Grund läuft oder Leck schlägt. Vor allem: Eine Rede im Zorn differenziert nicht, sondern pauschaliert, sie generalisiert und typisiert: »Du bist ja immer, nur so, schon wieder, und überhaupt …« Bei solchen Äußerungen fühlt sich der andere unverstanden und ungerecht behandelt, er wird anfangen, sich zu verteidigen, und eine ähnliche Rede führen. Der Konflikt eskaliert. Um zu *de*eskalieren – um sich und den anderen von der Palme zu holen, auf die man im Ärger hochgegangen ist –, müßte man die Kritikpunkte eingrenzen; es ist und war nicht »immer«, es ist jetzt, im Moment; es ist eigentlich auch eine Grenzüberschreitung, den anderen auf bestimmte Eigenschaften festzuschreiben: er »ist« nicht, er erscheint mir, ich habe von ihm den Eindruck; nur so tritt der eigene subjektive Beitrag in aller Wahrnehmung zutage.

In jedem Falle wird auf diese Weise die »Frontlinie« nicht noch verlängert, der Konflikt bleibt eine lokale Größe inmitten einer an sich friedlichen Landschaft. Das Ziel der Gespräche ist nicht länger mehr der Schlagabtausch, sondern der Meinungsaustausch in Respekt. Worte können durchdringender und verletzender sein als der Stoß eines wutschnaubend anstürmenden Einhorns. Die Art und Weise, es zu zähmen beziehungsweise es wortwörtlich »an die Leine zu legen«, besteht darin, es aus dem »Walde« an den »Königshof« zu bringen und damit dem Unbewußten zu entführen und unter die bewußte Kontrolle des Ich zu stellen; das aber kann nur geschehen in einem besänftigenden, verständnisvollen Gespräch.

Nach diesem Maßstab erscheint indessen die so glorreiche Heldentat des »Schneiderleins« als gar nicht mehr so verdienstvoll, wie sie gerühmt wird. Statt die Wildheit des Einhorns zu beruhigen, hat es mit seinen kecken Sprüchen den Überlegenen gespielt und damit die Situation absichtlich noch angeheizt. Zu der Rolle eines Stierkämpfers bei einer Corrida hätte diese Allüre gepaßt; dann aber, im letzten Moment, ist das »Schneiderlein«, statt dem Stoß des »Wildochsen« standzuhalten, hinter den Baum gesprungen, – auf jeder Plaza in Spanien wäre es für ein solches Betragen ausgepfiffen worden. Doch sein Vorteil ergibt sich vermeintlich gerade daraus: Mit voller Wucht rammt das Einhorn sich in den Baum, so daß nunmehr die Axt des »Schneiderleins« in Aktion treten kann: Es amputiert die Angriffswaffe des Einhorns und macht es damit unschädlich. Doch der Preis für diese Konfliktlösung ist hoch: Die Aggressionen sind nicht wirklich integriert, sie sind isoliert, sie bleiben abgespalten, sie sind fixiert. Begegnete man in einer Psychoanalyse einer solchen Geschichte als Patiententraum, könnte man als Therapeut sich schwerlich in dem Glauben wiegen, seine Arbeit erfolgreich vollendet zu haben.

Besonders deutlich wird diese Tatsache, wenn wir den bereits angedeuteten *sexuellen* Inhalt der Einhornsymbolik betrachten. Wie

Abbildung 2: Darstellung einer antiken Herme aus Siphnos, 6. Jh. v. Chr.

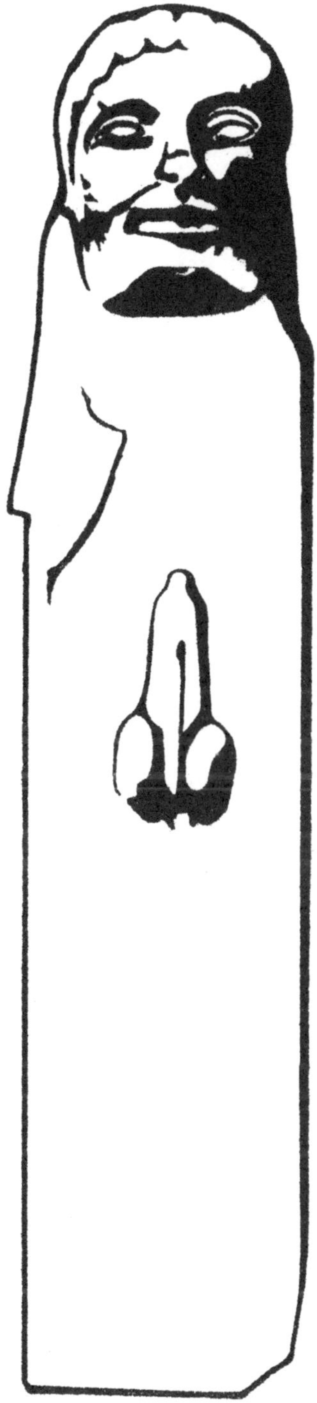

alles Langgestreckte (Wasserschläuche, Gewehre, Kanonen, Stöcke, Ruten, Schwerter, Rammböcke etc.), so ist auch das Horn des Narwals oder des Einhorns ein phallisches Symbol[158]; der Inhalt dieser Symbolik ist freilich, gerade weil sexuell, in sich äußerst vieldeutig. Man betrachte zum Beispiel nur die Darstellung einer antiken Herme aus Siphnos im 6. Jh. v. Chr. im Athener Nationalmuseum (Abb. 2)[159], und man wird als erstes an die Stimulation männlicher Fruchtbarkeit denken; der Kopf des *Dionysos* auf der Herme scheint denn auch für eine solche Deutung zu sprechen, ebenso wie die zahlreichen Phalli in Pompeji, die als Glücksbringer in Gebrauch waren[160]. Die Präsentation des eri-

158 Vgl. SIGMUND FREUD: Die Traumdeutung, in: Gesammelte Werke, II/III 359: »Alle in die Länge reichenden Objekte, Stöcke, Baumstämme ..., alle länglichen und scharfen Waffen: Messer, Dolche, Piken, wollen das männliche Glied vertreten.«

159 ECKHARD NEUMANN: Herrschafts- und Sexualsymbolik, S. 138, Abb. 13.

160 EVA CANTARELLA: Pompeji. Liebe und Erotik in einer römischen Stadt, 66: »Auf einer Hauswand in Pom-

gierten männlichen Genitales hat aber auch eine apotropäische (Unheil abwehrende) Funktion, entsprechend dem »Wachesitzen« der Primaten[161], und so lassen sich die griechischen Hermen auch als Fi-

peji steht auf einem Flachrelief rund um die Darstellung eines erigierten Phallus zu lesen: ›Hic Habitat Felicitas‹ (Hier wohnt das Glück). Das ist eindeutig eine Inschrift, die einen Wunsch ausdrückt.«

161 WOLFGANG WICKLER: Stammesgeschichte und Ritualisierung, 249–254: Das Wachesitzen: »so werden … Gruppenkämpfe … entschärft und durch besondere Formen des Drohens, nämlich durch Anwesenheitsmarken ersetzt, die das Eindringen von Fremden ins Gruppenrevier verhindern.« (S. 254) – Zu der phallischen Bedeutung des »Einhorns« paßt auch die Bemerkung des KTESIAS (s.o. Anm. 145), daß ein Einhorn, je länger es laufe, an »Kraft« wachse (statt zu ermüden). – Insbesondere MARTIN WALSER: Das Einhorn, 37–38, hat das Symboltier als Ausdruck unersättlichen Verlangens aufgegriffen: »… meine Erwartung, dieses wirkliche Einhorn, … befiehlt mir nicht: jetzt geh dahin und beiß der violetten Blondine das Ohr ab, dieses Ohr ist es, worauf ich aus bin mit dem geraden, gar nicht gewendelten Horn. Sie sagt nicht: da, den grünen Schenkel und noch jene Brüste, die ausliegen als zwei Riesenperlen im aufgeklappten Samtetui, mir wäre mit dem Ohr, dem Schenkel und den mühelos ausliegenden Brüsten gedient, nicht aber meiner Erwartung, die als herrschsüchtiges und starr totalitäres Einhorn das Wappen meines Wesens am liebsten für sich allein beanspruchen möchte. Sie will offenbar Alles. Womit sie vielleicht nur tarnt, daß sie auch durch alles nicht zu befriedigen wäre. Natürlich kämpfe ich dann, sozusagen im Rücken meiner Erwartung, doch um den und jenen einzelnen Schenkel, ich kann ja nicht vor lauter eisigen Märchen verhungern. Aber meine Erwartung tut alles, mir die kleinen Mahlzeiten zu vergiften.« (S. 63): »Wäre ich nicht auf das Fest gegangen, hätte ich den Jaguar nicht gekauft … Nicht daß sich das Einhorn mit einem Jaguar hätte abspeisen lassen, aber da es doch in mir lebte und von mir lebte, brach es jetzt, sozusagen mit mir, wie ohnmächtig zusammen.« Auch und gerade die Sexualität ist ein Moment dieser unersättlichen »Erwartung«, denn schreiben soll die Hauptgestalt des Romans, *Anselm Kristlein*, eine Art Märchenbuch, eine »Versöhnung von Leib und Seele, eine bessere Sinnlichkeit, heraus aus dem christlichen Sündensack … Unsere Körper … verkrüppeln in den Einzelzellen der Ehezuchthäuser und werden erst gesunden …, wenn wir alle wieder erotisches Allmendgut werden, jeder für jeden, im auslesenden Wettbewerb.« (S. 67) Nur wenn »das Einhorn döst« (S. 70), ist eine begrenzte Begegnung möglich. Aber das »Einhorn schreit. Das Einhorn schreit«, wenn *Anselm* ihm nicht sogleich nachgibt bezüglich den »unwillkürlichen Flüssigkeiten, aus denen die Entscheidungen gefällt werden.« (S. 99) So ist *Anselm* zu einem »Einhorn-Sklaven« geworden, der nur noch äußerlich der Sitte zu genügen sucht (S. 128). Was in dieser »Hausmacher-Moral« »ist denn der Mensch? Ein Kotflügel, eine Neuralgie der Erde, ein Eiweißexperiment, ein extrapyramidaler Kandidat!« (S. 141) Von der Psychoanalyse, »diesem antiviktorianischen Viktorianismus« gilt: »was sie vom Körper nicht wissen, taufen sie Seele … Und die Weiber vertrocknen den

guren deuten, die das Territorium (das Revier) der eigenen Bevölkerung vor fremden Eindringlingen schützen sollen.

Sexualität ist offenbar nicht ohne einen solchen aggressiven (erobernden, unterwerfenden, eindringenden) Beitrag denkbar; als Triebmacht freilich kann sie noch weit stärker und stetiger wirken denn alle Aggression, ist diese doch nur eine Reaktion auf Hindernisse, die sich dem Erreichen heftig begehrter Ziele in den Weg stellen; sie ist kein Bedürfnis, das sich durch hormonelle Steuerung periodisch immer neu einstellen würde. Genau das aber ist bei der Sexualität der Fall; sie ist ein körperlich-seelisches Verlangen, ein Trieb im neurologischen Sinne[162]. In der Gestalt des Einhorns muß daher auch das Andringen sexueller Impulse irgendwie vom Ich gesteuert werden. Aber wie? Folgt man der Aufführung des »Schneiderleins«, so ist die Symbolsprache in der entscheidenden Szene eindeutig: das Einhorn rammt seine männliche Stoßwaffe, das *Horn*, in einen *Baum*. Obwohl ebenfalls langgestreckt, kommt den Bäumen eine durchaus weiblich-mütterliche Bedeutung zu, wohl des Schutzes und der Nahrung wegen, die sie bieten[163]. Unübersehbar ist daher die

Männern unter der Hand. Und die Männer wissen sich nicht zu fassen. … Die Religion mauert. Und in der Schule wird jedes Maienlüftchen konserviert, wenn es sich bloß reimt, aber daß in jedem Kind ein Taifun wächst, davon erfährt einer erst, wenn es ihn beutelt.« (S. 183) So ist das »Einhorn« ein steter Kampf um und gegen ein unstillbares Verlangen: »Daß ihm seine Natur da unten immer heftigere Schmerzen bereitet, erträgt er gern. So verdorben ist er leider, daß es in seinen Lenden nicht mehr aufhört zu stechen.« (S. 371)

162 Vgl. NIELS BIRBAUMER – ROBERT F. SCHMIDT: Biologische Psychologie, Kap. 28: Motivation, S. 563: »Unter Trieb verstehen wir jene psychologischen Prozesse, die zur bevorzugten Auswahl einer Gruppe abgrenzbarer Verhaltensweisen … führen. Die Auswahl richtet sich nach der zu einem bestimmten Zeitpunkt bestehenden Triebhierarchie, die selbst das Resultat einer Triebkonkurrenz … zwischen verschiedenen Trieben darstellt. Die ›Stärke‹ eines Triebes … ergibt sich aus dem Ausmaß der Abweichung von einem vital ›notwendigen‹ körperlichen homöostatischen Gleichgewicht.« Vgl. auch JOHN J. P. PINEL: Biopsychologie, Kap. 11: Hormone und Sexualität, 299–327.

163 Zur Baumsymbolik vgl. E. DREWERMANN: Strukturen des Bösen, II 52–69: Der Baum und die orale Problematik. – Vom Bild des Baumes schreibt MARTIN WALSER: Das Einhorn, 369: »Beide (sc. *Orli* und *Anselm*, d. V.) kamen dann zur Sowieso-Palme. Sie bat ihn, hinaufzuklettern, ihr einen Pack Früchte zu holen. Sobald Er den Wipfel berührte, rief sie: Halte dich

koitale Bedeutung, wenn das ungebärdige Tier sein »Horn« in einen »Baum« rammt.

Erneut liegt in diesem Bild ein Hinweis verborgen, wie mit dem wilden Andrang sexueller Bedürfnisse umzugehen wäre, wofern man sie zähmen wollte: Man müßte ihnen von Mal zu Mal freien Lauf lassen, wobei freilich, wie bei der aggressiven Seite der symbolischen Szene, auch in der Sexualität *das Gespräch* einen unerläßlichen Beitrag zur Kultivierung des Triebverlangens zu bilden hätte. Denn es sind die Worte der Zärtlichkeit, welche die Seele des Partners öffnen. FREUD hatte gewiß recht, als er in der Sexualität selbst eine organgebundene Ausdrucksform seelischer Zustände erblickte[164]; doch eben deshalb gilt auch das Umgekehrte: Erst die menschliche Sprache verleiht dem, was sexuell ersehnt wird, Eindeutigkeit und Erfüllung. Gesucht wird in jeder Begegnung der Austausch einer Verbundenheit in Liebe; jeder möchte in der Umarmung des andern erfahren, daß er so, wie er ist, von dem anderen begehrt und gemocht wird. Doch was wirklich gemeint und gefühlt wird, kann sich nur klären in den Worten, die sich damit verbinden. Sie sind es, die Seele und Körper miteinander verschmelzen, die dem Verlangen nach dem Du des anderen den Horizont des Himmels schenken und die der Hingezogenheit der Schönheit die magische Faszination der Poesie verleihen. Vor allem hindert der Gebrauch der Worte, daß die Sexualität als eine körpergebundene Ausdrucksform der Seele, im Bild des Märchens, »steckenbleibt«; sie kann sich dann nicht mehr weiterentwickeln, sie ist fixiert auf dem Niveau und in der Art, wie sie beim ersten Mal erfahren wurde; sie droht auf der Stufe pubertären Drangs festgehalten zu werden.

Genau das aber ist es, was dem »Schneiderlein« teils widerfährt,

fest! Sprang auch auf den Baum, schlug den Stamm mit einer Rute, der Baum wuchs und wuchs, wuchs bis zum Himmel hinauf, sie band ihn mit seinen Blättern an einen schweren Felsen, dann sprangen beide in den Himmel hinein.«

164 SIGMUND FREUD: Abriß der Psychoanalyse, in: Gesammelte Werke, XVII 113, stellt die zentrale Bedeutung der Sexualität heraus, indem er den »schwachen Punkt in der Organisation des Ichs … in seinem Verhalten zur Sexualfunktion« erblickt, »als hätte sich der biologische Gegensatz zwischen Selbsterhaltung und Arterhaltung hier einen psychologischen Ausdruck geschaffen.«

teils von ihm selber arrangiert wird. Es integriert die Sexualität nicht, es setzt das Triebbedürfnis fest, und wie zur Strafe dafür schlägt es mit der Axt das »Horn« des »Wildstiers« ab; und nur in dieser Form: fixiert und kastriert, führt es im Bild des Einhorns den Sexualtrieb auftragsgemäß in den Kontrollbereich des »Königs« heim. Das »Untier« stiftet so zwar keinen großen Schaden mehr, doch als Bewährungsprobe für die Heirat der Prinzessin verspricht das Resultat, mit dem das »Schneiderlein« zurückkommt, nicht gar viel Gutes. Potenzprobleme kündigen sich an, die Rückkehr der alten Minderwertigkeitsgefühle steht in Aussicht, ja, der wechselseitige Austausch der Liebe droht insgesamt zu mißraten, wenn die wahre Natur des Schneiders offenbar werden sollte. Und muß das nicht über kurz oder lang der Fall sein? Er ist nicht der Mann, für den er sich ausgibt; wie will er auf Dauer vermeiden, daß die Prinzessin dahinterkommt? Insbesondere das Bild des »Horns«, das in einem »Baum« stecken bleibt, entspricht einer männlichen Angstvorstellung, die so ausgeprägt sein kann, daß es gar nicht erst zu einem wirklichen Kontakt zu einer Frau kommt, denn wer zu einer Frau eingehe, so die Befürchtung, der werde von ihr verschlungen und nicht mehr losgelassen. Der Wunsch, im Schoß der mütterlichen Frau wieder zum Kind werden zu dürfen, verwandelt sich in die Angst, den regressiven Sehnsüchten zu erliegen. Immer verlangt die Frau dann scheinbar zu viel, so daß allein die Selbstbeschneidung und die Selbstbescheidung als Rettung gilt. – Ein mögliches Symptom dieses Konflikts kann in der Neigung zum Exhibitionismus bestehen: Immer mal wieder wird in den Zeitungen nach jemandem gesucht, der in »schamverletzender Weise« sich einer Frau im Park oder auf einem Wanderweg gezeigt hat; doch hinter einer solchen sexuellen Straftat steht keinesfalls, wie zumeist unterstellt wird, ein enthemmtes Triebbedürfnis, sondern im Gegenteil eine große Angst, als Mann einer Frau nicht genügen zu können; das Gefühl der Minderwertigkeit verschiebt die Frage der Liebesfähigkeit und Liebenswürdigkeit ins rein Körperliche, Materielle und Quantitative und richtet ebenso demonstrativ wie distanziert das Problem der persönlichen Selbstunsicherheit auf der Suche nach einem möglichen Partner der Liebe generell an jeden beliebigen Vertreter des weiblichen Geschlechts, flehentlich geradezu darum bittend, in der Pose vorzeigbarer Männlichkeit und sogar im Genuß des Schreckens, den die Präsentation des Phallus einer Frau ohne Vorwarnung bereiten kann, ihn aufschauend, bewundernd und demütig dankbar nach Möglichkeit zu bestätigen, – ein Teufelskreis wieder aus kompensierten Minderwertigkeitsgefühlen, die im Umkreis des »Kastrationskomplexes« mit eigenen Mitteln nicht zu lösen sind.

Gleichwohl hat das Einhorn in gerade dieser latent kastrierten Form nicht nur im Märchen Einzug in den Palast des Königs gehalten, sondern insbesondere in die Literatur und Malerei des »christlichen« Abendlandes. Vor allem das griechische Volksbuch *Der Physiologus* hat ihm dabei die Türen geöffnet, indem hier Ps 92,11 als Geschichte erzählt wird: »Aber mich machst du (sc. Gott, d. V.) stark wie den Wildstier (= das Einhorn).«[165] Danach ist das Einhorn von Gestalt eher klein wie ein Bock, aber von Wesensart sehr wild. Da wegen seiner Stärke kein Jäger es einfangen kann, stellt man ihm zur Zähmung eine schön geschmückte Jungfrau gegenüber; in deren

165 Der Physiologus, Nr. 22, S. 21: »Und wird erhöhet werden, sagt der Psalmist, mein Horn wie das des Einhorns. Der Physiologus sprach vom Einhorn, daß es eine solche Eigenart habe: Ist ein kleines Tier, ähnelt einem Zicklein, hat aber einen gar scharfen Mut. Nicht vermag der Jäger ihm zu nahen, darum daß es große Kraft hat. – Ein einziges Horn hat es, mitten auf dem Haupte. Wie aber wird es gefangen? Man legt ihm eine reine Jungfrau, schön ausstaffiert, in den Weg. Und da springt das Tier in den Schoß der Jungfrau, und sie hat Macht über es, und es folget ihr, und sie bringt es ins Schloß zum König. – Dies nun wird übertragen auf das Bildnis unseres Heilands. Denn es wurde auferweckt aus dem Hause *David* das Horn unseres Vaters, und wurde uns zum Horn des Heils. Nicht vermochten die Engelsgewalten ihn zu bewältigen, sondern er ging ein in den Leib der wahrhaftig und immerdar jungfräulichen *Maria*, und das Wort ward Fleisch, und wohnete unter uns.« – Der »Physiologus« datiert in die Mitte des 2. Jhs. n. Chr. und dürfte mehrere Verfasser haben, die aus der antiken Literatur: von ARISTOTELES, PLINIUS d. Ä. u. a., schöpften; die vor- und nichtchristlichen Vorstufen des Büchleins wurden dann in der frühchristlichen Patristik mit passenden Stellen aus der Bibel allegorisiert. ODELL SHEPARD: The lore of the Unicorn, 45–54, bringt das Einhorn auf diesem Hintergrund in Zusammenhang mit dem Motiv von der Heiligen Jagd. Zudem sieht er (S. 244) den zunehmenden Mond als ein Symbol für Mutterschaft und Jungfräulichkeit an, und zwar in einer langen Tradition, die von der babylonischen *Ischtar*, der ägyptischen *Isis* bis hin zur christlichen Madonna führt; der zunehmende Mond steht in Beziehung zum Einhorn so wie der Löwe zur Sonne (S. 147). In all dem gibt es für die Mythe vom Einhorn erkennbar nicht nur eine Wurzel (S. 251).

Schoß dann springt es von selber, und so wird es domestiziert: Der Jungfrau folgt es gehorsam und wird von ihr in den Palast des Königs gebracht. Damit erfüllt sich denn auch die Weissagung des Priesters *Sacharja* im Tempel zu Jerusalem bei der Geburt seines Sohnes *Johannes*, es werde der Gott Israels sein Volk heimsuchen und erlösen »und uns ein Horn des Heils aufrichten im Hause *David*s, seines Sohnes.« (Lk 1,69) Dieses Wort ist angelehnt an den Lobgesang der *Hanna* bei der Geburt *Samuel*s (1 Sam 2,10), doch wird es christlich natürlich auf den Messias Jesus gedeutet, und die Jungfrau, in deren Schoß das Einhorn gezähmt wird, ist demgemäß *Maria*. Daraus wiederum wurde die »Dame mit dem Einhorn« zu einem Zeichen der Reinheit und der Keuschheit[166]. Aus einem ehemaligen Symbol unbeherrschbarer Sexualleidenschaft wurde damit ein Bild jungfräulicher Sittsamkeit, so wie die Taube, die ursprünglich wegen ihres unermüdlichen Paarungsverhaltens als das Tier der Liebesgöttin *Aphrodite* galt[167], im Christentum zur Erscheinungsform des Heiligen Geistes avancierte. Daß ein Einhorn im Schoß einer Jungfrau »gezähmt« wird, konnte das »Schneiderlein« offenbar nicht wissen, um sich die Kenntnis solcher gut verständlicher Geheimnisse zunutze zu machen; doch die Kastration, die es an dem »Untier« vornimmt, führt psychologisch in etwa zu dem gleichen Resultat wie die christliche Interpretation des Einhorns beim *Physiologus*.

166 Am bekanntesten ist der Teppich aus dem Cluny-Museum in Paris, der »Die Dame mit dem Einhorn« zeigt, entstanden um 1500. Vgl. SABINA LIETZMANN: Das Einhorn geht auf Reisen, in: FAZ 18.3.1974: »Die dreizehn Bildteppiche (sc. der Einhorn-Serie, d. V.) summieren sich zur Apotheose der höfischen Welt von Burgund … Es (sc. das Einhorn, d. V.) ist, noch im durchkomponierten Bild, der Träger einander verwandter Symbolismen, die alle Unschuld, Reinheit, Jungfräulichkeit meinen. Das Einhorn war nicht zu erlegen, es nähere sich denn einer Jungfrau im Walde, in deren Schoß es vertraulich seine Hufe legt; sein Horn gibt Reinheit, kann Gift entdecken, Verdorbenes läutern, Wasser klären. Es ist, gefangen, die überlistete Unschuld, das hintergangene reine Element.«

167 Vgl. WILL RICHTER: Taube, in: Der Kleine Pauly, V 534–536: Die Griechen übernahmen die Taube als heiligen Vogel der *Astarte* im 4. Jh. in den Kult der *Aphrodite*. »Bei den Juden ist sie (sc. die Taube, d. V.) vor allem Opfertier. In chr. Vorstellung wird sie zum Symbol des heil. Geistes … Oft sind die Bezeichnungen für ›Taube‹ erotische Kosenamen oder Bezeichnungen für ›Dirne‹.«

b) Die Gefangennahme des Wildschweins

Im Märchen der BRÜDER GRIMM kann und soll man das Verhalten des Königs ganz offenbar für eine mutwillige weitere Schikane halten, wenn er, überrascht von der Bändigung des Einhorns durch das »Schneiderlein«, erneut seine Zusage bricht und, statt dem unvergleichlichen Helden nun endlich seine Tochter in die Ehe zu geben, eine dritte Bewährungsprobe ihm abverlangt, schwieriger lösbar anscheinend noch als die beiden vorherigen. – In seinem »Walde« haust ein *»Wildschwein«*, das ebenfalls »großen Schaden« anrichtet. Der gleiche Tatbestand ruft nach der gleichen Großtat: das »Wildschwein« muß gefangen werden. Damit reiht sich das »Schneiderlein« nun freilich erneut in die illustre Schar antiker Helden ein.

So berichtet APOLLODOR, daß *Theseus* »die Sau in Krommyon« tötete, »die nach der alten Frau, die sie großgezogen hatte, die *Phaia* genannt wurde; nach einigen Quellen stammte sie von *Echidna* (sc. die als Tochter des *Tartaros* und der *Gaia* – oder der *Keto* und des *Phorkys* – zur Hälfte eine schöne Frau und zur Hälfte ein Drache war, d. V.) und *Typhon* (sc. dem Sohn der *Gaia* und des *Tartaros*, der in der korykischen Höhle in Kilikien zur Welt kam und hundert schlangenartige Köpfe besaß, d. V.)« ab.[168] – Einem jeden Kind im antiken Griechenland wird zudem die Geschichte von dem kalydonischen Eber bekannt gewesen sein. Sie ging so: »*Oineus*, der Herrscher von Kalydon (sc. im westlichen Ätolien, d. V.), empfing als erster (sc. wie schon sein Name sagt, der an *oinos* – Wein erinnert, d. V.) von *Dionysos* den Schößling eines Weinstocks. Aus der Verbindung mit *Althaia*, der Tochter des *Thestios* (sc. des Königs im ätolischen Pleuron, d. V.), zeugte er … den *Meleagros* … Als dieser sieben Tage alt war, sollen sich die Moiren (sc. die Schicksalsgöttinnen, d. V.) eingefunden und geweissagt haben, *Meleagros* werde sterben, wenn das auf dem Herd brennende Scheit niedergebrannt sei. *Althaia*, die das hörte, nahm den Scheit fort und tat es in einen Kasten. *Meleagros* aber wurde ein unverwundbarer, starker Held. Den Tod fand er auf folgende Weise: Als *Oineus* jährige Früchte des Landes allen Göttern als Erstopfer darbrachte, hatte er *Artemis* (sc. die Jagdgöttin, d. V.) allein vergessen.

168 APOLLODOR, Epitome 1, 1, in: Griechische Sagen, 124.

Da hatte die Göttin im Zorn einen ungeheuer großen und starken Eber geschickt, so daß es unmöglich war, das Land zu besäen. Tiere und Menschen, die ihm in den Weg kamen, zerfleischte er. Gegen diesen Eber rief *Oineus* die stärksten Helden Griechenlands zusammen und versprach dem, der das Tier erlege, die Haut als Preis der Tapferkeit.«[169]

Unter den Helden, die sich zur Eberjagd einstellten, befand sich natürlich sein Sohn *Meleager*, aber auch *Theseus*, sodann die Dioskuren (die *Zeus*-Söhne) *Kastor* und *Polydeukes*, ferner *Peleus*, der Vater *Achills*, und viele andere, nicht zuletzt auch, als einzige Frau, *Atalante*, die Tochter des *Schoineus* in Arkadien, die eine große Jägerin war und ihre Jungfräulichkeit nur demjenigen zu opfern gelobte, der sie im Wettlauf besiegte[170]. Als all die Helden »zusammengekommen waren, bewirtete sie *Oineus* neun Tage lang, am zehnten lehnten *Kepheus* (sc. der König von Tegea in Arkadien, d. V.), *Ankaios* (sc. der Sohn des arkadischen Königs *Lykurgos*, d. V.) und einige andere es ab, mit einem Weibe zusammen auf die Jagd zu gehen. *Meleagros* aber, der *Kleopatra*, die Tochter des *Idas* (sc. des Sohns des messenischen Königs *Aphareus*, unzertrennlich mit seinem Bruder *Lynkeus*, d. V.) und der *Marpessa* (sc. der Tochter des *Euenos*, die *Idas* in einem Wagenrennen gewonnen hatte, d. V.), zum Weibe hatte und auch von *Atalante* Kinder haben wollte, zwang sie, mit ihr zusammen zu jagen. Als sie den Eber umstellten, wurden *Hyleus* und *Ankaios* von dem Tier zerrissen, den *Eurytion* (sc. den Sohn des Königs von Phthia, d. V.) traf *Peleus* ohne Absicht mit seinem Speer. *Atalante* schoß als erste dem Eber ihren Pfeil in den Rücken, dann traf ihn *Amphiaraos* (sc. der Sohn des arkadischen Sehers *Oikles* und der *Hypermnestra*, der Tochter des *Thestios*, d. V.). Zuletzt gab ihm *Meleagros* mit einem Stoß in die Weichen den Fang. Er bekam die Haut, reichte sie aber *Atalante*. Die *Thestios*söhne (sc. *Toxeus* und *Plexippos*, d. V) empfanden es als Schande, daß in Gegenwart von Männern ein Weib den Kampfpreis erhalten sollte, und nahmen ihr das Fell ab mit den Worten, ihnen stehe es als Männern zu, wenn nicht *Meleagros* es lieber

169 APOLLODOR, I 63–71, in: Griechische Sagen, 16–17.

170 Zu dem Wettlauf von *Atalante* und *Hippomenes* vgl. E. DREWERMANN: Liebe, Leid und Tod, 210–235.

haben wolle. Da erschlug sie *Meleagros* im Zorn und gab *Atalante* die Haut zurück. *Althaia* aber, aufgebracht über das gewaltsame Ende ihrer Brüder, zündete das Holzscheit wieder an, und gleich darauf starb *Meleagros*.«[171]

Einem Wildschwein, das von der Jagdgöttin *Artemis* selber zur Strafe für ein verweigertes Opfer gesandt wird, darf man von vornherein zutrauen, daß es mit seinem Ungestüm zahlreiche Opfer einfordern wird, doch daß es so kraftvoll ist, die besten Heroen ganz Griechenlands vereint auf den Plan zu rufen und nur mit äußerster Mühe von ihnen bezwungen wird, ist denn doch ungewöhnlich und rückt die Aufgabe des »Schneiderleins« in unserem Märchen allererst ins rechte Licht: Es geht – erneut – um eine Auseinandersetzung auf Leben und Tod, so daß die Wildschwein-Jagd und der Tod des *Meleagros* zu einem eigenen Thema der Sterblichkeit des menschlichen Daseins auf römischen Sarkophagen hat werden können; es lohnt sich sehr, an wenigstens einem Beispiel diesen wichtigen Sinngehalt sich zu vergegenwärtigen.

Ein römischer Sarkophag um 200 n. Chr. im Pariser Louvre (Tafel 5) zeigt die dramatische Szene der Jagd, wie der nur mit einem Mäntelchen (griech.: *chlamys*) bekleidete *Meleagros* mit gesenktem Spieß auf den Eber losgeht, unterstützt von zwei kläffenden Hunden, umgeben von der Schar der Jagdgefährten, darunter vorneweg seine Geliebte *Atalante*, die von einem Felsen herab einen Pfeil auf den Eber abschießt; »zwei weitere Jäger werfen große Steine, ein vierter holt in Rückansicht zum Speerwurf aus.« Begleitet wird er »von den beiden Dioskuren …, die an ihren kegelförmigen Hüten erkennbar sind. Einer von ihnen greift unterstützend an den Arm *Meleager*s und ist dadurch in seiner Rolle als Helfer und Begleiter jugendlicher Helden charakterisiert. Der Kopf des zweiten Dioskuren ist im Hintergrund zwischen dem helfenden Bruder und *Meleager* sichtbar; seine ausgestreckte, vor dem Kopf *Meleager*s erkennbare Linke zeigt, daß auch er den Helden zum Lanzenstoß ermutigt.« »Wie gefährlich das Untier ist, machen die beiden verwundeten Jagdgefährten am rechten Bildrand deutlich. Einer von ihnen ist zusammengebrochen und kauert

171 APOLLODOR, I 63–71, in: Griechische Sagen, 17–18.

am Boden, den Kopf dem Eber zuwendend. Der das Relief nach rechts abschließende Jäger hingegen stützt sich mit der Linken auf seine Lanze und preßt die Rechte auf den verletzten Oberschenkel.« »An die Jagdszene schließt links eine Versammlung mehrerer männlicher und einer weiblichen Figur an. Sicher identifizierbar sind nur *Oineus*, der im Bühnenkostüm der Könige am linken Bildrand steht, sowie *Atalante*, die mit der Linken die Schärfe ihres Speeres zu prüfen scheint. Der nach rechts ausschreitende Bärtige zwischen ihnen, der eine Doppelaxt schultert und nur mit einem Tierfell bekleidet ist, dürfte der Jäger *Ankaios* sein ... Im Hintergrund zwischen den drei Hauptfiguren sind die Köpfe von drei Jagdbegleitern erkennbar.« Diese Jagdversammlung könnte als Beratung über die Zulassung *Atalante*s zur Jagd verstanden werden[172].

Kennzeichnend an der Darstellung ist die Zwiespältigkeit alles »Heroischen«. Das Relief des Sarkophag-Kastens preist »Mut, Schönheit, Tatkraft und Jagdbegeisterung«, während das Deckelrelief von Trauer und Tod handelt: »Unter großem Wehklagen wird der Leichnam *Meleager*s in einer von den Dioskuren angeführten Prozession heimgetragen. Das Ende des Zuges am linken Deckelrand bildet der Streitwagen *Meleager*s mit dem Wagenlenker darin; ein vor den Pferden stehender Gespannführer (Kopf ergänzt) hält die Zügel. Hinter dem Gespann steht ein Gefährte *Meleager*s und verbirgt sein tränennasses Gesicht in seinem Mantel. Der Jagdhund zu Füßen des Gespannknechtes wendet den Kopf in Richtung der anschließenden Gruppe ... Hinter dem Körper des Helden hebt dessen Pädagoge die Rechte in einem Klagegestus zum Kopf und ergreift mit der Linken den Arm des Toten; unter dem Leichnam ist eine Bahn des Leichentuchs sichtbar. – In der Deckelmitte sind die bestürzten Reaktionen von *Meleager*s Eltern wiedergegeben ... Der Vater *Oineus* weicht entsetzt zurück, in der Linken das Szepter, die Rechte vor Schreck erhoben. Die Mutter *Altheia* eilt mit ausgebreiteten Armen und gelösten Haaren ihrem toten Sohn entgegen ... Zwischen beiden steht ein in Rückenansicht gegebener Gefährte *Meleager*s. Am rechten Bildrand wird *Altheia* ein zweites Mal gezeigt, wie sie sich selbst am Grab ihres

172 PAUL ZANKER – BJÖRN CHRISTIAN EWALD: Mit Mythen leben, 348–349.

Sohnes und im Beisein einer Dienerin (Kopf ergänzt) den Tod gibt. Im Mythos geschieht dies aus Reue, doch mag ein antiker Betrachter die Darstellung des *Altheia*-Suizids im Kontext der Heimtragung *Meleager*s auch als extreme Trauerreaktion verstanden haben, die den unermeßlichen Schmerz der Mutter unterstreicht … Der von Unglück und Alter gebeugte Mann neben *Altheia*, der von zwei Jünglingen gestützt wird, könnte wieder ihr Gatte *Oineus* sein; er wird gewöhnlich jedoch als *Thestios*, der Vater der *Altheia* gedeutet. In sinnfälliger Weise spiegelt das auf dem Deckel gleich zweimal dargestellte mythische Elternpaar Verzweiflung und Schmerz der römischen Hinterbliebenen. Auf dem rechten Deckelakroter(ion) erscheint eine ganz in ihren Mantel gehüllte, trauernde Frau – wohl eine der Schwestern *Meleager*s, die sich aus übermäßiger Trauer schließlich in Vögel verwandelten. Auf dem gegenüberliegenden Akroterion (sc. dem äußersten vorspringenden Teil, d. V.) hingegen sitzt ein Flußgott oder eine Ortspersonifikation mit Schilfrohr in der Linken auf einem Fels. Sie könnte auf den literarischen Topos der mittrauernden Natur anspielen.«[173] Das Konzept einer heroischen Lebensweise beantwortet diesem Bild zufolge also durchaus nicht den Schmerz der Vergänglichkeit und der Vergeblichkeit, die zum irdischen Dasein unabwendbar gehören.

Insbesondere zum Heldentyp des *Theseus* und des *Meleagros* in ihrem Kampf gegen das »Wildschwein« zählt in jedem Falle zentral das Risiko des Todes: Um den Gegner zu töten, muß man sich selbst in Lebensgefahr begeben; doch dieses heroische Wagnis muß eingegangen werden, da der Feind – hier das Wildschwein – eine barbarische, kulturferne, zerstörerische, antihumane Bedrohung darstellt, die vernichtet werden muß, wenn je im Raum der Kultur wieder »Ruhe und Ordnung« eintreten soll. Der bedauerliche Zustand gegenwärtiger Gefahr erscheint dabei nicht selten als eine göttliche Heimsuchung, als eine Strafe für früher begangene Schuld, als eine schicksalhafte Prüfung, die nur durch den Einsatz schier übermenschlicher Kräfte zu bestehen ist. Ein solcher Held tritt auf als Retter aus höchster Bedrängnis. Er ist der Durchbruch zum Licht am

173 A. a. O., 349–350.

Ende der Düsternis heilloser Not, und die Angst um ihn ist ebenso groß wie die Hoffnung auf ihn; höchstes Glück vereinigt sich in seiner Nähe deshalb stets mit tiefster Trauer, – so zeigt es die Mythe um *Meleagros*. – Man sehe zur Verdeutlichung des Trauer-Motivs nur die Darstellung des Schmerzes über *Meleager*s Tod auf einem Sarkophag um 190 n. Chr. im Pariser Louvre (Tafel 6)[174]: Auf der Klinē (Liege) ruht der Verstorbene, hinter ihm die Klageweiber, davor wieder der greise Pädagoge in haltlosem Schmerz, gestützt auf einen krummen knotigen Stab, niedergelegt sind als nunmehr nutzlos Helm, Schild und Schwert. Am meisten betroffen ist *Atalante*, um derentwillen *Meleagros* den tödlichen Streit um die Haut des Wildschweins einging; sie sitzt da, das Gesicht in der Rechten vergraben, außerstande zu verstehen, was da geschah, ihr treuer Hund schaut zu ihr auf, wehklagend wie sie, ihren Schmerz teilend.

Paradoxerweise liegt nun gerade in diesem Kontrast von Mut und Trauer, von Not und Rettung, von Gefahr und Befreiung, von Leben und Tod die keinesfalls unbedenkliche Faszination der Gestalt des Helden, die nicht nur die Vorstellungswelt heranwachsender Männer belebt, sondern immer wieder mit ihrem Sog auch die reale Geschichte beeinflußt. Daß Fantasy-Filme nach Art von »Superman« und »Star Wars« das Motiv des unvergleichlichen Helden in die heutigen Großstädte und ins Universum ausdehnen, läßt sich noch als bloßer Eintrag eines alten Stoffes in die Verhältnisse einer neuen Zeit abtun; aber der Heldenmythos selbst dringt – ohne psychologische Filterung – unmittelbar in die Gedankenwelt auch des politischen Handelns vor und erzeugt dort eine desaster-narzißtische Motivationsbasis. Stets, wenn die staatliche Obrigkeit zu den Waffen ruft, gilt es allemal wieder, ein »Schwein« zu erlegen: – Man dämonisiert und

174 A. a. O., 62. – Vergleichbar ist auch der Sieg des *Herakles* über den erymanthischen Eber; vgl. KARL KERÉNYI: Die Mythologie der Griechen, II 122–123: Der Eber von Erymanthos, dem Gebirge im Nordwesten Arkadiens. *Herakles* fing den Eber mit einer Schlinge und trug das Tier nach Mykene. Vasenmaler liebten es, die Szene, die folgte, darzustellen: »Der Heros – das Wildschein auf dem Rücken – setzt seinen Fuß auf den Rand des unterirdischen Pithos, in dem sich *Eurystheus* verkrochen hatte. Man sieht nur den Kopf des Feigen und seine Arme. So sehr erschrak er vor dem Eber: wie vor dem Tod.« S. u. Tafel 7, Anm. 186.

bestialisiert den Gegner mit allen zu Gebote stehenden Mitteln der Propaganda[175], man stilisiert es zu einer sittlichen Pflicht und verdienstvollen Großtat, ihn ein für allemal zu vernichten, und man erklärt und verklärt die mitleidlose Grausamkeit zu einer heroischen Tugend von Übermenschen. Vor allem: Man trennt nach absoluten Begriffen in Gut und Böse, wobei »wir« selbstredend das Gute verteidigen und deshalb schon, egal was wir tun, die Guten sind.

Wie bei der Auseinandersetzung mit dem »Einhorn« wäre es deshalb auch bei dem Kampf gegen das »Wildschwein« im Raum des Politischen von größter Bedeutung, den Mythos des Helden psychologisch auf seinen Hintergrund und auf seine Wirkung hin zu untersuchen. Sehr bald würde man dann entdecken, daß es vor allem die eigenen verdrängten, abgespaltenen und unterdrückten Triebregungen und Wünsche sind, die als »teuflisch« oder »tierisch« auf den Gegner projiziert werden. Es geht dann zu wie in dem Ausspruch Jesu in der Bergpredigt: Wir sehen den Splitter im Auge des anderen, doch nicht den Balken im eigenen Auge (Mt 7,3–5). Wir sind ganz

175 So schreibt STANLEY MILGRAM: Das Milgram-Experiment, 169: »Wenn man die Art kontrolliert, in der jemand seine Welt interpretiert, hat man bereits einen großen Schritt in Richtung auf die Kontrolle seines Verhaltens getan. Dies ist der Grund, warum Ideologie … stets einen so bedeutenden Anteil hat an Revolutionen, Kriegen und anderen Vorkommnissen, in denen der einzelne aufgefordert ist, außergewöhnliche Handlungen zu vollbringen. Regierungen stecken viel Geld in Propaganda, die die offizielle Interpretation von Ereignissen darstellt.« Wenn die »legitime Autorität« die Situation verpflichtend interpretiert, meint sie, Gehorsam finden und verlangen zu können. S. 209–210: »Bevor der Soldat in das Kriegsgebiet kommt, bemüht sich die Autorität, seine künftigen Handlungen in einer Weise zu definieren, die eine Verbindung zu allgemein hochgeschätzten Idealen und zu den umfassenderen Zielen der Gesellschaft herstellt. Den Soldaten wird erklärt, daß die Leute, die sie in der Schlacht treffen werden, Feinde der Nation seien und daß das Land in Gefahr sei, wenn sie nicht vernichtet würden. Die Situation wird so definiert, daß eine grausame und inhumane Aktion gerechtfertigt erscheint. Im Vietnam-Krieg machte noch etwas Zusätzliches das grausame Verhalten leichter: Der ›Feind‹ gehörte einer anderen Rasse an. Die Vietnamesen wurden gemeinhin als ›Gooks‹ (etwa ›Kanaken‹, d. Übers.) bezeichnet, als wären sie Untermenschen und folglich keines Mitgefühls wert.« »Bei der Routineerfüllung seiner Pflichten empfindet der Soldat keine persönliche Hemmung gegen Tötung, Verwundung oder Verstümmelung anderer Menschen, seien sie Zivilisten oder Soldaten … Er erfüllt einen Auftrag.«

groß darin, das eigene Böse im anderen zu bekämpfen, denn dann folgen wir den Dressaten unseres eigenen Über-Ichs und können zugleich die Auflehnung dagegen auf den anderen umlenken. Wir sind gut, weil wir den anderen bekämpfen, ohne uns selber zum Guten hin entwickeln zu müssen. Als ein wirklicher »Held« sollte demgegenüber jemand erst gelten, wenn er den »Drachen«, die »Schlange«, das »Schwein«, den »Teufel« in sich selber besiegt hat: seine Angst, seinen Zorn, seinen Kleinmut, seinen Ehrgeiz, seinen Haß auf sich selbst, seinen Drang zum Dreinschlagen, seine Maßlosigkeit.

Nun ist – wie beim »Einhorn«, so jetzt auch beim »Wildschwein« – ein wichtiger Unterschied zu den Heldentaten griechischer Heroen darin zu erblicken, daß dem »Schneiderlein« nicht die Tötung des Untieres, sondern erneut nur dessen Zähmung aufgetragen wird. Obwohl es mit seiner üblichen Aufschneiderei beinah schon standesgemäß versichert, solch eine Angelegenheit stelle für jemanden seines Formats (»sieben auf einen Streich«) nicht die geringste Schwierigkeit dar, werden wir wenig später schon zu Zeugen eines ganz anderen Betragens. Wieder kann ihm die königliche Eskorte nur lästig sein, – sie würde nur allzu deutlich ersehen, wie es um die »Tapferkeit« des »Schneiderleins« bestellt ist: Kaum nämlich erblickte *»das Schwein den Schneider …, lief es mit schäumendem Munde und wetzenden Zähnen auf ihn zu und wollte ihn zur Erde werfen.«* Am Boden liegend, wäre sein Schicksal vor den grimmen Hauern des Ebers besiegelt, ganz wie der schöne *Adonis* getötet wurde zu *Aphrodite*s ewigem Kummer[176], – er muß also alles daransetzen, gar nicht erst getroffen zu werden. Sofortige Flucht ist deshalb seine einzige Rettung. Und so kommt es denn auch: *»der flüchtige Held … sprang in eine Kapelle, die in der Nähe war, und gleich oben zum Fenster in einem Satze wieder hinaus«.* Von einem geordneten Rückzug kann keine Rede sein, von trickreicher Souveränität nach Art eines Stierkämpfers ebenso wenig, seine Flucht ist vielmehr so ungestüm wie der Ansturm des Ebers, ja, die panische Angst verleiht seinen Gliedern eine Sprunggewalt derart, daß er nicht nur in der Kirche seine Zuflucht zu nehmen vermag, sondern in die dritte Dimension: in die Höhe, wie eine Katze vor

176 Vgl. E. DREWERMANN: Liebe, Leid und Tod, 560–578: Aphrodite und Adonis.

dem Hund auf den Baum, so er durchs Fenster zu springen imstande ist – »in *einem* Satze«, wie die BRÜDER GRIMM voller Staunen vermerken. Dann erst erzeigt das »Schneiderlein« seine wahre Geistesgegenwart: *»Das Schwein war hinter ihm hergelaufen, er aber hüpfte außen herum und schlug die Tür hinter ihm zu; da war das wütende Tier gefangen, das viel zu schwer und unbehilflich war, um zu dem Fenster hinauszuspringen. Das Schneiderlein rief die Jäger herbei, die mußten den Gefangenen mit eigenen Augen sehen.«* Jetzt freilich sind sie, als Zeugen eines Resultats, dessen Zustandekommen ihnen wieder einmal entgeht, in der Tat hoch willkommen. Doch was ist wirklich geschehen?

Wie das »Einhorn« weist auch die Symbolik des »Wildschweins«, neben der aggressiven, eine ausgesprochen sexuelle Bedeutung auf. »Schweinerei« bedeutet im Deutschen umgangssprachlich so viel wie eine sittlich nicht einwandfreie Handlung und bezieht sich allemal auf sexuelles »Herumgesuhle«. »Die Sau wälzt nach der Schwemme wieder sich im Sumpf«, heißt es in der Bibel (2 Petr 2,32). Auch im Altgriechischen war mit dem »Schwein« alle Art von sexueller Freizügigkeit assoziiert. So spricht ARISTOPHANES, wenn er die Prostitution beschreiben will, von *choiropōlein* – eigentlich: »(sich als) Schwein verkaufen«[177]. Von daher stellt sich die Frage, warum in dem Märchen vom »Schneiderlein« nach der Auseinandersetzung mit dem »Einhorn« jetzt auf dem Fuße das Einfangen des »Wildschweins« folgt. – Eine mögliche Antwort ergibt sich offenbar aus dem äußerst unbefriedigenden Ende der Einhorn-Bataille, die mit dem Abhacken des Hornes sexualsymbolisch ihre deutlich kastrative Tendenz verriet. Wie soll es möglich sein, muß man sich fragen, auf die Heirat der »Prinzessin« sich vorzubereiten, wenn, um sie zu »erwerben«, auf dem Wege zu ihr die Verstümmelung als Mann in Kauf genommen werden muß? Wie überhaupt soll man mit dem eigenen Antriebserleben zu Liebe und Gemeinsamkeit umgehen, wenn es nur in »kastriertem« Zustand für »gezähmt« gelten kann?

Es gehört zur Erfahrung mit neurotischen Abspaltungen und Ver-

177 WILL RICHTER: Schwein, in: Konrad Ziegler – Walther Sontheimer (Hg.): Der Kleine Pauly, V 47; vgl. ARISTOPHANES: Die Acharner, Vers 773, in: Sämtliche Komödien, S. 35. Griech. choiros ist eine Metapher für »weibliches Geschlechtsteil«.

drängungen, daß die unterdrückten Triebregungen sich an den Rändern der Sperrmauer vorbei durcharbeiten und sich in einer neuen, weit schädlicheren Form noch als vormals bemerkbar machen. Das Niedergehaltene verformt sich zum Niedrigen, das als unanständig Abgewehrte wird unanständig, das als tierisch Verfemte vertiert, – das kastrierte »Einhorn« kehrt wieder als »Wildschwein«, ungebärdiger, schmutziger und rücksichtsloser denn je. Das Märchen von »Brüderchen und Schwesterchen« (KHM 11) erzählt davon, wie ein »Rehlein« durch Triebaufschub gezähmt und schließlich durch die Liebe zum Menschsein erlöst wird[178]; die Geschichte vom »tapferen Schneiderlein« berichtet davon, wie gewaltsames Agieren und Triebunterdrücken das »Tierische« im Menschen nicht begütigt, sondern erst richtig »wild« macht, so daß immer neu ein gewalttätiges Einschreiten erfordert wird. Das Symbol selber ist dafür sprechend genug: Auf seine Weise verfügt ein Wildschwein über die Fähigkeit, mittels seines hochsensiblen Geruchssinns nicht nur auf die Weibchen in der Rotte zu reagieren, sondern aus dem nur für Menschenaugen schmutzigen Erdreich alle möglichen Delikatessen wie Eicheln, Trüffel und ähnliches mit seinem Rüssel hervorzuwühlen[179], dabei grunzend und quiekend vor Wonne. Zu jemandem, der alles Schamgefühl verloren hat, sagt man abwertend wohl: »Du Schwein«, und man darf wohl allgemein feststellen, daß der Abbau von Schamgefühl eine Schwächung der geistigen Persönlichkeit darstellt; ein echtes »Wildschwein« aber spürt solche Zweifel gewiß nicht, es amüsiert sich ungehemmt im Rausch der Sinnesfreuden. Doch kann unter solchen Umständen eine »Zähmung«, wie der »König« sie fordert, überhaupt noch gelingen? – Die Art, wie das »Schneiderlein« es versucht, ist in ihrer hilflosen Widersprüchlichkeit von einer geradezu erschütternden Realitätsnähe.

Vor allem der katholischen Kirche mit ihrer repressiv anmutenden Sexualmoral sagt man nach, daß sie entsprechende Ambivalenzen

178 Vgl. E. DREWERMANN: Brüderchen und Schwesterchen, 45–56: Die Tierverwandlung.

179 Vgl. HANS FRÄDRICH: Schweine und Pekaris, in: Grzimeks Tierleben, Bd. 13: Säugetiere 4, S. 83, zu der »unermüdlichen Wühltätigkeit« und zu dem ausgeprägten Geruchssinn der Schweine.

geradewegs schüre. Auf der einen Seite hat sie bis in jüngster Zeit in der menschlichen Sexualität wesentlich ein Instrument der Zeugung und Fruchtbarkeit gesehen[180], so daß alle Gefühle und Betätigungen außerhalb dieser Zwecksetzung für »schwer sündhaft« galten; andererseits suchte sie mit moralischen Mahnungen und asketischen Anweisungen den Willen zur »Selbstbeherrschung« zu stärken; das Ergebnis war ein Wechselspiel von Triebdurchbrüchen und Reuebekundungen, auf die hin der Priester im »Bußgericht« bei entsprechendem Vorsatz, die »Sünde« »nicht wieder« zu begehen, die »Lossprechung« erteilte. Selbstredend richteten alle noch so gut gemeinten Vorsätze wenig aus, und gegen die »Aufklärung« von Biologen, Verhaltensforschern, Psychoanalytikern und Kulturanthropologen, welche die vielfache Funktion der Sexualität zur Paarbindung, Machtdemonstration und Rangbehauptung unter Beweis zu stellen suchten[181], zeigte das römische Lehramt sich erstaunlich resistent: Der Mensch ist kein Tier und steht in der Pflicht, Herr über sein Triebleben zu sein, lautete die kirchenamtliche Entgegnung.

Unter Anleitung einer solchen Doktrin kommt es in der Tat notwendigerweise zu genau dem Betragen, das der Schneider im Märchen an den Tag legt, kaum daß er des »Wildschweins« ansichtig wird: Er flieht davor Hals über Kopf, und er weiß keinen anderen Zufluchtsort als eine Kapelle, die, überaus praktisch, gleich in der Nähe gelegen ist, und mit einem kühnen Sprung hinein durch die Tür und durchs Fenster hinaus gelingt es ihm wirklich, das »Wildschwein« in der Kirche »einzusperren«. Es ist damit nicht gezähmt, aber gefangen gesetzt, und die Mauern der Kirche selber – ihre Gebote und Gesetze – erweisen sich als stabil genug, das »Wildschwein« (die menschliche Sexualität) einzukerkern. Die Rede von Gott selber dient, wenn es so steht, der Triebunterdrückung und der Verfestigung

180 Vgl. Catéchisme de l' Église Catholique, Nr. 23, 66–2372: Die Fruchtbarkeit der Ehe.

181 Vgl. etwa WOLFGANG WICKLER: Die Biologie der Zehn Gebote, 112–127: Die sexuelle Partnerschaft – Du sollst nicht ehebrechen, S. 126: »widernatürlich ist eine Sexualmoral, die nicht berücksichtigt, daß viele Verhaltenselemente, die auch im Begattungsvorspiel vorkommen, nicht nur … die Aufgabe haben, sexuell aufzureizen, daß sie vielmehr der Bindung der Partner und ihrer vollkommenen Abstimmung aufeinander dienen.«

einer ständigen Angst vor sich selbst im Bannkreis nicht endender Schuldgefühle. Rein in den Beichtstuhl, raus aus dem Beichtstuhl – das Leben als Drehtür von Zwängen und Süchten: So ist das »Wildschwein« eingekerkert wie ein Schwerverbrecher in dem Hochsicherheitstrakt eines Gefängnisses, gut bewacht, doch mitnichten gebessert, träumend vom Tag seines »Freigangs«, sinnend darauf, ihn zu nutzen zum Ausbruch.

Ein solcher »Ausbruch« ist – nach vielen emanzipatorischen Ansätzen – in Deutschland spätestens in der 68er-Generation erfolgt. Die Kirchen, um in dem Bilde des Märchens zu bleiben, wurden aufgebrochen, um das »Schwein« in die Freiheit zu entlassen; die Intimität menschlicher Zärtlichkeit wurde damit freilich weder geschützt noch wiederhergestellt, sie verblieb vielmehr auf dem Niveau ihrer Erniedrigung und wurde ein Mittel zwar nicht mehr zur Vermehrung der Menschheit, wohl aber der Ausbeutung zur Vermehrung der Renditerate. Die Sexualität wurde zum Circus maximus der Werbebranche (*sex sells more*), sie wurde ein eigener Industriezweig, und ihr auferlegt wurden die Beweislasten von sportlicher Fitneß, viriler Potenz und weiblichem Pin-up-Charme. Das schamhaft Verhüllte wurde schamlos enthüllt; und in beiden Verhaltensweisen erhielt sich die alte Ambivalenz von Prüderie und Pornographie. So oder so: Das »Wildschwein« blieb eingesperrt, es wurde »rausgelassen« oder es wurde »durchs Dorf getrieben«, gleichviel! Auch das »Schneiderlein« bleibt, was es war: ein narzißtischer Trickser und Trickster[182], der jede Aufgabe nach außen hin zu lösen versteht und innerlich dabei doch nur immer weiter von sich selbst weggerückt wird.

Das hindert nicht, sondern bedingt geradezu, daß *»der Held«* sich nunmehr *»zum Könige* begibt, und *»der nun, er mochte wollen oder nicht«*, muß *»sein Versprechen halten ... und ihm seine Tochter und das halbe Königreich«* übergeben. Im Grunde »will« der »König« überhaupt nicht, und zwar nicht nur des eigenen Machterhalts wegen, sondern weil er unbewußt irgendwie ahnt, daß er einer Täuschung

182 Vgl. WALTER HIRSCHBERG: Wörterbuch der Völkerkunde, 455: »Trickster (engl.), mythisches Wesen, das sich vor allem durch seinen widerspruchsvollen, zwiespältigen Charakter auszeichnet. Es steht in engstem Zusammenhang mit der Vorstellung des Kulturheros.«

zum Opfer gefallen ist, die er im Bewußtsein nur nicht aufzudecken vermag. »*Hätte er*, schreiben die GRIMMS, »*gewußt, daß kein Kriegsheld, sondern ein Schneiderlein vor ihm stand, es wäre ihm noch mehr zu Herzen gegangen. Die Hochzeit ward also mit großer Pracht und kleiner Freude gehalten und aus einem Schneider ein König gemacht.*« Der Widerspruch von innen und außen wird nicht geschlossen, sondern lediglich durch die gesellschaftlich akzeptierte Rollenzuschreibung im äußeren überlagert, und denken muß man, daß die »kleine Freude« die Gefühle des »Schneiderleins« insgeheim ebenso kennzeichnet wie die tiefe Trauer das Empfinden von König und Braut.

Angst, Zwang und Trug – eine höfische Ehe

Will man die Gestimmtheit des »Königs« in dem Moment sich vorstellen, da das »Schneiderlein«, wie es soll, ihm das »Wildschwein« herbeibringt, so gibt es dafür kein treffenderes Bild, als der Antimenes-Maler auf einer attisch-schwarzfigurigen Halsamphora um 510 v. Chr. es vom Ausgang der Jagd des *Herakles* auf den Eber von Erymanthos gemalt hat (Tafel 7)[183]. Die Vorgeschichte spielt im mykenischen Reich, in Tiryns, wo als Göttin die »*Hera* von Argos« herrschte; ihr Heiligtum lag auf einer Bergterrasse zwischen Tiryns und Mykene; der Großkönig von Argos und Mykene aber war *Eurystheus*, »der weithin Starke«, »ein Name, der den Unterweltkönig schmücken könnte«[184]. Dessen Untertan war *Herakles*, dem die göttliche *Hera* ständig nachstellte, weil ihr Gemahl und Bruder *Zeus* ihn mit *Alkmene*, der Gattin des *Amphitryon*, des Königs von Tiryns, gezeugt hatte. Zwölf Arbeiten gab *Eurystheus* bei ihm in Auftrag, zur Sühne dafür, daß er im Wahn, mit dem *Hera* ihn geschlagen, seine Kinder zusammen mit ihrer Mutter *Megara*, der Prinzessin in Theben, getötet hatte[185]. Seine dritte Aufgabe war es, im Erymanthos-Gebirge, im Grenzgebiet von Achaia und Elis, einen Eber zu fangen,

183 Von Göttern und Menschen. Bilder auf griechischen Vasen, 85.
184 KARL KERÉNYI: Die Mythologie der Griechen, II 110.
185 Vgl. E. DREWERMANN: Liebe, Leid und Tod, 501–518: Deianeira und Herakles oder: Erhebung über Schuld und Schmerz, S. 502–503.

der mit seiner Wildheit die Bewohner beunruhigte. Für diese wäre es ausreichend gewesen, das Wildschwein zu töten, doch *Herakles*, der den Eber lebendig nach Mykene bringen sollte, trieb ihn in den Schnee der Berge, »fing ihn mit einer Schlinge, warf das Tier über die Schulter« und trug es zu *Eurystheus*[186]. Doch was tat da der König? Kaum erschien der Held in seinem Palast, da sprang *Eurystheus* erschrocken in ein Olivenfaß.

Das Vasenbild zeigt diese Szene, wie der König sich in dem tief in die Erde eingegrabenen *Pithos* verkrochen hat und seine Hände flehend zum Himmel streckt, den Kopf mit dem Spitzbart vor Schrecken weit in den Nacken gedrückt; in der Tat hat er Grund für die hilflose Geste seines Entsetzens, denn *Herakles*, unbekleidet, so daß seine Nacktheit das Spiel seiner mächtigen Muskeln hervortreten läßt, nur das Schwert umgegürtet, hat den linken Fuß auf den Krugrand gesetzt und hält den Eber mit seinen strampelnden Hinterbeinen so über den furchtsamen König, als wolle er das gefährliche Tier mit den weiß blinkenden Hauern zu ihm in das Olivenfaß stecken. Vor ihm steht seine Schutzgöttin *Athene*, der vergleichsweise schmächtige Mann mit Knüppel und Bogen hinter ihm ist sein dienstbarer Neffe *Iolaos*, der den Helden bei den zwölf Arbeiten begleitete.

Schwach und feige, sagt dieses Bild, ist der König, stark und mutig der Held. Und keine Frage: Für den Gottessohn *Herakles* stimmt diese Aussage. Nicht aber für ein »tapferes Schneiderlein«. *Unser* »Held« *ist* schwach, und lediglich in Reaktion auf dieses Grundgefühl der Unterlegenheit hat er sich die Erscheinungsform von Kraft und Stärke – zugegeben: mit beachtlichem Erfolg – erlistet. Im Grunde ist er ein Betrüger, der die Umwelt stets von Neuem damit überrascht, daß er Leistungen vorzeigt, die ihm niemand zugetraut hätte und die so, wie er die anderen glauben macht, auch niemals von ihm zu erbringen gewesen wären. Er erreicht, was er soll, doch auf Wegen, die er vor allen verheimlichen muß; gerade das aber macht ihn unheimlich. Und die Angst, die er einmal vor der Mißachtung anderer hatte, ist nunmehr umgewandelt worden in ihre angsterfüllte Hochachtung. Der König,

186 KARL KERÉNYI: Die Mythologie der Griechen, II 123.

der Grund zu haben glaubte, sich vor dem kecken Auftritt des »Siebentöters« fürchten zu müssen, und ihn insgeheim dafür umbringen wollte, ist jetzt gehalten, in aller Öffentlichkeit, unter dem Zwang der Furcht um Thron und Leben, »klein beizugeben«. Zwar ist und bleibt er formal noch der König, aber nur noch verkrochen wie eine Muräne in einer Riffspalte, die sich allein im Rückzug unangreifbar macht und nur noch ihren verdrießlich blickenden, stets bißbereiten Kopf aus der Höhle streckt. Denn dem »Schneiderlein« gehört die Zukunft, der König ist passé. Und ein Zeitenwechsel zieht damit herauf: Wenn es auf den höheren Rängen des politischen Geschehens jetzt noch weitergehen soll, dann einzig durch die »Kunst« von Entertainern, Showmastern, Selbstdarstellern und Berufsschauspielern wie ihm. Man könnte, stünde so etwas, statt in einem Märchen, in der Zeitung, als Leser Angst bekommen, – führte es sich nicht alles gerade so verführerisch unterhaltsam, illustriertenreif lustig und »wahnsinnig witzig«, seit langem schon auf; an die Realität, die dahinter steckt, soll und darf in dem neuen Königreich des »Schneiderleins« niemand mehr denken. Oder doch? Das in der Öffentlichkeit Verdrängte bleibt beunruhigend im Persönlichen wie im Privaten, es kehrt zurück im Unbewußten, es spricht sich aus in Träumen.

Wie soll ein Ehepaar zueinander finden, wenn der eine Teil selbst weiß, auf welch tönernen Füßen das gesamte Lügengebäude seiner Beziehung errichtet ist, so daß er zu jeder Zeit an jedem Ort versuchen muß, diese Tatsache zu verleugnen beziehungsweise gegenteilig darzustellen, und wenn der andere Teil zwar keine unzweideutigen Beweise in der Hand hält, die den Partner des Betruges überführen könnten, aber auch nicht unbesehen ihm vertrauen mag? Irgendetwas stimmt mit dem »tapferen Schneiderlein« nicht, – das wird die »Prinzessin« selbst spüren.

In einem Märchenfilm aus dem Jahre 2008 hat CHRISTIAN THEELE[187] diesen Zwiespalt überbrückt, indem er die GRIMMsche Erzählung in die Wunscherfüllung, die man (fälschlicherweise) mit »Märchen« verbindet, zurückübersetzt hat: Danach soll die Königstochter das »Schneiderlein« von Herzen geliebt haben, im Gegensatz

187 CHRISTIAN THEELE (Reg.): Das tapfere Schneiderlein, Drehbuch: Leonie und Dieter Bongartz, ARD 26.12.2008.

zu einem intriganten Berater am Hof, der den König allererst zu den tödlichen Aufgabenstellungen überredet habe, mit denen er seinen Konkurrenten habe umbringen wollen; ja, am Ende sei der König selber hoch zufrieden mit der Heirat seiner Tochter gewesen, die er als eine glückliche in Wahrheit all die Zeit über bereits herbeigesehnt habe. – In einem »üblichen« Märchen würde die Geschichte vom »Schneiderlein« in dieser Art denn auch gewiß ihren Abschluß finden; doch das Leben verläuft nicht immer so freundlich, und die Gestalt eines »tapferen Schneiderleins« steht einem derartigen Ausgang gänzlich im Wege; oder anders gesagt: Ein »tapferes Schneiderlein« könnte allererst glücklich werden und mit einem anderen Menschen an seiner Seite glücklich sein, wenn es damit aufhörte, das »tapfere Schneiderlein« zu bleiben, und begönne, die Unglücksfaktoren seines Lebenskonzeptes endlich auszuräumen, statt sie immer von neuem und immer fester zu etablieren[188].

Nehmen wir nur den Part der Königstochter. In jenem Film liebt sie das »Schneiderlein« auf den ersten Blick, – sie glaubt ihm seinen Charme und seinen Witz, und sie ist glücklich, daß er all die Aufträge des Vaters, das heißt der anderen Seite in ihm, die sein »Ratgeber« verkörpert, lebendig übersteht. Die Frau im GRIMMschen Märchen hingegen wird nach ihren persönlichen Gefühlen gar nicht erst gefragt. Sie wird zwangsverheiratet als Mitgift zur Thronerbschaft, und auf wen sie sich damit einläßt, ist weder ihrem Vater noch ihr selbst richtig klar. Anders als in den Märchen von der »Preisjungfrau« im allgemeinen, in denen Braut und Bräutigam nur darauf warten, nach Erledigung der absichtlich schwierigen, ja, für unlösbar geltenden Aufgaben denn doch endlich zusammenzukommen, dürfte die Verheiratung mit dem »Schneiderlein« die Prinzessin ebenso unleidlich anmuten wie ihren Vater, den König, der, verdrossen über seinen rätselhaften Machtverlust, nur widerwillig in diese ungeliebte Hochzeit willigt. Eine solche Heirat bedeutet alles andere als jenen *hieròs gámos*, mit dem so viele Mythen und Märchen ihr Finale als eine »heilige Hochzeit« der Seelenverschmelzung zu krönen belieben; im

188 VERENA KAST: Märchen als Therapie, 63, notiert zu dem »Schneiderlein«: »ich freue mich an seinen Tricks …, aber es müßte mir beweisen, daß es mit dieser Haltung wirklich ein geglücktes Leben führen kann.«

wirklichen Leben ebenso wie im Märchen der GRIMMS steht eine »Schneiderlein«-Vermählung von vornherein unter einem Unstern von Angst und von Mißtrauen, von zögerndem Suchen und prompter Enttäuschung, von geheimer Trübsal und zur Schau gestelltem Triumphgehabe. Die Prinzessin hier hat einen künftigen König geheiratet, der nur so tut, als sei er einer solchen Rolle gewachsen; in Wahrheit wurde sie unter Wert an einen Unwürdigen verkauft. Wenn *das* ihr Gefühl ist, wie will dann das »Schneiderlein« je ihre Liebe erringen? Ein nie ausgesprochener Verdacht, ein stets ausagierter Vorwurf steht zwischen den beiden: »Du bist nicht der, für den du dich ausgibst.« Unmöglich, unter solchen Umständen sich zur Wahrheit zu bekennen.

Denn gerade umgekehrt verhält es sich beim »Schneiderlein«. *Das* ist in diesem Augenblick scheinbar ein »Mann, der es geschafft hat.« Nur er weiß, wie er »es« »geschafft« hat, doch umso besser weiß er auch, daß er aus dieser »Nummer«, die er selbst gewählt hat, nicht mehr »rauskommt«. Wollte er die Wahrheit eingestehen, so käme sie einem Offenbarungseid gleich, und er müßte gewärtigen, wegen Amtsanmaßung, arglistigen Betrugs, Erbschleicherei und falscher Identität unter Hohn und Spott des Landes verwiesen oder in lebenslanger Kerkerhaft im Lande festgesetzt zu werden. Er kann die Wahrheit sich nicht leisten, um keinen Preis, sie käme allzu teuer ihm zu stehen. Wie aber will er jetzt fortfahren?

Nicht ganz umsonst lenkte das Märchen selbst mit seinen Bildern von dem »Einhorn« und dem »Wildschwein« den Weg ins Sexualsymbolische. Von einem Thronfolger erwartet man in jenen Tagen, daß er fähig ist, in bälde einen Sohn zu zeugen, um die Macht der Dynastie zu festigen, – die endlosen Frauengeschichten an den Höfen der Sultane, Kaiser und Landesfürsten im islamischen Orient wie im allerchristlichsten Okzident waren eine einzige und einzigartige Demonstration von machtpolitischer Potenz und Präpotenz in sexueller Ausdrucksform. Nicht Liebe, Herrschaft trat und tritt da in Erscheinung – und kann an eben dieser Brechung scheitern. – Wo immer Männer in der Psychotherapie über gewisse Störungen ihrer Kohabitationsfähigkeit klagen, wird es auf den nämlichen Punkt hinauslaufen: Was im Zusammensein von Mann und Frau als männliche Potenz beeindruckt, ist ein Effekt von Freude und Verlangen, ganz sicher kein Beweis für willentliches »Können«; auch die Verschreibung von potenzverstärkenden Medikamenten löst das Problem, wenn psychogen bedingt, in keiner Weise, im Gegenteil, sie verstärkt es, indem sie den Erwartungsdruck noch steigert. Wer glaubt, selbst in der Liebe als der Stärkste dastehen zu müssen, der scheitert am Narzißmus seiner Minderwertigkeitsgefühle; der liebt nicht wirklich, sondern will den Partner zwingen, ihn als den Größten zu bewundern; und an *der* Stelle ist der Körper oftmals klüger oder ehrlicher als der Wille: Wer in den eigenen Augen schon so, wie er ist, sich als nicht gut genug betrachtet, der kann den anderen nicht zwingen, ersatzweise für ihn die fehlende Selbstachtung nachzuholen. Was Lust bereiten könnte und überhaupt nur als Lustprämie geschenkt wird, gerät in Angst und Zwang zu Last und Ballast. Was sonst als schön und faszinierend gelten könnte, umhängt sich mit dem Flor des Unfeinen und Degoutanten. Es sinkt hinab ins Schattenreich des Lebens.

Die psychoanalytische Grundauffassung vom Wesen der Träume besteht in der These, die Bilder des Schlafes böten ein schier unendliches und unersättliches Szenario von Wunscherfüllungsphantasien – meist sexuellen Inhalts – an, man müsse nur den verstellenden, kompliziert chiffrierten Code in Richtung des Primärprozesses aufschließen. Das GRIMMsche Märchen weiß auch hier ein anderes, höchst überraschendes: Wenn an die Stelle der Realität des Lebens längst eine Fiktion von Wünschen mit Realitätsansprüchen getreten ist, so wandelt sich die Traumwelt von einem Ort der Offenbarung »eigentlicher« (sexueller) Wünsche und Bedürfnisse in eine Stätte der Wiederbegegnung mit der Tag für Tag vermiedenen Realität. Nicht die verdrängten Traumata der Kindheit überkommen da als Albträume den in den Nächten Ruhe Suchenden, vielmehr melden sich sehr konkrete Einzelszenen aus dem Leben des Erwachsenen zu Wort und konfrontieren ihn mit seiner eigenen verleugneten Vergangenheit. Wer ist er wirklich? Jenseits der »Träume« sind es jetzt die Stimmen aus dem Dunklen, die ihn peinigend, weil peinlich, immer neu daran erinnern, was er am hellen Tage war und »eigentlich« noch immer ist.

Da vernimmt *»nach einiger Zeit … die junge Königin in der Nacht,* *wie ihr Gemahl im Traume«* spricht: »›*Junge, mach mir den Wams und flick mir die Hosen, oder ich will dir die Elle über die Ohren schlagen*‹«. Unbewußt also verrät das »Schneiderlein«, *»in welcher Gasse«* es *»geboren«* ward: Es ist durchaus nicht ritterlicher oder adeliger Herkunft, sondern ärmlicher, bestenfalls bürgerlicher Abstammung; für eine Blaublütige ist die Verheiratung mit einem solchen in jedem Falle eine Schande, ein Bruch der Standesordnung, – ihre schlimmsten Ahnungen erhalten Nahrung und Bestätigung; sie kann daher kaum anders, als den Vater flehentlich zu bitten, sie aus der Schmach dieser Ehe sobald wie möglich zu erlösen. Und tatsächlich geht der König nur allzu gern auf das Verlangen seiner Tochter ein. Allerdings muß der Coup, wie alles im Bannkreis des »Schneiderleins«, verborgen bleiben; es ist unmöglich, den Skandal publik zu machen und mit gerichtlichen Mitteln gegen den Erzgauner vorzugehen, – die Untertanen, würde die Geschichte ruchbar, bögen sich vor Lachen. Man sieht: Wenn man's nur hoch genug hinaufbringt, wird sogar der Betrogene erpreßbar durch seinen Betrüger, – er wird zu ewiger Komplizenschaft verurteilt. Ein jeder in der politischen Entourage der Macht hat seine »dunklen Seiten«, die nicht nach draußen dringen dürfen; die öffentlich Regierenden scheuen die Öffentlichkeit wie der Teufel das Weihwasser: Wenn man »das« wüßte, – es wär' nicht auszudenken!

Das heißt: Ganz ohnmächtig sind die Verängsteten auf ihren Thronen auch nicht. Wenn es schon darum geht, unliebsame Geheimnisse aus der Welt zu schaffen, werden sie das Wirken im geheimen als die recht eigentliche Domäne ihrer Macht entdecken: Hinter den Kulissen, klandestin, so daß niemand es erfährt, muß der neue Thronnachfolger »ausgeschafft« werden. Wohin, weiß man nicht, es ist im Grunde auch egal, er muß nur verschwinden; er wird nicht vermißt werden, er gilt als verschollen. Und wirklich, genauso plant es zum »Trost« seiner Tochter der König: In der kommenden Nacht schon sollen seine Diener, kaum daß die Prinzessin die Türe zum Schlafzimmer aufgesperrt hat, den in Schlummer Gesunkenen pakken, *»ihn binden und auf ein Schiff tragen, das ihn in die weite Welt führt.«* Wo er sich dann aufhält? Die Welt ist groß! Wahrscheinlich ging das Schiff, das ihn neuen Großtaten und Abenteuern entgegentragen sollte, in einem Sturm auf hoher See zugrunde oder er selbst ging unbemerkt von Bord, – wer kann das wissen? »Auf See und vor Gericht ist«, wie man sagt, »ein jeder in Gottes Hand.«

So könnte es gehen, und so wär's wohl auch gekommen, stünde dem »Schneiderlein« nicht zur rechten Zeit ein Whistleblower zur Seite, der ihm noch gerade früh genug den Anschlag nicht auf seine Ehre, sondern gleich auf sein Leben verrät: Es ist seine stets mißtrauische Wachsamkeit, die ihn den Anschlag ahnen läßt. Was aber kann das »Schneiderlein« in dieser Lage tun? Es könnte den König zur Rede stellen, es könnte seine Gemahlin wegen eines verräterischen Komplotts verklagen, doch welch ein Gericht sollte ihm Recht schaffen in solch einem Königreich der Intrigen? Im Zweifelsfalle würde der König seinen *»Waffenträger«* wegen übler Verleumdung und Nachrede verklagen und ihn wegen »Hochverrats« hinrichten; das »Schneiderlein«, dessen unrühmliche Herkunft enttarnt ist, täte hernach am besten, selber um seine Entlassung anzuhalten oder bei Nacht und Nebel das Weite zu suchen. Es wäre seines Lebens fortan nicht mehr sicher; so viel steht fest. Oder?! Es gibt noch eine andere Möglichkeit, eine einzige, und gerade die ergreift, ebenso kaltblütig wie kaltschnäuzig, das »Schneiderlein«.

Die Wahrheit über seine Herkunft hat es selber unbewußt ausgeplaudert, doch in einer Form, die ihm wohl wirklich erst neuerdings als ein eigener Wunschtraum gekommen ist: Während es zu Anfang einsam mit seinem Musbrot in seiner Kammer saß, die ihm zugleich als Werkstatt diente, sieht es sich jetzt im Lichte seines Traumes rückblickend als einen Meister mit einem Gesellen, dem es gebieten kann, wie wohl in seiner eigenen Lehrzeit mit ihm verfahren wurde, als ein gar strenger Herr, der mit der Prügelstrafe nicht die Minute zögert. – Wohlgemerkt geht die ganze Episode mit den sieben erschlagenen Fliegen nur durch, weil es seinerzeit keinen solchen Gesellen in der Werkstatt des »Schneiderleins« als Zeugen gegeben hat, – seine Rangerhöhung zum Meister und Ausbilder von Gesellen ist nichts als eine nachträgliche Schönfärberei der Armseligkeit, aus der es kommt. Und zudem: Verfügt ein Meister wirklich über die nötige Autorität bei seinem Personal, wenn er sich jähzornig von Fall zu Fall mit der Elle Respekt verschaffen muß?

Dennoch, das Draufhauen scheint nicht ohne Grund zu einer Lieblingsphantasie des »Schneiderleins« aus jener Zeit gediehen: Damals zum ersten Male hat es sich gewehrt, also vermag es sich zu wehren; all das Fliegengeschmeiß – es ist für immer sein Meister geworden. Genau diese Erinnerung wird und soll jetzt seine Rettung sein: Es wird stehen zu seiner Vergangenheit, es braucht sie durchaus nicht zu leugnen, im Gegenteil: Es kann sich mit Bewußtsein zu dem bekennen, was durch sein Unbewußtes unwiderruflich bekannt geworden ist; allerdings muß es dazu unbedingt die Reihe seiner bewußt arrangierten Täuschungen darstellen als etwas, das sich ebenso wahr im Traum, also in seinem Unbewußten, wie in der äußeren Realität ausspricht und von daher beglaubigt. Das Unbewußte, das die Heldentaten des Schneiderleins untrüglich widerlegt, muß jetzt durch Trug sie bestätigen. Die Realität seines erschlichenen Königtums kann das Schneiderlein nur beibehalten, wenn es den Selbstverrat seines Traumes ergänzt und vollendet durch einen neuerlichen Betrug: Es stellt sich schlafend, es spricht wie im Traume, und es erzählt all seine Heldentaten genauso auf, wie es sie bei hellem Bewußtsein schon immer dargestellt hat. Die verdrängte Wirklichkeit seiner Ärmlichkeit und Armseligkeit, die im Traume sich offenbarte, muß in bewußter Absicht nachverdrängt werden durch einen fingierten Traum, der die erdichtete Größe und Stärke noch einmal unterstreicht. War sein erschlichenes Königtum ein »Traum«, der sich als Realität setzte, so gilt es, diese »Realität« in einen Traum zurückzuverwandeln. Einzig mit einem Betrug zur Bestätigung eines Trugs, mit einem Doppelspiel zwischen Bewußtsein und Unbewußtem, gelingt es, in »traumwandlerischer Sicherheit« den Anspruch des Königseins aufrecht zu erhalten. Das Unbewußte (der narzißtische Kompensationszwang der ursprünglichen Minderwertigkeitsgefühle) gebot die Manipulation der Wirklichkeit; jetzt geht es offenbar nicht anders, als daß umgekehrt die vorgetäuschte Wirklichkeit das Unbewußte (die Traumerinnerung der eigenen Herkunft) manipuliert.

Aber: Selbst eine solche Manipulation hat Grenzen. Das »Schneiderlein« kann sich keine neue Biographie zulegen, es kann nur im Kontrast zu der Niedrigkeit seiner Herkunft seine vorgetäuschten Großtaten als wahre Manifestationen seines eigentlichen Wesens erscheinen lassen: Mit seinen Lügen hat es seine Kleinheit dann nicht länger überlagert, es hat sie widerlegt, indem selbst seine Lügen sich als traumhafte Wahrheiten mitteilen. Denn in der Tat: Was könnte »wahrer« sein als das, was sich als wirksam in der Wirklichkeit erweist? Ein Mann wie er, ein Kraftheld solcher Taten, braucht niemanden zu fürchten, er kann ganz ruhig schlafen, selbst wenn er weiß, daß seine Häscher vor der Türe stehen und seine eigene Frau gerade dabei ist, ihn an sie auszuliefern. In einer Welt, in welcher alle lügen, obsiegt am Ende nur, wer mit den Posen seiner Selbstdarstellung, und seien sie noch so verlogen, am meisten zu beeindrucken vermag. *Territus terreo* – meinte AUGUSTINUS[189]: Aus lauter Angst bleibt mir nur Angstverbreitung.

Wer dieses Kalkül kalt rechnend und kühl bis ans Herz beherrscht, der trägt zu Recht den zwielichtigen Titel eines »tapferen Schneiderleins«. Es wird *»sein Lebtag ein König«* sein und bleiben, um den Preis freilich, daß alle *»eine große Furcht«* vor ihm überkommt und sie davon laufen, *»als wenn das wilde Heer hinter ihnen her wäre, und keiner wollte sich mehr an ihn wagen.«* Es hält damit Einzug in eine geradezu mythische Größe, wenngleich nur in den Augen all derer, die vor lauter Angst es nicht mehr riskieren dürfen, ihren neuen »Herrn« mit seinen vorgetäuschten Machtansprüchen in Frage zu stellen. Dessen Leben freilich ist fortan ein umgekehrter Traum, ein Wahn, in dem die »Untertanen« leben müssen, indem der »Herrscher« selbst ihm *nicht* verfällt, weil er bei Tag und Nacht bewußt ihn inszeniert. Das »Schneiderlein« als einziger weiß, wie es mit ihm steht, und seine ganze Macht gründet darauf, es allen anderen erfolgreich zu verheimlichen. Dafür weiß es selber, scheinbar wie im Traum, was seine Gegner wollen; wer seine Informanten verschweigt, kann sich sogar Allwissenheit zusprechen. Allmächtig und allwissend – so dieses »Schneiderlein« von einst, so dieser Thronbesitzer jetzt.

189 AUGUSTINUS: Sermones, Frangipane II 8, in: Miscellanea I 199. – Das Wort bezieht sich auf das Hinzögern der Bekehrung zu Gott aus Angst; dabei rückt der Tag des göttlichen Zorns näher und duldet keinen Aufschub. Aus Angst davor sieht AUGUSTINUS sich gezwungen, Angst vor der Mentalität des »(erst) morgen lebe ich richtig, heute (noch) lebe ich – wie bisher – falsch« zu verbreiten.

Man mag darüber nachsinnen, ob Macht je anders als durch solche Zuschreibung von Scheingroßtaten zu erringen ist, – das Volk will nun mal gern an Größe glauben, ein Stück weit strahlt der Glanz des Herrschers irgendwie auch auf es selbst zurück; in ihm und seinen Träumen erstehen projektiv die Großmachtphantasien aller kleinen Leute. Das »tapfere Schneiderlein« ist, so betrachtet, der narzißtische Wunsch und Albtraum eines jeden, der nicht selber herrschen kann, doch dafür sich beherrschen läßt von jemandem, der, trügerisch genug, das eigene Selbstbild zu verkörpern vorgibt. Doch was das Märchen nicht erzählt: Mag das narzißtische Konzept der Angstberuhigung durch beängstigende Großmannsposen auch für den Moment erfolgreich sein – ein Bluff, ein Überraschungs-Coup –, so wird es auf die Dauer unvermeidbar ins Desaster führen. Es ist, wie wenn jemand ständig auf Pump lebt, indem er sein geliehenes Geld als Eigentum ausgibt: Bald schon muß er immer mehr Geld aufnehmen, um sein Image zu pflegen, das ihn als kreditwürdig erscheinen läßt, er muß immer mehr Schulden machen, um seinen Lebensstandard zu halten, – an die Einlösung seiner wachsenden Verbindlichkeiten ist niemals ein Gedanke. Ein solches Konzept, politisch wie privat, kann nur als Katastrophe enden. Man darf dieser Erfolgsgeschichte eines »tapferen Schneiderleins« daher, gerade wenn sie so gut erzählt daherkommt wie bei den BRÜDERN GRIMM, durchaus nicht Glauben schenken. Man sollte einem solchen Mann (oder einer solchen Frau) nicht folgen, man sollte ihm (oder ihr) zu helfen suchen. Aber wie?

Läßt sich Narzißmus heilen?

Eine Hauptschwierigkeit im Umgang mit »erfolgreichen« Narzißten liegt in ihrem mangelnden Leidensdruck und in ihrer fehlenden Einsichtsfähigkeit: Warum auch sollten sie einen Zustand ändern, der sich für sie als so vorteilhaft ausnimmt? Dabei ist die Widersprüchlichkeit ihrer gesamten Lebensanlage mit Händen zu greifen: Sie möchten anerkannt und geachtet sein, um ihr gekränktes Selbstwertgefühl zu beruhigen, doch um dahin zu gelangen, treten sie so auf, wie es eben den Maßstäben entspricht, die ihre chronische Kränkung bewirken; insgeheim wissen sie selber, daß sie sich anders geben, als sie in Wahrheit sind, doch sie machen sich vor, daß es anders nicht geht; sie wollen und können nicht sehen, daß sie in der Falle sitzen. Denn selbst im Erfolgsfall gilt der Applaus doch nicht ihnen selbst als Personen, sondern nur ihrem Auftritt als Schauspielern auf der Theaterbühne des Lebens; also enthält ein Lob für sie gerade nicht die heiß ersehnte beruhigende Anerkennung, sondern im Gegenteil: die dringende Aufforderung, endlich in Wirklichkeit so zu werden, wie zu sein es nach außen erscheint; dabei weiß man nur allzu gut selber, daß das unmöglich ist: Niemals wird man so sein, wie es verlangt wird, man kann stets nur so tun, als wenn man so wäre; und damit einher geht eine doppelte Angst. Zum einen: man könnte entdeckt werden, – es genügt, daß man sich eine Blöße gibt; man darf keine Schwäche zeigen! Und, daraus folgend, zum zweiten: Von »Erfolg« zu »Erfolg« wird die Meßlatte höher gelegt, – es ist absehbar, daß sie irgendwann zu hoch liegen wird. Und was dann? Dann droht der Absturz von gleich auf jetzt. Ein kleiner Fauxpas reicht vollkommen aus. Die Angst vor Mißachtung erschafft die Scheinanpassung an zu hohe oder einfach falsche Leistungsforderungen; und daraus wiederum entsteht die Angst, darunter zu versagen, – ein Teufelskreis, aus dem es kein Entrinnen gibt. Erst wenn »etwas« passiert – ein Herzinfarkt, eine betriebsbedingte Kündigung am Arbeitsplatz, eine Fehleinschätzung eingegangener Risiken, ein Autounfall, was auch immer –, wird ein »tapferes Schneiderlein« bereit sein, um Hilfe nachzusuchen. Doch eben das kommt einem Einsturz des gesamten bisher gepflegten Selbstbilds gleich; es liegt darin das Eingeständnis, doch nicht »der Größte« und »der Stärkste« zu sein. Kein Schritt fällt so schwer, als zu dieser Tatsache vor anderen sich zu bekennen.

Für jemanden, der einem Menschen wie dem »Schneiderlein« innerlich nahesteht, als Gatte, Partner, Freund, Verwandter oder Psychotherapeut, ergibt sich daraus eine wichtige Verhaltensregel: Er darf, im Willen, ihm zu helfen, dem anderen nicht mit Ermahnungen und Vorhaltungen kommen, wie: »Das kann ja auch auf die Dauer nicht gut gehen – Deine ständigen Aufschneidereien! Du glaubst ja gar nicht, wie Deine großsprecherischen Reden die anderen ärgern. Du möchtest, daß sie Dich bewundern, doch hinter Deinem Rücken finden sie Dich überdreht und wunderlich. Die Schar Deiner Feinde wächst mit Deinen Erfolgen, und das sollte Dich nicht noch mit Stolz erfüllen, sondern vorsichtiger machen. Oder auch ehrlicher und einfacher. Mach endlich ›halblang‹.« – Solche Ermahnungen wären inhaltlich gewiß nicht falsch, sie wirkten aber besserwisserisch und zu belehrend; sie würden deshalb nur als neuerliche Kränkung verstanden und trieben eher noch verstärkt die alten Mechanismen an. Der einzige Zugangsweg besteht darin, den anderen mit seinem verletzt-verletzbaren Ich zu nehmen, wie er ist. Dabei behilflich sein kann subjektiv die Feststellung, wie sehr der andere sich anstrengt, seine Rolle auszufüllen, wie viel an Angst sich hinter seiner zur Schau getragenen Selbstsicherheit verbirgt und mit wieviel an gutem Willen er tatsächlich den Aufgaben gerecht zu werden sucht, die man ihm aufbürdet im Glauben, keiner, wenn nicht er, werde »das« schaffen. Gewiß, ein so Belasteter soll es nun endlich leichter haben, doch gerade ihm wird es ergehen wie einem Alpinisten, der sich in der Wand verklettert hat: Noch schwieriger als der Aufstieg wird ihm der Abstieg werden.

Schon deshalb ist es nötig, nicht mit »probaten« »Plänen« zur »Verhaltensoptimierung« und zum »Streßabbau« den anderen »coachen« zu wollen; mit Recht nämlich wird dieser darauf bestehen, daß sein Leben doch »etwas gebracht« hat, daß es also nicht »ganz falsch« gewesen sein kann und daß er sich nicht »alles, was er aufgebaut hat«, zerstören lassen will. Andererseits kann man ihn natürlich auch nicht darin ermutigen, so fortzufahren wie bisher. Es hilft daher nur, ihm auf eine Weise zu begegnen, die ihn als solchen gelten läßt, ihn anerkennt und ihn eines vertrauensvollen Wohlwollens versichert. Es gilt, jeder Bewegung, jedem Winkelzug, jedem Ausweichmanöver seinerseits mit Geduld, doch ohne korrigierende Kritik zu folgen, bis daß ein Klima nach und nach entsteht, in dem er auftaut und sich öffnet. Wenn er beginnt, sich seine eigene Geschichte zu erzählen, um zu erfahren, wie er wurde, was er ist, und dabei all die Attitüden überlebter Gloriolen abtut, wird sich, wie ganz von selbst, sein Leben ändern: Die Selbstablehnung schwindet, der Untergrund wird fester, es wächst, zaghaft zunächst, doch immer mehr, ein Einverständnis mit sich selbst[190].

Was es aus dem Leben eines solchen Narzißten der Selbstdarstellungskunst zu berichten gibt? Das GRIMMsche Märchen macht über die Kindheit seines »Schneiderleins« keinerlei Angaben. Viele Gründe

190 OTTO F. KERNBERG: Hass, Wut, Gewalt und Narzissmus, 71, teilt die Behandlungsstrategie von Narzißten in drei Schritte: »Erster Schritt: Wir machen die aktivierten, positiven und negativen Beziehungen klar. Zweiter Schritt: Wir klären den Rollentausch dieser Beziehungen im Patienten und zeigen dem Patienten, dass er sich innerlich mit beiden Rollen identifiziert. Im Verlauf der Behandlung versuchen wir festzustellen, welches eigentlich das Selbst und welches das Objekt ist, welche in der Übertragung wirksam werden, welches der Selbstaspekt des Patienten ist und welches der Objektaspekt. Dritter Schritt: Wir vertiefen das Verstehen des Patienten seiner positiven und negativen internalisierten Objektbeziehungen und verbinden übertragungsanalytisch diese abgespaltenen Beziehungen, um ein integriertes Selbst und integrierte Objektrepräsentanzen zu ermöglichen.« – DERS.: Der nahezu unbehandelbare narzißtische Patient, in: Otto F. Kernberg – Hans-Peter Hartmann (Hg.): Narzissmus, 707, weist sehr zu Recht darauf hin, daß die »Über-Ich-Pathologie« des Narzißten »eher durch eine ›Schamkultur‹ als durch eine ›Schuldkultur‹ bestimmt« ist und »ihre Werte … kindlich« anmuten. So komme es zu fehlender Rücksichtnahme und zu mangelndem Verantwortungsbewußtsein der Umgebung gegenüber. Generell gilt (S. 708–709): »Ein zentrales Problem narzisstischer Patienten liegt in ihrer Unfähigkeit, vom Therapeuten abhängig zu sein, da sie dies als demütigend erleben. Im Bemühen, sich gegen diese Abhängigkeit zu schützen, reagieren sie mit dem Versuch omnipotenter Kontrolle der Behandlung … Der Therapeut wird als ›Deutungsmaschine‹ behandelt, doch sind die Patienten chronisch enttäuscht, nicht genug oder nicht die richtigen Deutungen zu erhalten, während sie unbewusst all das, was sie vom Therapeuten lernen könnten, verwerfen. Die Behandlung behält so über weite Strecken nicht selten den Charakter einer ›ersten Sitzung‹. Narzisstische Patienten rivalisieren außerordentlich mit dem Therapeuten. Misstrauisch registrieren sie, was sie als gleichgültiges oder missbräuchliches Verhalten ihnen gegenüber wahrzunehmen meinen, und sie vermögen den Therapeuten spontan nicht als jemanden zu erleben, der interessiert und ehrlich besorgt um sie ist, sondern müssen ihn aus genau diesem Grund entwerten und verachten.« ALINE VATER – STEFAN ROEPKE – KATHRIN RITTER – CLAAS-HINRICH LAMMERS: Narzisstische Persönlichkeitsstörung, in: Psychotherapeut, 6/2013, 610, formulieren als Ziel: »Der Patient soll angesichts seines negativen Selbstwertschemas sowie der vermiedenen adaptiven Bedürfnisse und Motive mit dem validierenden und empathischen Therapeuten eine neue, positive Beziehungserfahrung machen. … Sinnvoll erscheint eine Einordnung der Verhaltensweisen in ein individuelles Erklärungsmodell des Patienten.« Dabei kommt »emotionsregulatorischen Techniken eine große Bedeutung zu.« (S. 611)

und Konstellationen sind denkbar, sich den Aufbau eines solchen Schicksals bei einem Jungen (oder Mädchen) vorzustellen; umso mehr aber lohnt es, den Werdegang des »Helden« unserer Erzählung einmal modellhaft sich als Fallgeschichte zu erzählen, das heißt, das »Schneiderlein« so von sich sprechen zu lassen, wie es von sich spräche, wenn es keinen Grund mehr spürte, sich zu schämen oder Ablehnung zu fürchten.

»Wissen Sie,« würde es in einer der möglichen Varianten seines für viele Betroffene in ähnlicher Weise typischen Schicksals der Person seines neu gewonnenen Vertrauens mitteilen, »wissen Sie, ich kam irgendwie unpassend zur Welt; ich war nicht unerwünscht an sich, doch war ich anders als gewünscht. Mein Vater wollte einen tüchtigen, kräftigen Küraß von Sohn, auf den er stolz sein konnte. Er hatte eine Menge mit mir vor, wie ich aus der Schule mit besten Noten nach Hause käme, wie ich im Sportunterricht mich hervortäte, – ich glaube, er wollte für sich selbst all das im Leben noch durch mich erreichen, was ihm in seinem eigenen Werdegang versagt geblieben war: eine höhere Beamtenlaufbahn oder eine Karriere beim Militär – irgend etwas gesellschaftlich Anerkanntes; er litt darunter, daß er durch die Nachkriegswirren gezwungen worden war, als einfacher Maurer auf dem Bau sein Geld zu verdienen. Insofern kam es für ihn einer persönlichen Beleidigung gleich, daß ich in seinen Augen so gänzlich aus der Art geschlagen war. Für ihn war ich zu weich, zu wenig naßforsch, und um das nachzubessern, zwang er mich zu einem Training in Taekwon-Do, wozu ich nicht die mindeste Lust zeigte. Er merkte nicht, daß ich ihn ablehnte, so wie ich mich von ihm abgelehnt fühlte; er fing an, mir ›den Bock‹ auszutreiben, doch das verstärkte nur meinen Widerstand. Ich zog mich ins Schneckenhaus zurück, um meine Ruhe zu haben. Nach außen war ich fügsam, doch innerlich rebellierte ich.

Damals las ich alle möglichen Bücher von einsamen Helden – von *Achill* im Trojanischen Krieg[191], von dem Ostgoten-König *Teja* bei

191 Vgl. HOMER: Ilias, IX 410–416, S. 173 – das Schicksal des *Achill*: ein kurzes ruhmreiches Leben oder ein langes Leben ohne die Heldentaten vor Troja.

seiner düsteren Schlacht am Vesuv[192], von Kapitän *Ahab* auf der Jagd nach dem Weißen Wal[193], von lauter Leuten, die gegen einen Untergang ankämpften, der sie unfehlbar einholen würde. Ich wollte nicht in den Krieg ziehen oder zur See fahren, doch meine Phantasie berauschte sich an der Vorstellung, es irgendwie mal allen zu zeigen. Meine Mutter mäßigte mich, so gut sie konnte, sie verwöhnte mich eher als daß sie mich forderte, für sie war ich der Beste, auch ohne daß ich dafür viel zu tun hatte; doch diese Mischung aus Ablehnung und Anlehnung aufseiten von Vater und von Mutter führte dazu, daß ich mich selber als etwas Ausnahmsweises, Ausgesetztes, Außerordentliches wahrnahm. Ich war nicht nur anders, als Vater mich wollte, ich kam mir selbst überhaupt anders als alle anderen vor, und ich mußte versuchen, mich gegen sie durchzusetzen. Irgendwie erwartete ich, daß ich mit meinen angelesenen Ideen und Gedanken besonders beachtet und gewürdigt wurde.

Ich weiß nicht, ob ich wirklich intelligent bin, doch meine Fähigkeit, andere mit scheinbar guten Gründen unter den Tisch zu reden, entwickelte sich sichtlich. Und sogar körperlich wußte ich mit den erlernten Kniffs beim Taekwon-Do Eindruck zu schinden. Gleichwohl war ich mir selber nicht gut genug. Offenbar wollte ich alle etwas glauben machen, das ich mir selbst nicht glaubte. Ich tat selbstsicher, weil ich in Wirklichkeit unsicher war. Ich mäkelte an mir herum, in der Hoffnung, durch die Wertschätzung anderer in meinen Selbstzweifeln widerlegt zu werden. Doch die anderen konnten

192 Vgl. FELIX DAHN: Ein Kampf um Rom, 3. Bd., 7. Buch, 15. Kap., mit dem Tenor des heroischen Untergangs:
»Vom fernsten Nord bis vor Byzanz,
Bis Rom – welch' Siegeswallen!
Der Goten Stern stieg auf in Glanz: –
In Glanz auch soll er fallen.

Die Schwerter hoch, um letzten Ruhm
Mit letzter Kraft zu werben: –
Fahr wohl, du stolzes Heldentum:
Auf, Goten, – laßt uns sterben!«

193 HERMAN MELVILLE: Moby Dick: Ahabs Boot und seine Crew. Fedallah, 166–168. Zur Interpretation vgl. E. DREWERMANN: Vom Ungeheuren, ein Mensch zu sein, 150–176: Ahab und Fedallah oder: Sonnenanbeter im Widerspruch.

sagen, was sie wollten, ihr Lob war wertlos, denn sie kannten mich ja nicht wirklich; wenn sie mich aber kritisierten, gab ich mich gekränkt und beleidigt, und das konnte bei jeder Gelegenheit passieren: jemand schnitt mir das Wort ab, als wenn ich nichts zu sagen hätte, jemand redete mit einem Dritten, als wäre ich Luft – egal, wenn ich nicht im Mittelpunkt stand, empörte sich etwas in mir.

Doch dann kam es zu einem Knall. In den Gymnasien noch der 60er Jahre waren körperliche Züchtigungen von Schülern im Unterricht gang und gäbe. Ein Lehrer hatte meinen Banknachbarn so geschlagen, daß ihm das Trommelfell platzte. Der Lehrer war an sich tüchtig, doch er leugnete, mit dem Hörschaden des Schülers etwas zu tun zu haben. Und da ergriff ich das Wort als Sprecher der ganzen Klasse. Es war das erste Mal, daß ich erlebte, eine überlegene Autorität, im Prinzip das ganze Lehrerkollegium, niederschlagen zu können. Heute würde ich sagen: Ich bekämpfte in diesem Lehrer meinen Vater; und ich wurde ihm auf meine Art überlegen.

Warum ich Ihnen das alles erzähle? Weil es so weiterging, und weil es so nicht mehr weitergeht. Ich mache einen Sprung: Ich studierte Jura, ich bewarb mich in einer Rechtsanwaltskanzlei, ich legte mich mit Vorliebe mit den geachtetsten Staatsanwälten an, und ich sorgte dafür, daß ich immer noch ein Aß im Ärmel hatte. Ich führte sie vor, ich trickste sie aus. Ich galt als unschlagbar, und mein Auftreten war inzwischen danach: Es würde keinen Fall geben in unserer Kanzlei, den ich nicht zu Gunsten unseres Mandanten zu drehen wüßte. Aber genau deshalb sitze ich jetzt hier: Es ist schwer, in einer Welt zu leben, in der es keine Wahrheit gibt, sondern nur Interessen, denen man zum Siege zu verhelfen hat. Da sitzt jemand vor mir, der einen Mord begangen hat, ich bin überzeugt, daß er es war; aber als sein Verteidiger tue ich meine Pflicht: Ich verunsichere die Belastungszeugen, ich bezweifle den Tathergang, von dem die Anklage ausgeht, ich plädiere, statt auf lebenslänglich, auf Freispruch, wegen Mangels an Beweisen – *in dubio pro reo*, im Zweifel für den Angeklagten. Was aber, wenn ein Schuldiger freikommt? Was, wenn er erneut eine Straftat begeht? Was, wenn die Angehörigen des Opfers ihren Glauben an den Rechtsstaat verlieren? Ich habe sie an die Wand gespielt, doch sie werden mich dafür hassen.

Dabei muß ich gestehen, daß mir all das in Wahrheit nicht so viel ausmacht, wie es jetzt vielleicht scheint, der ständige Belastungsdruck aber wird mir zuviel. Ich habe begonnen, mit Kokain meine Leistungsfähigkeit zu steigern. So machen es viele in den oberen Etagen, mehr als man denkt[194]; ich hoffe, ich bin noch nicht abhängig, doch es braucht mich nur jemand anzuzeigen wegen Verstoßes gegen das Betäubungsmittelgesetz, und ich bin geliefert. Vor allem: Ich komme gegen die schleichende Müdigkeit nicht mehr an. Sobald die Wirkung des Kokains nachläßt, fühle ich mich ausgebrannt und leer, ich taumele in ein *Burnout.* Und das ist noch nicht alles. Mein Leben ist freudlos und absolut überstreßt, und um mich zu entspannen, stürze ich mich in stoßweise Befriedigungen sexueller Natur. Auch das ist üblich in unseren Kreisen, – man findet es normal, und man gibt damit an; aber natürlich ist es alles andere als entspannend. Mein Hausarzt bescheinigt mir Extrasystolen im EKG, er mache sich Sorgen, sagt er; doch mich beunruhigt noch etwas ganz anderes: Ich fürchte manchmal, pädophil zu sein, als wäre ich trotz aller Ausschweifungen in meiner Sexualentwicklung ein Kind geblieben. Dabei ist es nicht die mädchenhafte Unberührtheit, die mich erregt, es ist, glaube ich, die fraglose Überlegenheit, die ich genieße. Eine erwachsene selbstbewußte Frau als Partnerin ist für mich unvorstellbar; ich habe dann Angst zu versagen. Bei all dem ist bisher noch nichts passiert: niemand vom Drogendezernat hat meine Wohnung durchwühlt, niemand von der Sitte meinen Computer beschlagnahmt, ich gelte nach wie vor als Star in meiner Branche, aber ich weiß, wie brüchig diese Fassade ist. Da hilft es auch nicht, mir die Schlachten in Erinnerung zu rufen, die ich siegreich geschlagen habe. Ich bin am Ende. Ich liebe niemanden, allenfalls mich selbst, und auch mich liebt niemand, alle denken nur an sich. Aber ich habe die Kraft nicht mehr, in dieser Welt mitzumischen. Ich sehne mich nach meiner Mutter, doch die ist vor Jahren gestorben.«

194 Vgl. GISELA MARIA FREISINGER – URSULA SCHWARZER: Basic Instincts, in: Managermagazin, 3/2017, S. 106: »Affären, Gespielinnen, sexuelle Übergriffe – in deutschen Chefetagen geht es häufig auch nicht besser zu als in Donald Trumps Locker-Room. Doch anders als früher werden die Sexgeschichten der Mächtigen heute streng geahndet – und von Rivalen genutzt.«

Wie gesagt, es gibt viele Möglichkeiten, sich die Biographie einer narzißtischen Persönlichkeit auszumalen; doch *diese* Merkmale wird eine solche – entlang dem Märchen vom »Schneiderlein« – immer aufweisen: die frühe Verinnerlichung heterogener und inadäquater Erwartungen seitens der wichtigsten Bezugspersonen; die Widersprüchlichkeit von Anpassung und Auflehnung, von Anspruch und Aufschneiderei, von Schüchternheit und Einschüchterung; die Einbildung eigener Unvergleichlichkeit und der Austrag steter Vergleichskämpfe in Konkurrenz und Kränkbarkeit; die Ausdehnung der kindlichen Suche nach Bestätigung auf die soziale Umwelt (in Schule und Betrieb, in persönlichen wie beruflichen Kontakten, im Umgang mit Einzelnen und mit Gruppen); eine chronische Überforderung durch die selbstgesetzten Ziele; die ständige Frustration infolge überhöhter Perfektionsansprüche; die Demonstration erwachsener Überlegenheit bei gleichzeitiger Regression in durchaus kindliche Bedürfnisse; der offenbare Kontrast zwischen dargestellter Zuverlässigkeit und überraschender Sprunghaftigkeit; ein extremer Hang zu persönlicher Unabhängigkeit und Selbstbestimmung bei gleichzeitig hoher Abhängigkeit von den Reaktionen anderer; ein maßloses Streben nach Lust bei weitgehender Unfähigkeit zu ruhigem Genießen; eine ausgesprochene Dünnhäutigkeit fremder Kritik gegenüber, verbunden mit dem widersprüchlichen Gehabe scheinbarer Unangreifbarkeit. Insgesamt also: Getriebenheit statt Ruhe; Selbstzentriertheit auf Grund eines fehlenden Selbst – Machtdemonstration aus Schwäche; Angstverbreitung aus eigener Angst: ein ersatzweises Leben in den Augen anderer auf der Flucht vor der vermeintlichen Unansehnlichkeit des eigenen Ich. Man muß sagen: Narzißmus ist nicht *ein* Konflikt, er ist ein Bündel von Konflikten, und wie sollen sie jemals sich lösen? – Versuchen wir's.

Wer sich auf ein »Schneiderlein« einläßt, wie geschildert, muß aufpassen, daß er nicht in einen Malstrom all der genannten widerstreitenden Gefühle gezogen wird. Auf der einen Seite wird er der Neigung begegnen, daß sein narzißtischer Partner oder Patient seine Überlegenheit demonstriert: Man muß ihm nicht sagen, was er falsch macht oder besser machen könnte, umgekehrt: Er weiß, was seinem Gatten oder Therapeuten gut tut; nicht er braucht Hilfe, vielmehr steht er selber bereit zu helfen und möchte dafür nun gefälligst auch bewundert werden. Auf der anderen Seite kann die Beziehung auch umschlagen, indem der Patient erklärt, überhaupt nur zu einer so menschlichen und gebildeten Person wie eben diesem Therapeuten haben gehen zu können, niemand sonst vermöge ihm zu helfen. Man versteht: die Außerordentlichkeit des Patienten verlangt nach der Außerordentlichkeit eines Therapeuten. So oder so ist auch und gerade die Therapiebeziehung narzißtisch untertönt[195].

Von daher scheint es von vornherein nicht einfach, auch nur die wechselseitigen Übertragungen vom Zerstörerischen ins Konstruktive zu lenken. Selbst das Fehlen an warmherzigen Gefühlen sowie die ausgedehnte Kälte latenter und offener Selbstablehnung sind rein »therapeutisch« wohl wirklich nicht zu lösen. Nicht wenige Narzißten erklären deshalb eine psychoanalytische Sitzung für »bloßes Gerede« und

195 OTTO F. KERNBERG: Der nahezu unbehandelbare narzisstische Patient, in: Otto F. Kernberg – Hans-Peter Hartmann (Hg.): Narzissmus, 709, bemerkt zu Recht: »Oft werden wir Zeuge einer abwehrbedingten Idealisierung des Therapeuten, der dann als ›der Größte‹ erscheint. Doch diese Idealisierung ist brüchig und kann schnell in Entwertung und Verachtung umschlagen. Es kann durchaus Teil des omnipotenten Kontrollversuchs sein, den Therapeuten unbewusst dazu bringen zu wollen, immer überzeugend und brillant zu sein, ebenso großartig wie der Patient … Der Therapeut muss seine ›Brillanz‹ beibehalten, um den Patienten gegen seine eigenen Entwertungstendenzen zu schützen und ihn nicht in das Gefühl völliger Verlassenheit abstürzen zu lassen. – Ein Hauptmerkmal all dieser Manifestationen sind der bewusste und unbewusste Neid auf den Therapeuten sowie das durchgängige Gefühl des Patienten, es gebe nur für eine großartige Person Platz, die ihrem Gegenüber natürlich mit Missachtung begegnen wird – eine Überzeugung, die den Patienten veranlassen wird, obenauf bleiben zu wollen … Der Neid ist zugleich eine nie versiegende Quelle an Groll darüber, was der Therapeut zu geben hat … Das Ausagieren neidischer Ressentiments auf den Therapeuten kann viele Formen annehmen: Ausspielen eines Therapeuten gegen einen anderen; aggressive Pseudo-Identifizierung mit der therapeutischen Rolle, die destruktiv gegenüber Dritten eingesetzt wird.« Aber auch gegen sich selbst in Gestalt suizidaler Phantasien und Handlungen. – KRISTIN DOMBEK: Die Selbstsucht der anderen, 45, verweist auf FREUDS Erfahrung mit (vor allem weiblichen) Patienten, die einfach »nicht mitspielten bei der Übertragung.« Darüber hinaus erinnert sie an die Diskussion zwischen OTTO F. KERNBERG und HEINZ KOHUT, um die Frage zu beantworten: »Wie stark kann und sollte man sich in jemanden, der möglicherweise ein Narzisst ist, einfühlen, und wann ist eine Linie dann auch mal überschritten und man sollte kämpfen?« (S. 60).

für ein »rein rationales Theoretisieren«, bei dem sie sich nicht wirklich »berührt« fühlen, wobei ihre emotionale Bedürftigkeit sich gern als körperliches Verlangen nach intensiven Erlebnissen ausdrückt.

Unter solchen Umständen kann das psychotherapeutische Bemühen einzig dahin gehen, in der Realität so etwas wie eine heilende Beziehung herzustellen, also gerade dort zu beginnen, wo das Märchen mit der sonderbaren Zwangsverheiratung des »Schneiderleins« und der »Prinzessin« endet. Bis zu diesem Zeitpunkt war die GRIMMsche Erzählung ein reines Männermärchen; doch wenn es von dem narzißtischen Wunsch- wie Albtraum männlichen Heldentums je eine Befreiung geben soll, so könnte sie am ehesten in der reifenden Verbundenheit mit einer Frau liegen[196], vorausgesetzt, es ließe der Wille nach Geltung durch Leistung aufseiten des »Schneiderleins« sich umformen in eine Art zufriedener Dankbarkeit[197]. Nur: um

196 VERENA KAST: Märchen als Therapie, 67–68, betont freilich zu Recht, daß in dem Märchen die Tochter des Königs wesentlich als »Vaters Tochter« auftritt; selbst wenn man in ihr subjektal die weiblichen Anteile in der Psyche des »Schneiderleins« erblicken wollte, seine »anima« also, »müßte man sagen, daß dieser Anima-Aspekt im Vaterkomplex gefangen ist; das ›Vaterkomplexige‹, das sich hier als Macht, als Habenwollen, als Kontrolle ausdrückt, dominiert absolut. Das listige Verhalten hätte irgendwann abgelöst werden müssen durch ein liebevoll einfühlendes Verhalten.« Gerade das geschieht im Märchen nicht, bleibt also die Aufgabe.

197 SALMAN AKHTAR: Narzissmus und Liebesbeziehungen, in: Otto F. Kernberg – Hans-Peter Hartmann (Hg.): Narzissmus, 628, stellt richtig fest: »Exzessiver Narzissmus beeinträchtigt … die Fähigkeit zur Dankbarkeit, denn Dankbarkeit impliziert Demut und das Verlangen nach Gegenseitigkeit.« Eine Hauptschwierigkeit in der Ehe sieht er deshalb darin, daß narzißtische Persönlichkeiten mit Vorliebe »sich Partner … suchen, die nicht etwa zur Linderung ihrer Pathologie beitragen, sondern vielmehr dafür sorgen, dass das überhöhte Selbstbild aufrechterhalten bleibt.« (S. 634) – ALINE VATER – STEFAN ROEPKE – KATHRIN RITTER – CLAAS-HINRICH LAMMERS: Narzisstische Persönlichkeitsstörung, in: Psychotherapeut, 6/2013, 611, verweisen darauf, daß »Narzissmus häufig mit einem spielerischen Liebesstil assoziiert« wird, »d. h. Narzissten forcieren den Beziehungsinitiationsprozess so lange mit großem Engagement, bis der andere Partner einwilligt. Das betreffende Interesse flacht jedoch genau dann ab, wenn Schwierigkeiten im Rahmen des Beziehungsaufbaus in Erscheinung treten … Dieser ›spielerische Lebensstil‹ wirkt, langfristig gesehen, gegen einen Aufbau naher Beziehungen. – Eine offene Frage bezieht sich auf die Persönlichkeitsstruktur des Partners, der sich für einen narzisstischen Partner entscheidet.« Vermutet wird, »dass Narzissten entweder mit sozial-ängstlichen dependenten Partnern oder mit narzisstischen Partnern zusammen sind.«

dahin zu kommen, müßte erst einmal die »Königstochter« aus ihrer Vaterbindung herausfinden.

Das Unglück so mancher Ehe beginnt damit, daß eine Frau, die wirklich noch sehr stark von den Erwartungen ihres Vater geprägt ist, an jemanden gerät, der sein Selbstwertgefühl geradewegs darein setzt, sie auf patriarchale Weise zu dominieren. Es steht fast zu hoffen, daß dieses Gefüge von Herrschaft und Unterwerfung irgendwann als unerträglich erlebt wird, denn anders werden die unvermeidbaren Spannungen sich nicht in ein ausgeglicheneres Verhältnis fügen. – »Es genügt, daß mein Mann nach Hause kommt«, klagte einmal solch eine »Königstochter« in einem Therapiegespräch, »und es gibt Streß. Schon der Ton, in dem er redet, ist laut und penetrant; er bittet nicht, er kommandiert; er hat keine Wünsche, er befiehlt. Lob oder Anerkennung sind ihm fremd. Was gut ist, gilt ihm als selbstverständlich, und was er nicht in Ordnung findet, moniert er – ungeduldig, heftig und krakeelend manchmal. Wenn auch ich dann ungehalten reagiere, schimpft er noch mehr und sagt, daß er es doch nur gut meine. Das glaube ich sogar, aber woher will er wissen, was für mich gut ist? Er hört nicht zu. Im Grunde dreht sich alles um ihn selber. Die Welt ist so, wie er sie sieht. Alles andere läßt er nicht gelten. Auf keinen Fall darf man ihn in Frage stellen oder kritisieren, – dann ist er auf der Stelle und oft auf lange Zeit gekränkt. Dabei glaube ich, daß er sich selber etwas vormacht. Er tut nur so, als wäre er der Alleskönner; in Wahrheit hat er von vielem keine Ahnung. Aber das darf man ihm nicht sagen.«

Doch – genau das müßte diese Frau ihrem Manne sagen, und das Therapiegespräch mit ihr dient insofern nur als Vorübung, um all die Dinge, die ihr auf dem Herzen liegen, an rechter Stelle abzuladen, gerade so, wie sie es in den Äußerungen bisher schon versucht: nicht vorwurfsvoll und klagend, aber bestimmt und ein Stück selbstbewußt. – »Das geht nicht!« sagt sie. »Er fährt sofort dazwischen!« – »Dann müssen Sie es ganz ruhig wiederholen!« – Diese Frau will ja ihrem Mann nichts, sie will »nur«, daß ihre Ehe Bestand hat, aber es geht nicht länger mehr an, die Hauptgespielin in einem Possenstück der bloßen Eitelkeit zu mimen, sonst droht Gefahr, daß genau das passiert, was dieser Mann am meisten fürchtet: Er wird die Achtung seiner Frau verlieren.

»Das ist längst schon soweit«, fährt sie nach einer Weile fort. »Um Ruhe zu finden, greift er immer häufiger zum Alkohol, und dann zeigt er sein wahres Gesicht. Er wird ordinär und gemein. Wenn er es einmal wagen sollte, mich zu schlagen, ziehe ich aus, das steht fest. Aber was er alles daherredet, ist manchmal schlimmer als Prügel. Am übelsten wird es, wenn er mir in diesem Zustand zu nahe kommt. Gerade dann, mit seiner Alkoholfahne, will er, daß ich ihn liebe. Darunter versteht er, daß ich ihn zufriedenstelle; kurz darauf schläft er ein, schnarchend wie ein Waldschrat. Ehrlich gesagt, manchmal ekelt es mich.«

Sehr klar sah diese Frau, was den Kern all der Schwierigkeiten bildete. So sehr sie die Unleidlichkeiten erwähnte, die sie bedrückten, verstand sie doch sehr gut, woran ihr Mann wirklich litt: Er stand unter dem permanenten Anspruch, etwas zu machen, für das man ihn bewundern hätte sollen, aber so kam er nie zur Ruhe, so blieb er ständig angespannt, so versteinerte er zu der Statue eines schwer auszuhaltenden Machers und Machos. »Liebe ist doch Gegenseitigkeit«, bemerkte diese Frau einmal und hatte damit selbstverständlich recht. Alles indessen hing davon ab, daß auch ihr »Schneiderlein« das begriff. An ihrer Seite könnte es einfacher und leichter leben. Es bedürfte nicht länger der Droge Alkohol, um »mal abzuschalten«; stattdessen könnte es Stunden eines gemeinsamen Glücks geben – Gespräche, Erlebnisse und Erholungen, Zärtlichkeiten, Aufmerksamkeiten und Anerkennungen, die wechselseitig sich bestätigten … Es müßte nur erlaubt sein, die Angst auszuatmen und sich vertrauensvoll am anderen anzulehnen. Allein die wirkliche Freude solcher Begebenheiten würde dazu beitragen, an den »richtigen« Stellen das Selbstwertgefühl des Partners zu verstärken.

Ein häufiges Problem besteht in solchen Konstellationen unglücklicher Ehen in einer Verklammerung des guten Willens. Jeder auf seine Weise verfolgt eine bestimmte Vorstellung, wie der andere sein müßte und was er zu tun hätte, um Einvernehmen und Harmonie zu erreichen. Doch wenn der andere nicht so ist und nicht so tut, wie man es für »richtig« findet? Dann beginnt man ihn zu bearbeiten, um ihn »hinzukriegen«. Eben damit aber verwandeln sich Vorschläge in Befehle, Wünsche in Weisungen, Meinungen in Dogmen; Zweifel an der Intelligenz des anderen werden immer häufiger geäußert, und der nötige Respekt voreinander schrumpft zusehends. Ein cleveres »Schneiderlein« weiß, es braucht weder Rat noch Hilfe, – eine Frau, die versuchen wollte, dagegen anzutreten, könnte nur auf Granit stoßen.

Umso wichtiger möchte es sein, in dieser Lage zu den Regeln der Gewaltfreien Kommunikation (GFK) zu greifen[198] und sie soweit einzuüben, daß ein Abgleiten in die alten Macht»spiele« und Rechthabereien sich von allein erledigen. Statt des ewigen »Ich sag' Dir jetzt mal was« herrschte das Bemühen vor, die Bedürfnisse herauszuhören, die hinter den Äußerungen des Partners stecken: Was möchte er wirklich? Fast immer lautet die Antwort im Fall eines »Schneiderleins«: Anerkennung. Sie bildet den entscheidenden Schlüssel zur Lösung des Narzißmus-Problems, denn einzig sie vermag den verzweifelten Kampf um Beachtung und Achtung zu mildern und womöglich ganz zu erübrigen. Anerkennung heißt nicht, alles »gut« und »schön« zu finden, was der andere sagt oder tut – es ist in der GFK genauso wie in einer Gesprächspsychotherapie oder Psychoanalyse ein methodischer Fehler, den anderen mit den eigenen Wertungen zu überziehen –, aber es heißt allemal, der Person des anderen die nötige Aufmerksamkeit zu schenken, ihn gelten zu lassen, seine Anliegen ernst zu nehmen und damit, wie nebenher, auch sein Verständnis für sich selber zu fördern. *Hier* braucht er, der Angstverbreiter aus Angst, keine Angst mehr zu haben. Aus dem rivalisierenden Gegeneinander oder dem fast schon resignierten Nebeneinander wird – vielleicht – ein echtes Miteinander, in dem das Selbstbewußtsein einer »Prinzessin« wohltuend ausstrahlt auf das Selbstwertgefühl eines »Schneiderleins«. Auch sie darf und sollte sich mit ihren eigenen Bedürfnissen zu Wort melden. Sicher ist es nicht, daß es so kommt, aber möglich, und schon deshalb überaus lohnend, daran zu arbeiten.

Nicht unerwähnt bleiben darf, weil elementar von Bedeutung, die religiöse Dimension einer »Schneiderlein«-Existenz. Bezeichnenderweise stellten seine »Großtaten« in gewissem Sinn einen Ausschnitt aus der Reihe der Kämpfe und Siege griechischer Heroen wie *He-*

198 MARSHALL B. ROSENBERG: Erziehung, die das Leben bereichert, Paderborn 2011.

rakles, *Theseus* und *Meleager* dar; doch diese – bis auf *Meleager* – waren die Söhne von Göttern: *Herakles* war ein Sohn des *Zeus* und der *Alkmene*, *Theseus* ein Sohn des *Poseidon* und der *Pittheus*-Tochter *Aithra*; ihnen lag gewissermaßen im Blut, worum ein »Schneiderlein« immerzu mit aller Macht und doch von vornherein aussichtslos zu kämpfen versucht: ein göttliches oder doch gottgleiches Sein. Was jene waren, muß dieser täuschend ähnlich darzustellen bestrebt sein; die Unendlichkeit seiner Angst, ein Garnichts zu sein, wirft sich fiktiv und dann faktisch in die Pose des Alleskönners und Allebesiegers; sein »Sieben auf einen Streich« ist nicht etwa eine zahlenmäßige Begrenzung seiner Macht, sondern der Einstieg in einen maßlosen Machtanspruch von quasi göttlichem Format. Eine Heilung dieses »Gotteskomplexes«[199] ist nicht möglich mit dem desillusionierenden »Realismus«: »Das schaffst Du doch nicht«; ein »tapferes Schneiderlein« ist geradezu stolz auf seine Maßlosigkeit und Unersättlichkeit, und lieber wird es seinem völligen Scheitern zustimmen, als dieses Signum seiner Außerordentlichkeit zugunsten eines vulgären Oppor-

199 HORST EBERHARD RICHTER: Der Gotteskomplex, 56–57, verdeutlicht den Narzißmus der Gottgleichheit am Beispiel FRIEDRICH NIETZSCHES; er schreibt, dort zeige sich »repräsentativ, wie uralte komplexhaft verleugnete Ohnmachts- und Abhängigkeitsgefühle, die nie verarbeitet, geschweige denn überwunden worden sind, in eine vollendete identifikatorische Anmaßung göttlicher Omnipotenz einmünden, deren Brüchigkeit und Künstlichkeit indessen unverkennbar ist. Eine in Verzweiflung erlebte Abhängigkeit, die sich zu der Phantasie des drohenden Kaputtgemacht- und Vergewaltigtwerdens angestaut hat, ist verdrängt und schlägt aus der Passivität in die Aktivität um. Sie bewirkt, daß man zur Bestie werden muß. Allein als rasendes Raubtier kann man sich schließlich frei von allem Zwang und allen Bedrohungen wähnen.« »Es ist dies (sc. das Gedicht »Vereinsamt«, d.V.) der Klageschrei des trostlos vereinsamten Narzißten, dessen ›blutend Herz‹ sich zutiefst nach Heimat, nach Geborgenheit sehnt. Aber er glaubt nicht mehr daran, daß für ihn noch eine Heimat da ist, daß sein Hilfeschrei noch gehört wird. Weil er an seiner Sehnsucht zu verbluten fürchtet, flüchtet er sich in die narzißtische Panzerung. Durch Eis, Hohn und Ekel muß er sich fortan gegen die Gefühle schützen, an denen er kaputtgehen zu müssen glaubt. Deshalb … die Flucht in die narzißtische Größen- und Allmachtsillusion.« Vgl. FRIEDRICH NIETZSCHE: Mitleid Hin und Her. 1. Vereinsamt, in: Götzendämmerung. Der Antichrist. Ecce homo. Gedichte, 478–479:

Die Krähen schrei'n
und ziehen schwirren Flugs zur Stadt:
bald wird es schnei'n, –
wohl dem, der jetzt noch – Heimat hat.

tunismus fahren zu lassen. Aber das langsam reifende Vertrauen in die eigene Daseinsberechtigung öffnet ein Fenster zu der Zuversicht in ein Wohlwollen, das absolut einen jeden als Person, also auch ein »Schneiderlein«, möchte und meint; formt diese Überzeugung sich zu der Grundlage eines versöhnlichen Selbstverständnisses, so ist alles Verlangen und Streben nach gottgleichem Sein, nach Absolutheit, obsolet. Weil Gott ist, darf der Mensch sein. Im letzten besteht alle menschlich gelingende Begegnung in der Vermittlung dieser Wahrheit: Wir können die Mauern der irdischen Existenz auftun zum Einfall des Lichts, indem wir einander erlauben, Menschen zu sein – hilfsbedürftige, abhängige, arme oft und armselige, doch getragen von einer Güte, die will, daß wir sind. Erst mit solch einem Glauben endete die Geschichte des »tapferen Schneiderleins« und hübe an das Dasein eines mit sich einigen Menschen, – eines »Königs«, der aufhörte zu »herrschen« und der stattdessen die Liebe lernte. Es wäre eine Wandlung, wie RILKE sie einmal im »Buch der Bilder« malt[200]:

> Empfindest du, wie die Vergangenheiten
> leicht werden, wenn du eine Weile lebst,
> wie sie dich sanft auf Wunder vorbereiten,
> jedes Gefühl mit Bildern dir begleiten, –
> und nur ein Zeichen scheinen ganze Zeiten
> für eine Geste, die du schön erhebst. –
> Das ist der Sinn von allem, was einst war,
> daß es nicht bleibt mit seiner ganzen Schwere,
> daß es zu unserm Wesen wiederkehre,
> in uns verwoben, tief und wunderbar.

200 RAINER MARIA RILKE: Das Buch der Bilder. Des zweiten Buches erster Teil, in: Sämtliche Werke, I 438–439.

Die Eule (KHM 174) oder: Angstverarbeitung durch Aggression

Vor ein paar hundert Jahren, als die Leute noch lange nicht so klug und verschmitzt waren, als sie heutzutage sind, hat sich in einer kleinen Stadt eine seltsame Geschichte zugetragen. Von ungefähr war eine von den großen Eulen, die man Schuhu nennt, aus dem benachbarten Walde bei nächtlicher Weile in die Scheuer eines Bürgers geraten und wagte sich, als der Tag anbrach, aus Furcht vor den andern Vögeln, die, wenn sie sich blicken läßt, ein furchtbares Geschrei erheben, nicht wieder aus ihrem Schlupfwinkel heraus. Als nun der Hausknecht morgens in die Scheuer kam, um Stroh zu holen, erschrak er bei dem Anblick der Eule, die da in einer Ecke saß, so gewaltig, daß er fortlief und seinem Herrn ankündigte, ein Ungeheuer, wie er zeit seines Lebens keins erblickt hätte, säße in der Scheuer, drehte die Augen im Kopf herum und könnte einen ohne Umstände verschlingen. »Ich kenne dich schon«, sagte der Herr, »einer Amsel im Felde nachzujagen, dazu hast du Mut genug, aber wenn du ein totes Huhn liegen siehst, so holst du dir erst einen

Stock, ehe du ihm nahe kommst. Ich muß nur selbst einmal nachsehen, was das für ein Ungeheuer ist«, setzte der Herr hinzu, ging ganz tapfer zur Scheuer hinein und blickte umher. Als er aber das seltsame und greuliche Tier mit eigenen Augen sah, so geriet er in nicht geringere Angst als der Knecht. Mit ein paar Sätzen sprang er hinaus, lief zu seinen Nachbarn und bat sie flehentlich, ihm gegen ein unbekanntes und gefährliches Tier Beistand zu leisten; ohnehin könnte die ganze Stadt in Gefahr kommen, wenn es aus der Scheuer, wo es säße, herausbräche. Es entstand großer Lärm und Geschrei in allen Straßen: die Bürger kamen, mit Spießen, Heugabeln, Sensen und Äxten bewaffnet, herbei, als wollten sie gegen den Feind ausziehen; zuletzt erschienen auch die Herrn des Rats mit dem Bürgermeister an der Spitze. Als sie sich auf dem Markt geordnet hatten, zogen sie zur Scheuer und umringten sie von allen Seiten. Hierauf trat einer der beherztesten hervor und ging mit gefälltem Spieß hinein, kam aber gleich darauf mit einem Schrei und totenbleich wieder herausgelaufen und konnte kein Wort hervorbringen. Noch zwei andere wagten sich hinein, es erging ihnen aber nicht besser. Endlich trat einer hervor, ein großer starker Mann, der wegen seiner Kriegstaten berühmt war, und sprach: »Mit bloßen Ansehen werdet ihr das Ungetüm nicht vertreiben, hier muß Ernst gebraucht werden, aber ich sehe, daß ihr alle zu Weibern geworden seid und keiner den Fuchs beißen will.« Er ließ sich Harnisch, Schwert und Spieß bringen und rüstete sich. Alle rühmten seinen Mut, obgleich viele um sein Leben besorgt waren. Die beiden Scheuertore wurden aufgetan, und man erblickte die Eule, die sich indessen in die Mitte auf einen großen Querbalken gesetzt hatte. Er ließ eine Leiter herbeibringen, und als er sie anlegte und sich bereitete hinaufzusteigen, so riefen ihm alle zu, er solle sich männlich halten, und empfahlen ihn dem heiligen Georg, der den Drachen getötet hatte. Als er bald oben war und die Eule sah, daß er an sie wollte, auch von der Menge und dem Geschrei des Volkes verwirrt war und nicht wußte, wohinaus, so verdrehte sie die Augen, sträubte die Federn, sperrte die Flügel auf, knappte mit dem Schnabel und ließ ihr Schuhu mit rauher Stimme hören. »Stoß zu, stoß zu!« rief die Menge draußen dem tapferen Helden zu. »Wer hier stände, wo ich stehe«, antwortete er, »der würde nicht ›Stoß zu‹ rufen.« Er setzte zwar den Fuß noch eine Staffel höher, dann aber fing er an zu zittern und machte sich halb ohnmächtig auf den Rückweg.

Nun war keiner mehr übrig, der sich in die Gefahr hätte begeben wollen. »Das Ungeheuer«, sagten sie,« hat den stärksten Mann, der unter uns zu finden war, durch sein Knappen und Anhauchen allein vergiftet und tödlich verwundet, sollen wir andern auch unser Leben in die Schanze schlagen?« Sie ratschlagten, was zu tun wäre, wenn die ganze Stadt nicht sollte zugrunde gehen. Lange Zeit schien alles vergeblich, bis endlich der Bürgermeister einen Ausweg fand. »Meine Meinung geht dahin«, sprach er, »daß wir aus gemeinem Säckel diese Scheuer samt allem, was darinliegt, Getreide, Stroh und Heu, dem Eigentümer bezahlen und ihn schadlos halten, dann aber das ganze Gebäude und mit ihm das fürchterliche Tier abbrennen, so braucht doch niemand sein Leben daranzusetzen. Hier ist keine Gelegenheit zu sparen, und Knauserei wäre übel angewendet.« Alle stimmten ihm bei. Also ward die Scheuer an vier Ecken angezündet und mit ihr die Eule jämmerlich verbrannt. Wer's nicht glauben will, der gehe hin und frage selbst nach.

Wo eigentlich ist Schilda?

So hören sich Geschichten an, die man erzählt zum »Fröhlichmachen«, – »Wend-unmuth« hieß die Sammlung, aus der die BRÜDER GRIMM zu schöpfen wußten, um das Märchen von der »Eule« in ihre »Kinder- und Hausmärchen« aufzunehmen (KHM 174).[201] Ursprünglich spielte es einmal in Peine[202], aber es ist ein Topos, der an vielen Stätten auftaucht[203], mit Vorliebe im Nachbarort: dort ist das Abdera, dessen Bewohner man sich im Kontrast zum weisen *Demokrit* als Inbegriff der bürgerlichen Torheit vorstellt[204], dort sind die »Schildbürger« zu Hause, die in Säcken Licht in ihr fensterlos gebautes Rathaus tragen[205]. Wir lachen, weil wir so ganz anders sind als jene; wer über Torheit witzelt, zeigt, wie klug er selber ist. Oder es ist alles ganz anders: die Geschichte wird zum Spiegel, um uns selber zu erkennen. Dann steckt man mitten drin; dann ist von einem selbst die Rede; dann ist sie als Realsatire eine Warnung, was passieren wird, wenn man so handelt wie beschrieben.

In diesem Sinne ist »Die Eule« ein höchst aktuelles Märchen; es

201 HANS WILHELM KIRCHHOF: Wendunmuth (1563–1603), hg. v. H. Osterley, Bd. 1, Nr. 167, S. 198–200: Von der eulen zu Pein.

202 Vgl. JOHANNES BOLTE – GEORG POLÍVKA: Anmerkungen zu den Kinder- u. Hausmärchen der Brüder Grimm, III 286: »es ist das durch seine tapfere Verteidigung gegen den Herzog Erich von Braunschweig in der Hildesheimer Stiftsfehde (1519–1522) bekannte Schloß und Städtlein Peine, das eine Eule im Stadtwappen führte und deshalb in den zeitgenössischen Liedern als ein Ulennest oder die Ule bezeichnet wird.«

203 A. a. O., III 286: »Spottlustige Nachbarn übertrugen … auf Peine den verbreiteten Schwank von der Verbrennung eines Hauses, in dem sich ein vermeintes, menschenfresserisches Tier befindet.« Beispiele a. a. O., III 287–288.

204 CHRISTOPH MARTIN WIELAND: Geschichte der Abderiten, in: Werke in 4 Bden., Bd. 1, 1. Buch, 1. Kap., S. 9: »Sie (sc. die Abderiten, d. V.) wurden endlich zum Sprichwort unter den Griechen. Ein abderitischer Einfall, ein Abderitenstückchen war bei diesen ungefähr, was bei uns ein Schildbürger … -streich ist.« So errichteten sie einen Brunnen mit zahlreichen Figuren, die als Wasserspeier fungieren sollten, aber es war »kaum Wasser genug da«; oder (S. 10): sie setzten eine schöne Venus-Darstellung, um sie recht zu würdigen, auf einen Obelisken von 80 Fuß Höhe, so daß es unmöglich war, zu erkennen, ob es eine Venus oder eine Austernymphe vorstellen sollte.

205 Vgl. Das Lalebuch, 10. Kap., S. 42–77. Das »Schiltbürgerbuch« von 1598 ist eine Bearbeitung des »Lalebuchs«. Vgl. Die Schiltbürger, Hildesheim 1975.

spielt nicht an bestimmten Orten, es karikiert ein Denken und Verhalten, das für den Außenstehenden »verrückt« aussieht, weil es das Gegenteil von dem erreicht, was es bezweckt. Wo aber in der BRD, ja, wo in aller Welt, wäre ein Umgang mit einer globalisierten Feindgewärtigung nicht »Abdera«, nicht »Schilda«? Das Märchen von der »Eule« spricht davon, wie die Bürger einer Stadt alles zerstören, was sie schützen wollen; sie suchen Sicherheit vor etwas, das sie für gefährlich halten, weil sie es nicht kennen noch verstehen, und so vermeinen sie, zur Ruhe erst zu kommen, wenn sie den unheimlichen Eindringling mit aller Macht und allen Mitteln wieder aus ihrer Welt vertrieben haben. Doch gerade dadurch werden sie zu Opfern einer Angst, die sich scheinbar nur noch beruhigt, wenn der Auslöser ihrer Phobie vernichtet ist, wie hoch der Preis dafür auch immer sein mag. Mit einem Wort: die »Eule« steht für alles, was eine Angst hervorruft, die man bekämpft, indem man ihren Gegenstand zerstört, statt das Gefühl selber auf seinen Inhalt hin zu überprüfen und in sich selber zu beruhigen; man merkt nicht, daß bei dem Versuch, Angst als Symptom für immer auszumerzen, die Angst als Krankheit immer hitziger anwächst – bis hin zum Fieber, bis zum Wahn, bis hin zur Autodestruktion. Der Einsatz von – meist militärischer – Gewalt vermindert die real gefürchteten Gefahren nicht, sondern vermehrt sie allererst; die Angst dreht sich in der Spirale eines Teufelskreises und bohrt sich immer schädlicher in den Erlebnisuntergrund, der den sich Fürchtenden und das Gefürchtete verbindet. Wohl, die Geschichte, wie die Brüder GRIMM sie einleiten, soll ganz bewußt in einer Zeit spielen, als *»vor ein paar hundert Jahren … die Leute noch lange nicht so klug und verschmitzt waren, als sie heutzutage sind«*; doch schaut man einmal nicht auf ihren Anlaß, sondern auf die Art der psychischen Verarbeitung des Angsterlebens, so sind die Ähnlichkeiten zwischen damals und heute das eigentlich Erschreckende. Der »Anlaß« im Märchen ist eine Eule, und sicher: fände sie sich heute in der *»Scheuer eines Bürgers«*, würde man die Panik, die bei ihrem Anblick damals die gesamte Bürgerschaft befiel, für eine angstbedingte Wahrnehmungsverzerrung halten, gefährlich ihrer Realitätsferne wegen; doch niemand, der in solcher Lage sich befindet, hat den Abstand, sich aus der Massenhysterie der Angst zu lösen; der ganze Ort totalisiert sich zur Aktionseinheit einer psychologischen Gewißheit: erst, wenn die »Eule« nicht mehr existiert, kann man zur Normalität des Zusammenlebens wieder zurückkehren. Doch welche Zeit, welche Epoche jagte nicht einer solchen »Eule« hinterher?

Die Eule als Tier und als Untier

Als Umweltschützer möchte man mit makaberem Humor bemerken, daß wir, was da reale Eulen angeht, in der Gegenwart wohl recht beruhigt sein können: Die *»großen Eulen, die man Schuhu nennt«*, existieren in unseren Wäldern (fast) nicht mehr, – wir haben sie in Mitteleuropa (beinahe) ausgerottet. Doch was für imposante Tiere schaffen wir da ab! Insbesondere der Uhu (Bubo Bubo) ist mit einer Größe von etwa 70 cm und einer Flügelspannweite von 170 cm die größte Eulenart der Welt. Sein lautmalender Name gibt den dumpfen abfallenden Laut des Männchens wieder: ein weit hörbares »wúoh«, »das in regelmäßigen Abständen wiederholt wird. Beim Rufen sträubt der Uhu sein Kehlgefieder … Das Weibchen antwortet zur Paarungszeit mit einem höheren, meist deutlich zweisilbigen ›huhúh‹.« »Die Fortpflanzungszeit europäischer Uhus beginnt häufig schon Ende Januar, meist aber im Februar. Zu dieser Zeit rufen die Männchen an ruhigen besonders klaren Abenden und in solchen Nächten sehr eifrig. Als Horstplätze dienen meist Felsnischen und Höhlen.«[206] Daß im GRIMMschen Märchen ein Uhu in einer Scheune angetroffen wird, ist eigentlich eine Ausnahme. – Schleiereulen (Tytonidae), die stammesgeschichtlich von den echten Eulen recht weit entfernt sind, hausen weit eher in »Scheunen, Kirchtürmen und anderen Gebäuden«[207], ebenso der Waldkauz[208]. Insofern bedarf der Aufenthaltsort des Uhus im Märchen einer besonderen Begründung, die die GRIMMS auch zu geben versuchen: Das Tier habe sich, erklären sie, *»aus dem benachbarten Walde bei nächtlicher Weile«* verflogen und wage *»sich, als der Tag anbrach, aus Furcht vor den anderen Vögeln, die, wenn sie sich blicken*

206 CLAUS KÖNIG: Die Eulen, in: Grzimeks Tierleben, Bd. 8, Vögel 2, 389.
207 A. a. O., Bd. 8, Vögel 2, 384.
208 A. a. O., Bd. 8, Vögel 2, 402.

läßt, ein furchtbares Geschrei erheben, nicht wieder aus ihrem Schlupfwinkel heraus.«

Daß die Eule »bei Tag von kleineren Vögeln umflattert und geneckt wird«, wußte man bereits in der Antike und machte es sich zum Vogelfang zunutze[209]. So spricht AUSONIUS davon, daß die »Nachteule ... jede Art von Vögeln anlockt.«[210] Es handelt sich um ein Phänomen, das in der Tierpsychologie recht weit verbreitet ist. Amseln zum Beispiel »hassen auf« Katzen, – es braucht eine Hauskatze nur die Gartenwiese zu betreten, um ein heftiges Geschimpfe aus den Baumwipfeln zu provozieren, das natürlich der Warnung der Artgenossen gilt, aber auch dem Vogelräuber den Aufenthalt verleiden soll. Einen ähnlichen Zweck dürfte die Belästigung der großen Eule durch kleinere Vogelarten haben: Sie wird von ihnen offenbar als ein Greifvogel wahrgenommen, der sie freilich nicht ist; stammesgeschichtlich stehen die Eulen den Nachtschwalben nahe, und die äußeren Ähnlichkeiten zu echten Greifvögeln »sind nichts als gleichsinnige Anpassungen (Konvergenzen)« »auf Grund ihrer gleichartigen Lebensweise«[211]. Doch das wissen nicht die anderen Vögel. Dabei unterscheiden sich Eulen sowohl im Körperbau wie auch im Verhalten von den Greifvögeln. Ihre Hauptnahrung besteht aus kleineren Wirbeltieren, besonders aus Nagern (Mäusen, Ratten), aber auch aus Insekten und Würmern. Ihre Augen weisen mehr Stäbchen als farbempfindliche Zapfenzellen auf, so daß sie auch bei geringer Helligkeit gut sehen können; ihr Farbsehen freilich ist dadurch eingeschränkt. »Der Öffnungswinkel der Hornhaut ist sehr groß (etwa 160 Grad), und das aus dem großen Blickfeld aufgefangene Licht wird in einem kleinen Netzhautbild zusammengefaßt. Gegenüber Tagvögeln wird so eine größere Lichtstärke des Auges durch ungünstigere Abbil-

209 WILL RICHTER: Eulen (Striges), in: Der Kleine Pauly, II 422.

210 AUSONIUS: Mosella, Vers 309–310, S. 32; 33. – In dem GRIMMschen Märchen: Der Zaunkönig (KHM 171) wird auch der Grund dafür angegeben: Die Eule hatte vor einem Mauseloch den Zaunkönig bewachen sollen, weil dieser Herr sein wollte über die Vögel; die Eule aber war eingeschlafen, und der Zaunkönig entwich aus dem Mauseloch. Seitdem »sind die anderen Vögel hinter ihr her und zerzausen ihr das Fell«, sie aber verfolgt »die Mäuse, weil sie solche bösen Löcher machen.«

211 CLAUS KÖNIG: Die Eulen, in: Grzimeks Tierleben, Bd. 8, Vögel 2, 377.

dungsverhältnisse erzielt.«[212] Dafür ist das Gehör der Eulen, ähnlich wie bei Menschen, nur weit empfindlicher, auf das Richtungshören eingestellt[213]; das ist für »den Nahrungserwerb dieser Vögel ... wichtig«, um »die Stelle, an der eine Maus raschelt oder piept, genau orten zu können.«[214] Da die großen, parallel nach vorn gerichteten Eulenaugen unbeweglich sind, »müssen die Vögel ihren Kopf drehen, wenn sie ihre Blickrichtung ändern wollen. Manche Arten können den Kopf sogar bis zu 270 Grad herumdrehen. Auch für das Anpeilen mit Hilfe des Gehörs ist diese große Beweglichkeit des Kopfes notwendig.«[215]

All diese Eigentümlichkeiten haben dazu beigetragen, daß Eulen vor allem wegen ihrer nachtaktiven Lebensweise und ihrer großen menschenähnlich wirkenden Augen als unheimlich gelten; AUSONIUS behauptet sogar, daß der Anblick der Eule für andere Vögel tödlich sei[216], und man kann verstehen, warum. In der Tat genügt es, in das Gesicht etwa eines Bartkauzes[217] zu schauen, um die beeindruckende Wirkung vor allem des teleskopähnlichen Augenpaares mitempfinden zu können. Kein Wunder ist es deshalb, daß von alters her der Eule magische Fähigkeiten zugeschrieben wurden. Sie galt als Wetterprophet[218] oder auch ganz allgemein als Zukunftsdeuter[219]. Wenn

212 A. a. O., Bd. 8, Vögel 2, 378.

213 Vgl. zum Richtungshören E. DREWERMANN: Atem des Lebens, I 142–144.

214 CLAUS KÖNIG: Die Eulen, in: Grzimeks Tierleben, Bd. 8, Vögel 2, 378; 381.

215 A. a. O., Bd. 8, Vögel 2, 378.

216 AUSONIUS: Mosella, Vers 310, S. 32; 33.

217 CLAUS KÖNIG: Die Eulen, in: Grzimeks Tierleben, Bd. 8, Vögel 2, Abb. S. 393 unten.

218 GAJUS PLINIUS SECUNDUS: Naturgeschichte, XVIII 362; 3. Bd. 87, S. 856: »Wenn die Kraniche ruhig empor fliegen, tritt heiteres Wetter ein; ebenso, wenn die Nachteule beim Regen schreiet; thut sie diess aber bei schönem Wetter, so wird es stürmisch.« VERGIL: Georgica. Vom Landbau, I 403, S. 30; 31: Zu den Vorzeichen für sonniges Wetter zählt er, daß »das Käuzchen, das oben am First das Sinken der Sonne erwartet, ... umsonst sein spätes Lied« übt, indem es das gute Wetter nicht aufhalten kann.

219 PLUTARCH: Themistokles, 12, in: Lebensbeschreibungen, I 252: »Einige erzählen, daß man, während *Themistokles* noch auf dem Verdeck des Schiffs über diese Angelegenheit (sc. Athen zu verlassen und die Stadt dem Perserkönig *Xerxes* freizugeben, d. V.) sprach, eine Nachteule wahrgenommen habe, die zur rechten Seite der Schiffe herüberflog und sich auf das Tauwerk setzte.« Daraufhin stimmte man *Themistokles* zu.

sie fliegt, betrachtete man sie als einen Glücksboten[220], sitzend aber oder auch ganz allgemein galt insbesondere der Uhu als ein Unglücksbote[221], als der Schwarze Vogel, wie OVID ihn nennt[222]. »Unheimlich macht ihn auch sein Schreien, das dem eines Menschen ähnelt.«[223] Besondere Bedeutung besaß die Eule als Vogel der Göttin der Weisheit und des Krieges, *Athene* (vgl. Tafel 8)[224], was seinen

220 DIODOR VON SIZILIEN: Historische Bibliothek, 20. Buch, Kap. 11, S. 2019–2020, erzählt, daß im Kampf zwischen *Hannos* Karthagern und den Griechen um die Stadt Syrakus *Agathokles*, um seinen Soldaten Mut zu machen, »Nachteulen in das Lager fliegen« ließ. »Da diese nun über die Phalanx hinflogen und sich auf die Schilde und Helme setzten, so wurden die Truppen dadurch ermuthigt, indem Alle es als gute Vorbedeutung ansahen, weil man Jene für einen der *Athene* heiligen Vogel hielt.«

221 So berichtet TACITUS: Historien, II 50, S. 525, daß bei dem Selbstmord des Übergangskaisers *Otho* (68 n. Chr.) »ein Vogel von einer noch nie gesehenen Gestalt sich bei Regium Lepidum in einem belebten Hain niedergelassen« habe. »Er habe sich in der Folge auch durch die Ansammlung von Menschen und herumschwirrenden Vögeln nicht erschrecken und verscheuchen lassen; erst in dem Augenblick, da *Otho* Selbstmord beging, sei er den Blicken entschwunden.« OVID: Metamorphosen, VI 431, S. 218; 219, erzählt, daß bei der Hochzeit zwischen dem Thrakerkönig *Tereus* und *Prokne*, der Tochter *Pandion*s, nicht die Grazien (die Chariten), sondern die Furien die Fackeln getragen hätten. Und: »Es ließ auf dem Dach der / greuliche Uhu sich nieder und saß auf dem First des Gemaches.« So begann eine Ehetragödie. A. a. O., XV 791, S. 594; 595 zählt er zu den Vorzeichen der Ermordung *Caesar*s, daß »an tausend / Stellen … sich Uhu, der stygische Künder des Unheils«, hören ließ. CASSIUS DIO: Römische Geschichte, Buch 40, Kap. 17; Bd. II 214, berichtet, daß bei dem Feldzug des *Crassus* gegen die Parther (53 v. Chr.) sogar in Rom »Eulen und Wölfe« als Unheilszeichen sich sehen ließen.

222 OVID: Amores. Liebesgedichte, III 12,1: »Was war das für ein Tag, an dem ihr, schwarze Vögel, dem Liebenden lauter traurige Vorzeichen zugekrächzt habt?« Ähnlich PROPERZ: Elegien, II 28 b, S. 116; 117: »schwarzes Geflügel stimmt düstere Weissagungen an.«

223 WILL RICHTER: Eulen (Striges), in: Der Kleine Pauly, II 423; vgl. VERGIL: Aeneis, IV 463–464, S. 98: »Oft auch klagt vom Giebel ihr Totenlied eine Eule / Einsam herab und dehnt ihre schleppenden Töne zum Heulen.« Damit wird der Selbstmord der unglücklichen *Dido* intoniert.

224 ERIKA SIMON: Die Götter der Griechen, 207, nennt das Käuzchen »das attischste von allen« Attributen der Göttin *Athene*. Nicht nur von Bronzestatuen, auch auf Marmorreliefs und Vasen sind Darstellungen der Athene mit ihrem heiligen Vogel bekannt … Das Eulengesicht (sc. anstelle des Hauptes der *Medusa*, d. V.) muß für die Griechen eine Art ›positives‹ Gorgoneon gewesen sein, ein Glückverheißendes Zeichen.« Vgl. Tafel 8, die römische Tonlampe aus dem 1. Jh. n. Chr., in: Die unsterblichen Götter Griechenlands, 271, Abb. 17.45.

Grund vielleicht auch in dem geräuschlosen, als besonders »listig« erscheinenden Flugverhalten der Tiere hat; tatsächlich sorgt ein »Fransenkamm am Außenrand der äußeren Schwungfedern« dafür, daß die Fluggeräusche verschluckt werden und ein lautloser Flug gewährleistet wird[225]. Auf attischen Münzen, Vasen und Gemmen ist die Eule seit dem 6. Jh. v. Chr. als Bild der *Athene* gebräuchlich; in der Fabel ist ihre Klugheit sprichwörtlich[226]; und wie menschenähnlich die Eule empfunden wurde, zeigen nicht zuletzt die zahlreichen Verwandlungssagen[227].

225 CLAUS KÖNIG: Die Eulen, in: Grzimeks Tierleben, Bd. 8, Vögel 2, 377. Es entsteht eine Luftverwirbelung in solch kleinen Parzellen, daß eine größere Geräuschentwicklung vermieden wird. Eine ähnliche Einrichtung wäre bei entsprechender Bionik an den Tragflächen moderner Düsenflugzeuge mit ihrem Nachtlärm über den Großstädten äußerst wünschenswert.

226 Vgl. PHÄDRUS: Grille und Eule, in: Antike Fabeln, 202–203:
Die Grille macht der Eule bittren Vorwurf,
Daß sie im Dunklen ihre Nahrung suche
Und stets am hellen Tag im Astloch schlafe.
Die Eule sprach nur: »Schweig!« – Da fing sie an,
Noch mehr zu schelten. – Bitten war umsonst.
Sie regte immer mehr sich auf. – Und als
Die Eule keinen Ausweg sah und daß
Die Grille jedes Wort von ihr verachtete,
Da täuschte sie die Schwätzerin auf diese Weise:
»Da dein Gesang mich doch nicht schlafen läßt,
Der – wie du glaubst – *Apollons* Leier gleichkommt,
So möchte ich gern den Nektar trinken, den mir
Athene jüngst verehrte. Wenn du Lust hast,
So komm, daß wir einmal zusammen trinken!«
Die Grille hatte Durst, und als sie auch
Vernahm, wie sehr man ihre Stimme schätze,
Kam sie »sehr gern«. Da huschte gleich die Eule
Aus ihrem Loch und packt mit ihren Krallen
Die scheue Grille und macht ihr den Garaus.
Was lebend sie verweigert, jetzt im Tode – schwieg sie.

227 WILL RICHTER: Eulen (Striges), in: Der Kleine Pauly, II 422. HYGIN, 204, in: Griechische Sagen, 342, erzählt: »*Nyktimene*, die Tochter des Königs der Lesbier, des *Epopeus*, soll eine Jungfrau von ungewöhnlicher Schönheit gewesen sein. In glühender Liebe umarmte sie der eigene Vater, weswegen sie sich schamerfüllt in Wäldern versteckte. *Athene* hatte Mitleid mit ihr und verwandelte sie in eine Eule. Aus Scham kommt diese nicht ans Tageslicht, sondern zeigt sich nur in der Nacht.« ANTONINUS LIBERALIS, 10, in: A. a. O., 206–207, erzählt von den Töchtern des *Minyas*, von *Leukippe*, *Arsippe* und *Alkathoë*; daß Leukippe ihren Sohn *Hippasos* als Opfer für *Dionysos* mit ihren Schwestern zerrissen habe; *Hermes* habe die als Bakchantin-

Der Schrecken des Ungewöhnlichen

Aus all dem läßt sich verstehen, daß der *»Anblick der Eule, die da in einer Ecke saß«*, auf einen *»Hausknecht«*, der *»morgens in die Scheune«* kommt, *»um Stroh zu holen«*, *»gewaltig«* zu wirken vermag, so daß er voller Schrecken fortläuft, um *»seinem Herrn«* zu melden, *»ein Ungeheuer, wie er Zeit seines Lebens keins erblickt hätte, säße in der Scheuer, drehte die Augen im Kopf herum und könnte einen ohne Umstände verschlingen.«* Die Pointe der GRIMMschen Darstellung aber liegt darin, daß nicht nur der Hausknecht beim Anblick der Eule in Panik gerät, sondern daß die Eule selber als verängstigt durch das Geschrei der Vögel geschildert wird; natürlich vertschilpen und verkrächzen die Vögel ihr jeglichen Jagderfolg, der gerade auf ihrer Fähigkeit zu lautlosem Gleitflug gründet, doch eben deshalb wählt sie ja mit Vorliebe die Abendstunden zu ihrer Nahrungsbeschaffung, wenn die anderen Vögel sich zur Ruhe begeben; daß sie des Morgens im Heu einer Scheune angetroffen wird, zeugt eher von ihrer Bequemlichkeit, als von Frustration und Verschüchterung; doch erst wenn man die Eule mit GRIMMschen Augen betrachtet, wird, wie beabsichtigt, der groteske Kontrast deutlich: Da fürchtet sich ein Mensch vor einem Vogel, der die anderen Vögel fürchtet, weil diese vor ihm Furcht empfinden. Schon innerhalb der Vogelwelt also herrscht Angst, und sie führt eigentlich dahin, daß man vor dieser Eule sich absolut nicht fürchten müßte; das Tier hockt selbst als ein vom Himmel Vertriebenes in seiner Ecke und traut sich nicht ins Freie; es tut niemandem etwas, es ist völlig ungefährlich. Doch zu dieser Einsicht könnte nur gelangen, wer sich die Eule näher anschaute, und eben das bereits gilt diesem Hausknecht für ein Wagestück, dessen er sich nimmer getrauen möchte. Die Angst vor der ihm unbekannten Eule ist so groß, daß sie jede vernünftige Nachprüfung und Kontrolle in der Realität verhindert.

Damit freilich betreten wir bereits eine erste Zone der Weichenstellung, in welcher die gesamte Richtung der weiteren Angstent-

nen Schwärmenden mit seinem Stab in »Vögel« verwandelt: »die eine von ihnen wurde eine Feldermaus, die andere eine Eule, die dritte ein Uhu. Es scheuten aber alle drei das Licht der Sonne.«

wicklung präformiert wird. Viele werden sich, befragt nach ihren Kinderängsten, daran erinnern, wie sie des Nachts im Bett lagen, voller Angst, es könnte unter dem Bett, im Kleiderschrank, hinter den Gardinen sich ein gefährlicher Unhold aufhalten; man hätte nur aufstehen und nachsehen müssen, doch damit hätte man sich gewissermaßen selber in den Rachen des Löwen begeben; sicherer schien es deshalb, einfach liegenzubleiben und die Angst auszuhalten. Wenn Angst so groß wird, daß sie eine Nachprüfung auf ihren Wirklichkeitsgehalt verhindert, entsteht ein Selbsteinschluß, bei dem eine bestimmte Form der Wahrnehmung oder der Befürchtung sich selbst als Wahrheit setzt; es bildet sich eine falsche Gewißheit, die von innen her keiner Korrektur mehr zugänglich ist. Also bleibt nur der archaische Stillstandreflex – wenn ich mich nicht bewege, bleibe ich dem Angreifer verborgen –, oder der Bewegungssturm in wildem Angriff beziehungsweise panischer Flucht. Zu einer ungestümen Attacke ist der Hausknecht des Märchens gewiß nicht der rechte Mann, – Hals über Kopf ergreift er das Hasenpanier. Doch wovor flieht er? Vor einem Bündel von Wahrnehmungsverfälschungen in Angst und falschen Deutungen dieser verfälschten Wahrnehmungen: Was er vor sich sieht, so berichtet er seinem Herrn, ist *»ein Ungeheuer, wie er Zeit seines Lebens keins erblickt«* hat. Das Unbekannte selber ist bereits das Schreckliche, und dieses Monstrum, das da *»in der Scheuer«* sitzt, dreht *»die Augen im Kopf herum«*; genau das kann keine Eule, ihre Augen sind unbeweglich, so daß sie, um das Gesichtsfeld zu verbessern, den ganzen Kopf hin und her bewegen muß; bei genauerem Hinsehen könnte ein solches Verhalten eher seltsam und amüsant anmuten, doch nur, wenn man nicht von Angst geschüttelt wird. In Wahrheit sind es wesentlich die Augen, die vor allem im Hell-Dunkel des Morgenlichts eine unheimliche Wirkung entfalten. Sie verleihen in ihrer Parallelstellung dem Gesicht einer Eule einen menschenähnlichen Anblick, – sie bieten den Vorteil des dreidimensionalen Sehens mit der Fähigkeit zur Entfernungsabschätzung, wie sie für unsere Primatenvorfahren im Leben auf den Bäumen unerläßlich war und der Eule beim Beutefang zustattenkommt; jemand, der noch nie einen Uhu gesehen hat, kann beim unverhofften Anblick eines solchen Tieres auf Grund seiner Gesichtsähnlichkeit und

Fremdheit ohne weiteres in Schrecken versetzt werden; der Hausknecht indessen ist nicht nur erschrocken, er fühlt sich bedroht auf Leben und Tod. Die ungewöhnlichen Augen der Eule hat er bereits so wahrgenommen, als habe das Untier ihn soeben fixiert und setze unmittelbar zur Jagd auf ihn an; und diese Angstvermutung führt sogleich die nächste Fehlwahrnehmung herbei: Die großen Augen der Eule lassen ihm das Tier selber als ein Wesen von gewaltiger Größe erscheinen, so riesig, daß er wähnt, es *»könnte einen ohne Umstände verschlingen.«* Dabei brauchte er nur auf den fast winzigen Schnabel der Eule acht zu haben, und er könnte erkennen, daß damit wohl Kleinwild, doch ganz sicher nicht Menschen zu töten und zu verzehren sind.

Da ist also ein Lebewesen, das keinem Menschen je etwas zuleide tut; aber es ist, das muß man zugeben, selten und seltsam, es fällt aus dem Rahmen; es ist erkennbar ein Vogel, doch sieht es bemerkenswert anders aus als gewöhnliche Vögel; es ist kein Raubvogel, aber man kann es leicht dafür halten; mit einem Wort: Das Erscheinungsbild der Eule ist irritierend und verwirrend, und diese Tatsache langt aus, um ein gewöhnliches und harmloses Tier in der Wahrnehmung eines verängstigten Menschen in ein ungeheuerliches und lebensgefährliches Untier zu verwandeln. Dabei verdient die Reaktion dieses Hausknechtes weder billigen Spott noch moralischen Tadel, hält sie sich doch durchaus in der Art, wie Menschen üblicherweise zu handeln pflegen. Es genügt im Umgang miteinander, daß jemand zu »fremdeln« beginnt und aus der Rolle fällt, dann wird er verstärkt die Aufmerksamkeit aller anderen auf sich ziehen; man beginnt ihn zu observieren, um ihn in die »Normalität« zurückzudrücken; wie aber, wenn sich herausstellt, daß das nicht geht? Dann ist die Andersartigkeit des Anderen ein Hauptgrund, ihn zunehmend zu bekämpfen. Man weiß nicht, was der Andere wirklich will, man begreift ihn nicht, also unterstellt man ihm alle möglichen gefährlichen Tendenzen, und es wächst die Neigung, ihn zu meiden, besser: ihn zu fliehen. Fest steht jetzt: dieser Andere ist gefährlich. Noch ist nichts passiert, objektiv besteht keine Gefahr, doch in der Angst des einen vor dem anderen liegt ein enormes Gefahrenpotential, wie sich Schritt für Schritt im folgenden zeigen wird.

Angst verformt die Wahrnehmung

Ein Hausherr ist vernünftiger als ein Hausknecht, wird man für gewöhnlich annehmen; das muß nicht so sein, doch unter einer solchen Voraussetzung lassen sich die sozialen Herrschaftsverhältnisse leichter legitimieren, sie erscheinen dann leichter als eine Hierarchie nach Verdienst und Befähigung, statt nach Geburt und Geld. Doch in dem Märchen der Brüder GRIMM ist man fast erleichtert, mit dem Hausherrn einem scheinbar besonnenen und verständigen Mann zu begegnen, der fähig und willens ist, die Angst seines Knechts zu beruhigen. Immerhin kennt er ihn als einen Hasenfuß, dessen Courage gerade so weit geht, eine *»Amsel im Felde«* zu bejagen; doch sieht er *»ein totes Huhn liegen«*, so holt er sich *»erst einen Stock«*, um sich dem vielleicht doch noch lebenden Tier nicht ganz unbewaffnet zu nahen; das Zeugnis eines solchen Mannes ist nicht unbesehen hinzunehmen. Der Hausherr tut daher das einzig richtige: Er sucht sich selbst ein Bild zu machen; nicht was erzählt wird, zählt, nur das, was wirklich ist. Allerdings spricht aus ihm wohl nicht nur ein ruhiger und unaufgeregter Realitätssinn, vielmehr redet er vermutlich auch deshalb so herablassend zu seinem Knecht, weil er sich selber Mut machen möchte. Und das scheint er bitter nötig zu haben, denn wenn auch nur ein weniges an den Schilderungen seines Knechtes zutreffen sollte, ist in der Tat Gefahr im Verzuge. Also geht er nachzusehen, *»was das für ein Ungeheuer ist.«* Er so wenig wie der Leser weiß in dem Moment, wie das Wort »Ungeheuer« zu verstehen ist: halb ironisch, als Zitat der Aussage des Hausknechts, doch schon auch halb ernst, – es könnte an der Darstellung auch etwas Wahres sein, und diese Möglichkeit allein ist schon beunruhigend genug. Der Hausherr also sieht in seiner Scheune nach, um keine Angst mehr haben zu müssen, doch er müßte nicht nachsehen, wenn er keine Angst hätte. Die Angstberuhigung ist das Ziel, die Angstbeunruhigung der Grund dafür, daß er sich auf den Weg zur Scheune macht. Ob er will oder nicht: Ein Stück weit hat die Angst des Hausknechtes auch schon den Hausherrn angesteckt.

In welch einem Ausmaß das bereits geschehen ist, zeigt denn auch gleich die nächste Szene: *»ganz tapfer«*, versichern die Brüder GRIMM, geht er *»zur Scheuer hinein«* und blickt umher. Kaum aber sieht er *»das seltsame und greuliche Tier mit eigenen Augen«*, da gerät *»er in nicht geringere Angst als der Knecht.«*

Was da vor sich geht, kennt sicherlich ein jeder auch aus eigener Erfahrung: auf einen alarmierenden Bericht hin suchte man sich selbst ein Bild der angenommenen Bedrohung zu verschaffen: In aller Ruhe, unvoreingenommen, objektiv, mochte man nachschauen, was an einer eingegangenen Warnung sachlich berechtigt war und was womöglich nur auf subjektiver Fehlwahrnehmung oder Mißdeutung basierte; dann aber, ohne es zu merken, konnte man gar nicht, wie eigentlich beabsichtigt, neutral bleiben, – die Autopsie war nur die Wiederholung dessen, was der andere bereits zu sehen meinte, und diese »Heteroopsie« verstärkte lediglich das vorgefaßte Urteil. Dergleichen ist durchaus normal. Im Grunde sieht man nur das, was man »kennt«, was sich, mit anderen Worten, in den schon mitgebrachten Deutungshorizont bestehender Erwartungen störungsfrei einfügt, und insbesondere bei einer vorgeprägten Angstgewärtigung ist es sehr schwer, die nötige Distanz zu halten, um einen Sachverhalt ganz einfach nüchtern anzusehen und zu beurteilen.

Dem Hausherrn hier gelingt das nicht. Im Gegenteil, die Angst des Knechts ist auch die seine; doch setzt sie jetzt in ihm, *durch* ihn eine ganz eigene Dynamik frei: Sie fügt dem Panikeindruck jenes »Hausknechts« nunmehr die Expertise eines vermeintlich kundigen und kompetenten Sachverständigen hinzu. Die Ansicht des erschreckten Hausknechts konnte man getrost für unmaßgeblich halten, man konnte sie gerade so herablassend beurteilen, wie es der »Herr« soeben selber noch getan hat. Jetzt aber ergreift *er* das Wort; mit ihm artikuliert sich wohlverstanden die Einsicht kritisch prüfender Vernunft; sein Urteil kann niemand mehr übergehen. Wenn eine Patientin über alles Mögliche in ihrem Körper klagt, kann man als Außenstehender sie leichthin hypochondrischer oder hysterischer Ängste jenseits jeglicher Realität bezichtigen; dann aber stellt der Arzt die Diagnose, und sein Urteil gilt für gültig, – ein Bulletin! Wer dürfte da noch Zweifel hegen?

Man kann sich vorstellen, wie es in Peine – oder wo auch immer auf der Welt – wohl wirken wird, wenn dieser Hausherr *»mit ein paar Sätzen«* aus der Scheune springt, *»zu seinen Nachbarn«* läuft und *»sie flehentlich«* darum bittet, *»ihm gegen ein unbekanntes und gefährliches Tier Beistand zu leisten; ohnedies* (sc. ohne daß das geschehe, d. V.) *könnte die ganze Stadt in Gefahr kommen, wenn es aus der Scheuer, wo es säße, herausbräche.«*

Das »Untier« macht ihm solche Angst, weil er ein Lebewesen dieser Art ganz offenbar noch nie gesehen hat; er kennt es nicht, und diese Unbekanntheit ist identisch mit dem Angstsignal. Da bricht mithin in die vertraute Welt ein Unvertrautes, Fremdes ein, das sich in seiner Andersartigkeit nicht ohne weiteres in das Bekannte einordnet; doch eben deshalb eignet es sich umso mehr als Projektionsfläche für Mutmaßungen aller Art; wie eine weiße Kinoleinwand jedes Bild zurückwirft, das man auf sie überträgt, so zieht das Unvermutete und Unbekannte Negativ-Deutungen wie magisch an sich.

Korrekt und ehrlich wäre es, wenn dieser Scheunenbesitzer sagen würde: »Auf meinem Speicherboden sitzt ein Tier, wie ich es noch nie kennengelernt habe, ich habe Angst davor, so unheimlich wirkt es auf mich; kann jemand mir sagen, um was es sich da handelt, denn sonst überschlagen sich meine Phantasien, – ich kann mir *alles* vorstellen, und jede Katastrophe scheint mir gleich wahrscheinlich.« Spräche er so, würde er anknüpfen an dem Moment, an dem die Angst von seinem Knecht Besitz ergriff, und er verhielte sich ganz so, wie man es von einem verständigen Hausherrn erwarten sollte: Er sammelte, wo er sich selbst nicht auskennt, die nötigen Informationen und Erklärungen; nur so vermöchte er die Infektion der Angst zu stoppen. Stattdessen stellt er sich den Ortsbewohnern nicht als ein Mann in dringender Erklärungsnot befindlich vor, sondern er nimmt, ganz wie sein Knecht, die Angstdeutung der Eule für bewiesen; sie ist ihm evident, es kann nicht anders sein. So bildet sich in ihm eine ebenso fraglose wie falsche Gewißheit, und mit dieser tritt er jetzt in die Öffentlichkeit. Einen Mann wie ihn braucht niemand zu belehren, er selber ist der Lehrer, die maßgebende Autorität, derjenige, der über die Deutungshoheit der offenbar prekären Lage verfügt. Denn: Er hat mit eigenen Augen gesehen, was – vermeintlich – keiner je gesehen hat, und einzig er weiß um das Ungeheuerliche seiner Wahrnehmung. Er unterliegt nicht dem Verdacht, nur seiner Angst zu folgen, im Gegenteil, er hat seine Angst bezwungen, indem er in die Nähe der Eule sich getraut hat. Was er den anderen mitteilt ist – für ihn selbst und in den Augen aller anderen – deshalb als reine Wahrheit zu betrachten. Doch diese Wahrheit ist erschreckend; sie zwingt zu unverzüglichen Gegenmaßnahmen. Jedes Nachdenken und Sondieren jetzt noch kann die Gefahr nur noch vergrößern. Wer in der Stunde der Gefahr nicht handelt, kraftvoll und entschlossen, der gibt sich unverantwortlich. Jetzt oder nie, man muß »was« tun; man kann und darf die drohende Gefahr nicht aussitzen; es gilt, sie zu bekämpfen.

Nur: Worin eigentlich besteht sie – die Gefahr? Wenn in der Antike eine Eule irgendwo saß oder herumflog, so hatte das meist, wie gesagt, etwas zu bedeuten: mitunter etwas Positives, doch häufig etwas Negatives; die Eule selbst galt als ganz ungefährlich, gefährlich allerdings war die Bedeutung, die ihr zugemessen wurde. Nur als Symbolträger war sie bedeutungsvoll; nicht sie, nur das von ihr Bedeutete war das zu Fürchtende. Hier nun in »Peine« – und allerorten, wo ein Gleiches sich ereignet – ist die Eule indes nicht länger nur ein Hinweis auf eine mögliche Gefahr, sie selbst gilt als Gefahr. Mit anderen Worten: Die uns Heutigen als so abergläubig erscheinende Bedeutungsverleihung der Eule als eines Orakels für Glück oder Unglück im Weltbild der Alten erweist sich, symbolisch gelesen, als geradezu weise gegenüber der »realistisch« sich gebenden, ganz und gar unsymbolischen Vergegenständlichung der Unglücksverheißung, die mit der Eule in dem Märchen sich verbindet. Denn ihre Folgen sind äußerst weitreichend: Wenn Angst dahin führt, zwischen Realitätswahrnehmung und symbolischer Bedeutungsverleihung keinen Unterschied mehr zu machen, wird, was innen ist, veräußerlicht und das, was draußen ist, verinnerlicht. Die Grenzen fließen ineinander, das heißt, die Abgrenzung von Ich und Außenwelt, von Geist und Gegenstand, von Psychischem und Physischem wird durchlässig und löst sich auf; die Hauptfunktion des Ich: die Realität wahrzunehmen und zu kontrollieren, ist damit nicht mehr durchführbar; was bewußtseinsunabhängig draußen geschieht, erscheint nunmehr als steuerbar von subjektiven Gestimmtheiten und Bewußtseinszuständen, während umgekehrt der eigene geistige Beitrag an der Deutung bestimmter Wahrnehmungen dem Bewußtsein verborgen bleibt. Psychische Phänomene erscheinen als physische Tatsachen, und physische Gegebenheiten oder Vorgänge treten als psychische Tatsachen und Prozesse in Erscheinung.

Einfach gesagt: nicht die Eule (oder irgendein anderer Teil der Natur) ist das Gefährliche, jedoch ein solcher Bewußtseinszustand in Angst wird unausweichlich für sich selbst zur größten Gefahr. Wenn sich die Welt der Symbole schließt und auf die Ebene der Dinge herabgedrückt wird, gibt es keinen Raum mehr, um sich über die Angstzustände zu erheben; die Dinge selber erscheinen als unheimliche menschenähnliche Gefährder, wohingegen die Menschen auf unheimliche Weise zu den Getriebenen der eigenen Ängste werden. Es ist ein Bewußtseinszustand, wie er für das Erleben einer Psychose charakteristisch ist. Unter dem Druck der Angst ersetzt die Metaphernbildung im Unbewußten (im »Primärprozeß«) das Denken in Begriffen; die Bilder selbst fungieren als Erkenntnismittel, statt daß sie das Erkennbare in Richtung einer möglichen Sinnantwort transzendieren.[228]

Welch eine Gefahr in einer solchen Vergegenständlichung des Bedeutung Tragenden enthalten ist, läßt sich an den dramatischen Beispielen gegenwärtiger Politik verdeutlichen, die etliche fatale Parallelen zu dem Umgang der Bürger von Peine mit der so schrecklich erscheinenden Eule aufweist. Zum politischen Umgangsstil gehört

228 GREGORY BATESON: Stil, Grazie und Information in der primitiven Kunst, in: Ökologie des Geistes, 197, schrieb dazu: »Eine Metapher läßt die Beziehung, die sie ›veranschaulicht‹, unverändert, wobei sie die Relata durch andere Dinge oder Personen ersetzt. In einem Gleichnis wird die Tatsache, daß eine Metapher verwendet wurde, durch Einfügen der Worte ›als ob‹ oder ›wie‹ kenntlich gemacht. Im Primärprozeß gibt es (wie in der Kunst) keine Markierungen, die den bewußten Geist darauf hinweisen, daß das Botschaftsmaterial metaphorisch ist.« Daraus folgt: »Für einen Schizophrenen ist es ein großer Schritt in Richtung auf eine konventionellere Gesundheit, wenn er seine schizoiden Äußerungen oder die Kommentare seiner Stimme in den Rahmen einer ›als-ob‹-Terminologie stellen kann.«

das Sprechen in »Zeichen«, die, obwohl sie eindeutigen Zielen dienen, zumeist ungenügend oder in der Sprache des *»double speak«* (zwei- und mehrdeutig) erklärt werden. Stets ergibt sich daraus die Gefahr, das Warnsignal selbst als Bedrohung zu verstehen und darauf entsprechend zu reagieren. Die USA zum Beispiel zögern nicht, den Kaukasus und Mittelasien mit »Militärberatern« vollzustopfen, sie richten im deutschen Ramstein ein neues Raketenabwehrsystem ein, sie erneuern ihre Atomwaffen in Büchel, sie dehnen seit 1991 die Nato immer weiter nach Osten aus und stationieren soeben Panzer an der Westgrenze Rußlands, doch das alles sind nur »Zeichen« der Abschreckung vor russischen Alleingängen, soll man glauben. Rußland selbst aber hat »in den vergangenen zwanzig, fünfundzwanzig Jahren« all diese neu geschaffenen Tatsachen »als gegen sich gerichtet wahrgenommen«, »was zum Verlust des (sc. ehemals, unter *Gorbatschow*, d. V.) nahezu grenzenlosen Vertrauens in die schöne westliche Welt geführt hat.«[229] Dienen die entsprechenden Maßnahmen dem Frieden durch Abschreckung oder sind sie ein strategischer Aufmarsch zu aggressiver Konfrontation? Sind sie Teil einer »Bestrafung« Rußlands für die »Annexion« der Ukraine, und was ihrerseits hatte diese zu bedeuten: War und ist sie eine Reaktion auf die vom Westen gesteuerten »Farb-Revolutionen« in Georgien und Kiew[230] oder Teil eines Planes zur Wiederherstellung des Sowjetimperiums in den Grenzen vor 1989?

Gerade im Zustand der Angst voreinander verschwimmen die Grenzen zwischen dem Bezeichnenden und dem Bezeichneten, man weiß nicht, was das besagen soll, was der andere tut; das Tun selber ersetzt die Sprache, die das Tun erklären müßte, doch ein Sprechen miteinander ist im Feld der Angst und des Mißtrauens unmöglich, – man kann dem anderen ohnehin nicht glauben, was er sagt; also schafft man Fakten, die den als sicher geglaubten Feind daran hindern sollen, das zu tun, was man am meisten fürchtet. Gerade damit aber eskaliert jeder Konflikt und macht in der Sprache drohender Handlungen die befürchtete Gefahr zu einer sehr realen Gefahr. Es ist ein Spiel mit dem Feuer zur Brandvermeidung, doch nicht aus

229 GABRIELE KRONE-SCHMALZ: Russland verstehen, 113.
230 A. a. O., 5. Kapitel: Die Ukraine, Russland und der Westen, 116–134.

kindlichem Leichtsinn, sondern in angstgetriebener »Verantwortung«, ein Teufelskreis, dem die darin Gebundenen mit eigenen Mitteln nur schwer oder gar nicht entrinnen können. Wird der andere erst mal als »Untier« wahrgenommen, kann man menschlich nicht mehr mit ihm reden. »Diese verstehen nur die Sprache der Gewalt«, so Friedensnobelpreisträger *Barack Obama* über die Anhänger des Islamischen Staates, die als Sunniten durch die amerikanische Politik im Irak in den Widerstand gedrängt worden waren. Wenn *das* feststeht, kann man nur noch »physisch aufräumen«, d. h. töten mit allen zur Verfügung stehenden Mitteln.

Massenpanik

Im Fall der Eule im Märchen treibt die Angst den Hausbesitzer, kaum daß er die Eule zu Gesicht bekommen hat, zu der Warnung, das *»gefährliche Tier« »könnte die ganze Stadt in Gefahr«* bringen, *»wenn es aus der Scheuer, wo es säße, herausbräche.«* Der Uhu, wie wir wissen, sitzt in der Scheune nur, weil er in Ruhe gelassen werden möchte, er denkt nicht entfernt daran »auszubrechen«, und wenn er es täte, bedeutete es für niemanden in irgendeiner Weise eine Gefahr. Doch die Panik eines Einzelnen hat sich sogleich in die Angsthysterie aller verwandelt. Es ist nicht länger möglich, mit einer »Eule« auf einem der Heuböden des Dorfes zu leben. Jeder ängstigt sich in der Angst des anderen, jeder flieht in die Flucht des anderen hinein, – *»es entstand großer Lärm und Geschrei in allen Straßen: die Bürger kamen, mit Spießen, Heugabeln, Sensen und Äxten bewaffnet, herbei, als wollten sie gegen den Feind ausziehen.«*

Nichts vereint Menschen so nachhaltig wie ein gemeinsames Feindbild, und nie sind sie so eng miteinander verbunden als in der Abwehr eines gemeinsamen Gegners. Die Angst drängt sie dazu, spontan zu einer Kampfgemeinschaft sich zusammenzuschließen. Ein jeder bringt sein bäuerliches Alltagswerkzeug mit und verwandelt es in eine Waffe, um damit gegen den »Uhu« zu Felde zu ziehen. Unorganisiert, ohne zentrale Führung, schließen sie sich zu dem Urbild einer »Bürgerwehr« zusammen; dazu bedarf es keines gemeinsamen Ratschlusses, ihr Ratgeber ist die Angst selber, es braucht dazu keine Beschlußfassung mit Aussprache und Mehrheitsentscheidung; *unisono* eingestimmt, hält die Wahrnehmung der gemeinsamen Bedrohung alle zusammen. Wer sich da ausschließen wollte, müßte als Verräter und als Feigling gelten.

Ausnahmslos alle also halten jetzt zusammen, und so, ganz und gar von unten her, ruft es schließlich, wie zur Legitimation und Autorisierung ihrer Bewegung, *»auch die Herrn des Rats mit dem Bürgermeister an der Spitze«* auf den Plan. Der »Korpsgeist« findet damit seine scheinbar offizielle Bestätigung, und er demonstriert damit zugleich, daß er es ist, der den Kurs vorgibt. – Allerorten versuchen die Regierenden den Eindruck zu erwecken, daß nichts im »Volk« geschehe ohne ihre Weisheit und ohne ihre Weisung, doch je mehr Angst in der Öffentlichkeit umgeht, desto mehr erzeigen sie sich, wie im Märchen hier, als bloß »Hinzugekommene«, als Akzidentien des längst verselbständigten Geschehens. Jetzt herrscht »Krieg«, und es gibt nur noch *eine* Lösung: die völlige Vernichtung des Feindes. Der *»Bürgermeister«* und die *»Herrn des Rats«* müssen sich nur noch an die Spitze der Bewegung stellen, um ihr damit eine innere Struktur und eine planvolle Strategie zu verleihen. – Wie viel ist schon geschrieben worden über die Gefahr von Faschismus und Nationalismus! Dieses Märchen zeigt so simpel und selbstverständlich, als es nur geht, was da geschieht; wenn Angst eine menschliche Gruppe befällt, reagiert sie zu ihrem Selbsterhalt gerade so: sie bildet ein aggressives Aggregat.

Auch ihr weiteres Vorgehen darf für typisch gelten, – immer und überall wird man vergleichbar gegen den Feind angehen. *Zum ersten:* man muß die Ausbreitung der geglaubten Gefahr eindämmen, – die Eule darf nicht »ausbrechen«. *Containment* – Eindämmung, so lautete im Kalten Krieg das Dauerrezept amerikanischer Außenpolitik, und so praktizieren es die USA noch heute gegenüber Rußland in Europa und gegenüber China im Pazifik. Ganz entsprechend ziehen hier die Bürger *»zu der Scheuer«* und umringen sie *»von allen Seiten«*. Wenn es gelingt, den Feind einzuschließen, ist die Auseinandersetzung fast schon entschieden: Die Belagerer können nur stärker werden, während den Belagerten, vom Nachschub abgeschnitten, die Reserven ausgehen. Die Taktik des Einschließens und Aushungerns war in der Antike bereits die Methode der Wahl, wenn eine Stadtbefestigung sich nicht erstürmen ließ, und sie wird in Syrien und im Nordirak im Kampf um Aleppo oder um Mosul oder im Jemen bis heute angewandt. Es ist ein totaler Krieg, es geht um Alles oder Nichts, das Ziel ist die Ausrottung des Gegners.

Nur: Wer soll den entscheidenden Schlag führen? Dafür würden heute »Spezialkräfte«, die *Special forces* der US-Armee: Marines, Green Berets, Navy Seals und andere Killerkommandos, aufgeboten. Hier, im Märchen, verfügt man nicht über eine trainierte Sondereingreiftruppe; man kann nur auf die »Beherztesten« zurückgreifen. Wer da das »Herz am rechten Fleck hat«, verspürt von selbst die Pflicht, zur Errettung der Gruppe aus Gefahr das Äußerste zu wagen. Die Bereitschaft, notfalls sich für den Gruppenerhalt unter Einsatz des eigenen Lebens zu opfern, hat offenbar seit jeher einen wichtigen Teil der Erfolgsgeschichte des menschlichen Überlebens gebildet. Wer sich so einsetzt, gilt als Held; sollte er fallen, ist ihm das Versprechen eines ewigen Gedächtnisses sicher. Freilich, solcher Mut ist individuell, eine Aktion für Einzelkämpfer, zumal die bauliche Eigenart der Scheune es kaum zulassen wird, in geschlossener Formation gegen die Eule vorzurücken. Zu dem Heuboden, auf den das Tier sich zurückgezogen hat, führt einzig eine angelehnte Leiter.

Jetzt also kommt es auf jeden Einzelnen an, – das heißt auf einen einzigen Einzelnen zumindest. Und wirklich: Einer der Tapfersten tritt hervor und geht *»mit gefälltem Spieß«*, gleich dem Bajonett späterer Infanteristen, in die Scheune hinein; doch *»gleich darauf mit einem Schrei und totenbleich«* kommt er *»wieder herausgelaufen«*. Hat er die Eule überhaupt gesehen? Wahrscheinlicher ist, daß er nichts anderes geschaut hat als das Phantombild seiner Angst; ja, hätte er das gefürchtete Untier tatsächlich tätlich zu attackieren versucht, so hätte er, wie schon der Hausherr, bei seinem bloßen Anblick wohl nicht eine Eule, sondern nur die Horrorgestalt seiner eigenen Befürchtungen erkannt. Ihnen ist er erlegen; selbst wenn er wirklich zu der Eule vorgedrungen wäre, – gesehen hätte er nur die erwartete Bestätigung der mitgebrachten Angst; so, daß »der bleiche Schrecken«, wie die Griechen sagten (der *chlōròs thámbos* – die grüne Furcht), ihn überkommt. Der Schrei, der ihm entfährt, erfüllt gleich die doppelte Funktion: Er soll im eigenen Erschrecken das Angstobjekt verschrekken und zugleich Hilfe anfordern. Die aber wird ihm nicht und kann ihm auch nicht werden: Er ist, traumatisiert vor Angst, gänzlich kampfunfähig; er scheidet aus; er ist mundtot vor Grauen; was er erlebt hat, sagt nicht mehr sein Mund, – sein ganzer Körperzustand drückt es aus. Gleichwohl versuchen noch zwei andere, sich in die unaussprechliche Gefahr hineinzuwagen, doch auch ihnen ergeht es nicht besser als ihrem Vorgänger, – buchstäblich treten sie in seine Fußstapfen.

Der Ruf nach dem Retter

So könnte es jetzt endlos weitergehen, drängte die Situation nicht auf Grund ihrer Unerträglichkeit zu einer Entscheidung. Bisher ist nichts weiter geschehen, als daß verschiedene Leute, genau fünf an der Zahl, die Eule gesehen haben und darob vor Angst wie paralysiert zurückgekehrt sind. Das muß aufhören, so viel ist klar. Alles ruft nach jemandem, der Manns genug ist, es mit dem Ungeheuer aufzunehmen. Und wirklich, ein solcher findet sich. Ein *»Kriegsmann«*, schlachtenerprobt und berühmt seiner Taten, tritt vor, und der weiß: Er ist der einzige, der jetzt noch helfen kann; auf ihn kommt es an. Denn, wie sich zeigt: All die anderen sind *»zu Weibern geworden«* und keiner von ihnen *»will den Fuchs beißen.«* Eher würden Mäuse und Kaninchen es mit ihrem Erzfeind aufnehmen, als diese Bürger mit diesem Ungeheuer. Noch hat der berufene Retter den Feind nicht selbst schon erblickt, daß er seinen Gegner recht einzuschätzen vermöchte, doch es geht auch nicht um eine bestimmte Art von Gefahr, es geht um den Mut, generell einer jeden Gefahr sich gewachsen zu zeigen. Das ist die Rollenerwartung an einen wirklichen Mann, das ist der Ausweis seiner Männlichkeit und Mannhaftigkeit, das erzeigt ihn als Kontrastgestalt zu all dem Weichlich-Weiblichen der bürgerlichen Allzuvielen. Hier herrscht der »Ernst«fall, und so *»muß Ernst gebraucht«* werden. Es gibt kein Zurück mehr. Es ist unvermeidlich, daß der ersehnte Mann von Charakter, der Held, der Befreier, der jetzt auf den Plan tritt, sich seiner Großtaten auf dem Schlachtfeld erinnert und ihnen in gewohnter Manier eine weitere hinzuzufügen sich verpflichtet fühlt. Ein Profi wie er braucht eine standesgemäße Ausrüstung, ein solcher tritt, das versteht sich, nicht mit Sense und Mistforke improvisierend nach Bauernart seinem Feinde entgegen, er rüstet sich berufsmäßig mit *»Harnisch, Schwert und Spieß«*, ein rechter Ritter eben, und alle rühmen schon im voraus *»seinen Mut, obgleich viele um sein Leben besorgt«* sich geben. Angst, die in Hoffnung übergeht und sich als Sorge durchhält, begleitet ihn. Ist er so stark, wie er da auftritt? Das fragen sich sicherlich nicht nur die Leute, die sich um die Scheune drängen, das fragt sich bestimmt auch dieser Ritter selbst in der Rolle des Retters. Gewiß, seine Rüstung zeigt ihn als Mann von Stand, doch es ist offenbar eine geliehene Rüstung, die er sich holen läßt, – wir befinden uns nicht mehr in den Tagen, als fahrende Ritter in eigener Rüstung das Land durchstreiften auf der Suche nach Strauchdieben, Wegelagerern und Unholden, denen es galt, das Handwerk zu legen; wir haben es hier nicht mit jemandem zu tun, der eine solche Ausstattung zu finanzieren fähig wäre; er muß sich Schwert und Spieß und Harnisch allem Anschein nach ausleihen; er ist kein Ritter, er flüchtet, um den Riesenerwartungen der verängstigten Bevölkerung gerecht zu werden, lediglich in die Rolle eines Ritters; auf die phantastische Angst der Leute antwortet er mit einer phantastischen Pose aus der Asservatenkammer der Geschichte, – eine museale Erinnerung an vermeintlich glorreiche Tage angesichts der eingebildeten Bedrängnisse der Gegenwart.

Ja, die Überhöhung geht noch weiter: Beim Bild des rettenden Ritters angelangt, ist der Weg nicht weit, den Helden *»dem heiligen Georg, der den Drachen getötet«* hat, anzuempfehlen. Der heilige *Georg*, wohlgemerkt, ist selber eine Phantasiegestalt der christlichen Legende, in der die altgriechische *Perseus*-Sage ihre Fortsetzung gefunden hat: dort rettet der Held die Geliebte Prinzessin vor einem Meeresungeheuer; in der christlichen Version befreit *St. Georg* an einem See in der Nähe der Stadt Silena (von griech.: *selénē* – der Mond) eine Jungfrau, die ein giftiger Drache bedroht[231]. Doch diese Umformung

231 JACOBUS DE VORAGINE: Legenda aurea, 300–306: Von Sanct Georg; E. DREWERMANN: Grenzgänger, 256–304: Perseus und Andromeda oder: Von

von einem Heroen zu einem Heiligen ist mehr als eine bloße Echobildung der Folklore. Indem der Held hier als der Retter dem Schutz des Heiligen anvertraut wird, tritt er selbst an dessen Stelle. Stets, wenn die Angst so groß wird, daß es scheinbar um alles geht, mischen sich religiöse Bitten in die Hoffnung auf Errettung. Wo es an eigener Kraft gebricht, fleht man den Himmel an, das Fehlende helfend und schützend mit seiner Kraft zu ergänzen. Ein jeder Krieg, den Göttern übergeben, wird damit wie von selbst zu einem heiligen Krieg; die eigene Gruppe versichert sich des Beistandes des Höchsten, sie selbst, ihr eigenes Interesse, ihr Erhalt liegt in der Planung Gottes. So gilt speziell *Saint George* als der Nationalheilige des United Kingdom, und, besser noch womöglich, ward zum Heiligen der Deutschen der Erzengel *Michael* erkoren, der eine gebärende Frau (die Kirche) im Himmel vor dem roten Drachen mit sieben Häuptern und zehn Hörnern (dem römischen Staat) gerettet hat (Apk 12,1–12). Auf den Schlachtfeldern Europas standen mithin nicht nur Briten und Deutsche einander in massenmörderischen Kämpfen gegenüber, es war der Heilige, es war der Engel, der ihnen den Mut zusprach, wie hier die Menge ihrem Helden, *»sich männlich (zu) halten«*. Es ist das Bild vom »ganzen Mann«, das sich als etwas Gottgewolltes, Göttliches, verklärt.

Dabei haben die Schwierigkeiten für diesen auserlesenen Sendboten des Himmels in der Zwischenzeit eher noch zugenommen. Denn, offenbar beunruhigt von dem viermaligen Hin und Her der bisherigen Beschauer und Beschauderer des schrecklichen Untieres, aufgescheucht womöglich auch von dem Drumherum der Menge, die von allen Seiten an der Scheune zusammengelaufen ist, weiß die Eule wirklich nicht wohin. Sie suchte am vergangenen Abend das sichere Dunkel; jetzt werden *»die beiden Scheuertore … aufgetan«*, grell drängt das Tageslicht herein, davor stehen die lauthals schreienden Leute, – der Weg nach draußen kommt als Fluchtweg unter diesen Umständen für die Eule kaum in Frage; es wäre das einfachste, sie flöge zum Scheunentor hinaus ins Freie, doch dann müßte sie tun, was da draußen alle am meisten fürchten und verhindern wollen: Sie bräche aus!

wechselseitiger Erlösung.

Im Grunde wäre es für alle Beteiligten wie eine Befreiung, wenn gerade das geschähe; doch dahin kann es und soll es nicht kommen: die Eule hat Angst vor den Menschen, die ihr Angst machen, weil sie ihnen Angst macht. Drum darf sie nicht da bleiben, wo sie ist, sie darf sich aber auch nicht fortbewegen, es gibt nur einen Weg: Man muß sie töten und beseitigen. Sähe nur jemand die Angst der Eule, – es bräuchte niemand mehr vor ihr sich zu fürchten, alle könnten getrost nach Hause gehen. So aber wirkt die (Psycho)Logik der Angst: sie macht egozentrisch, sie macht unempfindlich für die Lage des anderen, sie macht blind zu sehen, wer der andere tatsächlich ist und wie es ihm geht; sie zwingt dazu, nur sich selber zu sehen, – die entscheidende Wechselseitigkeit der Angst entgeht der Wahrnehmung zugunsten einer rabiaten Asymmetrie der Betrachtung.

Der Eule bleibt daher als letzter Zufluchtsort nur die Mitte eines *»großen Querbalkens«* der Scheune; dort ist sie von den Seitenwänden und vom Eingang so weit als möglich entfernt; für die Menge aber hat sie damit eine schwer zu erklimmende Angriffsposition eingenommen. *Perseus* besiegte den Drachen, der *Andromeda* bedrohte, mit Hilfe des geflügelten Zauberpferdes *Pegasus*; wie aber soll dieser Ritter hier als ein gewöhnlicher Mensch, der er doch ist, es mit diesem geflügelten Untier aufnehmen? Er läßt *»eine Leiter herbeibringen«* und bereitet sich vor, *»hinaufzusteigen«* und dem Ungeheuer den tödlichen Stoß zu versetzen, und *»alle«* draußen feuern ihn an. Doch kaum ist er oben angekommen, gerät alles ins Wanken. Mußte er nicht sich selbst bereits Mut machen, als er die Ritterrüstung anlegte? War es nicht da bereits auch seine Angst, die er zu überwinden trachtete, indem er sie bei allen anderen zutiefst verachtete? Spielte er da nicht schon den Überlegenen aus Unsicherheit gegenüber der eigenen Furcht? Dann wäre seine Ritterrolle nur ein Kompensationsversuch seiner Minderwertigkeitsgefühle und Versagungsängste.

Und diese Möglichkeit verbleibt nicht im Irrealis, sie erzeigt sich sogleich als die bittere Wirklichkeit: Kaum nämlich befindet er sich in der Nähe der Eule auf Augenhöhe zu dem vermeintlichen Ungeheuer, da unterliegt er vollkommen dem fatalen Wechselspiel von Angst und Angstverbreitung: Die Eule begreift sehr wohl, *»daß er an sie«* will, sie ist zudem *»von der Menge und dem Geschrei des Volks ver-*

wirrt«; und vor allem: sie weiß nicht mehr *»wohinaus«*; also verdreht *»sie die Augen«* – das war's, was den Hausknecht bereits ins Bockshorn gejagt hat –, es sträuben sich ihr die Federn, sie sperrt die Flügel auf: Unwillkürlich wirkt die Körpersprache der Angst dahin, sich größer und breiter darzubieten, um einem möglichen Gegner imposanter zu erscheinen, der Schauer, der einem Menschen den Rücken herunterläuft und die Haare auf dem Kopf sich sträuben läßt, sind Reste dieser Selbstvergrößerung des Körpervolumens in Angst. Im Grunde verhält sich die Eule damit nicht anders als auch dieser »Ritter« vom Dienst mit seiner Rüstung: Sie plustert sich auf zum Imponiergehabe in Angst. Und auch der Schrei, der soeben einem der Mutigsten unter den Bürgern entfuhr, findet jetzt seine Parallele in der Angstsprache der Eule: Sie knappt *»mit dem Schnabel«* und läßt ihr greuliches *»schuhu, schuhu mit rauher Stimme hören«*.

Angst macht Angst

So urtümlich wirkt bei Mensch und Tier der Automatismus, in Angst Angst zu verbreiten, um sich nach Möglichkeit in Sicherheit zu bringen. Von draußen sind die Rufe der Menge zu vernehmen, die ihren Retter anspornen: *»Stoß zu, stoß zu!«*, als müßte man ihm, was zu tun ist, Wort für Wort vorsagen; doch auch dies Verhalten entspricht einem archaischen Schema: dem Gruppengeheul. Bei jedem Wettkampf – am Boxring, in den Fußballstadien – schreien Zig-Tausende sich heiser zur Unterstützung ihres Mannes oder ihrer Mannschaft; an sich haben sie mit diesem Mann und dieser Mannschaft kaum etwas zu tun, und es ist völlig unwahrscheinlich, daß jemand einem rechten Haken rascher ausweicht, nur weil ein frenetisches Publikum ihm zujohlt, oder daß die Vereinsgesänge auf der Tribüne jemandem helfen, den Ball im Strafraum besser zu treffen. Doch hergestellt und ausgedrückt wird mit den Zurufen ein Gemeinschaftsgefühl, das die Grenze zwischen Akteur und Zuschauer virtuell aufhebt: Auch die da draußen bekämpfen die Eule, auch sie führen den Spieß, der das Untier erledigt, und der Held seinerseits verliert das Gefühl, allein dazustehen; er fühlt sich als Teil eines Ganzen, für das er eintritt und für das er sein Leben riskiert. Das gemeinsame Rufen stärkt das Zusammengehörigkeitsgefühl, es vermehrt die Bereitschaft zum gemeinsamen Handeln; zudem dient es nachdrücklich der Einschüchterung des Gegners.

Manch einem, der im Zweiten Weltkrieg an der Ostfront stationiert war, wird noch das durchdringende »Hurrä, hurrä« ins Ohr schallen, mit dem die Rotarmisten Angriffswelle auf Angriffswelle gegen die deutschen Stellungen anrannten. Kultisch zelebriert war dieser gemeinsame Schlachtgesang in den griechischen Heeren der Antike: Ihr *Paian* erscholl als Gebet in der Not und auch wohl als Totengesang, vor allem aber richtete er sich vor dem Aufeinanderprallen der feindlichen Heere an den Kriegsgott *Ares* beziehungsweise danach an den fernhin treffenden Gott mit dem Bogen: *Apoll*[232]. Hier freilich ist die Aufmunterung des Helden durch die Menge nicht standardisiert, sondern sie erschallt mit ihrem *»Stoß zu, stoß zu!«* sogar lautmalerisch angepaßt an das *»Schuhu, schuhu«* der Eule. Bis in den Ton hinein tritt das Erleben der Angst in eine wechselseitige Korrespondenz, nur daß diese als solche nicht wahrgenommen wird. Die Angst der Eule bleibt außerhalb jeden Betrachts, für die Menge ebenso wie für ihren *»tapfern Helden«*.

In diesem aber geht die Angst noch ein Stück weiter. Angst isoliert und individuiert; sie geht einher mit dem Empfinden der Einsamkeit und des Ausgesetztseins; eben dagegen richtet sich der gemeinsame Schlachtgesang: »Selbst wenn du in den Tod gehst, – du bist nicht allein«, soll er sagen; »wir halten zusammen auf Gedeih und Verderb.« Im Fall dieses »Helden« aber gelingt die Verschmelzung zu einem selbstvergessenen, kollektiven Wir-Gefühl gerade nicht; im Gegenteil: Dieser Mann erlebt den Abstand zwischen sich und der Menge nur umso größer. »Die haben gut reden mit ihrem ›Stoß zu‹; sie sind eben nicht da, wo ich bin, und ich bin nicht da, wo sie sind«, denkt er. »Ich halte für sie meine Knochen hin.«

Es ist ein Gefühl ähnlich dem, mit dem die Todgeweihten im Kessel von Stalingrad im Januar 1943 *Hermann Göring*s Ansprache im Großdeutschen Rundfunk über sich ergehen lassen mußten, – sie

232 Benselers Griechisch-Deutsches Schulwörterbuch, 659.

waren geneigt, sich seine Durchhalteparolen im Stil einer Begräbnisrede zu verbitten. Ganz entsprechend interpretiert der Held hier im Märchen das »Stoß zu« der Menge nicht als einen Aufruf unverbrüchlicher Gemeinsamkeit und prinzipieller Austauschbarkeit, sondern als einen Versuch, mit tapfer klingenden Sprüchen sich feige hinter ihm, dem Tapferen, der für sie ihre Arbeit machen soll, zu verstecken. *»Wer hier stände, wo ich stehe«*, ruft er ihnen zu, *»der würde nicht ›Stoß zu‹ rufen.«* Es ist eben keine Gemeinschaftsleistung, die da von ihm verlangt wird, er allein soll hier etwas tun, das dem Erhalt der Gemeinschaft dient und für das, wie man glaubt, er sein Leben riskiert. Immerhin setzt er *»den Fuß noch eine Staffel höher«* auf der Leiter, doch dann fängt *»er an zu zittern«* und macht *»sich halb ohnmächtig auf den Rückweg.«*

Was ihn im Angesicht der Eule heimsucht, ist die Urform aller Angst. Sie macht sich als erstes als ein Körperzustand geltend, und sie besteht in dieser Form auch dann noch weiter, wenn psychisch ein solches Angstgefühl gar nicht mehr wahrgenommen wird. – Bekannt sind die »Zitterer«, die im Ersten Weltkrieg unter dem Eindruck des stundenlangen Trommelfeuers schwerer Artillerie auf die Stellungen auch fernab der Front in den Spitälern und Lazaretten unkontrollierte Bewegungen ausführten, wie jemand, der von Angst durch und durch geschüttelt wird. Die »Fachärzte« stempelten solche Patienten, wie es von ihnen verlangt wurde, zu »Simulanten« und schickten sie als kriegsverwendungsfähig zurück in die Hauptkampflinie.

Über diesen »Helden« im Märchen denkt die Menge, Gott Lob, menschlicher. Die Leute begreifen nicht – oder wollen nicht wissen –, was sich seelisch in diesem Mann ereignet hat; sie sehen allein seinen physischen Zustand und deuten ihn als das Resultat physischer oder chemischer Einflüsse: *»Das Ungeheuer«*, denken sie, muß ihn *»durch sein Gnappen und Anhauchen allein vergiftet und tödlich verwundet«* haben. Noch ist man weit entfernt von der Entwicklung chemischer Kampfstoffe, wie sie 1915 an der Westfront in Form von Chlorgas erstmals zum Einsatz kamen. Und speziell an Nervengas, wie es die Amerikaner während des Kriegs zwischen Iran und Irak an das Regime von *Saddam Hussein* geliefert haben, um die Ausbreitung der Islamischen Revolution der Ayatollahs im Mittleren Osten zu stoppen, konnte zur Zeit der Erzählungen im »Wendunmuth« vor einem halben Jahrtausend noch niemand denken. Die Leute suchen lediglich nach einer Begründung für das offensichtliche Versagen ihres *»stärksten Mannes, der unter«* ihnen *»zu finden war«*; und sie können sich nicht zugeben, daß sie alle nur aus Angst bestehen; in gewissem Sinne verleugnen sie das Angstproblem und verschieben damit das psychische Befinden in einen physischen Befund: Es ist nicht ihre Angst, welche die Eule subjektiv als gefährlich erscheinen läßt, es ist objektiv die tödliche Gefahr, die von der Eule ausgeht, vor der man sich fürchten und gegen die man vorgehen muß. Doch wie? Wieder ist guter Rat teuer.

Die finale »Lösung«: Niederbrennen

Klar ist, daß *»nun … keiner mehr übrig«* ist, *»der sich in die Gefahr hätte begeben wollen«*; niemand ist mehr aufzubieten, der sein *»Leben in die Schanze schlagen«* würde. Doch die Angst, die alle erfaßt hat, läßt es jetzt so erscheinen, als wenn die ganze Stadt aufs tödlichste gefährdet wäre. Was also ist *»zu tun«*, daß nicht *»die ganze Stadt … sollte zugrunde gehen«*? Es ist *»der Bürgermeister«*, der das wohlverstandene Interesse aller Bürger dahin zusammenfaßt, daß man *»das ganze Gebäude und mit ihm das fürchterliche Tier abbrennen«* sollte. Und so geschieht es: *»an vier Ecken«* wird *»die Scheuer … angezündet und mit ihr die Eule jämmerlich verbrannt.«* Der Grund für diese Vorgehensweise ist klar: *»so braucht … niemand sein Leben daranzusetzen.«* Man muß zerstören, um Leben zu retten.

Das allerdings ist die fatale Logik eines jeden Krieges: Am 6. August 1945 mußte man Hiroshima mit einer Atombombe vernichten und 100 000 Menschen in den Tod reißen, um angeblich das Leben amerikanischer G.I.s zu sparen; oder wie es im Vietnam-Krieg hieß: »Wir mußten das Dorf zerstören, um es zu befreien.« Stets ist den Militärs an einem kurzen Krieg, das heißt an einem raschen Sieg gelegen, und um dieses Ziel zu erreichen, scheint ihnen der Einsatz der verheerendsten Mittel gerade richtig. Im Prinzip denkt auch dieser Bürgermeister so. Aber er ist zum Glück kein Militär. Von dem Berufszynismus der Kriegsoptionisten und Kriegsoptimierer unterscheidet ihn die bewußte Begrenzung seiner Maßnahme und die Verhältnismäßigkeit der eingesetzten Mittel: Inmitten der vermeintlich kollektiven Bedrohung, die von der Eule ausgeht, läßt sich die anscheinend notwendige Zerstörung eingrenzen, – die eine Scheuer steht da in Relation zu dem Erhalt des ganzen Ortes. Vor allem kann dieser Bürgermeister sich sicher geben, daß, anders als in den meisten Kriegen sonst, die Lage nicht noch weiter eskalieren wird. Freilich, ganz billig ist auch sein Lösungsvorschlag nicht, doch eben da unterscheidet er sich ebenfalls von den Militärs aller Zeiten zum Vorteil: Während die kriegführenden Parteien niemals selber für die Schäden, die sie anrichten, aufkommen, ja, diese systematisch ignorieren und verleugnen, bekennt sich dieser Bürgermeister ausdrücklich zu der Kostenübernahme der wirtschaftlichen Folgen seines Vorschlags: *»aus gemeinem Säckel«* soll *»diese Scheuer samt allem, was darinliegt, Getreide, Stroh und Heu, dem Eigentümer«* erstattet werden, um *»ihn schadlos«* zu halten. Eine Maßnahme zum Vorteil aller muß auch von allen mitgetragen werden, wenn einem Einzelnen dabei Schaden entsteht. Dieser Grundsatz ist absolut vernünftig, und man könnte nur wünschen, er würde allgemein beherzigt.

Das Problem selbst aber ist damit noch bei weitem nicht gelöst. Überall auf Erden stehen »Scheunen« in Flammen und werden »Eulen« verbrannt, aus Ängsten, die aus Unwissenheit und einer sich selbst verstärkenden Panik bis hin zur Massenhysterie entstehen. Die Warnung oder Mahnung dieses Märchens kann daher nur lauten: »Hütet euch vor Ängsten, an die scheinbar alle glauben. Vielleicht ist das, wovor ihr euch so fürchtet, nicht so fürchterlich, und erst eure Angst läßt es euch als ein Ungeheuer und als Monstrum vorkommen. Wenn ihr schon meint, ihr müßtet gegen einen Feind gemeinsam euch zusammenrotten, dann laßt dem Gegner eine Chance, aus seiner Lage zu entkommen; schneidet ihm nicht den Rückweg ab. Setzt nicht als erstes und als einziges auf das gezielte Töten. Vor allem: Stellt eure eigene Angst in Frage. Fragt nicht nur, wovor ihr euch fürchtet, fragt auch, wovor der andere sich fürchtet. Dem Teufelskreis der Angst entkommt ihr nur, wenn ihr bedenkt, daß die Angst, die ihr vor einem anderen habt, identisch mit der Angst ist, die ihr selber diesem macht. Gewiß, Eulen haben ihre eigene Art, sich auszudrücken, doch ihr solltet sie von ihr selber her zu verstehen suchen, sonst werdet ihr dem anderen nicht gerecht, und ihr schädigt nur euch selber. Am Ende wollt ihr eine Sicherheit, die unbezahlbar teuer wird. Vor allem: Mit Menschen läßt sich einfacher reden als mit Vögeln; sprecht mit ihnen und macht sie nicht zu Ungeheuern. Wenn ihr tatsächlich glaubt, der andere sei ein Monstrum, dann könnt ihr sicher sein, daß ihr aus vielleicht begrenzt richtigen Wahrnehmungen falsche Folgerungen zieht – mit unbegrenzten Folgen. Deeskaliert die Angst, – es ist der einzige Weg, sie zu erübrigen.«

Ein kleines Märchen, ein Schwank, erzählt am Randes des Mittelalters vor 500 Jahren, beherzigte man es und begäbe sich an all die Orte, an denen heute die »Scheunen« brennen, zeigt zwischen Ernst und Spaß, zwischen Tragödie und Komödie den Weg zu jenem Schelm, der mit seinen Späßen den Menschen den Spiegel des Vogels der Weisheit vorhalten wollte und der sich den Künstlernamen zulegte, unter dem jeder ihn kennt: Eulenspiegel. In Mölln hat man ihm ein Grab errichtet, das einen Spiegel zeigt und darauf sitzend die Eule (Abb. 2).[233] »Schaut euch selbst an in dieser Geschichte und lernt daraus, weise zu werden.« Mehr ist kaum möglich. Wer im Bild einer geängsteten Eule und ihrer Widersacher sich selber erkennt, der hält in seinen Händen nicht weniger als den Schlüssel zur Beendigung von Krieg und Gewalt, der öffnet, indem er es tut, die Scheunentore zum Frieden.

233 Ein kurzweilig Lesen von Dil Ulenspiegel, 267: Die 96. Histori sagt, wie Ulenspiegels Epitaphium unnd Ubergeschrifft zu Lünenburg (sc. Lauenburg, d. V.) uff seinem Grab gehowen stot.

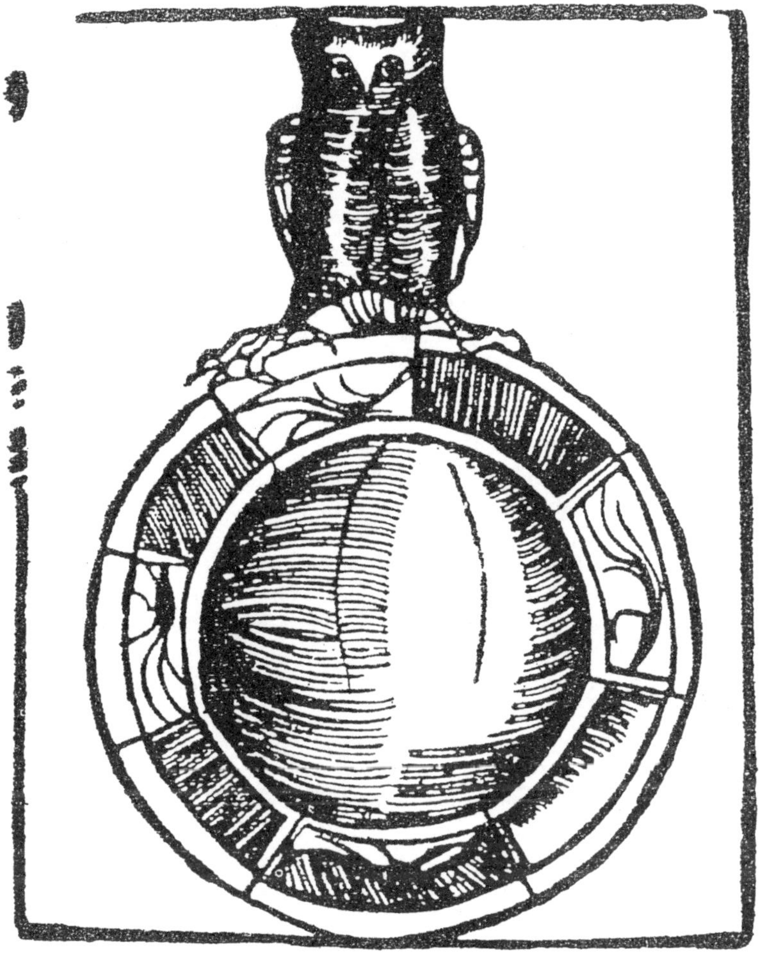

Abbildung 3: „Eulenspiegel" auf dem Grab in Mölln (zu S. 312)

Bibliographie

Alfred Adler: Menschenkenntnis (Vorträge in Wien 1926), eingel. v. Oliver Brachfeld, Frankfurt/M 1966.

Alfred Adler: Studie über Minderwertigkeit von Organen (München 1927), mit einer Einführung von Wolfgang Metzger, Frankfurt/M 1977.

Claudius Aelianus: Peri zōōn philotētos (Eigentümlichkeiten von Tieren, historia animalium), um 200 n.Chr.; dt.: Thiergeschichten in 17 Büchern, in: Werke Bd. 4–9, übers. v. Friedrich Jacobs, Stuttgart (Griechische Prosaiker, Bd. 189, 200, 202, 214, 215, 217) 1839: 4. Bd., 1.–3. Buch; 1840: 5. Bd., 4.–6. Buch; 1840: 6. Bd., 7–9. Buch; 1841: 7. Bd., 10.–12. Buch; 1841: 8. Bd., 13.–15. Buch; 9. Bd., 16.–17. Buch.

Salman Akhtar: Narzissmus und Liebesbeziehungen, in: Otto F. Kernberg – Hans-Peter Hartmann (Hg.): Narzissmus. Grundlagen – Störungsbilder – Therapie, Übers. der engl. Beiträge von Petra Holler, Stuttgart 2006, 624–638.

Jörg-Uwe Albig: Rockefeller, in: Der Kapitalismus. Geo Epoche, Nr. 69, 2014, 74–89.

Martin Altmeyer: Auf der Suche nach Resonanz. Wie sich das Seelenleben in der digitalen Moderne verändert, Göttingen 2000.

Martin Altmeyer: Im Spiegel des Anderen. Anwendungen einer relationalen Psychoanalyse. Mit einem Vorwort von Daniel Cohn-Bendit, Gießen 2003.

Martin Altmeyer: Narzissmus und Objekt. Ein intersubjektives Verständnis der Selbstbezogenheit. Vorwort von Stavros Mentzos, Göttingen 2000, [2]2004.

Antike Fabeln. Hesiod, Archilochos, Äsop, Ennius, Horaz, Phädrus, Babrios, Avianus, Romulus, Ignatius, Diaconus, mit 97 Bildern des Ulmer Aesop von 1476, eingel. u. neu übertragen von Ludwig Mader, (Zürich 1951) München (Bibliothek der Alten Welt) 1973.

Aristophanes: Die Acharner, in: Sämtliche Komödien, hg. u. mit einem Nachwort versehen von Hans-Joachim Newiger. Neubearbeitung der Übersetzung von Ludwig Seeger (Frankfurt/M 1845–48) und Anmerkungen von Hans-Joachim Newiger und Peter Rau, München 1976, 5–51.

Aristoteles: Historia animalium, Buch I und II, übers., eingel. und kommentiert von Stephan Zierlein (Aristoteles Werke in deutscher Übersetzung, Bd. 16: Zoologische Schriften I) Berlin 2013.

Jan Assmann: Stein und Zeit. Mensch und Gesellschaft im alten Ägypten, München 1991.

Augustinus: Bekenntnisse, übers. v. Joseph Bernhart, Nachw. u. Anm. v. Hans Urs von Balthasar, Frankfurt/M – Hamburg (Fischer Tb. 103) 1955.

Augustinus: Tractatus de proprio natali, 8, 19, in: Sermones post Maurinos reperti, in: Miscellanea Agostiniana, Vol. I, Rom 1930, II.: Ex sermonibus ab Octavio Fraja Frangipane editis, II, 189–200.

D. Magnus Ausonius: Mosella, lat.-dt., hg., übers. u. kommentiert von Paul Dräger, Düsseldorf–Zürich 2004.

Ulrich Bahnsen: Für immer jung? Wissenschaftler arbeiten daran, den großen Traum der Menschheit wahr werden zu lassen: Ein längeres Leben. Diesem Ziel sind sie schon sehr nahe gekommen, in: Die Zeit, Nr. 15, 6. April 2017, 29–31.

Pedru Barnarescu: Die Karpfenähnlichen, in: Grzimeks Tierleben in 13 Bden., hg. v. Bernhard Grzimek, Bd. 4–6: Fische 1 und 2 und Lurche, Kriechtiere, Bd. 4: Fische I, (Zürich 1970) München 1980, 320–377.

K. W. Bash: Lehrbuch der Allgemeinen Psychopathologie. Mit einem Vorw. v. H. Binder und einem Beitrag v. H. Landolt, Stuttgart 1955.

Gregory Bateson: Stil, Grazie und Information in der primitiven Kunst (1967), in: Ökologie des Geistes. Anthropologische, psychologische, biologische und epistemologische Perspektiven, übers. v. Hans Günter Holl, Frankfurt/M 1981, [6]1983, 182–212.

Raymond Battegay: Narzißmus und Objektbeziehungen. Über das Selbst zum Objekt, Bern – Stuttgart – Wien 1977, [2]1979.

Hans Baumann: Es zittern die morschen Knochen, in: Das neue Soldaten-Liederbuch. Die bekanntesten und meistgesungenen Lieder unserer Wehrmacht, hg. v. Fr. I. Breuer, Bd. 3: Textbuch mit Melodien, zweistimmig gesetzt von W. Drahts, Mainz (Edition Schott) o. J.

Ludwig Bechstein: Sämtliche Märchen. Vollständige Ausgabe, nach der Ausgabe letzter Hand unter Berücksichtigung der Erstdrucke, mit 187 Illustrationen von Ludwig Richter, (Zürich 1974) Stuttgart o. J.; Deutsches Märchenbuch 1857, 5–370; Deutsches Märchenbuch 1845, 371–464; Neues Deutsches Märchenbuch 1856, 465–700; Thüringische Volksmärchen 1823, 701–776.

Hedwig von Beit: Das Märchen. Sein Ort in der geistigen Entwicklung, Bern – München 1965.

Hedwig von Beit: Gegensatz und Erneuerung im Märchen. (Zweiter Band von »Symbolik des Märchens«), Bern 1956.

Benselers Griechisch-Deutsches Schulwörterbuch, Leipzig – Berlin [12](erw. u. verb., bearb. v. Adolf Kaegi) 1904.

Niels Birbaumer – Robert F. Schmidt: Biologische Psychologie, Berlin – Heidelberg – New York [2](korr.) 1991.

Johannes Bolte – Georg Polívka: Anmerkungen zu den Kinder- und Hausmärchen der Brüder Grimm, 5 Bde., Leipzig 1913–1932.

C. Julius Caesar: Der Gallische Krieg. Mit Bemerkungen Napoleons I., nach der Übers. v. Ph. L. Haus, neugefaßt von Walter Hess. Textkritisch durchgesehen und mit Erläuterungen hg. v. Karl Bayer, Reinbek (Rowohlts Klassiker, lat. Literatur Bd. 8) 1965.

Eva Cantarella: Pompei. I volti dell'amore, Milano 1998; dt.: Pompeji. Liebe und Erotik in einer römischen Stadt. Mit Beiträgen von Luciana Jacobelli, Fotos von Alfredo und Pio Foglia, übers. v. Cornelia Homann, Stuttgart 1999.

Nicholas Carr: The Shallows – What the Internet is Doing to Our Brain, New York 2010; dt.: Wer bin ich, wenn ich online bin … und was macht mein Gehirn solange? Wie das Internet unser Denken verändert, übers. v. Henning Dedekind, München 2010.

Cassius Dio: Römische Geschichte, übers. v. Otto Veh, eingel. v. Gerhard Wirth,

5 Bände, Zürich – München (Die Bibliothek der Alten Welt, Griechische Reihe) 1985–1987.

Catéchisme de l'Église Catholique, Paris 1992.

Miguel de Cervantes Saavredra: Der sinnreiche Junker Don Quijote von der Mancha, in der Übertragung von Ludwig Braunfels, durchgesehen von Adolf Spemann, mit Anmerkungen von Ludwig Braunfels, durchgesehen von Johannes Steiner, mit einem Nachwort von Fritz Martini, einer Zeittafel und Literaturhinweisen sowie 24 Illustrationen von Grandville zu der Ausgabe von 1848, München (dtv 2060) 1979.

Ramsey Clark: The fire this time, 1992; dt.: Wüstensturm. US-Kriegsverbrechen am Golf, übers. v. Klaus Sticker u. Sebastian Vogel, mit einem Vorwort von Alfred Mechtersheimer, Göttingen 1993.

Christopher Coenen: Der alte Traum vom mechanischen Menschen. Das Streben, körperliche Grenzen technisch zu überwinden, ist mehr als ein Jahrhundert alt. Noch heute befeuert es den Diskurs über das Schicksal der Menschheit, in: Spektrum der Wissenschaft. Spektrum Spezial Physik, Mathematik – Technik 2/15; Mensch, Maschinen, Visionen, 66–73.

Felix Dahn: Der Kampf um Rom (1876), München 1953.

Timo Daum: Das neue Pixelproletariat. Aus der einstmals vielgepriesenen digitalen Boheme sind längst panische Freelancer geworden – immer auf dem Sprung, ohne Rast und Ruh, in: junge Welt, Nr. 41, 17.2.2017, 12–13.

Diana Diamond: Narzissmus als klinisches und gesellschaftliches Phänomen, in: Otto F. Kernberg – Hans-Peter Hartmann (Hg.): Narzissmus. Grundlagen – Störungsbilder – Therapie, Übers. der engl. Beiträge von Petra Holler, Stuttgart 2006, 171–204.

Diodor's von Sicilien Historische Bibliothek, übers. v. Julius Friedrich Wurm, 1. Bd. (Volumes 1–5): Buch I–V, Bruchstücke aus den Büchern VI–X; Stuttgart 1827–1831; 2. Bd. (Volumes 6–10): Buch XI–XIV, Stuttgart 1831–1832; 3. Bd. (Volumes 11–15): Buch XV–XIX; Stuttgart 1834–1839; 4. Bd. (Volumes 16–19): Buch XIX (Schluss)–XX; Stuttgart 1839.

Alfred Döblin: Die Ermordung einer Butterblume (1910), in: Die Ermordung einer Butterblume und andere Erzählungen, mit einem Nachwort von Walter Muschg, München (dtv 1552) 1965, 1–15.

Eugen Drewermann: Atem des Lebens. Die moderne Neurologie und die Frage nach Gott. Bd. 1: Das Gehirn. Grundlagen und Erkenntnisse der Gehirnforschung, Düsseldorf (Glauben in Freiheit, Bd. 3: Religion und Naturwissenschaften, 4. Teil: Neurologie und Theologie) 2006; Bd. 2: Die Seele. Zwischen Angst und Vertrauen, Düsseldorf 2007.

Eugen Drewermann: Brüderchen und Schwesterchen. Grimms Märchen tiefenpsychologisch gedeutet, (1990) Düsseldorf – Zürich 2003.

Eugen Drewermann: Das Matthäus-Evangelium. Bilder von Erfüllung, 3 Bde., Olten – Freiburg 1992–1995.

Eugen Drewermann: Der gestiefelte Kater, in: Von der Macht des Geldes oder Märchen zur Ökonomie, Düsseldorf 2007, 73–122.

Eugen Drewermann: Der Schneider im Himmel, in: Geschichten gelebter Menschlichkeit oder: Wie Gott durch Grimmsche Märchen geht, Ostfildern 2012, 90–136.

Eugen Drewermann: Der sechste Tag. Die Herkunft des Menschen und die Frage nach Gott. Glauben in Freiheit, Bd. 3: Religion und Naturwissenschaft, 1. Teil, Düsseldorf – Zürich [3](erw.) 2004.

Eugen Drewermann: Moby Dick oder: Vom Ungeheuren, ein Mensch zu sein. Melvilles Roman tiefenpsychologisch gedeutet, Düsseldorf – Zürich 2004.

Eugen Drewermann: Geld, Gesellschaft und Gewalt. Kapital und Christentum, 1. Bd.: Faire Preise, faire Löhne, fairer Handel, Ostfildern 2016.

Eugen Drewermann: Grenzgänger. Rebellen, Frevler und Heroen in antiken Mythen, Ostfildern 2015.

Eugen Drewermann: »Ich steige hinab in die Barke der Sonne«. Alt-Ägyptische Meditationen zu Tod und Auferstehung in bezug auf Joh 20/21, Düsseldorf – Zürich 1989, [7]2001.

Eugen Drewermann: Liebe, Leid und Tod. Daseinsdeutung in antiken Mythen, Ostfildern 2013.

Eugen Drewermann: Schneeweißchen und Rosenrot (KHM 161) (Olten 1983), in: Landschaften der Seele oder: Wie uns die Liebe verzaubert. Grimms Märchen tiefenpsychologisch gedeutet, Bd. 2, Ostfildern 2015, 99–169.

Eugen Drewermann: Strukturen des Bösen. Die jahwistische Urgeschichte in exegetischer, psychoanalytischer und philosophischer Sicht, 3 Bde., Paderborn 1978.

Duden Bd. 11: Redewendungen und sprichwörtliche Redensarten. Wörterbuch der deutschen Idiomatik, bearb. v. Günter Drosdowski u. Werner Scholze-Stubenbrecht, Mannheim – Leipzig – Wien – Zürich 1998.

Götz Eisenberg: Amok und Abbildung. Eine Gesellschaft, die im Interesse des Konsums unentwegt den Narzissmus stimuliert, darf sich nicht wundern, wenn auch dessen destruktive Formen vermehrt zu Tage treten, in: junge Welt, Nr. 72, 25./26. März 1917, 12–13.

Mircea Eliade: Forgerons et Alchimistes, Paris [2]1976; dt.: Schmiede und Alchemisten, übers. v. Emma Pelet, nach der neuesten französischen Aufl. bearb. u. erg. von Rolf Homann, Stuttgart 1980.

Epikur: Brief an Menoikeus, in: Von der Überwindung der Furcht. Katechismus – Lehrbriefe – Spruchsammlung – Fragmente, eingel. u. übertr. v. Olof Gigon, (Zürich 1949) München (dtv 2164) 1983, 100–105.

Euripides: Alkestis, in: Ausgewählte Tragödien, in 2 Bden., griechisch – deutsch, übers. v. Dietrich Ebener, hg. v. Bernhard Zimmermann, (Berlin O. – Weimar [2]1979) Mannheim 2010, Bd. 1, 40–133.

Johannes Fabrick (Reg.): Der kalte Himmel, ARD, Deutschland 2011, mit Christine Neubauer.

Paul Federn: Zur Unterscheidung des gesunden und krankhaften Narzissmus (Imago 1936, XXII 5–39), in: Ichpsycholgie und die Psychosen, übers. v. Walter und Ernst Federn, Frankfurt/M (Literatur der Psychoanalyse, hg. v. Alexander Mitscherlich) 1978, 303–337.

Joachim C. Fest: Hitler. Eine Biographie, Frankfurt/M – Berlin – Wien 1973.

Peter Fonagy: Persönlichkeitsstörung und Gewalt – ein psychoanalytisch-bindungstheoretischer Ansatz, in: Otto F. Kernberg – Hans-Peter Hartmann (Hg.): Narzissmus. Grundlagen – Störungsbilder – Therapie, Übers. der engl. Beiträge von Petra Holler, Stuttgart 2006, 486–540.

Hans Frädrich: Schweine und Pekaris, in: Grzimeks Tierleben in 13 Bänden.

Enzyklopädie des Tierreichs, Bd. 10–13: Säugetiere, (Zürich 1970) München 1979, Bd. 13, 74–103.
Gisela Maria Freisinger – Ursula Schwarzer: Basic Instinct. Unternehmenskultur, in: Managermagazin, 3/2017, 106–113.
Anna Freud: Das Ich und die Abwehrmechanismen (1936), München (Kindler 2001).
Sigmund Freud: Abriß der Psychoanalyse (1949, postum), in: Gesammelte Werke XVII, London 1941, 63–138.
Sigmund Freud: Das ökonomische Problem des Masochismus (1924), in: Gesammelte Werke XIII, London 1940, 369–383.
Sigmund Freud: Das Unbewußte (1913), in: Gesammelte Werke X, London 1946, 263–321.
Sigmund Freud: Der Realitätsverlust bei Neurose und Psychose (1924), in: Gesammelte Werke XIII, London 1940, 361–368.
Sigmund Freud: Der Witz und seine Beziehungen zum Unbewußten (1905), in: Gesammelte Werke VI, London 1940.
Sigmund Freud: Die Frage der Laienanalyse. Unterredungen mit einem Unparteiischen (1926), in: Gesammelte Werke XIV, London 1948, 207–296.
Sigmund Freud: Die Traumdeutung (1900), in: Gesammelte Werke II/III, London 1942, 1–642.
Sigmund Freud: Eine Teufelsneurose im siebzehnten Jahrhundert (1923), in: Gesammelte Werke XIII, London 1940, 315–353.
Sigmund Freud: Jenseits des Lustprinzips (1920), in: Gesammelte Werke XIII, London 1940, 1–69.
Sigmund Freud: Massenpsychologie und Ich-Analyse (1921), in: Gesammelte Werke XIII, London 1940, 71–161.
Sigmund Freud: Neue Folge der Vorlesungen zur Einführung in die Psychoanalyse (1933), in: Gesammelte Werke XV, London 1940.
Sigmund Freud: Neurose und Psychose (1924), in: Gesammelte Werke XIII, London 1940, 385–391.
Sigmund Freud: Triebe und Triebschicksale (1915), in: Gesammelte Werke X, London 1946, 209–232.
Sigmund Freud: Zur Einführung des Narzißmus (1914), in: Gesammelte Werke X, London 1946, 137–170.
Jörg Friedrich: Der Brand. Deutschland im Bombenkrieg 1940–1945, München 2002.
Jörg Friedrich: Yalu. An den Ufern des dritten Weltkriegs, Berlin 2007.
Jörg Gebauer: Athena/Minerva – Städteschirmerin, mutig zur Abwehr, in: Florian S. Knauß (Hg.): Die unsterblichen Götter Griechenlands. Staatliche Antikensammlung und Glyptothek München, Lindenberg im Allgäu 2012, 253–271.
Rudolf Geiger: Märchenkunde. Mensch und Schicksal im Spiegel der Grimmschen Märchen, Stuttgart 1982.
Frank Gerbert: Narzissmus. Im Sog des Selbst. Das Zeitalter der Ich-Verliebtheit hat begonnen. Soziale Netzwerke ermöglichen der Menschheit eine beispiellose Selbstbespiegelung. Heißt das: Wir sind alle Narzissten? Und wenn ja, ist das gefährlich?, in: Focus 7/2017, 68–77.
Die Geschichte vom Brandner Kaspar, BRD 2008.

Die Geschichte von dem starken Grettir, übertragen von Paul Herrmann, Düsseldorf – Köln (Thule. Altnordische Dichtung und Prosa, Bd. 5) 1963, Nachw. v. Heinrich Matthias Heinrichs.

Das Gilgamesch-Epos, neu übersetzt und kommentiert von Stefan M. Maul, München 2005.

Roland Gööck: Erfindungen der Menschheit. Gesundheit – Nahrung – Wohnen – Bauen, Blaufelden (Siegloch Edition) 2000.

Von Göttern und Menschen. Bilder auf griechischen Vasen. Annika Backe-Dahmen, Ursula Kästner, Agnes Schwarzmaier, mit Fotos von Johannes Laurentius und Ingrid Geske, Staatliche Museen Berlin 2010.

Michael Grant – John Hazel: Who's Who in Classical Mythology, London 1973; dt.: Lexikon der antiken Mythen und Gestalten, übers. v. Holger Fließbach, deutsche Redaktion von Caroline Creutzer, München (dtv/List 3181) 1980.

Griechische Sagen. Apollodoros, Parthenios, Antoninus Liberalis, Hyginus, eingel. u. neu übertragen von Ludwig Mader, Zürich – Stuttgart 1963.

Jacob Grimm: Deutsche Mythologie (1835), 2 Bde., Frankfurt/M – Berlin – Wien (Ullstein Tb. 35107/08) 1981.

Brüder Grimm: Kinder- und Hausmärchen. Ausgabe letzter Hand mit den Originalanmerkungen der Brüder Grimm. Mit einem Anhang sämtlicher, nicht in allen Auflagen veröffentlichten Märchen und Herkunftsnachweisen herausgegeben von Heinz Rölleke, 3 Bde., Stuttgart 1980, Bd. 3: Originalanmerkungen. Herkunftsnachweise. Nachwort.

Johann Grolle: Alchemie des ewigen Lebens. Mit Blutextrakten, Wunderpillen und Tinkturen versuchen Forscher, das Alter zu überlisten. Zugrunde liegt ein Traum, der so alt ist wie die Menschheit: den Tod zu besiegen und Unsterblichkeit zu erlangen. Besonders anfällig sind Internetmilliardäre, in: Der Spiegel 16/2017, 12–18.

Hans-Peter Hartmann: Narzisstische Persönlichkeitsstörungen – ein Überblick, in: Otto F. Kernberg – Hans-Peter Hartmann (Hg.): Narzissmus. Grundlagen – Störungsbilder – Therapie, Übers. der engl. Beiträge von Petra Holler, Stuttgart 2006, 3–36.

Ernest Hemingway: In Our Time, 15 Stories, 1932; dt.: In unserer Zeit, übers. v. Annemarie Horschütz-Horst, Reinbek (rororo 278) 1958.

Hesiod: Sämtliche Gedichte. Theogonie – Erga – Frauenkataloge, übers. u. erl. v. Walter Marg, Zürich – Stuttgart 1970.

Hermann Hesse: Der Steppenwolf (Montagnola 1955), Frankfurt/M (SV 226) 1971.

Stefan Heym: The King David-Report; dt.: Der König David Bericht, übertragen vom Autor, (München 1972) Frankfurt/M (Fischer Tb. 1 508) 1974.

Walter Hirschberg (Hg.): Wörterbuch der Völkerkunde, Stuttgart (Kröners Tb. 205) 1965.

Hugo von Hofmannsthal: Der Tor und der Tod (1893), in: Gedichte und lyrische Dramen, hg. v. Herbert Steiner, (Stockholm 1946), Frankfurt/M (Gesammelte Werke in Einzelausgaben) 1970, 199–220.

Homerische Hymnen. Übertragung, Einführung und Erläuterungen von Karl Arno Pfeiff, hg. v. Gerd von der Gönna u. Erika Simon, Tübingen (Ad fontes, Bd. 8, 2002), [3]2010.

Homer: Ilias, in der neuen Übersetzung von Roland Hampe, mit 33 Abbildungen nach antiken Darstellungen, Stuttgart 1979.
Homer: Odyssee, übers. v. Roland Hampe, Stuttgart 1979.
Quintus Horatius Flaccus: Das Buch der Epoden, in: Sämtliche Werke, lat.-dt., mit einem Nachw. hg. v. Bernhard Kytzler, Stuttgart (RUB 18466) 1991, 2006, 258–303.
Barthel Hrouda: Mesopotamien. Kunst, in: Barthel Hrouda (Hg.): Der Alte Orient. Geschichte und Kultur des alten Vorderasiens, München 2005, 299–365.
Herbert Hunger: Lexikon der griechischen und römischen Mythologie, mit Hinweisen auf das Fortwirken antiker Stoffe und Motive in der bildenden Kunst, Literatur und Musik des Abendlandes bis zur Gegenwart, (Wien 1959) Reinbek (rororo 6178), nach der 6. erw. u. erg. Ausg., 1974.
Henrik Ibsen: Peer Gynt. Ein dramatisches Gedicht (1867), in: Dramen, 2 Bde., München 1973, I 419–564, Nachw. Otto Oberholzer, II 772–775.
Heather Jones: Landung der Alliierten auf Gallipoli, in: Bruno Cebanes – Anne Dumenil (Hg.): Larousse de la Grande Guerre, 2007; dt. Der Erste Weltkrieg. Eine europäische Katastrophe, aus dem Französischen von Birgit Lamerz-Beckschäfer, mit einem Vorwort von Gerd Krumeich, Darmstadt 2013, 94–100.
Ernst Jünger: In Stahlgewittern, (Hannover 1920) Stuttgart 1978, [27]1981.
Franz Kafka: Das Schloß, (Berlin 1935) Frankfurt/M (Fischer Tb. 900) 1968.
Verena Kast: Märchen als Therapie, (Olten 1986) München (dtv 15055) 1989.
Gottfried Keller: Die Leute von Seldwyla, 1. Teil 1856, 2. Teil 1873–1874, Stuttgart (4 Bde., erw.) 1873–1874; in: Sämtliche Werke, hg. v. C. Helbing u. J. Fränkel, 24 Bde., 1926–1948, Bd. 7 u. 8, Erlenbach – Zürich 1927; Werke in 5 Bden., Bd. 4: Die Leute von Seldwyla. Sieben Legenden, (Pawlak Verlagsgesellschaft) Herrsching o. J., 295–342: Kleider machen Leute.
Karl Kerényi: Die Mythologie der Griechen, Bd. 1: Die Götter- und Menschheitsgeschichten. Bd. 2: Die Heroen-Geschichten, München (dtv 1345; 1348) 1966.
Otto F. Kernberg: Eine zeitgenössische Interpretation von »Zur Einführung des Narzißmus«, in: Otto F. Kernberg – Hans-Peter Hartmann (Hg.): Narzissmus. Grundlagen – Störungsbilder – Therapie, Übers. d. engl. Beiträge von Petra Holler, Stuttgart 2006, 115–131.
Otto F. Kernberg: Der nahezu unbehandelbare narzisstische Patient, in: Otto F. Kernberg – Hans-Peter Hartmann (Hg.): Narzissmus. Grundlagen – Störungsbilder – Therapie, Übers. der engl. Beiträge von Petra Holler, Stuttgart 2006, 705–727.
Otto F. Kernberg: Hass, Wut, Gewalt und Narzissmus. Mit einem Geleitwort von Michael Ermann, Stuttgart (Lindauer Beiträge zur Psychotherapie und Psychosomatik) 2012, [2]2016.
Sören Kierkegaard: Der Begriff Angst. Eine simple psychologisch-hinweisende Erörterung in Richtung des dogmatischen Problems der Erbsünde, von Vigilius Haufniensis, Kopenhagen 1844, übers. u. komm. v. Liselotte Richter, Reinbek (rk 71) 1960.
Sören Kierkegaard: Die Krankheit zum Tode. Eine christliche psychologische Entwicklung zur Erbauung und Erweckung, von Anti Climacus, Kopenhagen 1849, übers. u. komm. v. Liselotte Richter, Reinbek (rk 113) 1962.

Hans Wilhelm Kirchhof: Wendunmuth (1563–1603), hg. v. Hermann Osterley, Tübingen (Bibliothek des litterarischen Vereins in Stuttgart XCV–IC) 1869, 5 Bde.; Nachdruck: Hildesheim – New York 1980.

Melanie Klein: Bemerkungen über einige schizoide Mechanismen (1946), in: Das Seelenleben des Kleinkindes und andere Beiträge zur Psychoanalyse, Stuttgart (Beiheft zur »Psyche«) 1962, 101–126.

Naomi Klein: No Logo. Taking Aim at the Brand Bullies, 2000, 2002; dt.: No Logo! Der Kampf der Global Players um Marktmacht. Ein Spiel mit vielen Verlierern, übers. v. Helmut Dierlamm und Heike Schlatterer, München [2]2005.

Friedrich Kluge: Etymologisches Wörterbuch der deutschen Sprache, Berlin – New York [21](unverändert) 1975.

Heinz Kohut: The Analysis of the Self. A Systematic Approach to the Psychoanalytic Treatment of Narcissistic Personality Disorders, New York 1971; dt.: Narzißmus. Eine Theorie der psychoanalytischen Behandlung narzißtischer Persönlichkeitsstörungen, übers. v. Lutz Rosenkötter, Frankfurt/M (Literatur der Psychoanalyse, hg. v. Alexander Mitscherlich) 1973.

Claus König: Die Eulen, in: Grzimeks Tierleben in 13 Bänden. Enzyklopädie des Tierreichs, Bd. 7–9: Vögel; Vögel 2 (Zürich 1970) München 1980, 377–406.

Gabriele Krone-Schmalz: Russland verstehen. Der Kampf um die Ukraine und die Arroganz des Westens, München 2015.

Alfred Kubin: TraumGesichte. Zeichnungen, Druckgrafik und Mappenwerke aus der Sammlung Otto Mauer im Dom- und Diözesanmuseum Wien 2001, hg. v. Christoph Stiegemann und Gerhard Edenkofer.

Das Lalebuch, nach dem Druck von 1597 mit den Abweichungen des Schiltbürgerbuchs von 1598 und zwölf Holzschnitten von 1680, hg. v. Stefan Ertz, Stuttgart (RUB 6642) 1970, bibliogr. ergänzt 1998.

Laotse: Tao te king, aus dem Chines. übertragen und erläutert von Richard Wilhelm (1910), Düsseldorf – Köln 1957.

Gottfried Wilhelm Leibniz: La Monadologie (1720); dt.: Monadologie, neu übers., eingel. und erl. v. Hermann Glockner, Stuttgart (RUB 7853) 1975.

Sabina Lietzmann: Das Einhorn geht auf Reisen. Meisterwerke spätmittelalterlicher Bildwirkerei in New York, in: Frankfurter Allgemeine Zeitung, 18.3.1974.

Hans-Joachim Maaz: Die narzisstische Gesellschaft. Ein Psychogramm, (München 2012) München 2014.

Lutz Mackensen (Hg.): Handwörterbuch des deutschen Märchens, Berlin – Leipzig (Handwörterbuch zur deutschen Volkskunde, Abt. II: München), Bd. 1, 1930/1933; 2. Bd., 1934/1940.

Stefano Maggi – Cristina Troso: Le Guide dell'Arte – I Tesori della Grecia, 2004; dt.: Griechenland. National Geographic Art Guide, übers. v. Rosemarie Bachler, Ulrike Brandhorst, Birgit Bruder, Sonja Häussler, Wolfgang Hensel, Melanie Koster, Heike Rosbach, Hamburg 2004.

Christoph Meinel: Eine Vision für die Zukunft digitaler Bildung. Wilhelm von Humboldt wäre auch mit dem Zustand der Bildung im heutigen Deutschland unzufrieden. Moderne Technik könnte die Lösung sein: Eine Bildungscloud als Vollendung des humboldtschen Bildungsideals, in: Frankfurter Allgemeine Zeitung, Nr. 92, 20. April 2017, 20–21.

Herman Melville: Moby Dick; Or, the Whale, London – New York 1851; dt.: Moby Dick, übers. v. Thesi Mutzenbecher, unter Mitwirkung von Ernst Schnabel, Reinbek (rororo 173–174) 1956.
Wilfried Menghin: Kelten, Römer und Germanen. Archäologie und Geschichte, München 1980.
Rudolf Meyer: Die Weisheit der deutschen Volksmärchen, Stuttgart 1969, [7]1976.
Stanley Milgram: Obedience to Authority. An Experiment View, New York 1974; dt.: Das Milgram-Experiment. Zur Gehorsamsbereitschaft gegenüber Autorität, übers. v. Roland Fleissner (Reinbek 1974), Reinbek (rororo 17479) 1982.
Martin Montanus: Schwankbücher (1557–1566), hg. von Johannes Bolte, (Tübingen 1899) Hildesheim – New York (Volkskundliche Quellen. Neudruck europäischer Texte und Untersuchungen, III. Märchen und Schwank, hg. v. Kurt Ranke) 1972.
Desmond Morris: Intimate Behaviour, London 1971; dt.: Liebe geht durch die Haut. Die Naturgeschichte des Intimverhaltens, übers. v. Holger Fließbach, München – Zürich (Knaur Tb. 399) 1975.
Edmund Mudrak: Die Sagen der Germanen. Nordische Götter- und Heldensagen, Reutlingen 1961; Deutsche Heldensagen, Reutlingen 1955.
John Wilhelm von Müller: Das Einhorn vom geschichtlichen und naturwissenschaftlichen Standpunkte betrachtet, Stuttgart 1853.
Eckhard Neumann: Herrschafts- und Sexualsymbolik. Grundlagen einer alternativen Symbolforschung, Stuttgart – Berlin – Köln – Mainz 1980.
Friedrich Nietzsche: Götzendämmerung. Der Antichrist. Ecce homo. Gedichte. Lebensabriß, Nachwort und Literaturhinweise von Walter Gebhard, Stuttgart (Kröner Tb. 77) 1990.
Novalis: Hymnen an die Nacht (1799–1800), in: Werke, hg. u. komm. v. Gerhard Schulz, München [2](neubearb.) 1981, 41–53.
John H. Oakley: The Greek Vase. Art of the Storyteller, London (The Trustees of the British Museum) 2013.
P. Ovidius Naso: Amores. Liebesgedichte, lat.-dt., übers. u. hg. von Michael Albrecht, Stuttgart (RUB 1361) 1997, bibliographisch ergänzt 2010.
Ovid: Metamorphosen. In deutsche Hexameter übertragen und hg. v. Erich Rösch, lat.-dt., mit einer Einf. v. Niklas Holzberg, München – Zürich [11](überarb.) 1988.
Klaus Ott: Schulen müssen nachsitzen. Medienbildung, in: Süddeutsche Zeitung, Nr. 36, 13. Febr. 2017, 17.
Vance Packard: The Hidden Persuaders, 1957; dt.: Die geheimen Verführer. Der Griff nach dem Unbewußten in jedermann, Übers. ungenannt, Frankfurt/M – Berlin – Wien (Ullstein Tb. 402) 1972.
Pausanias: Reisen in Griechenland. Gesamtausgabe in drei Bänden auf Grund der kommentierten Übersetzung von Ernst Meyer hg. v. Felix Eckstein, 3 Bde., Zürich – München 1986–1989; Bd. 1: Athen (I–IV); Bd. 2: Olympia (V–VIII), Bd. 3: Delphoi (VIII–X).
Octavio Paz: El laberinto de la soledad, 1950, [7](erw.) 1969; dt.: Das Labyrinth der Einsamkeit. Essay, übers. und eingeführt von Carl Heupel, Olten 1969.
Charles Perrault: Le Maître Chat ou Le Chat Botté – Der Meisterkater oder Der

gestiefelte Kater, in: Contes de Fées – Die Märchen, zweisprachig, übers. v. Ulrich Friedrich Müller, München 1962, 54–67.
Philostratus: Apollonius von Tyana, übers. u. erl. v. Eduard Baltzer, Rudolfstadt i. Th. 1883.
Photius: Bibliothèque. Tome I (»Codices« 1–84), texte établi et traduit par René Henry, Paris 1959, Nr. 72: Ctésias, 105–147.
Der Physiologus, übertragen und erläutert von Otto Seel, München 1960, [4]1983.
Pindar: Oden, griech.-dt., übers. u. hg. v. Eugen Dönt, Stuttgart (RUB 8314) 1986.
John P. J. Pinel: Biopsychology, 1997; dt.: Biopsychologie, übers. v. Eva Hert, Monika Niehaus, Markus Numberger u. Marcus Plach; zweite neu bearb. Aufl. hg. von Wolfram Boucsein, Heidelberg – Berlin 2001.
C. Plinius Secundus (Plinius d. Ältere): Die Naturgeschichte, ins Deutsche übers. u. mit Anm. vers. v. G. C. Wittstein (Leipzig 1881), hg. v. Lenelotte Möller u. Manuel Vogel, 2 Bde., Wiesbaden 2007.
Plutarch: Themistokles, in: Lebensbeschreibungen. Gesamtausgabe in 6 Bden., übers. v. Johann Friedrich Kaltwasser (1799–1806), überarbeitet v. Hanns Floerke (1913), Textrevision und biographischer Anhang von Ludwig Kröner, mit einer Einleitung von Otto Seel, Bd. 1, München (GGTb. 1430–1431) 1964, 240–273.
Edgar Allan Poe: The Masque of the Red Death, 1842; dt.: Die Maske des roten Todes, in: Das gesamte Werk in zehn Bänden, hg. v. Kuno Schumann u. Hans Dieter Müller, übers. v. Arno Schmidt und Hans Wollschläger, (Olten 1960, 4 Bde.) Herrsching 1979, Bd. II: Arabesken (1834–1846), 537–720, S. 689–698.
Properz: Elegien, lat.-dt., übers. u. hg. v. Wilhelm Willige, München 1950.
Psychologin spricht von Tat eines Narzissten, in: Neue Westfälische, 13. März 2017.
Alexander S. Puschkin: Eugen Onegin. Ein Roman in Versen, Übers. u. Nachw. v. Kay Borowsky, Stuttgart (RUB 427–429) 1972.
Gerhard von Rad: Theologie des Alten Testaments, Bd. 1: Die Theologie der geschichtlichen Überlieferungen Israels, München 1957; Bd. 2: Die Theologie der prophetischen Überlieferungen Israels, München 1960.
Winwood Reade: The Martyrdom of Man (1872), with Introduction by John M. Robertson, London (The Thinker's Library, No. 25) 1945.
Horst Eberhard Richter: Der Gotteskomplex. Die Geburt und die Krise des Glaubens an die Allmacht des Menschen, Reinbek 1979.
Will Richter: Einhorn, in: Konrad Ziegler – Walther Sontheimer (Hg.): Der Kleine Pauly. Lexikon der Antike in fünf Bänden, (München 1975) München (dtv 5963) 1979, Bd. 2, 213.
Will Richter: Eulen (Striges), in: Konrad Ziegler und Walther Sontheimer: Der Kleine Pauly. Lexikon der Antike in fünf Bänden, (München 1975) München (dtv 5963) 1979, Bd. 2, 421–423.
Will Richter: Schwein, in: Konrad Ziegler – Walther Sontheimer (Hg.): Der Kleine Pauly. Lexikon der Antike in fünf Bänden, (München 1975) München (dtv 5963) 1979, Bd. 5, 43–47.
Will Richter: Taube, in: Konrad Ziegler – Walther Sontheimer (Hg.): Der Kleine Pauly, Lexikon der Antike in fünf Bänden, (München 1975) München (dtv 5963) 1979, Bd. 5, 534–536.

Rainer Maria Rilke: Das Buch der Bilder (1902 und 1906), in: Sämtliche Werke, hg. vom Rilke-Archiv in Verbindung mit Ruth Sieber-Rilke besorgt durch Ernst Zinn, 1. Bd.: Gedichte. Erster Teil, Frankfurt/M 1955, 367–477.

Rainer Maria Rilke: Das Stunden-Buch. Enthaltend die drei Bücher: Vom mönchischen Leben / Von der Pilgerschaft / Von der Armut und vom Tode (1899, 1901, 1903), in: Sämtliche Werke, hg. vom Rilke-Archiv in Verbindung mit Ruth Sieber-Rilke besorgt durch Ernst Zinn, 1. Bd.: Gedichte. Erster Teil, Frankfurt/M 1955, 248–366.

Stefan Röpke: »Wir wissen nicht, ob der US-Präsident leidet.« Warum der Berliner Psychiater Stefan Röpke davor warnt, bei Donald Trump eine narzißtische Persönlichkeitsstörung zu diagnostizieren. Interview mit Christian Weber, in: Süddeutsche Zeitung, Nr. 41, 18./19. Febr. 2017, 2.

Marshall B. Rosenberg: Life – Enriching Education, 2003; dt.: Erziehung, die das Leben bereichert. Wie gewaltfreie Kommunikation (GFK) im Schulalltag dazu beiträgt, die Leistungsfähigkeit zu verbessern, Konfliktpotentiale abzubauen und Beziehungen zu fördern, übers. v. Karl Weidenbach, überarb. v. Ingrid Holler, Paderborn 2004, [4]2011.

Wilhelm Salber: Märchenanalyse (Psychologische Morphologie, hg. v. Armin Schulte, Werkausgabe Bd. 12), Bonn [2](erw.) 1999.

Jean-Paul Sartre: L'Être et le Néant, Paris 1943; dt.: Das Sein und das Nichts, übers. v. Justus Streller, Hamburg 1952.

Jean-Paul Sartre: Les Mouches, Paris 1947; dt.: Die Fliegen, übers. v. Gritta Baerlocher, Hamburg 1949; in: Gesammelte Dramen, Hamburg 1969, 7–65.

Die Schiltbürger, hg. v. Heinz Günter Schmitz, Hildesheim (Deutsche Volksbücher in Faksimiledrucken, A 8) 1975.

Frank Schneider und Kai Feldhaus: Tür an Tür mit dem Killer. Bild rekonstruiert die Morde an Jaden (9) und Christopher (22), in: Bild, 5. Juli 2017, 7.

Kurt Schneider: Klinische Psychopathologie, Stuttgart [8](ergänzt) 1967.

Franz Xaver von Schönwerth: Prinz Roßzwifl und andere Märchen, hg. von Erika Eichenseer im Auftrag der Schönwerth-Gesellschaft e. V., mit Illustrationen von Barbara Stefan und einem Nachwort von Daniel Drascek, Regensburg 2010.

Arthur Schopenhauer: Preisschrift über die Grundlage der Moral, nicht gekrönt von der Königlich Dänischen Societät der Wissenschaften, zu Kopenhagen, am 30. Januar 1840, in: Sämtliche Werke, hg. v. Arthur Hübscher, Bd. 4: Schriften zur Naturphilosophie und zur Ethik, Wiesbaden [3]1972, 103–276.

Eberhard Schrader: Die Vorstellung vom *monókerōs* und ihr Ursprung, in: Sitzungsberichte der Preußischen Akademie der Wissenschaften zu Berlin, 1892/Heft 31, 573–581.

Paul Schwarzenau: Das göttliche Kind. Der Mythos vom Neubeginn, Zürich 1984.

Werner Seppmann: Entgrenzung und Kontrolle. Mit dem Internet vernetzte Computer sind längst allgemeiner Bestandteil aller menschlichen Lebensbereiche. Die negativen Konsequenzen sind vielfältig – ein Überblick, in: Junge Welt, 30. Mai 2017, Nr. 124, 12–13.

Odell Shepard: The Lore of the Unicorn, London 1930, [2]1987.

Erika Simon: Die Götter der Griechen, Aufnahmen von Max Hirmer und anderen, München 1985.

Strabo: Geographica. In der Übersetzung und mit Anmerkungen von A. Forbiger, Berlin – Stuttgart 1855–1898; Überarbeitung der 1. Aufl. von Philipp Weyer-Menkhoff, Wiesbaden 2005; [2](korr. v. Lars Hoffmann) Wiesbaden 2007.

P. Cornelius Tacitus: Historien, hg. v. Joseph Borst, unter Mitarbeit von Helmut Hross und Helmut Borst, in: Annalen, Historien, Dialog, Wiesbaden (Emil Vollmer Verlag) o. J., 429–705.

Christian Theele (Reg.): Das tapfere Schneiderlein, Drehbuch: Leonie und Dieter Bongartz, ARD 26.12.2008.

Stephen Trombley: The Execution Protocol. Inside America's Capital Punishment Industry, New York 1992; dt.: Die Hinrichtungsindustrie in den USA. Von Massenmördern, Killern, Kidnappern und Zugräubern, übers. v. Brigitte Helbing, Wolfgang Krege, Liselotte Mietzner und Martin Suhr, Reinbek 1993.

Iwan Sergejewitsch Turgenjew: Gedichte in Prosa, in: Erzählungen 1857–1883, aus dem Russ. v. Ena von Baer, Marion Gras-Racić und den Übersetzern der Mitauer Ausgabe. Mit Nachwort, Anmerkungen, Literaturhinweisen und Zeittafel von Barbara Conrad, Düsseldorf – Zürich [2](mit Anhang) 1998, 1. Teil: Aus dem Jahr 1878, S. 867–905; 2. Teil: Aus den Jahren 1879–1882, 906–934.

Jean M. Twenge: Generation Me. Why Today's Young Americans Are More Confident, Assertive, Entitled – and More Miserable Than Ever Before, New York – London – Toronto – Sydney – New Delhi (2006), revised and updated 2014.

Jean M. Twenge – W. Keith Campbell: The Narcissism Epidemic. Living in the Age of Entitlement, New York – London – Toronto – Sydney 2009.

Ludwig Uhland: Gedichte. Uhlands Poetische Werke, 1. Bd., hg. v. Raimund Pissin, Leipzig (Tempel-Verl.) o. J.

Ein kurzweilig Lesen von Dil Ulenspiegel, nach dem Druck von 1515, mit 87 Holzschnitten, hg. v. Wolfgang Lindow, Stuttgart (RUB 1687) 1966, 1975.

Hans-Jörg Uther: Handbuch zu den »Kinder- und Hausmärchen« der Brüder Grimm: Entstehung – Wirkung – Interpretation, Berlin 2010, 47–49: Das tapfere Schneiderlein.

Brigitte Vacha (Hg.): Die Habsburger. Eine europäische Familiengeschichte, verfaßt von Walter Pohl und Karl Vocelka, Graz – Wien – Köln 1992.

Gerardus van der Leeuw: Phänomenologie der Religion, Tübingen 1933; [2](durchges. u. erw.) 1966; [4](unverändert) 1977.

Aline Vater – Stefan Roepke – Kathrin Ritter – Klaas-Hinrich Lammers: Narzißtische Persönlichkeitsstörung. Forschung, Diagnose, Psychotherapie, in: Psychotherapeut (Ein Service von Springer Medizin) Heidelberg, [6]2013, 599–615.

Vergessene Städte am Indus. Frühe Kulturen in Pakistan vom 8. bis 2. Jahrtausend, Mainz 1987: Ausstellung im Krönungssaal im Rathaus Aachen vom 27. Juni bis 6. September 1987.

P. Vergilius Maro: Aeneis. 12 Gesänge. Unter Verwendung der Übersetzung Ludwig Neuffers übers. u. hg. v. Wilhelm Plankl unter Mitwirkung von Karl Vretska, Stuttgart (RUB 221) 1976.

P. Vergilius Maro: Georgica. Vom Landbau, lat.-dt., übers. u. hg. v. Otto Schönberger, Stuttgart (RUB 638) 1994, bibliograph. erg. 2010.

Vamik D. Volkan: Großgruppen und ihre politischen Führer mit narzisstischer Persönlichkeitsorganisation, in: Otto F. Kernberg – Hans-Peter Hartmann (Hg.): Narzissmus. Grundlagen – Störungsbilder – Therapie, Übers. der engl. Beiträge von Petra Holler, Stuttgart 2006, 205–227.

Jacobus de Voragine: Die Legenda aurea (1263–1273), aus dem Lateinischen übers. v. Richard Benz, Heidelberg [8]1975.

Martin Walser: Das Einhorn, (Frankfurt/Main 1966) Frankfurt/M (st 3365) 2002.

Wolfgang Wickler: Stammesgeschichte und Ritualisierung. Zur Entstehung tierischer und menschlicher Verhaltensmuster, (München 1970) München (dtv wr 4168) 1975.

Wolfgang Wickler: Die Biologie der Zehn Gebote. Warum die Natur für uns kein Vorbild ist, (München 1971) München (sp 236) [5](überarbeitet) 1981.

Christoph Martin Wieland: Geschichte der Abderiten (1781), in: Wielands Werke in 4 Bden., ausgew. u. eingel. v. Hans Böhm, Bd. 1, Berlin – Weimar [3](durchges.) 1984.

Hans Jürgen Wirth: Pathologischer Narzissmus und Machtmißbrauch in der Politik, in: Otto Kernberg – Hans-Peter Hartmann (Hg.): Narzissmus. Grundlagen – Störungsbilder – Therapie, Übers. der engl. Beiträge von Petra Holler, Stuttgart 2006, 158–170.

»Wir dürfen nicht Gott spielen«. Spiegel-Gespräch. Der Ratsvorsitzende der Evangelischen Kirche, Heinrich Bedford-Strohm, kritisiert Versuche, Alter und Tod abzuschaffen – und warnt vor Allmachtsfantasien im Silicon Valley, in: Der Spiegel 16/2017, 19–21.

Paul Zanker – Björn Christian Ewald: Mit Mythen leben. Die Bilderwelt der römischen Sarkophage, München 2004.

Christian Zentner: Illustrierte Geschichte des Ersten Weltkriegs, München 1980.

Christian Zentner: Der Zweite Weltkrieg. Daten, Fakten, Kommentare, Rastatt 1994.

Christian Zentner: Die Kriege der Nachkriegszeit. Eine illustrierte Geschichte militärischer Konflikte seit 1945, München 1969.

Helmut Zimmermann – Alfred Weigert: ABC-Lexikon Astronomie, Heidelberg – Berlin – Oxford [8](überarb.) 1995.

Register

Autoren

Personen aus Mythos und Geschichte